現代の
経済学批判体系

現状の分析と理論

奥田宏司

日本経済評論社

まえがき

　本書のタイトルを『現代の経済学批判体系——現状の分析と理論』とした．タイトルが示しているように，本書はマルクスの「経済学批判体系」，経済理論を念頭に置いているが，マルクスの理論をもとにするだけでは現代の世界経済，日本経済の現状と理論は明らかにならないと考えている．

　その理由は，①『資本論』は「資本の一般的分析」の範囲であっても未完成であり，マルクスは第2，3巻については草稿を残しただけである．しかも，その草稿は「不十分」であるだけでなく，「混乱」も含んでいる．②マルクスの「批判体系プラン」の後半体系は項目だけで，国家，外国貿易，世界市場などの論述はほとんどない．③歴史的な限界があり現代とは大きな落差がある．マルクスが論述を続けたのは1881年までで，その時代までに設定される諸範疇だけでは現代を分析することはできない．現状の分析をベースに新たな諸範疇を定立していく必要がある．例えば，中央銀行，国民通貨，国民経済，国際通貨，多国籍企業，ドル体制，ユーロ体制などである．現在のわれわれは，それらの諸範疇をもとに新たな体系を作っていかなければならない．

　マルクスが草稿において記した経済学批判体系では，現代の日本経済，世界経済を分析できないとしたら，「現代の経済学批判体系」はありうるのか，ありうるとしたら，その構成はどのようなものか，この問題がこの数年，筆者の頭から離れない問題である．

　筆者は45年以上にわたって国際金融の研究を行ない，国際通貨，基軸通貨，ドル体制，ユーロ体制，また，円，人民元の国際通貨化の可能性などについて論じ，以下の諸著書を執筆してきた．『ドル体制と国際通貨』ミネルヴァ書房，1996年，『ドル体制とユーロ，円』日本経済評論社，2002年，『現代国際通貨体制』日本経済評論社，2012年，『国際通貨体制の動向』日本経済評論社，2017年，『国際通貨体制の論理と体系』法律文化社，2020年などである．これらの著書を執筆することで国際金融の骨格をほぼ論じたと思っている．

その後，やはり，「現代の経済学批判体系」のことが気にかかって，まず再生産・信用，国民所得・外国貿易についての研究を『『資本論』諸草稿の検討』（日本経済評論社，2021 年）として執筆した．しかし，この著書では国家については論述できていないし，主要にはマルクスの体系プランの前半部分の範囲で終わっている．国家，国家以後の後半部分に属する諸分野との関係はどのようであるかの見通しも論じられないままである．そこで，『現代の経済学批判体系』として，一応の「まとまり」をめざしたのが今回の本書である．本書の構成プランの原型が頭に浮かんだのは筆者なりの国家論の見通しができた 2023 年 3 月の頃であった．国家論がカギであった．

本書のいくつかの特徴点を挙げると，①マルクスの論述が草稿のままで「混乱」「不十分さ」が目立つ第 2 巻第 3 篇（再生産論），第 3 巻第 3 篇（平均利潤率の低下），第 5 篇（信用論），第 7 篇（諸収入）の本来の理論はどのようであるかを十分にとは言えないまでも示すこと，②マルクスが『経済学批判要綱』の「序説」やその他の箇所で指摘した「ブルジョア社会の国家の形態での総括」「外側に向かっての国家」に注目し，日本の財政学，世界経済論の研究者の議論展開を踏まえて論じ，国家範疇を定立すること，③国家を踏まえて，中央銀行，国内通貨，外国貿易，国際通貨などの諸範疇を定立すること，④それらの範疇をもとに，アベノミクスの批判，第 2 次大戦後の世界経済，多国籍企業，ドル体制，ユーロ体制の基本構造を明らかにすること，⑤現代の世界経済の体制は持続可能なのか，ロシアのウクライナ侵攻，中国の「一帯一路」はドル体制，ユーロ体制を動揺させるものなのかどうかを論じることである．

⑥本書は以上のように「経済学批判体系」を論じることが主題であるが，本書は国民がつくり出した所得，収めた税の公正な分配を通じて基本的人権を保障する国家への改革，そのための主体形成（＝国民の社会意識の高度化）の展望をもちたいという希望を含めている．本書のめざすものは，十分に発達した資本主義社会に生きているわれわれが今後，めざすべき市民社会（ブルジョア革命時の啓蒙主義の人たちが述べ，ときにはマルクス，エンゲルスもやや曖昧に使ったそれではない——本書第 7 章を見られたい）の創成のための経済学，自由，平等，平和，基本的人権の視点（この視点を欧米のイデオロギーということなかれ．日本国憲法の下で多くの国民が生活信条として培ってきたものだ

から），立場からの経済学である．のちの章や補章で論じよう．

　以上が本書の特徴点，主張点であるが，現状の日本経済（直接的には今世紀に入って以後 2010 年代中期ごろ——アベノミクスが実施される前から実施後の時期の日本経済）を見ることから本書をはじめなければならない（第 1 章）．経済の現状がどのようであるかを見ることなしに，現状を念頭に置くことなしに「現代の経済学批判体系」を構想することは意味のないことであろう．また，価値，剰余価値，資本蓄積などの経済学の基礎的範疇はマルクスによってほぼ解明されているから，それらを振り返ることも本書では必要ないだろう．

　一方，本書の最終章には，ロシアのウクライナ侵攻，中国の「一帯一路」などの途上国融資がもたらす世界の「分断」を扱っている．今後の世界経済は，しばらくはこの 2 つの事態に左右されながら，「分断」がどこまで進むのかに注目が集まる．また，アメリカの巨大な経常収支赤字とそのファイナンスが進むもとで生じているアメリカのバブル的な国内信用膨張から目を離すことができない．巨額の対米ファイナンスが進んでいるということは国内信用膨張が拡大しているということであるからである．リーマン・ショックのような危機も起こりうるのである．

　以上が本書の特徴，筆者の問題意識である．本書は紙幅のこれ以上の増加を避けるために，いくつかの章はこれまでの拙書，拙稿をもとに短く，要約的に記されている．詳細は拙書，拙稿を見ていただきたい（国際通貨体制についての諸拙書については第 11 章の注 1 に一覧が挙げられている——本文において拙書⑦とは『国際通貨体制の動向』である）．また，本書では図表も最小限にとどめ，これまでの拙書の図表を本書の中で指示しているので，面倒でもそれらを参考にしていただきたい（例えば，本書第 11 章の注 1 に記される拙書①第 1-6 表，第 1-11 表などである）．

　本書はマルクスの理論に親しんできた読者はもちろん研究者にも新たな見解・提起として受け止められ，直ちには賛同を得られないような論述が多く含まれているだろう．さらに，再生産表式論などでは議論展開がやや複雑で難解でもあろう．そのうえ，マルクスの理論の検討から多国籍企業，ドル体制等の世界経済，ロシアのウクライナ侵攻，中国の「一帯一路」まで論述が多様である．しかし，「現代の経学批判体系」を構想するとなれば，そうならざるを得

ない．この構想が成功しているかは読者の判断に委ねる以外にない．多くの批判をいただければ幸いである．

2024 年 1 月 18 日

奥 田 宏 司

目次

まえがき iii

序論 1

    (1)　貨幣と金　1

    (2)　マルクスの「経済学批判体系」について　5

    (3)　「現代の経済学批判体系」の前半体系と後半体系　9

    (4)　第1章，第2章について　10

第1章　今世紀における日本経済の状況 13
　　　　―資本蓄積の状況と内部留保―

    はじめに　13

    1.　企業の内部留保の増大　14

    2.　グローバル化，IT化の中での非正規雇用の拡大　18

    3.　内部留保の使途　24

    4.　内部留保の増加の含意――「まとめ」に代えて　30

        (1)　内部留保の規定，「資本主義に特有な制限」　30

        (2)　内部留保のいくつかの「含意」　31

第2章　利潤率の低下と過剰資本 35
　　　　―『資本論』第3巻第15章の検討―

    はじめに　35

    1.『資本論』第15章草稿と『資本論』の対比・内容　37

        (1)　『資本論』第3巻第15章第1節「概説」の部分　37

        (2)　第2節「生産の拡張と価値増殖との衝突」の部分　45

        (3)　第3節「人口過剰のもとでの資本過剰」の部分　48

viii

    (4)　第4節「補遺」の部分　56

    (5)　小結　59

  2.　マルクスの問題意識と第15章草稿の「大要」　60

  3.　第14, 15章草稿でマルクスが論じなかった諸事象　63

    (1)　2種類の不変資本　64

    (2)　新しい商品の開発と新産業の誕生　65

第3章　再生産表式論の基本的諸問題 …………………………………… 67

  はじめに　67

  1.　均衡的拡大再生産の条件と競争，実現問題　68

  2.　再生産表式と貨幣流通・還流　74

    (1)　貨幣流通・還流の具体的呈示　74

    (2)　補足すべき諸点　82

  3.　拡大再生産と貨幣の増加　84

    (1)　課題の設定　84

    (2)　金生産部門と再生産表式　86

第4章　再生産表式にもとづく2つの展開 …………………………… 89

  はじめに　89

  1.　再生産表式と需要創出の波及過程　89

    (1)　ケインズの有効需要論　90

    (2)　再生産表式と需要創出の波及過程　92

  2.　表式への外国貿易の導入　97

    (1)　第1例－A国が生産財を輸出し，B国が消費財を生産し輸出する　98

    (2)　第2例－Aが生産財を輸出し，消費財もAで生産される　100

    (3)　第3例－Aが生産財を輸出し，Bはその一部を使って消費財を生産し輸出する　102

    (4)　第4例－AはⅠ部門だけに利用可能な生産財を輸出する　106

    (5)　第5例－AはⅡ部門だけに利用できる生産財を輸出する　109

    (6)　むすび　111

目次

第5章 マルクスの信用論と再生産・資本蓄積 …………………………… 113

はじめに 113

1. 銀行資本と信用制度 114
   - (1) 信用論のいくつかの基本的視点 114
   - (2) 「資本の一般的分析」の範囲における信用論の諸項目 117
2. 信用による再生産の加速 123
   - (1) 借入金と生産過程 124
   - (2) 手形と手形割引 126
   - (3) 担保貸付，帳簿信用 130
3. 貸付可能な貨幣資本の形成 133
   - (1) 再生産過程から生まれる貸付可能資本 133
   - (2) 再生産過程から遊離した貸付可能な貨幣資本の形成 136
   - (3) 擬制資本の展開 138
4. まとめに代えて──銀行の貸出による「預金創造」の意義と恐慌論 141

第6章 国民所得と諸収入 ……………………………………………… 145

はじめに 145

1. 国民所得について──国民経済計算 (SNA) とマルクスの理論 147
   - (1) 国民所得の生産の局面 147
   - (2) 国民所得の形成の局面 151
   - (3) 国民所得の消費の局面 154
2. SNA の基本性格 156
   - (1) SNA の現象的把握 156
   - (2) 川上則道氏の SNA の把握 158
3. 国民所得とサービス部門 162
   - (1) いくつかの所説 163
   - (2) サービス消費と労働力の価値 165
   - (3) サービス部門とはどのような分野であろうか 166

（4）　国民所得と公的部門　172

第7章　経済学と国家……………………………………………………………… 175

はじめに　175

1. マルクス・エンゲルスの国家論──簡単な整理　175

（1）　『ドイツ・イデオロギー』における国家　176

（2）　「序説」および「序言」における国家　177

（3）　『反デューリング論』（1878）と『起源』における国家（1884）　179

2. ブルジョア社会の国家の形態での総括──幾人かの研究者によ
る把握　184

（1）　島恭彦氏の国家論　184

（2）　池上惇氏の国家論　185

（3）　宮本憲一氏の国家論　189

（4）　木下悦二氏の国家把握についての批判的検討　197

（5）　「民族国家」と資本主義国家　203

3. 「まとめ」に代えて　205

第8章　中央銀行と金融政策，アベノミクス批判………………………… 209

はじめに　209

1. 中央銀行と国民通貨　210

（1）　国家と中央銀行　210

（2）　国内決済制度と国民通貨　214

2. アベノミクスの提唱と異次元の金融緩和の実施　215

（1）　提唱と初期の物価上昇，為替相場の動向　216

（2）　日銀の国債等の購入とマネタリー・ベース，マネーストックの推
移　219

（3）　マイナス金利の導入と長短金利の管理（イールドカーブの管理）　223

（4）　円高是正，円安の基礎的要因　228

まとめ　231

補章　国家の改革と国民の社会意識の高度化……………………………… 235

 (1)　「ブルジョア社会の国家形態での総括」の含意と国家の改革へ　235

 (2)　国民経済のなかでの社会的生活　238

 (3)　租税国家と議会における国家財政の承認　239

 (4)　社会的意識と上部構造の諸契機　240

 (5)　イデオロギーの生成過程と顚倒性　242

 (6)　国民の社会意識の高度化と自立的イデオロギーの発生　246

第9章　「外側にむかっての国家」と国民所得，外国貿易，国際通貨… 251

 はじめに　251

 1.　多様な国家の並存と外国貿易　252

 2.　国民所得と外国貿易，貿易収支　254

  (1)　貿易を導入した表式の意義と「補正」　254

  (2)　国民所得，国内最終消費，資本蓄積（新規投資），貿易収支の諸
   関連　257

 3.　国際通貨の登場　269

  (1)　船荷証券，取立手形　269

  (2)　為替の「振替」と為替市場　273

  (3)　マーチャントバンカー，植民地銀行・海外銀行　275

  (4)　国際通貨　276

第10章　現代世界経済と多国籍企業………………………………………… 281

 はじめに　281

 1.　直接投資と多国籍企業　282

  (1)　多国籍企業の概要　282

  (2)　多国籍企業の種々のグローバルな展開　286

  (3)　企業間提携――国際的委託　289

 2.　「IT 革命」後の多国籍企業の展開　291

  (1)　「IT 革命」とアメリカ多国籍企業　291

(2)　「IT 革命」と「サービス経済化」　292

　　(3)　「空洞化」とラストベルト　297

　　(4)　アメリカ多国籍企業と貿易収支　300

　　(5)　多国籍企業と振替価格，タックス・ヘイブン　302

第 11 章　ドル体制 ……………………………………………………… 305

　はじめに　305

　1.　ドル体制の前史としての IMF 体制　306

　　(1)　ドルの優位化と固定相場制　307

　　(2)　IMF 体制下における諸事態の進展　310

　2.　ドル体制の形成　315

　　(1)　IMF 体制とドル体制の異同　315

　　(2)　70 年代以降の貿易通貨，為替媒介通貨，基軸通貨　318

　3.　ドルによる国際信用連鎖の形成　325

　　(1)　70 年代の国際信用連鎖　326

　　(2)　80 年代の国際信用連鎖　327

　　(3)　90 年代の国際信用連鎖　332

　　(4)　今世紀の国際信用連鎖――「IT 革命」後のアメリカ経常赤字と
　　　　ファイナンス　336

　　補)　対米ファイナンスにおける日本と中国の違い　339

　おわりに　341

第 12 章　ユーロ体制の成立 ……………………………………………… 343

　はじめに　343

　1.　1980 年代～90 年代のマルクの西欧における基軸通貨化　343

　　(1)　1980 年代にマルクが「基準通貨」「介入通貨」「準備通貨」に　343

　　(2)　90 年代初めにおけるマルクの為替媒介通貨化　345

　2.　ユーロ体制の成立　349

　　(1)　ユーロの基軸通貨の機能　349

　　(2)　ユーロによる国際信用連鎖の形成　353

3. ユーロシステムと TARGET，TARGET Balances の形成　357

4. 南欧経済不安とユーロ体制の基本的性格　362

  (1)　統合後の南欧への資金流入と経済成長　362

  (2)　通貨統合のインバランス要因　363

  (3)　TARGET Balances の累増による国際収支危機の隠蔽　365

  (4)　南欧経済不安の際の ECB の信用供与とコンディショナリティ　366

まとめに代えて——南欧経済不安とユーロ体制の現実　367

第13章　ドル体制，ユーロ体制の持続性　373

はじめに　373

1. ドル体制の持続性とアメリカの金融不安　374

  (1)　巨額のアメリカ経常赤字は今後もファイナンスされるのか　374

  (2)　リーマン・ショック型の金融危機の発生　378

  (3)　アメリカ政府の財政政策，FRB の金融政策，スワップ協定による内外のドル信用連鎖の「修復」　379

  (補)　ドル体制下の人民元の「国際化」　380

2. ユーロ体制の持続性　384

  (1)　南欧経済とソブリン不安への対応　384

  (2)　ロシアのウクライナ侵攻前後のユーロ地域の国際収支　390

第14章　ウクライナ侵攻後のロシアの貿易決済，「一帯一路」とドル体制　397

はじめに　397

1. ロシアのウクライナ侵攻後の貿易決済と中国の銀行　397

  (1)　侵攻後のロシア外国為替市場の変容　398

  (2)　ロシアの貿易決済と中国の銀行　402

  (3)　ロシアの貿易決済とスワップ取引，貿易金融　410

  (4)　本節のまとめ　415

2. 一帯一路とドル体制　416

  (1)　中国の途上国向け公的融資額の推移と通貨区分　417

(2) ドル建の場合　420

(3) 人民元建の場合　428

(4) 本節のまとめ　432

あとがき　433

初出一覧　439

序論

　「序論」では4つのことを記したい．本書は現代における経済学批判体系の編成を示すことが目的である．筆者の問題意識は「まえがき」に記しているが，現代の経済学批判体系の編成でまず念頭に浮かぶのは，当然，マルクスの経済学批判体系のプランである．したがって，第1に本論に入るには改めてマルクスのプランはどのようなものであったのかを示しておく必要がある．しかし，第2にその前に以下のことを示しておきたい．マルクスの経済理論が価値論を基礎にしていることから，マルクスも，彼の理論をもとに理論を展開している諸研究者も，「貨幣＝金」という把握から「解放」されていない．マルクスの上向的理論展開のある段階に到達すると，「貨幣＝金」という把握は脱却されなければならない．

　これらのことを記したあと，第3に本書の構成について簡単に記したい．本書は14の章と第8章のあとに置かれる補章から構成されているが，第1章から第8章までが「現代の経済学批判体系」の前半部分であり，第9章から第14章までが後半部分である．

　さらに，第4に本書の第1章は「今世紀における日本経済の状況──資本蓄積の状況と内部留保」となっているが，冒頭の章でなぜこのようなテーマを扱うのか，このことを記しておきたい．

(1)　貨幣と金

　本書の表題が示しているように，本書はマルクスの「経済学批判体系」，経済理論を念頭に置いている．しかし，マルクスの理論をもとにするだけでは現代の世界経済，日本経済の現状と理論は明らかにならない．その理由については「まえがき」に記した．われわれはマルクスの理論を念頭に置きながら，新たな体系を作っていかなければならない．

　マルクスの『体系』だけを基礎にしては現代の世界経済，日本経済の分析は

十全なものにならないが，諸研究者のマルクスへのスタンスはいまなお大きく3つの潮流があり，いずれも「現代の経済学批判体系」を構想することから離れているように思える．1つはマルクスを丹念に論じることなく，一部分を引用しながら種々の批判を行なうものである．次は，逆にマルクスの理論に「忠実」に現代の日本経済，世界経済を分析しようとするものである．双方とも，マルクスの理論を諸草稿も含めて十分に検討していないように思える．マルクスの論述の一部，自分の所説に都合のよい部分の強調になっているのではないだろうか．あるいは，マルクスには全く言及しないものも多い（第3の潮流）．結果的に現代の『体系』の構築は放棄される．「まえがき」に記し，本論で詳しく論じるように丁寧にマルクスの諸論稿を検討して，その「不十分さ」，「混乱」，「間違い」を確認しながら現代の経済学批判体系を作っていく必要があろう．これが本来の方向であると思われる．

2番目の潮流についてさらに言えば，マルクスの理論に「忠実」に分析，理論展開を進めようとしてきた所説の多くは，マルクスの経済理論が価値論を基礎にしていることから，「貨幣＝金」という思考から解放されていないように思える．このことが，マルクスの理論を踏まえながらわれわれの理論を発展させるうえで障害になってきたのではないだろうか．価値法則が展開していくことと貨幣が金であるということは別次元の問題であろう．少し論じておこう．

平均利潤率が形成され，生産価格が基準になって諸資本間の諸商品取引が行なわれるようになると，その支払決済は小切手，手形によって，預金の振替によってなされるようになるだろう．金貨幣で行なわれると想定するのは「論理矛盾」になろう．生産価格が基本となる交換自体が「不等価」なのであるから金では不都合である．とはいえ，この場合の「不等価」交換は資本制下においては「公正」である．価値法則の展開によって，個々の取引は生産価格が基準になっていくのである．金が個々の交換を媒介すれば等価交換になってしまう．価値物ではない信用貨幣＝預金通貨（小切手，手形等を利用した一覧払預金の振替）がその交換の決済を終了させるのに適合的であろう．

そもそも拡大再生産に伴う貨幣量の増大を金生産で補充するのは不可能であった．金生産部門を想定した再生産表式には「無理・困難」がある．信用貨幣により貨幣の増大は実現し，資本制生産は自分の足で立つようになるのであ

る（拙書『『資本論』諸草稿の検討』日本経済評論社，2021 年，86-89 ページ，本書第 3 章第 3 節参照）.

　金本位制の下での金＝預金準備は社会的に必要な以上の貨幣量の増大に制約を及ぼし，為替相場の変動幅を一定内にとどめるために，また，諸国間の対抗から金が外貨準備として保有される．しかし，金が貨幣として，世界貨幣として実際に使われるのはごく限られた範囲においてである．資本制下における国内の貨幣量を規定するのは再生産の規模であり（『資本論』第 1 巻第 3 章に式で記された流通手段の量が従来もっぱら重視されてきたが──第 3 章で論じよう），「預金創造」を考慮しても「預金創造」の規模は再生産の規模に基本的に規定される（第 3 章，および第 8 章のアベノミクスの検討の箇所で論じよう）.

　以下のようなこともある．『資本論』第 3 巻第 5 篇の第 30〜32 章「貨幣資本と現実資本」における論述は，マルクスによって「比類なく困難な諸問題」とされ，自らの信用論をマルクスの理論においてきた研究者も，この部分が「核心にあたる」（前掲拙書『『資本論』諸草稿の検討』110 ページ参照）と言ってきた．マルクスはここでも金にこだわっており，貨幣は「地金，金貨，銀行券」（新日本出版社の新書版『資本論』⑪ 822 ページ，同社の新版⑩ 842 ページ）としたうえでの論述となっていて，貨幣の中には預金通貨＝一覧払預金残高は含まれていない．本書の第 5 章で論じるが，このようなマルクスの議論では「無理」があり（同上拙書 137 ページ），これでは，国内通貨も範疇として確定できないであろうし，資本蓄積過程における信用の役割も十全に論じられない[1].

───────────

1)　他方，イギリスの非マルクス派の理論家，銀行の実務家たちも 1830 年代以降，通貨主義と銀行主義に分かれて論争し，結局，論争は通貨学派の影響の濃い「ピール条例（1844 年）」に結実していった（リカードゥ等の古典派テーゼ，通貨主義と銀行主義の議論については，小野一一郎『近代日本幣制と東アジア銀貨圏』ミネルヴァ書房，2000 年の補論 1「国際金融」，とくに 252-257 ページを見られたい──この論稿は信用理論研究会『講座信用理論体系 III 第 2 部制度篇』日本評論社，1956 年に収められていたものである）．イングランド銀行も「通貨学派」の影響を受けたピール条例に従い，金準備を重要視し，それによって貨幣量，信用量を制約しようとした（拙書『国際通貨体制の論理と体系』法律文化社，2020 年，第 1 章の注 63，64）．1925 年のイギリスの金本位制復帰の時期においてもイギリスの資本家，実務家，研究者の多くは金準備にこだわり，そのこだわりがその後も続き，再建金本位制の維持のための諸政策──とくに金本位制を維持するためのイギリスの高位の公定歩合政策，対外投資規制──が実施された．これらについては，拙書『両大戦間期のポンドとドル』法律文化社，1997 年，とくに，第 2 章，

価値法則が展開（価値法則の「貫徹」ではない）していくと，ある論理段階になれば「貨幣＝金」では「論理矛盾」に陥るのである．マルクスもマルクスの理論をベースに自説を記述する研究者も，「貨幣＝金」の考え方からなかなか「解放」されてこなかった．「現代の経済学批判体系」を構築していく際，これらの意識から脱却されていかなくてはならない．

マルクス以後の日本の研究者の例をもう１つ示そう．金にこだわるスタンスが「IMF 体制」「ドル本位制」という２つの呼称にも及んできたのではないだろうか．「金交換」を重視して IMF 体制という呼称が使われるが，「金交換」がなくなった 71 年以後の国際通貨体制を多くの研究者は「ドル本位制」と呼んできた．金と交換されない国際通貨制度は「仮のもの」「本来の国際通貨制度」ではなく，いずれ「破綻」すると考えられたのかもしれない．若い研究者も年配の研究者のそうした意識に引きずられて「ドル本位制」という呼称を使ってきたように思える．あるいは，「本位」という用語を間違って使っていると言わざるを得ない．「ドル本位制」という用語ではドルが中心の国際通貨制度という以上のことは示されない（「ドル本位制」という用語の不適格性については拙書『ドル体制とユーロ，円』日本経済評論社，2002 年の 3-4 ページを見られたい）[2]．

第３章を見られたい．イギリスが「金へのこだわり」から「脱却」していくのは 1932 年春以降の「低金利・低為替政策」の実施からである（同上拙書，第４章参照）．

2) 「ドル本位制」という呼称が使われる場合，国際通貨範疇，基軸通貨範疇が十分に把握されていないことも多い．まず，世界貨幣と国際通貨の差異が明確になっていない．木下悦二氏は「国際通貨とは世界貨幣＝金とは異なる独自的範疇」（『国際経済の理論』有斐閣，1979 年，230 ページ）であると，国際通貨範疇の定立への重要な指摘をされた．しかし，木下氏においては国際通貨の範疇確立までには至っていないよう思える（とくに，氏の「為替の振替」についての説明には問題が多い——前掲拙書『国際通貨体制の論理と体系』，第２章の II，とくに 78 ページの注 14，『多国籍銀行とユーロカレンシー市場』同文館，1988 年，7 ページの注 12 参照）．この点の不十分さと，金に代わって外貨準備に占めるドルの比重の高まりから，氏も「「ドル本位制」という言葉にもある種の説得力がありそうである」（氏の前掲書 236 ページ）と言われる．さらに，「ドル本位制」論者には基軸通貨範疇が意識されていないようである．国際通貨，基軸通貨の範疇については本書第９章，第 11 章で詳しく論じよう．筆者は国際通貨，基軸通貨の範疇の定立のうえでドル体制という用語を使ってきた．ドルが基軸通貨として機能し，そのドルでもって国際信用連鎖が形成され，その信用連鎖がつくり出していく世界の国際金融構造の全体系である（同上拙書『国際通貨体制の論理と体系』，第４章など）．

(2)　マルクスの「経済学批判体系」について

　筆者は，本書において「現代における経済学批判体系」の編成を考察しよう
としている．経済学の諸範疇をどのような順で記述し，体系としてまとめあげ
るべきかを論じ，また体系に国家を位置づけ，国家を本格的に論じたのはマル
クスであった．古典派と呼ばれる経済学者たちも，マルクスほどには体系，国
家について検討を深めていないようである[3]．

　マルクスは『経済学批判要綱』への「序説」（MEGA 編集者は 1857 年の執
筆としている）において「1. 生産」「2. 生産の分配，交換，消費に対する一般
的関係」を論じたあと，「3. 経済学の方法」を論じ，最後に「4. 生産．生産諸
手段と生産諸関係．……生産諸関係と交易諸関係とにたいする関係での国家諸
形態と意識諸形態．法律諸関係．家族諸関係」という項目をあげ，意識諸形態，
法律の諸問題などについての短い文章を記している（『マルクス資本論草稿集①』
大月書店，25-66 ページ）．「序説」全体は検討に値する多くの論点を含んでいる
が，本書では，「3. 経済学の方法」を中心に論じ，「4. ……国家諸形態と意識
諸形態……」についても触れたい．

　「3. 経済学の方法」において，マルクスは「科学の方法」をいろいろな例を
提示しながら論じている．一例を記そう．「もし，私が人口から始めるとして
も，それは全体についての混沌とした表象であるにすぎず，もっとたちいった
規定を与えることによって，私は分析的に，だんだんとより単純な諸概念を見
いだすようになろう．表象された具体的なものからだんだんとより希薄な抽象
的なものに進んでいって，ついには，もっとも単純な諸規定に到達してしまう
であろう．そこからこんどは，ふたたび後方への旅が始められるべきであって，

---

3)　A. スミスの『諸国民の富』の篇構成は以下のようである．第 1 篇「労働の生産諸力に
　おける改善の諸原因について」，第 2 篇「資財の性質，蓄積および用途について」，第 3
　篇「国民における富裕の進歩の差異について」，第 4 篇「経済学の諸体系について」，第
　5 篇「主権者または国家の収入について」である．第 4 篇は「経済学の諸体系について」
　となっているが，「経済学は二つの別個の目的をたてている」とし，1 つは人民に生活資
　料を供給すること，もう 1 つは国家に十分な収入を供給することだとしている．そして，
　これらの目的を達成するのに商業の体系と農業の体系の 2 つの体系があるとし，前者の
　体系から記述を始めようと論じている．それは近代的な体系であり，われわれ自身の時
　代に最もよく理解されているものだとしている（大内兵衛，松川七郎訳『諸国民の富』
　岩波文庫，第 3 分冊，5-6 ページ）．

最後にふたたび人口に到達するであろう」（『マルクス資本論草稿集①』49 ペー
ジ）と記して，分析による諸規定，諸範疇の発見，後方への旅による豊かな概
念に到達するという「科学の方法」を示している．

「科学の方法」に関する種々の論述のあと，「3. 経済学の方法」の末尾に，
マルクスは経済学の体系は次のようになされるべきであるとして，篇の構成を
提示している（同，62 ページ）．(1) すべての社会諸形態に通じる一般的抽象的
諸規定．(2) ブルジョア社会の内的編成を構成する諸項目，資本，賃労働，土
地所有，……都市と農村……流通．信用制度．(3) ブルジョア社会の国家の形
態での総括．自己自身にたいする関連での考察．「不生産的」諸階級．租税．
国債．公信用．人口．植民地．移民．(4) 生産の国際的関係．国際的分業．国
際的交換．輸出入．為替相場．(5) 世界市場と恐慌．

従来の諸研究では，「3. 経済学の方法」のこれら 5 つの項目についてはいろ
いろに論じられてきた．筆者ものちに論じたい．しかし，序説の「4. 生産．
生産諸手段と生産諸関係．……生産諸関係と交易諸関係とにたいする関係での
国家諸形態と意識諸形態．法律諸関係．家族諸関係」についてはほとんど論じ
られてない．「3. 経済学の方法」の (3) の「ブルジョア社会の国家の形態での
総括」で言われている「ブルジョア社会」は「ブルジョア経済社会」だけでは
ないはずである．意識諸形態，法律諸関係，家族諸関係も包含するブルジョア
社会のはずである．したがって，国家を論じる際，この序説の「4」を念頭に，
意識諸形態，法律諸関係等も考察に入れた検討でなければならないはずである．
しかし，意識諸形態，法律諸関係等の本格的な検討は「経済学批判体系」の編
成の枠を超えているであろう．また筆者にはそれらの検討の十分な能力はない．
それ故，本書における意識諸形態，法律諸関係等の検討は，財政制度，金融制
度等の構築過程における諸意識（イデオロギー）の対立・抗争とそれを経ての
法制定（国家意思の確定）における問題として必要な限りで論じたい．また，
本書のしかるべき位置において「補章」として簡単に論じることにしたい．

マルクスは，「序説」において上のような経済学批判の体系プランを記述し
たが，その後も，若干の変更を加えながらプランをいくつか作成している．そ
のうち重要なのは，『経済学批判要綱』の本文（「資本にかんする章・ノート II」）
に記されたもので，次のように記されている．「I. (1) 資本の一般的概念，

(2) 資本の特殊性，(3) 貨幣としての資本[4]．II．(1) 資本の量．蓄積．(2) それ自身で測られた資本．利潤，利子．(3) 諸資本の流通．α) 資本と資本との交換．資本と所得との交換．β) 諸資本の競争．γ) 諸資本の集積．III．信用としての資本．IV．株式資本としての資本．V．金融市場としての資本．VI．富の源泉としての資本．資本家．——資本のあとには土地所有，土地所有のあとには賃労働．この3つがすべて前提されたうえで……3つの階級．次には，国家．(国家とブルジョア社会．——租税，または不生産的諸階級の存在．——国債．——人口．——外側にむかっての国家，すなわち植民地，外国貿易．為替相場．国際的鋳貨としての貨幣．——最後に世界市場．ブルジョア社会が国家をのりこえて押しひろがること．恐慌．……)」である（前掲『マルクス『資本論草稿集①』310-311 ページ）．

このプランには「序説」のプランと比較していくつかの特徴点がある．第1に，資本についてのII〜Vの部分がやや詳しくなっている．第2に，IIの(3)「諸資本の流通．α) 資本と資本との交換．資本と所得との交換」が，IIの(2)「それ自身で測られた資本．利潤，利子」のあとに挙げられている．つまり，現行の『資本論』でいうと，第2巻第3篇の部分が，第3巻の第1篇，第5篇のうちの第21章〜第24章のあとに置かれている．この位置づけについては，本書の章の配列にも影響を与えるかもしれない（第3章で後述）．第3に，国家の項に「外側にむかっての国家」という「序説」のプランにはなかった新たな範疇が記されている．第4に，さらに，世界市場に「ブルジョア社会が国家をのりこえて押しひろがること」という追加の説明が加えられている．ただし，「序説」の「4」に当たる部分（……国家諸形態と意識諸形態．法律諸関係……）はここにはなく，すべて経済学の体系となっている[5]．

しかし，マルクスは経済学の体系を記述することで終わろうとしてはいな

---

4) 資本の一般性，特殊性，個別性については，『要綱』の少しのちに，やや詳しく，内容も若干変えられて記述されている（『マルクス資本論草稿集①』329 ページ）．しかし本書ではその指摘だけにとどめておきたい．

5) 2つのプランそのものについては，木下悦二・村岡俊三編『資本論体系⑧』有斐閣 1985 年の冒頭章における「プランと『資本論』の関係」（木下悦二氏の稿）に見られる．また，吉信粛『国際分業と外国貿易』同文館，1997 年，第1章「国家と世界市場」，第2章「外側に向かっての国家と外国貿易」が参考になる．

8

かったであろう．マルクスは草稿である『経済学批判要綱』を書きあげたのち『経済学批判』（1859 年）の執筆に移っていく．その「序言」において，「ブルジョア経済の体制をこういう順序で，すなわち，資本・土地所有・賃労働，そして国家・対外商業・世界市場という順序で考察する」（『資本論草稿集③』大月書店，203 ページ）と，これまでに記していたのとほぼ同様の経済学体系を記したあと，次のように記している．「法的諸関係ならびに国家諸形態は，それ自体からも，またいわゆる人間精神の一般的発展からも理解できるものではなく，むしろ物質的な生活諸関係に根ざしている」（同，204 ページ）．マルクスは経済的土台のうえに法的諸関係ならびに国家諸形態が成り立っていることを意識している．経済学を軽視した法的諸関係ならびに国家諸形態，哲学・イデオロギーについての論議は不適当であることをわれわれに述べているのである．

　そして，経済的基礎の変化により上部構造が変革されると，以下のように記す．「社会の物質的生産諸力は，その発展のある段階で……生産諸関係と，あるいは……所有諸関係と矛盾するようになる．これらの諸関係は，生産諸力の発展諸形態からその桎梏に逆転する．そのときから社会革命の時期が始まる」（『資本論草稿集③』205 ページ）——引用 a．また，その次に以下のように記している．「経済的な基礎の変化とともに，巨大な上部構造全体が，徐々にであれ急激にであれ，変革される」（同）——引用 b，「経済的生産諸条件における……物質的な変革と，人間がそのなかでこの衝突を意識し，それをたたかいぬく形態である法的な，政治的な，宗教的な，芸術的あるいは哲学的な諸形態，簡単にいえばイデオロギー的な諸形態とをつねに区別しなければならない」（同）——引用 c，とあるように，マルクスは『批判要綱』の「資本にかんする章・ノート II」に書かれた経済学批判体系プランでは，「序説」の「4」で言われていた意識諸形態，法律諸関係などは記していないが，『経済学批判』の「序言」では明確に将来的にはそれらにまで理論を進めていかなければならないことをはっきり示している[6]．しかし，筆者は注 6 に記したように，「序言」

---

6) とはいえ，「序言」におけるこれらの文章の意味を慎重に解釈しなければならない．この点は，本書の「補章」の内容と関連している．引用 a では，生産諸力の進展がある段階に達すると生産諸関係の変革が必然となることが言われているが，「自然」に，「行き詰まる」ことによって生産諸関係の変革が始まるのかどうか，このことをわれわれは問わなければならない．引用 b では，経済的な基礎の変化とともに巨大な上部構造全体が

では変革の際における国民の意識諸形態の高度化（変革主体の形成）についての論究が十分ではなく不完全のように思える．

　筆者が「現代の経済学批判体系」の編成を作成しようとする場合，その体系は経済学の体系であり，意識諸形態，法律諸関係などを本格的に論じるわけではない．その能力もない．ただし，現代の体系の編成を作ろうとするにあたって，いつも，意識諸形態，法律諸関係，国家などが念頭にあり，国家の変革はどのように実践されるのか，このことについて，経済学だけでなく思想論（イデオロギー論），法学等の諸分野の研究者は論じていかなければならないと考えている．本書では，「補章」において少しだけ論じたい．

(3)　「現代の経済学批判体系」の前半体系と後半体系

　「現代の経済学批判体系」の前半部分（前半体系）は第1章から第8章までである．第6章までは国家が前提されながらも国家については論じられず，ブルジョア社会の国内経済過程が扱われている．国家は第7章で論じられ，「ブルジョア社会の国家の形態での総括」とはどのようなことか，基本的なことが明らかにされる．ただし，第7章では国家がブルジョア社会のイデオロギー，

変革されると言われるが，「経済的な変革」と「上部構造の変革」との関連はどうなのか．前者の変革が後者の変革を促しその変革を実現させていくのだろうか．

　引用 c は，この関連を示そうとしたのであろうか．引用 c の文のすぐ後に，「（人間がこの衝突を意識することになるが——引用者），この意識を物質的生活の諸矛盾から，社会的生産諸力と生産諸関係とのあいだに現存する衝突から説明しなければならない」（同），「新しい，さらに高度の生産諸関係は，その物質的存在条件が古い社会自体の胎内で成長しきるまでは，けっして古いものにとって代わることはない．それだから，人類はつねに，自分が解決しうる課題だけを自分に提起する」（206ページ）と記される．これらのことは正しいであろうが，衝突が必然であることを意識した人間が，経済的な基礎の変革に立ち向かうという筋道は示されているのだろうか．変革の「主体」の形成（諸意識の変化・高度化の進展の如何）が十分に言われていないように思える．

　本書第2章で述べるように，『資本論』第3巻第15章（「序言」のあとの執筆）において，マルクスは利潤率の低下によって恐慌が発生し，資本制的生産様式が「行き詰まる」かのように記している．マルクスは，『資本論』第3巻の第15章の草稿を執筆する時点でも，恐慌の勃発が資本制的生産様式の変革の「起点」になるように考えていたようである．変革の「主体」の形成（諸意識の高度化）が十分に認識されていなかったのである．その弱点は「序言」にもあろう．すくなくとも「序言」では，変革の「主体」の形成（国民の諸意識の高度化の過程）が十分には論じられていない．

法的形態などをどのように総括するかについては論じられていない．その意味ではブルジョア社会全体の総括は論じられていない（補章参照）．第7章での「国家形態での総括」を踏まえて，第8章でマルクスのプランには明確に記されていなかった中央銀行の設立，国民通貨の範疇が論じられる．中央銀行を頂点とする国内決済の様相が明らかになってこそ国民通貨が論じられえるのである．

　また，これらを受けて金融政策を論じることが可能となり，第8章の第2節ではアベノミクスの第1の矢「＝異次元の金融政策」が論じられる．補章は経済学の体系には直接には含まれないが，国民によるブルジョア国家の改革の見通しを，イデオロギー，法などの上部構造について触れながら国民の「社会的意識の高度化」に関連させて簡潔に論じている．その補章のあと「現代の経済学批判体系」の後半部分が第9章から始まる．第9章では「外側に向かっての国家」がその出発となる．

　マルクスのプランでは「三つの階級」のあとの「国家」以降が後半体系とみられることが多い．そうすると，中央銀行，国民通貨も後半体系に含まれることになる．本書では中央銀行，国民通貨は前半体系に含め，国内経済と国家からなる「国民経済」の範疇までを前半体系とし，第9章で多様な諸国家の並存と，外国貿易，貿易収支，国際通貨の諸範疇が論じられ，後半体系がはじまるものとした．第10章以下では，第2次大戦後の多国籍企業，ドル体制，ユーロ体制等の国際通貨体制，それらの持続性が論じられ，さらに，今日のロシアのウクライナ侵攻，中国の「一帯一路」がそれらの体制の動揺をもたらすのかが論じられる．後半体系の部分である第9章以下は，外国貿易，貿易収支，国際通貨などの基礎的範疇の解明とそれらを受けての第2次大戦後の世界経済の論究である．

(4)　第1章，第2章について

　さて，本書の第1章は何をテーマとするか，これは本書の性格の一端を示しているかもしれない．本書第1章は，『資本論』の検討，反省ではなく，今世紀に入って以後，2010年代中頃までの——アベノミクスが実施される前から実施後の時期の日本経済の資本蓄積の諸困難，諸問題についてである（これら

の諸困難，諸問題の大部分は 2020 年代中期の今日まで克服されていない）．その意味は，マルクスの経済学批判体系を念頭におきつつ，日本経済の現状から出発して「現代の体系」の構成を模索し，理論の体系を探ろうとするものである．現在の日本における資本蓄積過程の弱点，脆弱性，他方の「非正規雇用」などの労働力の相対的過剰，労働力の再生産における貧困状態の基本要因を探り出し，その克服の方途に横たわっている諸問題を目に見えるものにするものである．そのような意味で第 1 章は本書の出発点であり，日本経済の現状を分析している．その克服の方途は本書第 8 章のあとの補章において，国民の社会意識の高度化＝主体形成の問題として簡単に提起したい．

　『資本論』の諸篇・諸章のうち，筆者が取り上げた最初の篇・章は，第 3 巻の第 3 篇，とくに第 15 章である．本書第 2 章にその検討が置かれている．そして，本書の第 2 章は日本経済の現状を分析するに当たり，マルクスが第 3 巻第 15 章で論じた「資本の過剰」についての論述が有効なのかを検討している．そのような意味で，第 2 章は第 1 章を補うものである．本書の第 2 章以下で『資本論』（およびその諸草稿）を検討するのは，現状の日本経済，世界経済を分析するのにどこまで有効であるかという視点がある．現状の分析を離れてマルクスを検討しても意味が乏しくなろう．

第1章
今世紀における日本経済の状況
―資本蓄積の状況と内部留保―

はじめに[1]

　序論で記したように，本章から第8章までは「現代の経済学批判体系」の前半部分である．さて，21世紀に入って，日本の大手企業は巨額の「内部留保」を累積してきている．産業構造の新たな「革新」の動きが一部にはみられてきているとはいえ，新たな投資が十分に進まないまま，利益剰余金等が内部留保として積み上げられてきた．過剰な資本が生まれてきたのである．本章は，1990年代末から2010年代末までの日本の資本蓄積の状況，過剰資本（＝「内部留保」）の形成，形態についての概要を実証的に示し，その分析から現在の日本経済の諸特徴を明らかにしていくことを課題としている．

　この課題設定の意味は，マルクスの経済学批判体系を念頭におきつつ，「現代の経済学批判体系」の再構成を模索し理論の体系を探ろうとするに際し，日本経済の現状から出発して，一方では日本における資本蓄積の脆弱性の反映である「内部留保」の蓄積，他方では「非正規雇用」などの労働力の相対的過剰，労働力の再生産における貧困状態の基本要因を探りだそうとするものである．かつ，その克服の方途に横たわっている諸問題を目に見えるものにするためである．序論にも簡単に記したが，これらの日本経済の状態が現代の「批判体系」を再構成する出発点となる．この状況をまず念頭に置きながら体系化の一

---

1) 本章は以下をもとにしている．拙稿「内部留保と過剰資本――非正規雇用，対外投資の増大」『立命館国際研究』35巻1号，2022年2月．なお，以下のことを記しておきたい．金融機関等の調査研究者が内部留保の諸実態に迫るレポート，調査，論稿を残されており，本章ではアカデミズム以外の諸機関の調査研究者の論稿を多く引用し参考にさせていただいた．

歩を始めよう．

1. 企業の内部留保の増大

今世紀に入って，日本の大手企業の「内部留保」が大きく増加している．小栗崇資氏の論稿[2]からその推移を示そう．表1-1である．氏によると，内部留

表 1-1 大企業（資本金 10 億円以上，全産業 5500 社）の
内部留保と主要項目の推移

(兆円)

	2001 年	2005 年	2010 年	2015 年
流動資産	223.0	242.4	263.0	301.4
現金・預金	37.4	37.8	45.8	58.6
固定資産	368.0	387.7	448.0	496.9
有形固定資産	217.9	205.9	197.2	195.0
無形固定資産	9.7	11.5	11.3	12.1
投資その他の資産	140.3	170.4	239.6	288.8
投資有価証券	86.8	119.1	177.4	217.4
株式	79.2	110.4	167.2	206.7
資産合計	591.4	630.5	711.3	813.3
流動負債	212.8	212.8	212.0	224.5
固定負債	184.7	170.7	194.3	226.4
純資産（資本）	193.6	246.8	297.7	362.4
資本金	55.6	59.1	75.4	75.5
資本剰余金	53.3	58.7	93.4	98.7
利益剰余金	84.7	117.8	141.3	182.2
負債・資本合計	591.4	638.0	736.1	813.3
役員給与・賞与（億円）	8,240	15,454	8,483	8,630
従業員給付	52.0	48.5	51.2	50.8
労働分配率	62.9%	53.8%	57.0%	51.9%
従業員1人当たり給付（万円）	764	719	682	675
公表内部留保（狭義）	84.7	117.8	141.3	182.2
実質内部留保（広義）	167.8	220.1	267.6	323.0

出所：小栗崇資「大企業における内部留保の構造とその活用」『名城論叢』第 17
巻第 4 号，2017 年 3 月の図表 1 より．

---

2) 小栗崇資「大企業における内部留保の構造とその活用」『名城論叢』第 17 巻第 4 号，
2017 年 3 月．

保については狭義（公表されている内部留保）と広義の区分があり，前者は
「利益剰余金」で，後者はそれに「他の様々な項目に隠された実質利益の蓄積
分」（氏の論稿の3ページ）が加えられたものである．公表内部留保は2001年
度の84.7兆円から15年度に182.2兆円に増加し，実質内部留保（広義）も
167.8兆円から323.0兆円に急増している．2015年度の公表内部留保は同年度
の名目GDP（532.2兆円）の約35%，実質内部留保は約60%に達している（同，
3ページ）．また，この間，資産合計の倍率は137.5%であるのに対して，公表
内部留保の倍率は215.1%，実質内部留保の倍率は192.5%である．狭義の内部
留保の総資産に占める比率も01年度の14.3%から15年度の22.4%に上昇し
ている．

　それでは，内部留保とはどのようなものだろうか（小栗氏の論稿の図表3参
照）．企業会計においては，「付加価値」は売上高から外部購入分である「売上
原価」を控除して得られる売上総利益（粗利）から減価償却費を差し引いた分
がほぼ相当するという（5ページ）．ここで，外部購入分は直接材料費，燃料・
水光熱費，保険料，倉庫料，広告費などである．そして，「付加価値」から人
件費，支払利息，法人税等，株主への配当，役員報酬，設備投資を差し引いた
分が「内部留保」である（小栗氏の論稿の図表3には「役員報酬」「設備投資」
が欠落している）．マルクスの理論をもとにすれば，おおよそ以下のようであ
ろう．外部購入費が不変資本のうちの流動資本であり，それに減価償却（固定
資本）を加えたのが不変資本 (c) の全体である．付加価値 (v＋m) のうち人件
費は可変資本 (v) であり，剰余価値 (m) は利息，諸税，株主配当，役員報酬，
設備投資，内部留保から構成される．

　以上のように内部留保を把握したうえで，それが急増してきたのはなぜだろ
うか．小栗氏は2つの要因が主要因であるとされる．1つは，人件費の削減で
ある．小栗氏の論稿の図表1から筆者が抜き出して作成した表1-1によると，
01年度の「従業員給付（実際額）」は52.0兆円であったのが，05年度に48.5
兆円，10年度に51.2兆円，15年度に50.8兆円と低下している．従業員1人当
たりの給付は01年度に764万円であったのが15年度には675万円にまで落ち
込んでいる．労働分配率はその間62.9%から51.9%へと低下している．小栗
氏は，「非正規の従業員を増やすことによって，正規の従業員の賃金も抑制し

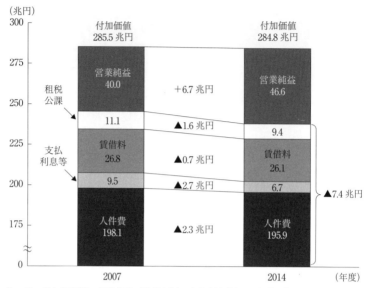

注：1) 付加価値額＝営業純益（営業利益－支払利息等）＋人件費（役員給与＋役員賞与＋従業員給与＋従業員賞与＋福利厚生費）＋支払利息等＋動産・不動産賃借料＋租税公課
2) 上図の賃借料は，動産・不動産賃借料を示す．
出所：小西祐輔「設備投資伸び悩みの背景」『みずほリサーチ』Feb. 2016 の図表4より，ただし財務省「法人企業統計」より，みずほ総合研究所作成．

図 1-1　付加価値額の推移

つつ人件費（従業員給付）全体を切り下げている」(5 ページ）と記される．

氏が言われる内部留保の増大の次の要因は法人税の減税で，「97 年度まで 37.5% であった税率が，消費増税を機に 98 年度には 34.5% に引き下げられ，01 年から 11 年までは 30.0% となり，12 年からは 25.5%，15 年には 23.9% となっていった」(6 ページ）．「付加価値の分配上，法人税等が減少すれば，その分がやはり利益の増加を通じて内部留保に回っていく．しかもその分は消費増税が肩代わりしたことになる」(同）と記される．

以上の2要因は，他の論稿からも知られる．みずほ総研の小西祐輔氏が示された図 1-1 を見られたい．2007 年度と 2014 年度の付加価値の諸構成が示されている．その間に人件費が 2.3 兆円減少，租税公課が 1.6 兆円減少している．支払利息等が 2.7 兆円減少しているのは，内部留保の増大により外部資金調達

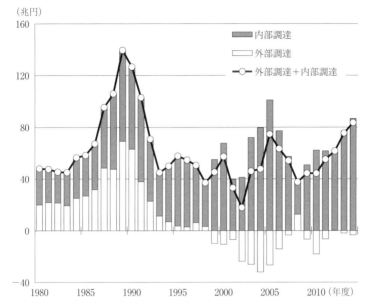

注：集計対象は全規模・全業種（金融・保険業除く）．
出所：太田珠美「内部留保は何に使われているのか」大和総研 2015 年の「金融・証券市場・資金調達レポート」2015 年 12 月 17 日，図表 1 より，財務省「法人企業統計」より大和総研作成．

図 1-2　企業の資金調達額（フロー）の推移

が大きく減少しているからであり（図 1-2），2 次的要因である．つまり，人件費と租税公課が減少して内部留保が増大して，外部調達の減少，内部調達の増加が進み支払利息が減少しているのである．それらの諸要因が中心となって 6.7 兆円の営業利益を生み出し，内部留保の増大につながっているのである．
　さらに詳しくみると，図 1-1 の注 1 によれば人件費の中には役員の給与・償与も含まれており，表 1-1 に示されているようにそれらは増加している．つまり，人件費の減少は従業員の給与・償与の減少によるものである．
　内部留保の増大については，以上の諸要因に加えて設備投資の動向について論じる必要があるが，それについては第 3 節で言及する．有形固定資本への投資はこの間ほとんど増加していない．表 1-1 を見ても，01 年に 217.9 兆円であったのが，15 年には 195.0 兆円で少し減少しているほどである．したがって，従業員の人件費，租税公課の減少が主な規定因になり営業利益が増加している

のに，有形固定資本への投資が伸びず内部留保が増加しているのである．これは「資本の過剰」が発生している事態であろう．

2. グローバル化，IT 化の中での非正規雇用の拡大

今世紀に入って以後の企業の内部留保金の増大の主要因が，非正規雇用の増大であることが小栗氏によって指摘された．まず，1990 年代以降非正規雇用がどれぐらい増大しているかを見よう（図1-3）．正規雇用数がピークになるのは1990年代後半期であるが，その時期から正規雇用数が減少し，逆に非正規雇用数が増加していっていることがはっきり見て取れる．非正規雇用の全雇用者に対する割合も 90 年代中期の 20% 前後から 40% 近くまで上昇している[3]．それでは，なぜ内部留保を増大させる非正規雇用が増大したのであろうか．雇用の在り方は，企業の投資，資本蓄積およびそれらを取り巻く経済環境によって規定される[4]．したがって，1990年代末以降の日本企業が直面している環境

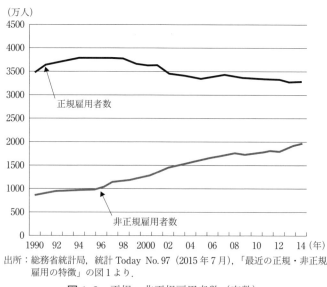

出所：総務省統計局，統計 Today No. 97（2015 年 7 月），「最近の正規・非正規雇用の特徴」の図 1 より．

図 1-3　正規・非正規雇用者数（実数）

---

3) 前掲拙稿，第 4 図（図 1-3 と同じ資料より）．

第1章　今世紀における日本経済の状況　　　19

変化，資本蓄積をまず見なければならない．

　1990年代末からの経済のグローバル化と情報通信技術の進展がまず指摘されなければならない．アルバイト，パート等の不安定雇用は，以前から小売業，飲食業等の部門に広く存在していたが，1990年代末からの非正規雇用は以前のものとは次元を超えるものになっていった．それを規定したものが，1990年代末以後の経済のグローバル化，IT技術の進展である．

　経団連の文書「多様化する雇用・就労形態における人材活性化と人事・賃金管理」（2004年5月）は，第1章「企業経営の環境変化と人材活用の多様化」において，環境変化の第1に「経済のグローバル化」を挙げ，グローバル化による国際競争の激化のもとで，「総額人件費管理の徹底と人件費の柔軟化が課題となっている」と記している．また環境変化の第2に「情報通信技術（IT）等の進展」を挙げている．

　このように，1990年代末から2000年代にかけての非正規雇用の拡大は，企業環境の大きな変化によって規定されたものであり，2000年代における非正規雇用は不安定雇用の新たな次元を形成しているものと把握されなければならない．

　さて，グローバル化と非正規雇用との関連であるが，佐藤仁志氏は「2001年時点で外需依存度の高かった産業ほど，その後，雇用の非正規化をより積極的に進める傾向があったことがわかる」，「少なくともデータの示すところは，雇用の非正規化によって，雇用調整を容易にし，かつ労働コストを下げることで，外需依存による売り上げ利益のリスクや国際市場での低価格競争などへの対応力をつけていったという主張と符合する」[5]と言われる．また氏は，別の論稿で「経済のグローバリゼーションとの関係では，製造業における雇用の非正規化に焦点を当てることが重要と考えられる」[6]と述べられる．

　4）『資本論』においては次のように記されている．「蓄積の大きさは独立変数であり，賃金の大きさは従属変数であって，その逆ではない」（第1巻第23章「資本主義的蓄積の一般的法則」新日本出版社の『資本論』新書版④1067ページ）．
　5）　佐藤仁志「グローバル経済下における雇用の非正規化」『RIETI』（独立行政法人経済産業研究所），コラム・寄稿，2010年6月22日．
　6）　佐藤仁志編『雇用の非正規化と国際貿易』アジア経済研究所，2010年3月，第2章の2ページ．

それでは，外需依存の高い製造業，企業が非正規雇用によりどのようなメリットを得ようとしているのだろうか．上の指摘にあったように，まずは労働コストの引き下げが挙げられよう．国際的な価格競争について，佐藤氏は以下のように言われる．「外国からの安価な輸入財に対抗して価格競争力を維持せんがために非正規社員で正社員を代替する可能性がある一方，むしろ輸出企業が海外での更なる価格競争力をつけるために非正規社員比率を高める」[7]．このような輸入，輸出における価格競争の大きな手段として国内・非正規雇用が利用される．円高になればなおさらであろう．とくに，技術などでの競争力を失った産業，企業ほど，商品が成熟製品になるほど，価格競争力に依存する度合いが高くなり，そのような産業，企業は非正規雇用への依存率を高めていく．

かくして，グローバル化の中で新興国，途上国との価格競争が厳しくなる産業においては，新興国，途上国の雇用状況，賃金状況が日本国内の雇用，賃金状況を規定するようになる．グローバル化は，かくして日本国内の雇用の在り方を不安定化させるばかりでなく，賃金の切り下げ圧力にもなっていく．とくに，労働集約的な工場立地が進んでいる地方の所得水準を低下させ，所得の地域格差を生む条件にもなっていった．それを加速させているのは，日本企業のアジア諸国等への対外直接投資である．途上国等への直接投資は，途上諸国，新興諸国の低賃金を直接利用しようとするものである．それがまた日本国内の雇用，賃金を規定するようになる．「予想を遥かに上回るグローバル化の進展は，生産の海外移転のスピードに国内産業の高付加価値化が追いつけない事態を招き，結果的に製造業から大量の失業者が発生した」[8]．

さらに，雇用調整＝雇用総数の弾力性を高める手段としての非正規雇用の利用が挙げられる．それはIT化，グローバル化と関連している．グローバル化については述べたのでIT化との関連で述べよう．先に挙げた経団連文書は，「IT化は，仕事の標準化をもたらし，それまで正規従業員が担当していた業務がパートタイマーやアルバイトでも十分賄えるようになったため，非正規従業

---

7) 同上，2ページ．
8) 伊藤実（労働政策研究・研修機構）「グローバル化，IT・技術革新の雇用構造への影響」第5回北東アジア労働フォーラム『経済成長と雇用におけるパラダイム（規範）の変化』(2006年10月26日) への文書（https://www.go.jp/institute/kokusai──検索日2021年8月18日）の4ページ．

第 1 章　今世紀における日本経済の状況　　21

員の増加をもたらしている」と記している．IT 化による仕事の標準化は技術的に競争力を失った産業に限らず全産業に及ぶであろう．したがって，外需に依存していない，また海外生産に無縁な産業，企業においても非正規雇用は増加していく．

　また，非正規雇用の拡大には製品の短命化も重要であろう．以下の文章がある．「製品の短寿命化は，雇用を固定的なものから，短期的，変動的なものとして見なす傾向を強める」[9)]「エレクトロニクス製品を中心として，最近の製品ライフサイクルは短期化しており……モデルチェンジの短期化は，製品の生産・販売台数の変動を大きくするため，労働力もそれに対応させる必要が高まっている……とりわけ，製品を完成させる最終組立工程や検査工程，梱包・出荷工程などでは，非正規雇用で生産台数の変動に対応する傾向を強めている」[10)]．

　製造過程のモジュール化の進展も非正規雇用を増加させている．モジュール化とは，「一連のビジネスプロセスをいくつかの集まり（モジュール）に分解し，複雑な製品，システム，プロジェクトを作り上げていく」[11)]ことであるが，「モジュール化は，パソコンや携帯電話機が典型例であり，工場では非正規雇用労働者の占める割合が，80〜90% に達しているところもある」[12)]という．

　ところが，非正規雇用の比率が極めて高いこの分野で日本の電機（子）産業は対応が遅れ国際市場において後退が目立っている．日本総研の論稿は次のように述べている．「デジタル化は各部品のインターフェイスの標準化を促し，製品のアーキテクチャをモジュラー型へと変化させていく力となった」[13)]と述べ，「モジュラー型製品では，後発企業に技術的に短期間に追随され，先行者利益を享受できる期間が短い」，「わが国企業は，デジタル家電の要素技術の多くを開発しているにもかかわらず，数年後には韓国，台湾，中国の製品に席巻され，研究開発のための投資を回収しないうちに市場から撤退を余儀なくされ

---

9)　佐藤編，前掲書，10 ページ．
10)　前掲，伊藤実氏の論稿，11 ページ．
11)　同上，13 ページ．
12)　同上，13 ページ．
13)　藤田哲雄「わが国の電機産業の再生に向けて」日本総研『JRI レビュー』2013，Vol. 6,
　　No. 7，65 ページ．

る例が続いている」[14]と記している.

　同じような指摘が他の諸氏からも行なわれている. 西村吉雄氏は電子産業に加わった圧力として, 以下の4つを挙げられ, 1) 半導体集積回路における価格低下圧力, 2) プログラム内蔵方式は付加価値の源泉をソフトウエアに移す（ソフトウエア圧力）, 3) プログラム内蔵方式では処理の対象も手続きもデジタル化される（デジタル圧力）, 4) インターネットは企業間取引コストを下げ分業を促進する（ネット圧力）, これらの圧力に対する「一般解」は「分業構造の革新」であるとされる[15]. ところが日本企業は分業を嫌い, 4つの圧力に日本企業は対応せず, 伝統的垂直統合と自前主義にたてこもったと述べられる[16].

　三輪晴治氏は, 半導体産業の衰退を1990年代以降の日本経済の停滞と関連させて次のように述べられる. 少し長いが, 重要な指摘と思われるので引用しよう.「日本産業はグローバル市場で価格切り下げ競争に走り, 価格を下げるために「非正規社員制度」をつくり, 移民を入れて, 賃金を下げていった. これで日本の内需は縮小し, GDPも拡大せず, デフレに陥った. 産業はますます海外に工場を移さざるを得なくなった. 日本的な強い商品を捨てて, 世界市場で価格の切り下げ競争に走り, 培った技術力を捨て, 産業を衰退させてしまった. 海外に工場を移しても, 海外での産業活動は日本のGDPには貢献しない. むしろ, 生産活動を海外に移したことにより国内の職場が無くなり, GDPは減っていった. こうした中で日本の半導体産業も崩壊してしまった」[17].

　確かに日本の電機（子）産業はモジュール化に十分対応できず, ここに言わ

14）　同上, 65ページ.

15）　西村吉雄『電子立国は, なぜ凋落したか』日経BPマーケティング, 2014年, 211-212ページ.

16）　同上, 231ページ. 次の文章も見られたい.「日本のエレクトロニクス関連産業は, 設計と製造の垂直統合を続けた. ……日本企業の経営者のほとんどは, バブル以前の企業文化のなかで育ち, そこでの実績によって経営者に「出世」した人たちである」（同, 237ページ）. 文化についての指摘は興味がある. おそらく, ここで言われる文化は, 企業文化, 経済分野の諸庁の官僚文化なども含まれるし, 国民の中にある広範な文化風土もあるだろう.

17）　三輪晴治「日本半導体産業の発展と衰退」『世界経済評論IMPACT』No. 2159, 2021年5月24日.

れているように，非正規雇用だけでは価格競争に対抗できず衰退していった．しかし，非正規雇用の拡大，日本のGDPの伸びの低さを電機（子）産業だけに帰すことはできないであろう．

　モジュール化の進んだ電子産業に対して，自動車メーカーに典型的なビジネスモデルは「統合型（摺り合わせ型）もの造りシステム」である．「3万点から5万点にもおよぶ部品を組み立てるモデルである．モノ造り能力，改善能力，進化能力の三階層からなる「統合型（摺り合わせ型）もの造りシステム」をいかに築き上げるかが，市場競争力を左右する」と言われ，「こうしたシステムでは，個別企業内に蓄積された技術や熟練が，市場競争力を左右することになるため，労働力も正規雇用が中心となる」[18]．

　しかし，こうした産業においても，製造工程のいくつかの工程では，IT化によって労働が標準化・単純化され，技術労働者，熟練労働者を要しないであろうから，それらの工程では企業は社会全般に広がった非正規雇用を利用するであろう．自動車産業はモジュール化を免れ競争力を維持できたが[19]，国際的な価格競争力を背景にIT化によって非正規雇用で可能な製造工程，作業においては正規雇用が非正規雇用に置き換えられていった．また，社会全般に広がった非正規雇用は賃金水準を社会全体的に引き下げているから，正規雇用であっても賃金水準は高まらない．それによって日本の自動車産業は競争力を高めることができた．日本の自動車産業が競争力を一定維持しているとはいえ，日本のGDPの伸び，内需の拡大に貢献することはできていないことを忘れてはならない．

　以上，グローバル化，IT化，モジュール化の進展に伴う非正規雇用の増大を簡単に見てきたが，上に見てきたように非正規雇用は競争力の弱い産業，製品の短寿命化，モジュール化が進んでいる産業分野だけでなく，一定の競争力がある自動車産業などの分野にも及び社会全般に拡大していき，GDPの伸びも2000年代以降停滞してきているのである．

---

18)　前掲，伊藤実氏の論稿，13ページ．
19)　今後，電気自動車が一般化する過程で自動車産業においても製造工程のかなりの部分は「モジュール化」していくであろうから，競争の在り方も変化していくであろう．

3. 内部留保金の使途

それでは，内部留保の使途はどうであろうか．内部留保は設備投資も含めてどのような投資に当てられているのだろうか．それを見るためには貸借対照表の資産項目を見なければならない．大略が大和総研の太田珠美氏の論稿[20]から知ることができる．「毎事業年度の利益のうち社内に留保されるものは純資産の部に利益剰余金として計上される．この時，調達した資金を用いて設備投資をすれば有形固定資産，企業買収をすれば投資有価証券，とくに何もしなければ現金・預金が貸借対照表の資産側に計上される」[21]．

このことを確認して太田珠美氏が大和総研発行の誌に呈示された図1-4を見

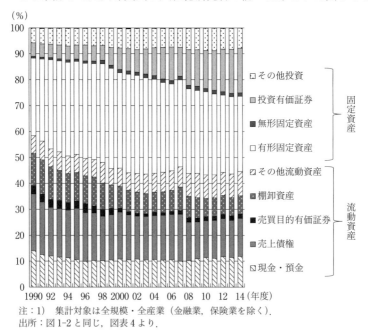

図 1-4　企業の資産の構成比 [1]

---

20) 太田珠美「内部留保は何に使われているのか」大和総研 2015 年の「金融・証券市場・資金調達レポート」2015 年 12 月 17 日．
21) 同上，3 ページ．

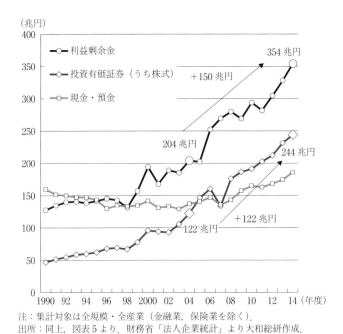

図 1-5　利益剰余金による調達額と株式，現金・預金保有額

よう．これは，企業（金融業，保険業を除く全産業）の資産項目の変化を示したものである．「固定資産」のうち，「有形固定資産」の額はわずかに減少（2004年度から2014年度に11兆円の減少）[22]しており，他方，「投資有価証券」の額がこの間，122兆円から244兆円に増加している（図1-5）．つまり，工場，施設，機械等の「有形固定資産」はわずかであるが減少し，企業買収等を表わす「投資有価証券」が大きく増加している．この図からは「無形固定資産」の増加は限られている．また，現金・預金も同期間に49兆円の増加となっている[23]．

図1-4において「無形固定資産」の増加がわずかになっているのは，無形資産についての情報開示に課題が残ることにもよろう．「法人企業会計」からは

---

22)　同上，3ページの文章．
23)　同上，3ページの文章．小栗氏の表1-1をみても有形固定資産が減少し，投資有価証券が大きく増加していることがわかる．

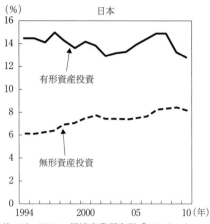

注：1) BEA，経済産業研究所「JIP データベース 2014」，内閣府「国民経済計算」により作成．
出所：内閣府『日本経済 2014-2015』2015 年 1 月，第 3-2-4 図の(2)．

図 1-6 無形資産投資，有形資産投資（民間投資）の対名目 GDP 比推移[1]

無形資産については十分に把握できない[24]．しかし，近年，無形資産への投資が増加してきている．内閣府の資料が図 1-6 に示されている．また，経済産業研究所「JIP データベース」をもとにしたものが「みずほリサーチ」に掲載された小西祐輔氏の図 1-7[25]である．日本企業の無形資産投資はアメリカ，イギリス，ドイツと比べて低い水準にあるが，企業の有形・無形を合わせた投資の 4 割以上が無形資産投資となっており，無形資産への投資の増加が統計上の設備投資が伸びにくい一因になっているとも言われる[26]．

このように日本企業の無形資産への投資に一定の増加があるとはいえ，この間，それを上回る「投資有価証券」（＝固定資産株式）が大きく増加している．そこで「投資有価証券」の具体的内容であるが，太田珠美氏は日本銀行の「資金循環統計」を用いて企業の各種投資フローを示されている（図 1-8）．この図を見ると国内の株式への投資はごく限られている．ほとんどが対外投資であり，フローでは対外直接投資の増加

---

24) 「企業会計の分野においては，一定の要件を満たすものについては無形資産の資産性を認めるとしてきたが，無形資産の認識と測定に関する議論は，長い間，進展していない．……無形資産投資の情報開示には課題が残るとされる」（板津直孝「持続的な企業価値の向上に不可欠な無形資産投資」『野村資本市場クォータリー』2017 年，Winter，12 ページ）．

25) なお，内閣府『日本経済 2014-2015』（2015 年 1 月）の第 3-2-4 図も同様に経済産業研究所の「JIP データベース」を使ったものである．ただし，「JIP データベース」では，無形資産は 2010 年までしか得られないという．

26) 『みずほリサーチ』2016 年 2 月に掲載の小西祐輔「設備投資伸び悩みの背景——固定資産株式と研究開発費の増加」4 ページ．この論稿は図 1-7 の出所に記載されているように内閣府の資料を参考にしている．無形資産への投資については，今後注視していく必要があろう．

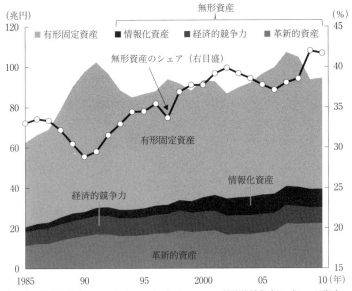

図 1-7　無形資産投資の推移

が著しい．ストックでは 2014 年時点で対外直接投資と対外証券投資がほぼ半分である[27]．近年，「企業が海外に子会社を設立したり，現地企業に出資（もしくは現地企業との合弁会社を設立）したり，海外企業を買収するケースが増えたことで，投資有価証券（株式）の保有が増えている」[28]のである[29]．

---

27)　太田氏の前掲稿の図表 7 の右図参照（本章では割愛）．
28)　同上太田氏の論稿 6 ページ．
29)　『資本論』第 3 巻第 15 章において，マルクスは次のように記している．「資本が外国に送られるとすれば，それは，資本が国内では絶対的に運用されえないからではない．それは，資本が外国ではより高い利潤率で運用されうるからである．しかし，この資本は，就業労働者人口にとっては，またその国一般にとっては，絶対的に過剰な資本である．この資本は，そのようなものとして，相対的過剰人口と並んで実存する．そして，これ

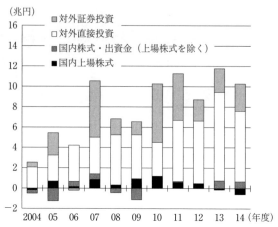

注：民間非金融法人企業の数値．
出所：図1-2と同じ．図表7より．日本銀行「資金循環統計」より大和総研作成．

図1-8　企業の各種投資のフロー

　太田氏の論稿で示されたように，内部留保は国内設備投資，国内への投資よりも対外投資，とりわけ直接投資に使われ，「海外における工場建設や設備投資がGDPに反映されないこと」[30]で，日本の成長率はこの間，停滞していたのである．このことに関連して，太田氏は，論稿の末尾に近い部分において次のように言われる．「個別企業の投資判断として海外投資を増やすことが最良の選択だったとしても，マクロ的な観点でみた場合，海外で投資して稼いだ利益が国内に還流していかなければ（国内労働者の賃金の原資や，国内の設備投資や研究開発等の原資となる等），国内経済の成長には結びつきづらい」[31]．その通りであろう．

　それでは，ここで言われている対外投資の収益の国内への還流であるが，氏は言及されないが，海外で投資して稼いだ利益のうち国内に還流している部分はかなり少ないであろう．財務省・日本銀行が公表している国際収支表におけ

　　は，この両者（過剰資本と過剰人口）が並立して実存し，しかも相互に条件づけ合っていることを示す一例である」（新日本出版社の新書⑨436-437ページ，同社，新版⑧440ページ）．
30)　前掲大和総研の太田氏の文書7ページ．
31)　同上，8ページ．

表 1-2　第 1 次所得収支を中心とする日本の国際収支
(億円)

	2019	2020
経常収支	205,259	176,976
貿易・サービス収支	5,060	−4,905
第 1 次所得収支（受取）	340,532	314,731
直接投資収益（受取）	147,345	142,115
配当金・配分済支店収益	71,571	67,075
再投資収益	73,296	73,024
証券投資収益（受取）	162,900	152,571
直接投資と証券投資の収益収支の合計	208,085	201,005
参考		
直接投資（資産）	274,915	187,753
株式資本	192,538	95,544
収益の再投資	73,296	73,024
負債性資本	9,177	19,184
証券投資（資産）	201,396	172,051

出所：財務省「国際収支状況（速報）」より.

る「直接投資収益」のうち，半分が「再投資収益」となっている．表 1-2 によると，2019 年の直接投資収益の受取は約 14 兆 7000 億円で，うち「再投資収益」（金融収支では「収益の再投資」）の受取は 7 兆 3000 億円になっている．2020 年にはそれぞれ 14 兆 2000 億円，7 兆 3000 億円である．さらに，直接投資収益のうちの「配当金・配分済支店収益」（2019 年に受取 7 兆 2000 億円弱，2020 年は 6 兆 7000 億円を超えている）も，多くの部分は再投資に利用され国内に還流している部分は少ないと考えられる．

　証券投資収益についてもほぼ同様のことがいえる．2019 年の証券投資収益の受取は約 16 兆 3000 億円，2020 年に 15 兆 4000 億円，他方，証券投資の資産の方は，19 年に 20 兆 1000 億円，20 年に 17 兆 2000 億円である．国際収支表には証券投資の場合，「再投資収益」という項目は設定されていないが，収益の受取を原資に新たな投資を行なっている部分がかなりであろう．

　2005 年以降，投資収益収支黒字が経常収支黒字の大きな部分を形成している（2020 年の経常収支黒字は 17 兆 7000 億円，うち直接投資と証券投資の収益収支黒字は 20 兆 1000 億円）のであるが，収益の黒字は大部分再び海外に投資されており，それを除くと経常黒字は現在では存在していないと考えられる．

2020 年の貿易・サービス収支は約 5000 億円の赤字である.

以上のようであるから,日本の内部留保の大きな部分が海外投資として海外に流出し,その収益も国内に還流することはあまりなく,経常収支黒字を過大に評価することは危険である.むしろ,貿易・サービス収支がほぼゼロになるか,わずかであるが赤字になっていることを重視しなければならないであろう.

4. 内部留保の増加の含意──「まとめ」に代えて

本節では,「まとめ」として,まず,内部留保の理論的規定を行なったあと,内部留保の増加の現在の日本経済(一部,世界経済)における含意を述べておきたい.

(1) 内部留保の規定,「資本主義に特有な制限」

それでは,以上に見てきた現在の日本企業の内部留保はどのように規定できるであろうか.現在の日本企業の内部留保は,次章で論じる『資本論』第 3 巻第 15 章でマルクスが論述した「資本の絶対的過剰」ではない.「資本の絶対的過剰」については次の章で論じるが,本章でもごく簡単にのちに見よう.現在の内部留保を生み出している状況は「資本の絶対的過剰」を生み出すような事態ではない.労働者の雇用は不安定で賃金水準は低落している.そのような中での「資本の過剰」である.国内において追加的に設備投資等に投入されても適度な利潤が国内では得られないと予想され,国内投資が抑制され留保金の累積となり,海外に投資されているのである.

このような状況を,マルクスが第 15 章で論じた資本主義的生産様式のもつ「特有な制限」との関連でどのように考えればよいのだろうか.マルクスは『資本論』第 3 巻第 15 章において,以下のように記していた.「利潤率の下落は,新たな自立的諸資本の形成を緩慢にし,こうして資本主義的生産過程の発展をおびやかすものとして現れる.それは過剰生産,投機,過剰人口と並存する過剰資本を促進する」(新日本出版社,新書版⑨ 412 ページ,同社新版⑧ 415 ページ).「資本主義的生産様式は,生産力の発展について,富の生産そのものとは何の関係もない制限を見出す」(同).「この特有な制限は,資本主義的生産

様式の被制限性とその単に歴史的な一時的な性格とを証明する．それは，資本主義的生産様式が富の生産にとって絶対的な生産様式ではなくて，むしろ一定の段階では富のそれ以上の発展と衝突するようになる」（同）．

　現在の内部留保が新たな自立的諸資本の形成を緩慢にしていることは事実であるし，設備投資が進まず生産の増大が抑制され，GDP が伸び悩んでいることも事実である．その限りでは「特有な制限」があろう．ところが，マルクスはこの第 15 章では言及していないが，製品開発により国内で新たな商品，新たな産業の創出が進めば，一時的にはこの「制限」は解消されよう．その限りでは前述した「無形資産投資」の進展状況を注視し分析を深めなければならない．しかし，この新たな商品，新たな産業も数十年を経れば，成熟製品，成熟産業となり，「制限」は再登場することになろう．

　なお，現在の内部留保は，『資本論』で言われるような「資本主義的生産を目的とする追加資本がゼロ」（新書版⑨ 428 ページ，新版⑧ 431 ページ）になっているから生じているのであるが，先にも記したように「資本の絶対的過剰」ではない．マルクスは「資本の絶対的過剰」とは以下の事態のことを言っている．労働に対する需要が強く賃金が上昇して，増大した資本が以前よりも少ない剰余価値量しか生産できない事態である[32]．現在，賃金水準は抑制されたうえでの「資本の過剰」である．これまでの資本主義の時代において「資本の絶対的過剰」が現実に発生したことがあるだろうか．それぞれの時代における「相対的過剰人口」の存在，賃金水準が上昇しない中での「資本の過剰」の有り様を論じなければならない．次章で記すように，『資本論』第 15 章の論述は無理があったのである．

(2)　内部留保のいくつかの「含意」

イ）対外投資の原資としての内部留保

　現在，日本の内部留保のかなりの部分は対外直接投資の原資に当てられ，な

---

32)　マルクスがこのことを述べている文章を全文引用しよう．「労働者人口に比べて資本が増大しすぎて，……労働に対する需要が強く，したがって賃銀上昇の傾向がある場合……すなわち，増大した資本が増大するまえと同じかまたはそれより少ない剰余価値総量しか生産しなくなるときには，資本の絶対的過剰生産が生じている」（⑨ 428-429 ページ，⑧ 432 ページ）．

お残る資金は対外証券投資として金融資産形態で運用され，さらに，現・預金が増加している．資本は「過剰」なのである[33]．しかも，対外直接投資収益の大部分は再投資されて国内に還流せず，国内の賃金の上昇，国内の設備投資，研究開発に利用されていない．国内で生み出された GDP の一部が海外へ投資され，その果実が国内に還流しないということであるから，国内経済の空洞化が進行していると言わざるを得ない．

ロ）内部留保により「異次元の金融政策」の無効化

内部留保の増加は企業の借入（外部調達）を減少させていく（図1-2）から，日本銀行の金融政策も機能しなくなっていく．アベノミクスの第1の矢（量的・質的金融緩和＝日銀の銀行等からの国債，投資信託証券等の大量購入）によってマネタリーベースが急増しても，企業は銀行から借入を行なわないからマネーストックは増加せず，物価も上昇しないのである．量的・質的金融緩和は，ゼロ金利の上に日銀の国債と投資信託証券等の大量購入によって，国債価格，株価を高めに維持する以上の効果をもつものではなかった（のちの章で詳述）．

ハ）内部留保による財政ファイナンス，対米ファイナンス

また，国債価格の維持は，主に内部留保として現われる企業部門の黒字とあいまって財政赤字の継続を助けることになっていった．内部留保の大部分が対外投資に当てられたとしても，その分，海外からの国債等への国内投資が増加し財政赤字を埋め合わせるのである．結局は，ネットでの企業部門の黒字分が財政赤字をファイナンスするのである．つまり，富裕層を除く家計部門の黒字が賃金の低落，少子高齢化によって減少している状況下で企業部門の黒字（＝内部留保）の増大，富裕層の黒字が財政赤字の主要なファイナンス原資になっている．以上のことは，

貿易・サービス収支＝家計部門の黒字＋企業部門の黒字－政府の財政赤字

という恒等式からもわかる[34]．この式から，企業部門の黒字，富裕層の黒字

---

33) 前の注 29 の「資本が外国に送られるとすれば，……」という『資本論』の文章を再度見られたい．

34) この式については，拙書『『資本論』諸草稿の検討』日本経済評論社，2021 年，補論 3 の 218-221 ページ参照．本書第 9 章で論じよう．

は財政赤字を埋め合わせたうえで 2019 年までの貿易・サービス収支黒字を生み出していることがつかめる．しかも，金融収支黒字の多くはアメリカに対するものであるから，企業部門の黒字（内部留保）は日本の財政赤字のファイナンスとともにアメリカ経常赤字のファイナンスにつながっているということでもある．

ニ）労働力の価値，財政・国民所得の使途について[35]

さて，われわれは内部留保に関わる資本主義的生産様式における「特有な制限」を見たのであるが，別の視点で資本主義的生産様式の「制限」を論じよう．日本の労働者は少なくとも付加価値の生産を下げていないにもかかわらず人件費は下げられており，消費税の引き上げ（他方で法人税の切り下げがある——本章図 1-1 参照）とあいまって，実質賃金，生活水準は向上していない．このことから，「内部留保」はやはり労働者にとっては「制限」の 1 つの「表現」であろう．ただし，資本制生産様式に代わる新たな生産様式が展望できる状況ではない．とはいえ，労働者の生活水準の低下は，保育から教育，医療，介護まで労働力の維持・再生産にとって多くの問題を惹起させている．改めて労働力価値の規定に戻って考察する必要があろう．これまでの労働力の価値規定は狭いものであったのではないか．簡単に以下に記しておきたい．

労働力の再生産のためには，財のみではなく文化的な消費，サービスも必要であるし，保育，教育，医療，介護等も考察されなければならない．保育，教育，医療，介護にかかる費用の一部は賃金の中から私的に支払われるし，他の一部は中央政府，地方政府によって整備され満たされなければならない．賃金によって支払われる部分はもちろん労働力の価値の中に含まれるし，中央政府，地方政府によって整備される部分も大部分は労働者による税支払によるものであるから，その税部分も賃金に含まれ，労働力の価値の中に含まれなければならないだろう．

以上のようであるから，従来の労働力の価値規定は狭いものであったといえよう（第 6 章参照）．そうであるなら，税制の意味，「小さい政府」「大きい政府」という財政の在り方も問われるべきであろう．ごく簡単に言えば，保育，

35）　のちの第 8 章のあとの補章でも論じる．

教育，医療，介護等の費用が主に個人的負担になるのが「小さい政府」であり，その費用が主に中央政府，地方政府によって賄われるのが「大きい政府」である．前者の場合，所得によって受けられる保育，教育，医療，介護等の量・質に格差が生まれよう．後者の場合，租税負担，社会保障負担等は大きくなる．どちらを選ぶか国民の選択となるが，長期的には後者が望ましいであろう．保育，教育，医療，介護等の費用が個人負担であろうと税負担であろうと，いずれにしても賃金からの支出であり，労働力の価値の中に，賃金の中に本来は含まれているものである[36]．このように労働力の価値を規定すれば，現在の労働力の価値は過小に評価されているであろう．

　現在，非正規雇用の拡大等の要因によって賃金水準が向上していないという事態は，労働力の価値規定についての理論的把握の修正，豊富化を迫るものであり，現実の財政の在り方を問うものである．さらに，財政資金の使途はもちろん，国民がつくり出している国民所得（GDP）のいろいろな使途も国民が議論でき（財政の使途は国会で現在でも議論が可能である），生産的投資，インフラ整備，研究開発から保育，教育，医療，介護などの諸分野にどのように国民所得を割り当てていくのかについて，国民的合意が得られることが必要であろう．

---

36)　前掲注 34 の拙書，第 5 章，194-195 ページ参照．ただし，現在，「社会的一般労働手段」＝港湾，産業用道路，ダム，通信手段等の社会資本の費用の多くも法人税よりも消費税，所得税等の大衆課税から補塡されている（同上，195 ページ）．

第2章
利潤率の低下と過剰資本
―『資本論』第3巻第15章の検討―

はじめに

筆者は前拙書において，『資本論』第3巻第15章についてごく簡単に触れるとともに新たな問題意識をもって，つまり「企業の内部留保」の累積と関連させて論じる必要があることを記していた[1]．現在の「内部留保」を分析するに際し，第15章の「資本過剰論」が有効なのか，有効としてもどこまで有効なのか，また，第15章の「資本過剰論」そのものに問題がないのか，それらを吟味する必要があるのである．そのような意味では，本章は前章の「補論」となろう[2]．

また，本書は「現代の経済学批判体系」を再構成するに際してマルクスの経済学批判体系プランを参考にしているが，そうすると『資本論』の「不完全」な部分，「混乱している」部分の検討が必要となる．『資本論』第3巻第15章は「不完全」な部分，「混乱している」部分を多く含んでおり，本章はその検討を行なうことが課題である．

現行『資本論』第3巻（部）はエンゲルスがマルクスの原草稿を編集して出来上がったものであり，そのために『資本論』第3巻第15章についての理解は，エンゲルスの編集の仕方に左右されているという見解もあり，MEGA の草稿を検討する必要がある．しかし，筆者のドイツ語能力の弱さのために第

---

1) 拙書『『資本論』諸草稿の検討』日本経済評論社，2021年，補論2，147-150ページ，および「あとがき」224ページをみられたい．
2) 本章は以下の拙稿をもとにしている．「利潤率の低下と過剰資本――『資本論』第3巻第15章の検討のための「覚書」」『立命館国際研究』35巻2号，2022年10月．

15 章の草稿を MEGA によって十分に読むことができない．そこで，手元に MEGA，MEW（ヴェルケ版）を手元に置き，筆者のかたことのドイツ語能力も使いつつ，さらに『資本論』邦訳書の訳者注を参考にして[3]，不完全であるかも知れないが，草稿と『資本論』の異同の確認，対比を行ないたい．

　さて，マルクスは草稿を書いたのであり，公表を前提にしないで，思いつくことを書いたということを忘れてはならないだろう．したがって，十分に整理されたものではないし，論理的にまとまっていないとしても当然のことである．

　本章では，第 15 章について種々に論じられてきた多くの研究者の成果を本格的に検討する作業は行なっていない．最低限の言及にとどまっている[4]．種々の研究者による第 15 章の解釈を検討する以前に，草稿とエンゲルス版の対比を行なうとともに，マルクスが述べていることを直接聞くことを優先したいと思うからである[5]．ややもすれば，われわれは自分の見解に沿ってマルク

---

3)　のちの注 5 で記すように，本章では『資本論』の邦訳は新日本出版社の新書版と新版を用いた．両書とも訳者注でエンゲルス版と草稿の異同，対比がすべてではないが記述されている．新版は新書版の訳者注を多く継承しているのに加えて追加の訳者注もあるので（一方の訳書のみに訳者注が付けられている場合もあるが），本章では特記しない限り訳者注については新版を用いることにした．

4)　注 1 の拙書の刊行のあと，第 15 章に関する論文の準備を始めた際，まず参考にした論稿は，井村喜代子氏の，遊部久蔵編著『『資本論』研究史』ミネルヴァ書房，1958 年に所収の「「資本の絶対的過剰生産」をめぐって」である．この論稿の諸指摘は，現在においても考慮しなければならないものであると思われる．また，前畑憲子氏の論稿（大谷禎之介氏との共編著『マルクスの恐慌論』桜井書店，2019 年に収録されている第 17 章の「利潤率の傾向的低下法則と恐慌」）からは，草稿そのものを検討する必要を痛感させられた．本章において前畑氏にごく簡単に触れさせてもらうことになるが，氏の諸論稿の本格的な検討はできていない．さらに，大谷氏と前畑氏の同上共編著に収められている宮田惟史「『資本論』第 3 部第 3 篇草稿の課題と意義」（第 20 章）における恐慌に関する叙述部分へは一定の言及を行なっている．以上の論者への簡単な指摘は注において記している．

5)　MEGA，『資本論』邦訳書等の引用に関わる凡例をここに記しておきたい．
　　1.　『資本論』第 3 巻第 15 章の草稿は MEGA II/4.2 に収められている．本章で MEGA の「309.32-40」との記載は MEGA の 309 ページの 32 行から 40 行ということを示している．
　　2.　マルクスの原草稿のページは MEGA に記されている．MEGA の｜221｜という記載は原草稿の 221 ページがここから始まるということを示している．
　　3.　本章では邦訳書は新日本出版社の新書版（第 9 分冊）と同出版社の新版（第 8 分冊）を用いたが，特記しない限り訳文は新版を使った．2 つの邦訳は MEW25 が基本と

第 2 章　利潤率の低下と過剰資本　　　37

スの文章を解釈しがちとなるが，本章ではマルクスの文章を面倒でもできるだけ丹念に追いフォローしたい．

1.　『資本論』第 15 章草稿と『資本論』の対比・内容

(1)　『資本論』第 3 巻第 15 章第 1 節「概説」の部分

①MEGA とエンゲルス版（現行『資本論』）の異同・対比

　第 15 章を含むエンゲルス版の第 3 篇はマルクスの草稿では第 3 章であり，ここからエンゲルスは『資本論』第 3 篇の第 13，14，15 章を作った．草稿第3 章には節等の区分はなく，エンゲルスが区分をつくり，『資本論』の 3 つの章にしたのである．草稿には第 3 章全体の表題（はじめは「資本主義的生産の進歩のなかでの一般的利潤率の低下の傾向」とされていたが，「資本主義的生産の進歩のなかでの一般的利潤率の傾向的下落の法則」に変更——新版訳書363 ページ）はつけられているが，『資本論』第 13，14，15 章の表題はもちろんエンゲルスがつけたものである．

　第 15 章に相当する部分は草稿の新たなページ，221 ページから始まる．MEGA では 309 ページの途中，32 行（MEGA，309 ページの 31 行の文章末尾に小さなタテ線があり，これまでが草稿の 220 ページであり，以下から草稿の 221 ページに変わることが示されている)[6]から，邦訳書では 414 ページから始まる．以下では，多くの場合，草稿，MEGA の「ページ」を略してページの「数」のみを記す．

　　なっており，邦訳書のページの上に MEW のページが記載されている．
　　4.　本章では第 15 章の訳書は特記しない限り新版を利用するが，「414 の 5」は新版の414 ページの 5 行目，「414.1-6」は新版の 414 ページ，1 行から 6 行であることを示している．
　6)　草稿の書き方はそのようであるが，草稿の第 14 章の部分では草稿に 1)〜6) が付されており——エンゲルス版では第 14 章の各節になっている——，草稿 221 ページから新たな内容が記されているとみて大丈夫であろう．MEW では S.250 で第 14 章が終わるが，その下に余白があり，第 15 章は新たなページ，S.251 から始まっている．なお，第 14章に該当する草稿は MEGA では S.301 の 27 行目（S.301 の途中）から始まるが，原草稿ではページは変わっていない．草稿ページが変えられているのは，1) が記される冒頭（MEGA，302.4 ——エンゲルス版では第 14 章第 1 節が始まる箇所）である（草稿は215 ページへ）．

表 2-1 第 1 節部分の段落の対比

段落	MEGA ページ, 行[1]	エンゲルス版 ページ, 行[2]	草稿の ページ	注記
①	309. 32-40	414. 1-6	221	
②	309. 41〜310. 2	441. 7-8		
③	310. 3-12	414. 9〜415. 6		
④	310. 13-30	415. 7-17		
⑤	310. 31〜311. 28	416. 1〜418. 3		a)
⑥	312. 1-7	418. 4-13	222	
⑦	312. 8〜313. 28	418. 14〜420. 10		
⑧	313. 29-38	420. 11〜421. 3	223	
⑨	313. 39〜314. 15	421. 4-16		
⑩	314. 16-18	422. 1-2		
⑪	314. 19-33	割愛		b)
⑫	314. 34-37	割愛		b) （ ）の印がある
⑬	314. 38〜315. 23	⑪段落，422. 3〜423. 5	224	c)
⑭	315. 24-29	割愛		d) （ の印がある
⑮	315. 30-33	割愛		d)
⑯	315. 34〜316. 12	割愛		d) ）の印がある
⑰〜	316. 13〜321. 4	第 13 章へ移行	225-228	e)

注：1) 「309. 32-40」は 309 ページの 32 行から同ページでの 40 行であること，「309. 41〜310. 2」
は 309 ページの 41 行から 310 ページの 2 行であることを示す.
2) エンゲルス版の邦訳（新日本出版社の新版）のページ，本文の行を示す.「414. 9〜
415. 6」は 414 ページの 9 行から 415 ページの 6 行までであることを示す. なお，行は本文
のそれ. 訳者注は行に含まず.
出所：筆者の作成.

さて第 15 章第 1 節に該当する部分について，MEGA の段落とエンゲルス版
の段落の異同・対比を表 2-1 にあげよう. その異同・対比で特に問題となるの
は表に a〜e を付けている箇所である. 順次見ていこう.

a) MEGA の第 5 段落については，MEGA では改行はないがエンゲルス版
では改行がある（エンゲルス版の邦訳の方は第 5 段落の「つづき」とするのが
適当であろう）. MEGA ではこの部分はカッコで括られているが，邦訳書は訳
注を設けてそのことを指摘していない. また，この段落の末に原草稿の注があ
る（＋＋）が（エンゲルスは割愛），そのことについての訳注はない. 原注の
内容は第 5 段落についての補足である. ここで原草稿の 221 ページは終わる.
第 10 段落までは MEGA とエンゲルス版はほぼ同様である.

b) エンゲルス版では第 11，12 段落が割愛されている. 第 12 段落には割愛

第2章　利潤率の低下と過剰資本　　　39

を示す印（ ）が MEGA にはつけられている（エンゲルスが手書でつけたものであろう）が，第 11 段落にはない．第 11, 12 段落では，第 10 段落の内容を，数値を入れて利潤率の変化を示しているが，それ自体は新たな内容を示すものではないだろう．エンゲルスは煩雑になるし，第 10 段落の文章で十分に表現されているとしたのであろう．

　c）MEGA の第 13 段落はエンゲルス版では第 11 段落（前述のように『資本論』の第 6 段落を第 5 段落の「つづき」とした場合は，この部分は第 11 段落──新版訳書 422 の 3〜423 の 5）──になっている．この部分の文章は邦訳 423 ページの訳者注 1 によると，『1861-1863 年草稿』からの書き写しである（邦訳『資本論草稿集 7』大月書店の 397 ページ）．また，邦訳書 423 ページの訳注 2 には P. チャーマズという人へのマルクスの批判が『1861-1863 年草稿』（邦訳『資本論草稿集 5』の 460-1 ページ）にあることが記されている．さらに，邦訳 423 ページの訳注 3 には『1861-1863 年草稿』からこの章の草稿へ書き写す際，文章での表現が「対抗的諸傾向」という語句への修正があることが記されている[7]．なお，この段落の文章途中で原草稿のページが変わっている．

　d）第 14, 15, 16 段落は，エンゲルス版では割愛されている（それを示す印──破線でのカッコ──が MEGA にある）．邦訳書 423-424 ページの訳注 4 には『1861-1863 年草稿』から「本源的蓄積」の 3 つのパラグラフが本草稿に書き写されていると記されている．それが，この第 14, 15, 16 段落である．それは『資本論草稿集 7』の 402 ページにあり，邦訳で読むことができる．

　e）MEGA の 316.13〜321.4 までは，エンゲルス版では第 13 章の末尾（訳書 388-398 ページ）に移されている（訳書 424 ページの訳注の 4，388 ページの訳注を参照）．われわれは，この部分を『資本論』の邦訳から読むことができる．

　7）　この修正の意味がとりにくい．「既存の諸資本の集中……この過程は，もし求心力とならんで対抗的諸傾向がつねに繰り返し遠心力的に作用しなかったら資本主義的生産をやがて崩壊させる」（訳 423 ページ）とある．「諸資本の集中」が求心力であろうが，「対抗的傾向」になる遠心力は具体的にどのような事象なのかは示されていない．「諸資本の形成」であろうか．新版訳書 423 ページの訳注 3 に，『1861-1863 年草稿』では「諸資本の競争に関する章」で論じられるという趣旨のことが記されている．『1861-1863 年草稿』をみると，「ここでは展開されない諸傾向──この展開は諸資本の競争に関する章に属する──が求心力と並んで絶えず再び分散化的に作用しないならば……」（『資本論草稿集 7』訳書 397 ページ）とある．

しかし，第 15 章において論じられなければならない事柄が記述されていると
は思えない．エンゲルスが第 13 章の「補遺」のような扱いをしたのであろう
（エンゲルスは移した文章を区分するために長い線を引いて文章を始めている
―― MEW, S. 235，訳書 388 ページ）．

その他，第 1 節に該当する部分には，多くの語句の修正がエンゲルスによっ
てなされている．それらは，邦訳書の訳注に記されている．いくつかを指摘し
ておこう．『資本論』第 7 段落に 3 つの訳注がある（訳書 420 ページ）が，その
訳注 1 には，エンゲルス版では「社会大衆の消費を」となっているのが，草稿
では「社会の大きな基礎を消費の最低限に――多かれ少なかれ狭い限界内に制
限する」と記されている．また，同ページの訳注 2 は，第 7 段落にあるエンゲ
ルス版の「矛盾」は草稿では「敵対」となっていることが，同訳注 3 には，
「人口の過剰」になっているのが草稿では「相対的過剰人口」であることが，
注記されている．その他の語句の修正については，邦訳書の各所をみられたい．

②第 1 節の概要と問題点

以上の「異同・対比」を知ったうえで第 1 節の内容はどのようなものである
のか，その概要をつかもう[8]．表 2-1 に掲載されている第 1 段落から第 3 段落
まではとくに問題はないであろう．第 4 段落の次の文章，「総資本の価値増殖
率すなわち利潤率が資本主義的生産の刺激である……限り，利潤率の低下は新
たな自立的諸資本の形成を緩慢にし，資本主義的生産過程の発展をおびやかす
ものとして現れる．それは，過剰生産，投機，恐慌，過剰人口と並存する過剰
資本を促進する」（訳書 415 ページ）という文章は，マルクスの問題意識を端的
に表現しているとともに，多くの問題を含んでいるであろう．新たな諸資本の
形成が緩慢になることが資本主義的生産をおびやかすことになるだろうか[9]．

---

8) 前畑憲子氏は，氏の前述の論稿で第 1 節は「利潤率の傾向的低下法則の現象形態を扱
う」（前掲書 579 ページ）ものと言われる．本章では氏の論稿の本格的な検討はできない
が，第 1 節はそのような「現象形態」を扱ったものかどうか．その検討の前に草稿その
ものをフォローしていこう．

9) 『資本論』第 1 巻第 23 章に次の文章がある．「社会的総資本の小部分の相互反発にたい
しては，それらの小部分の吸引が反作用する．……それはすでに形成されている諸資本
の集積であり，これらの資本の個別的自立性の廃棄であり，資本家による資本家の収奪

また，そのこと（緩慢になること）が，過剰生産，投機，恐慌，過剰人口と並存する過剰資本を促進することになるのだろうか．論証抜きの断定的表現になっているのではないか．とはいえ，この文章は，この草稿を執筆した時点でのマルクスの問題意識を端的に表現しているのであろう．つまり，利潤率の低下が新たな諸資本の形成を緩慢にし，過剰生産，投機，恐慌，過剰人口，過剰資本を促進するという「議論展開の筋道」である．

　そして，この問題意識が次の「意識」を生み出すようである．同じ第4段落の次の文章である．「この特殊な制限は，資本主義的生産様式の被制限性とその歴史的な一時的な性格を証明する」（訳書415ページ）．ここでの「特殊な制限」とは，「この生産様式が自分自身に対して制限を作り出す」（同）という意味のそれである．つまり，資本主義的生産様式は利潤率の低下をもたらし，それが自分自身の発展に対して「制限」を作り出すというのである．そして，このようにして生み出された「制限」は，「資本主義的生産様式が富の生産にとっての絶対的な生産様式ではなく，むしろ一定の段階での富のいっそうの発展と衝突するようになるということを証明する」（同）と述べて，次の生産様式を展望する．

　これが次の「問題意識」である．リカードゥなどの「恐怖心」に触発されながら，資本の論理の中に，資本主義的生産様式の行き詰まり，崩壊の必然性が含まれているということを述べようとしたのだろう．崩壊のきっかけは「恐慌」であり，「利潤率低下の法則」から恐慌が不可避であることを証明したいのであろう．以上のように第4段落は重要なことが論述されている．しかし，これらの「筋道」は論証に成功しているだろうか．

　第5段落はリカードゥたちの論者の紹介であり，MEGA によると，草稿の文章は実線のカッコで括られている（訳注にカッコの指摘はない）．今はとくに問題にしなくてもよいだろう．第6段落は『資本論』第1巻を読んでいる者

であり，群小資本のより大きな少数の資本への転化である．……この過程の作用範囲が，社会的富の絶対的増大，または蓄積の絶対的限界によって制限されてはいない」（新書版④ 1076-1077 ページ）．ここに見られるように，新たな諸資本の形成が緩慢になること自体は，資本主義的生産様式をおびやかすようなものとしては把握されていない．なお，『資本論』第1巻第23章は，第3巻第15章の草稿のあとに執筆されたものであり，マルクスの見解の発展があるのである．

にとってはよく理解できることで，問題点を指摘することはないであろう．

次に第7段落であるが，重要な指摘がなされる．「この剰余価値生産によっては，資本主義的生産過程の第1幕である直接的生産過程が終わっただけである．……そこで，第2幕が始まる．総商品量，総生産物が……販売されなければならない」（訳418-9ページ）という文章である．「直接的搾取の諸条件とこの搾取の実現の諸条件とは，同じではない．それらは時間と場所だけでなく，概念的にも異なっている．前者は社会の生産力によって制限されているだけであり，後者は異なる生産部門のあいだの比例関係によって，また社会の消費力によって制限されている」（419ページ）．

これらの第7段落の文章自体はきわめて重要であるが，「利潤率の低下の法則」との直接的関連が明確ではない．「低下の法則」以前に論じられていなければならない大きな問題，重要な問題であろう．それは，『資本論』第2部（巻）で論じられる内容である．しかし，マルクスは第3部第15章の草稿執筆時点では第2部草稿はまだ執筆していない．第2部と第3部の草稿執筆の順番が逆になっている．さらに，社会の消費力は敵対的な分配関係に規定されている．したがって「社会の消費力は……資本の増大と拡大された規模での剰余価値の生産とへの衝動によって，制限されている」という文章が続く．剰余価値の生産は直接生産過程の問題であり，蓄積によって個々の資本家は剰余価値生産の増加を図るが，消費は実現の問題であり，異なる生産部門のあいだの比例関係によって規定され，直接生産過程とは「概念的にも異なっている」ことを言っているのであろう．

そのあと，第7段落には，実現過程における競争，資本の没落，市場の問題について，「……市場はつねに拡大されなければならず……」（訳420ページの3行）と記述されているが，直接生産過程における剰余価値生産と実現の「乖離」を述べているのであって，利潤率の低下とは直接的な関連はない．これは「利潤率の低下」以前の問題である．「市場の諸関連およびそれらを規制する諸条件は……生産者たちから独立した自然法則という姿態をとり，制御不能になる」（420ページの3-5行──以下，「ページ」と「行」を略）．この「内的な敵対（矛盾）[10] の基盤の上では，資本の過剰が相対的過剰人口（人口の過剰）[11] の増大と結びついているのは，決して矛盾ではない」（420の7-8）などと，この段

落では,「利潤率の低下の法則」という論点に限らず,『資本論』全体の主要な論点——資本蓄積による剰余価値生産の増加とそれに伴う相対的過剰人口の増大（『資本論』第1部の蓄積論），剰余価値の実現，生産諸部門間の比例関係など（『資本論』第2部の課題）に関わる論点——が記述されている[12].

　表2-1の第8，9，10段落については，とくに改めて論じなければならない論点はないであろう．第11，12段落についてはすでに記した．第13段落（エンゲルス版では第11段落）についてもすでに記しているが，以下のことを追記しておこう．「……最後に，少数者の手中への既存の諸資本への集中，および多数の者からの資本の奪取……この過程は……資本主義的生産をやがて崩壊させてしまうことであろう」（423の2-5）という文章は，第4段落で記された「新たな諸資本の形成を緩慢にし，こうして資本主義的生産をおびやかすものとして現われる」（415の8-9）につながる文章ではあろう．マルクスは,「少数者の手中への既存の諸資本への集中，および多数の者からの資本の奪取」＝「新たな諸資本の形成の緩慢」⇒「資本主義的生産の崩壊」という「筋道」を，思い描いていると考えられる．

　この「筋道」は，のちに『資本論』第1巻完成稿の第24章第7節「資本主義的蓄積の歴史的傾向」における論述につながっていくものであろう．しかし，そこでは第15章で論じられたよりもはるかに豊富化されている．以下のようである．「多数の資本家の収奪とならんで……増大する規模での労働過程の協業的形態，科学の意識的な技術的応用……（中略）……資本主義的生産過程そのものの機構によって訓練され結合され組織される労働者階級の反抗も増大する．資本独占は……それのもとで開花したこの生産様式の桎梏となる」（新書版④1306ページ）．

---

10)　エンゲルス版では「矛盾」，草稿では「敵対」である（420ページの訳注2）.

11)　エンゲルス版では「人口の過剰」，草稿では「相対的過剰人口」となっている（420ページの訳注3）.

12)　『資本論』第1巻の蓄積論，第2巻（部）の再生産論は，この第3部第15章草稿執筆のあとに，新たに，またより詳しく執筆されていく．この直接的生産過程と実現問題の「矛盾」（敵対）の指摘を行なったあと，マルクスは第15章で第3部草稿の執筆を停止し，第2部第1草稿の執筆に移っていったのではないだろうか（筆者はマルクスの諸草稿，手紙等に依りながら実証することはできていないが）.

以上，第15章第1節に該当する草稿部分をみてきた．エンゲルスが草稿を一部割愛したり，一部を他の章に移したり，語句表現を一部変えたりしているが，この第1節については，エンゲルスの編集の仕方によって，草稿の趣旨が大きく変わったということにはなっていないと考えられる．また，内容的には，とりわけ第4段落，第7段落に重要な記述があるが，その2つの段落に記されている内容は，「利潤率の低下の法則」から論証するには困難で，マルクスの表現は「断定的」になっていたり，「低下の法則」という論点に限定されない剰余価値の生産とその実現というより大きな論点が新たに提起されたりしている[13]．

(2) 第2節「生産の拡張と価値増殖との衝突」の部分

① MEGA とエンゲルス版の異同・対比

第2節該当部分は MEGA では 321 ページの5行目から始まる．草稿ではページは変わっていない．228 ページの続きである．エンゲルスによって第13章へ移された草稿の文章に引き続いて第2節該当部分が始まる．第2節該当部分の草稿の段落を示している表2-2をみられたい．とくに記述しておかなければならないのは f), g) の部分である．

f) は第2段落（321.15-20）に付けている．MEGA では2つの段落になっているが，前の段落は2行に過ぎず，エンゲルス版では MEGA の2つの段落を1つの段落にまとめられている．それで十分であろう．そこで表2-2のようにエンゲルスに従った．

g) は第6段落に付けている．MEGA では2つの段落となっているが，あとの段落は1行でエンゲルスは2つの段落をまとめている．ここでもエンゲルスの段落に従った．

その他で記しておいた方がよいのは，第4段落の途中で草稿のページは229に変わる（MEGA には変わる直前に草稿のページが変わることを示す小さなタテ線がある）ことと，エンゲルス版では数か所，語句の言い換えがある（新訳，新書版の訳者注に記されている）ことぐらいである．第2節該当部分には

---

13) このようなマルクスの論述は，前畑氏が「法則の現象形態」（前注8参照）と言われるのとはだいぶ違うのではないだろうか．

45

表 2-2　第 2 節部分の段落の対比

	MEGA		エンゲルス版	草稿の	注記
段落	ページ, 行[1]		ページ, 行[2]	ページ	
①	321.5-14		424.1-6	228	
②	321.15-20		424.7-9		f)
③	321.21〜322.3		425.1-15		
④	322.4-29		425.16〜426.13	228, 229	L の印がある
⑤	322.30〜323.5		426.14〜427.6		
⑥	323.6-10		427.8-10		g)
⑦	323.11-14		427.11-12		
⑧	323.15-18		427.13-14		
⑨	323.19-21		427.15〜428.1	230	
⑩	323.22-27		428.2-5		
⑪	323.28-40		428.6-13		
⑫	323.41〜324.6		428.14-17		
⑬	324.7-14		429.1-4		
⑭	324.15-17		429.5-7		
⑮	324.18-37		429.8〜430.3		

注：1), 2) は表 2-1 と同じ.
出所：筆者の作成.

草稿とエンゲルス版には大きな差異はないと考えられる.

②第 2 節の概要と問題点[14]

　第 1 段落から第 7 段落までは，生産力の発展が及ぼすいろいろな影響，とくに価値に及ぼす作用，間接的に使用価値に及ぼす作用などが記されているが，第 1 巻において記されている内容である．改めて取り上げる必要はないであろう．

　第 8 段落，第 9 段落はすでに第 14 章までに記述されている事柄である．問

---

14)　前畑氏は，第 15 章第 2 節では，「生産力の発展にともなう資本の蓄積過程には，利潤率を高める要因と利潤率を低下させる要因，利潤量を増大させる要因と減少させる要因とを同時に含んでい」ると言われ（前掲大谷・前畑編の著書，585 ページ），「（第 1 節で明らかにされた──奥田）利潤率の傾向的低下の法則の現象形態」は，第 2 節で示されたこの法則の諸契機の相対立する運動によって生み出されるのだと言われる（同，584 ページ）．前注 8 に記したように，前畑氏の論稿についての本格的な検討はできていないが，草稿の第 1 節，第 2 節の該当部分はこのように把握できるのだろうか．まずはマルクスの草稿そのものをフォローしていこう．

題は第10段落以降にある．第10段落の次の文章，「抗争し合う作用諸因子の衝突は，周期的に恐慌にはけ口を求める」（428の3）は断定的である．第9段落までに記述されてきた生産力の発展はいろいろな作用諸因子を生み出し，それらが衝突することはありうる．そのことを認めたうえで，その衝突がどのようにして恐慌につながっていくのかの論証が必要である．その論証がなされているとは思えない．

次に，第11段落の文章，「矛盾は……一般的に表現すれば，次の点にある．すなわち，資本主義的生産様式は，価値と……剰余価値とを度外視して，……社会的諸関係をも度外視して，生産諸力を絶対的に発展させる傾向（があり——奥田）……他面で，存在する資本価値の維持およびこの資本価値の最高度の増殖……を目的とする」（428の6-10）という文章，この前半は正しいであろうか．資本主義的生産様式が，価値，剰余価値，社会的諸関係を度外視して生産力を増大させるだろうか．マルクスは「度外視」について具体的にどのような事態を想定しているのだろうか．直接的生産過程は，ときには実現を無視して剰余価値の増大を目指し，生産力を高めるかもしれないが，価値，剰余価値をまったく度外視することはない．制約を受けているだろう．「他面で……」以下の文章が正しく前半部分はおかしいだろう．矛盾というなら，直接的生産過程と実現過程の矛盾であろう．第11段落の「この生産様式の独特な性格は，現存の資本価値をこの価値のできるだけ大きな増殖のための手段とすることに向けられている」（428の10-11）という文章はそのまま受け止められる．

第12段落の「現存資本の周期的な価値減少（は）……（中略）……（生産）過程の突然の危機［恐慌］とをともなう」（428の14-17）という文章は，原因と結果が整理されていないのではないだろうか．つまり，「現存資本の周期的な価値減少」とは，産業循環の恐慌期に起こる事態を言っているのであろう．確かに，恐慌期には資本の価値減少が起こり，それによって新資本の形成，利潤率の上昇が生じるだろう．しかし，価値減少が恐慌を発生させるのではない．恐慌を発生させる原因については述べられていない．資本の周期的な価値減少は恐慌の結果である．

第13，14段落はとくに問題はない．しかし，第15段落は文意がとりにくいうえに，この段落の文章が「利潤率の低下の法則」とどのような論理的関連が

あるのか理解しがたい．まず次の文章をみよう．「資本主義的生産の真の制限
は，資本そのものである．というのは，資本とその増殖とが生産の出発点およ
び終結点として，生産の動機および目的として，現われる，ということであ
る」(429 の 8-9)．

　この「制限」については，いろいろなことを述べなければならないだろう．
それは『資本論』全体で明らかにされていくことであろう．資本主義的生産の
動機は，生活者大衆のために富を生産するものではない．「資本とその増殖と
が生産の出発点」であることはそのとおりである．第 1 節該当の第 4 段落に記
されていた「資本主義的生産が富の生産にとって絶対的な生産様式ではなく
……」(415 の 16-17) ということと同趣旨である．それ以上の内容が込められ
ているのだろうか[15]．確かに，その「制限」が「利潤率の低下」の進行の中
で顕著になるということはあり得るし，第 15 章草稿でそのことを改めて言っ
ているのかもしれない．しかし，その「制限」が資本主義的生産の行き詰まり
に至ると主張するには多くの中間項を必要とするだろう．

　次の文章，「生産者大衆の収奪と貧困化とにもとづく資本価値の維持および
増殖がその内部でのみ運動しうる諸制限――……労働の社会的生産諸力の無条
件的発展に向かって突進する生産諸方法とは，つねに矛盾することになる．手
段――社会的生産諸力の無制限的な発展――は現存資本の増殖という制限され
た目的とは絶えず衝突する」(429 の 12-15) も同様である．一読しただけでは
理解が極めて難しい．強いて言えば次のようなことであろう．生産者大衆の収
奪と貧困化の中でしか資本価値の増殖は不可能なのであり，資本主義的生産様
式に含まれているこのような「制限」は，「労働の社会的生産諸力の無条件的
発展に向かって突進する生産諸方法とは，つねに矛盾する」．第 1 節で記した
415 の 16-17 の文章と，これまた同趣旨である．同趣旨の文章はさらに続く．
「この資本主義的生産様式は同時に，このようなその歴史的任務とこれに照応
する社会的生産諸関係とのあいだの恒常的矛盾なのである」(430 の 2-3)．

---

15)　第 1 巻第 7 篇で十分に論じられた事柄である．もちろん第 15 章草稿を執筆していた時
　　点では第 1 巻の完成稿はできていなかった．しかし，残っていないが，第 1 巻の草稿で
　　はある程度のことが記されており，それを踏まえて第 3 巻第 15 章の草稿でこのような文
　　章が記されたのであろう．

48

マルクスはこの「制限」,「矛盾」が「利潤率の低下」によって激化され,「資本主義的生産の発展をおびやか」し（415 の 9）,行き詰まりに至ることを強調したいのであろう.

(3) 第 3 節「人口過剰のもとでの資本過剰」の部分

① MEGA とエンゲルス版の異同・対比

『資本論』第 3 節に該当するのは草稿では 231,MEGA では 324.38,邦訳では 430 ページの 4 行目からである.草稿ではページが変わる.

さて,この第 3 節に該当する部分の段落を表 2-3 にした.MEGA とエンゲルス版の異同・対比について,本章において論じたい箇所は h)～l) である.これらを付していない段落は MEGA,エンゲルス版は同じと考えてよい.以下,h)～l) を順次論じていこう.

h) は第 2 段落に付けている.訳書では,ここ（431 ページ）には 3 つの訳注がある.最初の 2 つの訳注は語句の補正であり,とりわけての問題はないであろう.3 つ目の訳注に以下の指摘がある.資本の過剰生産,資本の過多,資本の過剰蓄積についての研究は,エンゲルス版ではカッコをつけて「それの詳しい研究はもっとあとで行われる」（431 の 5）とあるのが,草稿では「利子生み資本などや信用などがいっそう展開される資本のさまざまな運動（現象的運動）の考察で問題になることである」と具体的に研究の場所を記している.ここでは詳しく論じられないが,恐慌論には信用論が不可欠だと言っているのであろう.

次に第 4 段落に付した i) であるが,この段落は MEGA では 2 つの段落になっている.1 つの段落は 326.9-18 で,もう 1 つは 326.19-33 であるが,エンゲルス版では 1 つの段落にまとめられている（訳書では 432 の 12～433 の 15）.表 2-3 ではエンゲルス版にしたがって 1 つの段落にまとめた.それは以下の事情による.433-434 ページの訳注 2 によると,ここにはエンゲルスによる草稿の文章の一部割愛とエンゲルスによる文章の加筆がある.訳注 2 によれば,割愛部分は前段落に記された内容と重複するので割愛し,代わってエンゲルスが文章を加えたとしている.このようにエンゲルス版では修正があるのであるが,訳注に示された割愛された草稿の内容,およびエンゲルスの加筆文章を考える

表 2-3　第3節部分の段落の対比

MEGA		エンゲルス版	草稿の	注記
段落	ページ, 行[1]	ページ, 行[2]	ページ	
①	324. 38〜325. 18	430. 4〜431. 3	231	冒頭に L の印がある
②	325. 19-29	431. 4-8		h)
③	325. 30〜326. 8	431. 9〜432. 11		
④	326. 9-33	432. 12〜433. 15	232	i)
⑤	326. 34〜327. 5	434. 1-9		
⑥	327. 6-11	434. 10-14		
⑦	327. 12-29	434. 15〜435. 11	233	文章途中で草稿ページが変わる
⑧	327. 30〜328. 5	435. 12〜436. 3		j)
⑨	328. 6-16	436. 4-12		
⑩	328. 17-37	436. 13〜437. 10	234	文章途中で草稿ページが変わる
⑪	328. 38〜329. 21	437. 11〜438. 12		
⑫	329. 22-26	438. 13〜439. 1		
⑬	329. 27-32	439. 2-6		
⑭	329. 33-40	439. 7-11	235	
⑮	329. 41-42	本文 k）で説明		k)
⑯	330. 1-19	439. 12〜440. 6		l)
⑰	330. 20-26	440. 7-11		
⑱	330. 27〜331. 35	440. 12〜443. 1	236	文章途中で草稿ページが変わる
⑲	331. 36-38	443. 2-3		
⑳	331. 39〜332. 7	443. 4-9		
㉑	332. 8-14	443. 10〜444. 1		
㉒	332. 15-17	444. 2-3		
㉓	332. 18-22	444. 4-7	237	
㉔	332. 23-30	444. 8-14		
㉕	332. 31-38	444. 15〜445. 2		
㉖	332. 39〜333. 24	445. 3〜446. 4		冒頭に L の印がある

注：1），2）は表 2-1 と同じ．
出所：筆者の作成．

　と，この修正によって内容において大きな問題が生じているとは考えられない．
　第8段落の j）であるが，ここにはエンゲルスによる草稿文書の変更がある．
しかし，2つの訳書とも訳注はない．エンゲルス版では，MEGA の 327. 33-36
の文章，「woraus sich das Problem ... =einem Theil ＞△C des neuen Gesam-
mtcapitals C＋△C」の部分が割愛され．そして，「um dessen Ausgleichung
... Teil davon.」（MEW の 263 の下から4行から最終行）の挿入文がある．本章
の「はじめに」に記したように筆者のドイツ語能力のゆえに割愛された草稿の

文章とエンゲルスの挿入の文章を訳することは控え（正確な訳になるか自信がない），筆者はこの箇所についての評価は留保しておきたい．

　k)を第15段落に付している．第14段落の次にMEGAには2行の文章がある（329.41-42──本章表2-3では⑮）が，エンゲルス版ではこの2行が割愛されている．しかも，この割愛された文章は看過できないものである．「現実の資本の過剰生産は，ここで考察されたものとは決して同一ではなく，それと比べれば相対的なものにすぎない」（新版439の訳注，新書版にはこの訳注はない）という文章である．このドイツ語にして2行の文章の理解，検討，エンゲルスが割愛した理由については次の項で検討したい．MEGAの第15段落（訳書439ページの訳注の文章）を，本章表2-3では「エンゲルス版」の第15段落に当てることにした．したがって，同表におけるエンゲルス版の本文の段落は1ずつあと送りになる．

　最後にl)であるが，MEGAの第16段落に付している．訳文で「資本のこの過剰生産が，多少とも大きな相対的過剰人口をともなうということは，決して矛盾ではない」（440の1-2）のあとに，草稿ではカッコで次の文章があるのをエンゲルスは割愛している．「(この相対的過剰人口の減少はそれ自体すでに恐慌の一契機である．なぜなら，それは資本の絶対的過剰生産という，いましがた考察された事態を引きよせるからである)」（MEGAの330.9-11，新版訳書440の訳注2による──新書版にはこの訳注はない）という文章である．この割愛された文章をどのように理解するかは次項で論じよう．

　その他，h)～l)以外にもいくつかの段落に語句の修正・補正がエンゲルス版では見られる．とくに，注意するのは以下である．第3段落の「可変資本の貨幣価値における増加」は，エンゲルス版ではカッコで「賃金の高騰による」と追記されているが，草稿にはこのカッコの語句はない（432ページの訳注3）．それ以外にも多くの語句の言い換えがみられるが，訳注でそれらは確認できる．443ページの訳注4はエンゲルスの修正（「生産諸関係」→「生産諸条件」）がよいであろう．

②第3節の概要と問題点[16]

　第1段落では，3つの文章を挙げよう．「利潤率の低下につれて……個々の

資本家の手中に必要とされる資本の最小限は増大する……それと同時に集積も増大する」（訳書430ページ）と記される．この文章自体に問題はないだろう．次に，「これによって，大量の分散した小諸資本は冒険の道に追い込まれる──投機，信用恐慌，株式思惑，恐慌」（同）という文章が続く．小資本の「冒険」が投機になり，恐慌を引き起こすと，!!．これはまったく論証抜きの無理な断定であろう．3つ目の文章は「資本の過多は……利潤率の低下が利潤総量によって埋め合わされない資本──……の過多に関連している……この資本過多は，相対的過剰人口を呼び起こすのと同じ事情から生じる……一方には遊休資本が，他方には失業労働者人口が立つ」（430-431ページ）という文章である．これは正しいであろう．

　第2段落では問題のある文章が続く．「個々の諸商品の過剰生産ではなく資本の過剰生産……が意味するものは，資本の過剰蓄積以外のなにものでもない．この過剰蓄積が何であるかを理解するためには……それが絶対的であると<u>仮定しさえすればよい</u>．どのようなときに，資本の過剰生産は絶対的なのだろうか？　それもあれこれの生産領域……におよぶものではなく……その範囲において絶対的であるような……過剰生産は？」（訳書431，下線は奥田）

　まず，「それが絶対的であると仮定しさえすればよい」とはどのようなことを言いたいのか．事実の確証というよりも「仮定」して考えようというのであろうか．次に，絶対的過剰なのはどのようなときに起こるのか，どのような仮定を考えようとしているのだろうか．

　そして第3段落では，「追加資本がゼロになれば，資本の絶対的過剰生産が現存するということになるであろう」（431ページ）と，前段落の「どのようなとき」の例を挙げる．そして前段落の「仮定」を以下のように続ける．「労働者人口に比べて資本が増大しすぎて，この人口が提供する絶対的労働時間も延長できないし，相対的剰余労働時間も拡張できないようになれば……，すなわち，増大した資本が，増大するまえと同じかまたはそれよりも少ない剰余価値

16）　前畑氏は，「制限突破をもたらす「競争戦」とその帰結を叙述する」のが第3節であると言われる（前掲書，589ページ）．その叙述を正しく読み取るためには「既存の現実資本」と貨幣資本を区別したうえで，「第3節の部分で展開されている問題を整理してみよう」（同）と述べられる．この氏の論述を本格的に検討する前に，マルクスの草稿をできる限り忠実にフォローしていこう．

総量しか生産しなくなるときには，資本の絶対的過剰生産が生じている」（432ページ）．このような「仮定」の下で，これらの場合に，「一般的利潤率のひどい突然の低下が生じる……ただしこんどは，資本構成の変動——生産力の発展によるものではなくて，可変資本の貨幣価値における増加（賃銀の高騰による——このカッコの語句はエンゲルスの追加—— 432 ページの訳注 3)——のせいで生じる」（同）．このようにいくつかの「仮定」のもとで，「資本の絶対的過剰生産（資本の過多）」は起こると考えられている．

　ところが，第 4 段落では，「現実には，事態は次のように現われるだろう」（432 ページ）と，いくつかの例が示される．資本の遊休，追加資本が旧資本にとって代わる等である．しかし，それらには「圧迫（＝「競争」）が伴っているから，旧資本は「より低い利潤率で自己増殖する」（同）とし，第 5 段落において，「旧資本のこのような事実上の価値減少は，闘争なしには生じえない」（434 ページ）と「闘争による価値減少」を記す．第 6 段落では，新資本は「旧資本を犠牲にして自分の席を占めようとする」（同）とし，第 7 段落では，「この遊休資本がとくにどの部分で生じるかは，競争戦が決定する」，それは「利潤の分配ではなく，損失の分配の問題となる」（435 ページ）としたうえで，第 8 段落で，「どのようにしてこの衝突がふたたび調整され，資本主義的生産の「健全な」運動に照応する諸関係が回復されるであろうか？……その仕方は……資本の遊休とその部分的な破滅さえ含んでいる」（435 ページ），「ある資本は遊休させられ，他のある資本は破滅させられ（る）」（436 ページ）と「調整」の仕方が記される．第 9 段落では，「どのような事情があるにせよ，均衡は，大なり小なりの規模での資本の遊休によって，さらにときには破滅によって，回復されるであろう」（同）とされ，第 10 段落において，「現実の事態」が次のようにまとめられる．「こうして，激烈な急性的恐慌，突然の強力的な価値減少，および再生産過程の現実の停滞と攪乱に，それとともに再生産過程の現実の減少に導くのである」（437 ページ）．

　このような「まとめ」に続き，第 11 段落，第 12 段落においても，景気循環についての 2 つの補足的論述がある．1 つは循環における労賃と労働人口について，もう 1 つは競争戦における新しい機械の導入についてである．循環の中での「生産の停滞は，その後の生産拡大……を準備」（第 11 段落）し，「循環

がまた新たにたどられるであろう」（第12段落，438ページ）と記される．

　以上のように，第4段落から第12段落は，「現実の事態」として恐慌が勃発して以後の循環過程を記している．しかし，「仮定」の検証は論じられず，「仮定」に基づく資本の絶対的過剰生産がどのようにして恐慌を引き起こすのかの肝心の論理的な説明はない．「仮定」に基づく資本の絶対的過剰の発生とそれによる恐慌の発現を断定的に記したあと，一定の現実を反映した循環過程がこれらの段落において論じられている．

　しかも，第13段落では，「ここに設けられた極端な前提のもとでさえ」と記して，これまでの「資本の絶対的過剰生産」の論述が「極端な前提」の下での論述としている．そのことと第4段落以降の関連はつかみにくいが以下のようであろう．第4段落の冒頭に記された「現実には，事態は次のように現われる」として，第4段落から第12段落まで循環過程について記されるが，それは詳しく分析されたものではないとしても現実の循環を一定反映したもので，「極端な前提のもと」の記述ではない．「仮定」，「極端な前提のもと」での資本の絶対的過剰生産を根拠に発現した恐慌のあとの循環過程が現実に沿うように記述されたものである．つまり，「仮定」＝「極端な前提」によって恐慌の発現が論じられ，「現実の事態」として循環過程が論じられている．

　そして，「それ（資本の絶対的過剰生産）が生産諸手段の過剰生産であるのは……資本として機能しなければならないという限りのこと」（第13段落，439ページ）としながら，やはり「それは過剰生産であろう」（第14段落，439ページ）と記される．というのは「「健全な」「正常な」発展によって条件づけられるような搾取度」，「利潤率の低落を排除するような搾取度で，労働を搾取することができなくなる」（同）からだという．ここで記される「搾取度」については，第16段落と併せてみていかなければならない（第16段落の個所で再述）．

　草稿には，このあと表2-3に記した草稿第15段落の2行の「現実の資本の過剰生産は，ここで考察されたものとは決して同一ではなく，それと比べれば相対的なものにすぎない」という文章がある（本章の表2-3に付されたk，エンゲルス版では割愛，新版439ページの訳者注──新書版にはこの注はない）．この2行の文章は，「仮定」，「極端な前提のもと」に考察されたものとは異なり，マルクスが現実の恐慌，循環の過程を一定程度分析するか，考慮したうえで記し

たものであろう．「相対的」という意味をどのように把握できるかについては，次の段落で「与えられた搾取度」「搾取度が一定の点より低下する」という文言との関連で把握できるであろう．

　エンゲルス版では割愛されたこの2行の文章のあと，MEGAの第16段落の文章が，「資本の過剰生産が意味するものは，資本として機能しうる，すなわち与えられた搾取度で労働の搾取に使用される生産諸手段……の過剰生産以外のなにものでもない．与えられた搾取度でというのは，この搾取度が一定の点より下に低下することが，資本主義的生産過程の攪乱と停滞，恐慌，資本の破壊を呼び起こす」（439-440ページ）と記される．わかりにくい表現であるが，この文章で，まず「資本の過剰生産」の意味が再把握される．「与えられた搾取度」のもとにおいて生産諸手段が資本として機能しうるのであり，それ以上に生産諸手段があれば資本の過剰生産の状態であり，搾取度が一定の点よりも低くなれば，生産諸手段が資本として機能することができず，資本主義的生産過程の攪乱と停滞，恐慌，資本の破壊が起こると述べている．搾取度（m/v）が一定の点よりも低くなるというのは，絶対的にも相対的にも剰余価値がこれまでよりも少なくしか得られないか，可変資本（賃銀高騰）が大きくなるということである．そうであるなら，ここで記されていることは，草稿第3節該当部分の第3段落で「絶対的労働時間を延長することもできないし，相対的剰余労働時間を拡張することもできない」（432ページ）と記して，「資本の絶対的過剰生産」を述べていたことと同じである．また，搾取度が「一定の点」よりも低くなっていない下での過剰資本がMEGAの第15段落（エンゲルス版では割愛）の2行の文章で言われる「資本の相対的過剰生産」であろう．

　しかし，一定点以下への搾取度の低下がなぜ恐慌を引き起こすのかはマルクスのこの文章ではわからない．断定的に言われるだけである．それを理論的に論証するには多くの中間項が必要であろう．

　また，この第16段落には，資本の過剰生産が相対的過剰人口をともなうと記され，草稿では，ここにカッコつきの次の文章が続く（MEGAでは330.9-11，エンゲルス版では割愛，新版440ページの訳注2——新書版には訳注はない）．「（この相対的過剰人口の減少はそれ自体すでに恐慌の一契機である．なぜなら，それは資本の絶対的過剰生産という，いましがた考察された事態を引きよせるか

らである）」（440 ページの訳注 2 から）．このカッコの文章は，「与えられた搾取
度」では「資本の過剰生産」は相対的過剰人口をともなうが，その相対的過剰
人口が減少するのは資本の絶対的過剰生産が生じていることを示しているとい
うのであろう．

それに対して，まだ「資本の絶対的過剰生産」の状態になっていない「与え
られた搾取度のもと」では，相対的な「過剰資本によって使用されない労働者
の過剰人口――を……生み出しているのである」（第 16 段落，440 ページ）．非
常にわかりにくい論述である．ここでのマルクスの叙述では，「生産手段が資
本として機能する与えられた搾取度」ではなく「搾取度が一定の点より下に低
下すること」に，より重要な意味合いが置かれている．「恐慌，資本の破壊を
呼び起こすからである」（440 ページ）．

第 17 段落では「資本が外国に送られる」（440 ページ）ことに関して興味あ
る指摘があるが，ごく簡単な指摘だけで済まされている．第 18 段落の論述は，
大部分が当時の経済学者への批判になっており，第 1 節に該当する草稿の第 4
段落のリカードゥに関連する内容と基本的に同じで，第 18 段落でのまとめは
以下になっている．「資本主義的生産様式の矛盾は，まさに生産諸力の絶対的
発展へのこの生産様式の傾向にこそあるのであり，この発展は……独自の生産
諸条件（草稿では生産諸関係となっている―― 443 ページの訳注 4）とつねに
衝突する」（442-443 ページ）．第 19〜22 段落はその例が記される．

第 23，24 段落はこの章のこれまでの論述の 2 つの「まとめ」となっている．
(1) 労働の生産力の発展は利潤率の低下を招き，発展の一定の時点でその発展
に敵対的に対抗することになるが，それはつねに恐慌によって克服されねばな
らない．(2) この生産様式のもとでは，生産の拡張または制限を決定するのは
利潤率の一定の高さであり，諸欲求の充足ではない．したがって，「この生産
様式は，諸欲求の充足が停止を命じるところではなく，利潤の生産および実現
が停止を命じるところで停止する」（第 24 段落，444 ページ）．

第 25 段落では，特別利潤を得るための新たな生産方法，新たな投資が記さ
れるが，十分に議論が展開されることなく，「新たな冒険」「思惑」として記述
され，本章の後段で論じる新たな商品の開発，新たな産業分野の形成の論述は
ない．

最後の段落（第26段落）では、「資本形成がもっぱら二，三の少数の既成の大資本——の行うものになると，一般に生産を活気づける火は消え失せ，……生産は眠り込むであろう」（445ページ）と資本主義的生産様式の今後の展望を暗く描いている．それを受けて，第1節に記されていたリカードゥなどの「不安」に立ち返り，再度，「資本主義的生産の制限，その相対性……それが絶対的な生産様式ではなく……一つの歴史的な生産様式でしかないということが純粋に経済学的な仕方で……示されている」（446ページ）とまとめている．

(4) 第4節「補遺」の部分
① MEGA とエンゲルス版の異同・対比

草稿はページを変えて238ページからエンゲルス版の「補遺」の部分になる．この部分についての草稿とエンゲルス版の対比を表2-4に示している．エンゲルスは第3節までのように丹念にフォローしていないことがわかる．段落が変

表 2-4　第4節部分の段落の対比

MEGA の ページ，行[1]	エンゲルス版の ページ，行[2]	草稿の ページ	注記
333. 25～334. 6	446. 5～447. 2	238	冒頭にLの印
334. 7-15	447. 3-9		m)
334. 16～336. 10	447. 10～450. 16	239（途中で）	冒頭にLの印．　n)
336. 11-20	451. 1-8	———	Lの印．冒頭にエンゲルスによる「区分線」
336. 21-35	451. 9～452. 7	240（途中で）	
336. 36-40	452. 8-10		Lの印
336. 41～337. 19	452. 11～453. 8		
337. 20-38	453. 9～454. 4		Lの印
337. 39～338. 12	454. 5～455. 2	241（途中で）	
338. 13-28	445. 3-14		
338. 29-36	455. 15～456. 3		Lの印
338. 37～339. 3	456. 4-11（12）		Lの印．　o)
339. 4-13	456. 12-16	———	o)
339. 14～340. 14	457. 1-14	242	Lの印．　p)

注：1），2）は表2-1と同じ．
出所：筆者の作成．

わるいくつかの箇所に長い線を引いて，マルクスの草稿を区分しようとしている．表2-4ではこれまでの表と異なり，MEGAの段落は示さないで，MEGAにある文章がエンゲルス版のどのページのどの行にあるか，対照のみを示している．段落の異同を厳密に示すことに意味がないと思われるのである．

　表2-4にもこれまでと同じように印（m～p）をつけている．順次簡単に説明しよう．まずm）であるが，この部分をエンゲルスは若干表現を変えているが，ほぼ同様の内容が記されている（このことについては2つの訳書とも訳者注を付けていない）．n）が付けられている部分は，マルクスのいくつかの段落からなる文章をエンゲルスが編集しながら直したものである（そのことが訳書の450-451ページにエンゲルス自身の注37として記されている）．内容的には，『資本論』第1巻，および第3巻の第15章のこれまでに記されてきたものの繰り返しが大部分（本章ののちの注18も見られたい）で，その意味では「補遺」である．この部分が終わって，エンゲルスは「区分線」を書き入れている（訳書451ページ）．

　この「区分線」から訳書454ページに見られる次の「区分線」までは，草稿とエンゲルス版では語句等の違いがある（訳注に記載）が，文章は草稿とほとんど同じである．また，次の「区分線」が訳書の456ページにあるが，この2つの「区分線」の間の文章も草稿とエンゲルス版は語句の言い直し以外はほぼ同じである．ただ，表2-4ではこの部分にo）を付した．この部分にはR.ジョウンズという人の本からの引用文があるが，MEGAでは引用のあと改行の上でマルクスの文章が続いている．したがって，2つの段落となっているが，エンゲルス版は改行せず1つの段落にしている（2つの訳書にはこのことについての訳注はない）．

　最後に表2-4に筆者が付けたp）であるが，エンゲルス版にはこの箇所の前に最後の「区分線」が引かれている．2つの訳書では訳注が記されていないが，この部分はエンゲルス版では草稿の要約となっている．また，新版の訳書には訳注はないが，新書版の訳書の454ページには，「世界市場の形成」というマルクスの書き込みのあとに，『経済学批判（1861-1863年草稿）』ノートにおけるC.バビジという人の本からの引用等があることが記されている．

②第4節の内容の概要と問題点

　筆者は，エンゲルス版の「補遺」の部分はまさに「補遺」で，その扱いでよいと考える．生産性の増大，有機的構成，特別剰余価値などのいくつかの，これまでに指摘されてきたことが，並列的に論述されている．新たに指摘する内容はほとんどなく，第3節までの部分で十分と考える[17]．

　ただ，忘れずに指摘しておかねばならないのは，新版訳453ページの9行目から454ページ4行目にある文章である．資本主義的生産様式の「解消」が言われている．「資本が形成していく一般的な社会力と，この社会的な生産諸条件にたいする個々の資本家たちの私的な力とのあいだの矛盾は，ますます際立つものとして発展していき，そして，この関係の解消を含むことになる．……これ〔この関係の解消〕が……一般的・共同的・社会的な諸条件への変革を含む」という文章である[18]．第1節に当たる草稿（とくに第4段落）でも表現は異なるが，同趣旨のことが記されていた．マルクスは，やはり資本主義的生産様式が「歴史的な一時的性格」を有しており，その解消，止揚が必然であることを，この第15章に当たる草稿全体で強調したかったのであろう．もちろん，記述は「断定的」で十分に論証されてはいない．

　「補遺」に当たる草稿の末尾に，資本主義的生産様式の主要事実（3つ）が指摘される（MEGA, 339.14〜340.14, エンゲルス版では要約的に，訳書457.1-14）が，ここでも資本主義的生産様式の「止揚」が言われる．i)「少数者の手中における生産手段の集積は……反対に生産の諸力能に転化する」．ii)「労働そのものの社会的労働としての組織」．そして，i), ii)は，どちらも「資本主義的生産様式は，私的所有権と私的労働とを止揚する」ことにつながることを強調している．iii)は世界市場の形成であるが，世界市場の内容につ

---

17)　前畑氏は，補遺部分については言及されていない．第3節までの内容で十分であり，補遺にすぎないとされたのであろう．

18)　これはエンゲルスが草稿から書き換え，編集した文章（新版訳の450-451ページにあるエンゲルス自身が付けている注37参照）と内容的に一致している．「労働の生産性の増加とは，まさに，生きた労働の割合が減少して過去の労働の割合が増加すること……」（新版447ページの終わりから5行目以下）であると指摘し，そのうえで「資本主義的生産様式は新たな矛盾におちいる．この生産様式の歴史的使命は……この生産様式はこの使命にそむくことになる」（450ページの終わりから6行目以下）と，この生産様式の行き詰まりと次の生産様式を予言する文章になっている．

いては全く記述のないままの表題だけである．そのあと，「人口よりもはるか
に急速に増大する資本価値の増大は……ますます狭くなっていく基盤――……
と矛盾し……そこから諸恐慌」（訳書457ページ）と，恐慌が強調される．諸恐
慌が資本主義的生産様式の「止揚」につながることを言いたいのであろう[19]．

（5）　小結

以上，MEGAとエンゲルス版の異同・対比をやや詳細にみてきたが，それ
はエンゲルスの編集によってマルクスの草稿の内容が大きく変わるものになっ
ているかどうかを判断したいためである．第1節該当部分では，草稿内容を大
きく変えるようなエンゲルスの編集上の問題はないと考えられる．対比で主な
ものは，表2-1のeについて記したMEGAの316.13〜321.4までがエンゲル
ス版では第13章に移されていることぐらいで，その部分は内容的に第13章の
「補遺」扱いにしても問題にはならないだろう．第2節の部分はエンゲルスの
編集による草稿の改編はほとんど見られない．

注意しなければならないのは第3節の部分である．草稿の重要な2つの文章
がエンゲルスによって割愛されている．1つは（本章表2-3のk），「現実の資
本の過剰生産は，ここで考察されたものとは決して同一ではなく，それと比べ
れば相対的なものにすぎない」（MEGA，329.41-42，新訳書439ページの訳注）
という文章である．もう1つは（同表2-3のl），「（この相対的過剰人口の減
少はそれ自体すでに恐慌の一契機である．なぜなら，それは資本の絶対的過剰
生産という，いましがた考察された事態を引きよせるからである）」（MEGA，
330.9-11，訳文は440ページの訳注2による）という文章である．

これら2つの文章がエンゲルスによって割愛されたことによって，第3節の
部分の理解，とくに本章表2-3で示した第14〜16段落の理解が異なるものに
なる可能性がある．「健全な，正常な発展によって条件づけられている搾取度」，
「与えられた搾取度」，「一定点以下に下がった搾取度」，それぞれの搾取度にお
ける「資本の過剰生産」のあり様，「過剰人口」のあり様の把握が難しくなろ

---

[19]　なお，新書版の訳では，iii）の文書の冒頭に訳注がある（454ページ，新版にはない）．
草稿には，iii）の文章の前に，『1861-1863年草稿』からの引用や，追加の文章があると
いう．しかし，とくに問題とするものではないだろう．

60

う．したがって，割愛された2つの文章を補い考慮したうえで，マルクスの第15章の草稿全体を理解し評価しなければならない．

補遺の部分は，エンゲルスの編集によってマルクスが記述していた内容との大きな差異は生じていないと考えられる．

マルクスの草稿は公表を前提にしていないから，マルクスの頭に浮かんだ諸事象が十分に吟味されないまま記されている部分もあろう．エンゲルスがそれらを刊行物として発刊する際の苦労が思い浮かぶものとなっている．その苦労は，とくに「補遺」にあるいくつかの縦線の「区切り線」の設定に顕著にみられる．

2. マルクスの問題意識と第15章草稿の「大要」

マルクスは，第15章該当部分でどのようなことを主張したかったのだろうか．第1節部分の第4段落にそれ（問題意識）が端的に示されていると思われる．「利潤率の下落は，新たな自立的諸資本の形成を緩慢にし，こうして資本主義的生産過程の発展をおびやかすものとして現われる．それは，過剰生産，投機，恐慌，過剰人口と並存する過剰資本を促進する」（新版⑧415ページ）という文言，「したがって，リカードゥと同様に資本主義的生産様式を絶対的な生産様式と考える経済学者たちも，ここでは，この生産様式が自分自身に対して制限を作り出すことを感じ」（同）るという文言，さらに，利潤率の下落が「過剰生産，投機，恐慌，過剰人口と並存する過剰資本を促進」し，そのことが，リカードゥたちに「資本主義的生産様式に対する制限」を感じさせるが，「この特有な制限は，資本主義的生産様式の被制限性とその歴史的な一時的な性格を証明する」（同）という文言，これらの文言である．

マルクスは，第15章の草稿を執筆する時点では，利潤率の下落に資本の過剰生産，恐慌の根拠を求める考えを有していたのであろう[20]．また，恐慌を

---

20) 「恐慌の可能性を現実性に転化させる諸契機」として，『資本論』第3巻第3篇第15章で論じられた利潤率の傾向的低下の「法則の内的諸矛盾の展開」に求める見解がある．その最近の代表者が宮田惟史氏であろう．氏は「この法則は恐慌を現実化する諸契機を産出する」（前掲の大谷・前畑共編の著書に所収の「『資本論』第3部第3篇草稿の課題

第2章　利潤率の低下と過剰資本　　61

経ることによって次の生産様式への何らかの展望が得られると考えていたので
あろう．

　マルクスのこれらの「問題意識」を考慮しないで，草稿の第15章部分の一
連の文章を読むことは多くのことを見逃すことになるであろう．また，マルク
スは草稿では，思いつくこと，頭に浮かぶことを次々と記述しており，それら
の間の文章には関連性，論理性が考慮されているとは限らない．例えば，第1
節該当部分の第7段落において，「剰余価値が生産される諸条件と剰余価値が
実現される諸条件のあいだの矛盾」（新訳書420ページ）が記されているが，こ
の「諸条件」の違いが，第1節該当部分の第4段落に記されている諸内容（問
題意識の文章）とどのような関連があるのか，突き詰めて論じられているとは

───────────
と意義」，669ページ）と記され，氏によると，「法則の内的諸矛盾とは，まさに法則が
含む利潤の率と量との低下の諸契機と利潤の率と量との上昇の諸契機との対立矛盾であ
る」と言われる（同，670ページ，下線は引用者）．さらに「マルクスは，法則に内在す
る矛盾を以上のように捉えており，この矛盾の展開から恐慌の諸要因を導いている」
（同）と言われる．本章で論じたように，『資本論』第3巻第15章は完成度の低い草稿で
未完のものであるから種々に解釈されようが，氏の論旨には「無理」が含まれているよ
うに思われる．第1に，第3篇はマルクスの草稿では第3章になっており，ここからエ
ンゲルスは第3篇の第13，14，15章とそれぞれの節をつくり，それぞれの章，節の表題
も，したがって第15章の表題にある「法則の内的諸矛盾」という文句もエンゲルスがつ
けたものである（剰余価値が生産される条件とそれが実現される条件との矛盾という表
現はあるが）．第2に，マルクスは第14章に当たる草稿部分において利潤率の低下に
「反対に作用する諸要因」を記しているが，それにもかかわらず，マルクスは少なくとも
それらが利潤率を上昇させる要因＝諸契機としては考察していない，あるいはそのよう
な契機としては把握していないと考えられる．反対に作用する諸原因は，「この一般的法
則に単に一傾向という性格のみを与える諸影響」（新版⑧399ページ，新書版⑨396ペー
ジ）と記されていることからも，そのことはうかがえるだろう．ましてや第15章の草稿
においては，「利潤率・量の低下の諸契機」ははっきり記述されるが，「利潤率・量の上
昇の諸契機」についてのマルクスの記述は明確ではないであろう．マルクスは第15章の
草稿を執筆する時点では「利潤率の傾向的低下」を根拠に恐慌発生の現実性を明らかに
しようとしたことは確かであろうが，マルクスは宮田氏が挙げる「矛盾」も含め，その
他の諸要因も勘案しながら，恐慌の勃発の論証に成功しただろうか．マルクスは恐慌に
ついて，第15章の草稿執筆以後にも多くの箇所で言及しているが，以後では利潤率の低
下と関連させてほとんど論じていない．われわれは，マルクスがなぜ第15章において恐
慌の発生過程を説得的に論じられなかったのかも含めて第15章の草稿そのものを丹念に
フォローする必要があろう．なお，筆者の恐慌についての言及は以下をみられたい．拙
書『『資本論』諸草稿の検討』日本経済評論社，2021年の補論2「恐慌についての簡単な
スケッチ」．

言えないだろう．2つの諸条件の矛盾は，本来は『資本論』第2部（巻）で論じられるべき内容である．

マルクスの第15章部分には，いま述べたように，また本書の前節で示してきたように多くの「脇道」の議論を含んでいるとはいえ，理論展開の「大筋」は以下のようなものであろう．「資本の有機的構成の高度化→生産力の上昇→利潤率の低下→労働者人口に比しての資本の過剰→労賃の上昇→恐慌の発生→資本主義的生産様式のゆきづまり」である．マルクスは，「利潤率低下の法則」の種々の展開（エンゲルスはこれを「内的諸矛盾の展開」と名付けた）によって恐慌が起こることを示そうとし，その恐慌を前提に資本主義的生産様式の「止揚」，次の生産様式の展望を示そうとしていると言えよう．

そのような「大筋」の議論に押されて，エンゲルスによって割愛された2つの重要な文章——本章表2-3の第15段落（邦訳書439ページの訳者注）と第16段落（同440ページの訳者注2）——も，結果的にマルクスによって十分に展開されないままの叙述になってしまった．そのために，エンゲルスも軽視して割愛したのではないだろうか．その議論を再構築するには，いったん「大筋」の議論——絶対的労働時間を延長できず，相対的剰余労働時間も拡張できず「資本の絶対的過剰生産」が生まれるという議論（第3節第3段落）を，横に置いて最初から議論を組み立て直す必要があろう．

第15章の草稿は全体として上に記した「大筋」の議論になっている．そして，問題は，マルクスがこの「大筋」をどのように言っているかではなく，この「大筋」の展開が無理なく道理に合うものかどうかである．筆者は，マルクスはこの「大筋」を論証するのに成功していないと考える．相対的過剰人口と相対的な資本過剰の並存が実際の状態であり，労働者人口に比しての資本の過剰（＝資本の絶対的過剰）ではないだろう．したがって，「労働者人口に比しての資本の過剰→労賃の上昇→恐慌の発生」の筋道は成り立たない[21]．前章

---

21) 「労賃の高騰」という表現は草稿にはなく，草稿では「可変資本の貨幣価値における増加」となっていても，意味は「労賃の高騰」であろう．そして注目すべきことは，マルクスは第15章の部分で恐慌についてたびたび言及しているが，この草稿で剰余価値生産の諸条件とその実現の諸条件は異なることをはじめて記していることである．この違いを十分に議論展開しないでは恐慌論は十分なものにはならないだろう．第15章部分の執筆時点では恐慌論への接近が本格的に始まったばかりと考えざるを得ない．マルクスは

で論じたように，今世紀における日本の状態は，非正規雇用の増大，賃金の低下，これらと並存した「内部留保」（過剰資本）の増大であった．

マルクスがこの「大筋」の展開を急いだのは，本章でマルクスの「問題意識」として記した資本主義的生産様式の「止揚」を言いたいがためであろう．マルクスが『資本論』全体で明らかにしたかったものは，資本主義的生産様式の「止揚」の道筋の経済学的な論証であったろう．マルクスはリカードゥなどの議論に触発されながら，利潤率の低下にその根拠を求めようとしたのではないだろうか．そのように言うには，マルクスのこの当時の執筆，活動等の思考全体を考察する必要があろうが，筆者にはそのように思えてならない．

次のことも記しておかなければならない．第15章草稿で言われている資本主義的生産様式の「止揚」は，資本主義的生産様式があたかも「行き詰まる」ことによって「止揚」されるように議論されている．止揚の主体の成長が述べられていない．『資本論』第1巻第24章第7節の次の文章とはだいぶん異なる．「絶えず膨張するところの，資本主義的生産過程そのものの機構によって訓練され組織された労働者階級の反抗もまた増大する」（新書版④ 1306 ページ）．マルクスは，『資本論』第1巻の完成稿を仕上げていく中で，また第2巻の諸草稿を執筆していく中で，第15章草稿で執筆した内容に最後までこだわって維持していたであろうか．本章ではこれらのことについては述べられないが，今後，必要な検討であろう．

3. 第14，15章草稿でマルクスが論じなかった諸事象

さて，第14章該当部分に記された諸事象のみが「利潤率の低下に反対する諸要因」なのだろうか．マルクスは第14，15章の草稿を，その時代の現実の経済の諸事象をどこまで念頭におきながら執筆したのであろうか．十分に考慮できていない諸事象があったのではないだろうか．この節では，2つのことを取り上げたい．

実現の問題に気が付いて，注12で触れたように，第3部草稿の執筆を中断し第2部（巻）第1草稿の執筆を始めたのであろう．恐慌論における「資本の過剰」は，恐慌論を構成する諸範疇が解明されて，改めて恐慌論の中で位置づけされるべきものであろう．

(1)　2種類の不変資本

筆者が前章の論文（「内部留保と過剰資本」）を執筆したうえで注目したいことは，不変資本を，生産性を高める一様なものとして把握するのではなく，労働の省力化を主眼とした不変資本もあるのではないかということである．

そこで，資本家によって投下される不変資本を，(Ca＋Cb) としよう．Ca は一般的・全般的に生産性を高める不変資本，新産業などに投下される不変資本，Cb は主に労働の省力化の不変資本である．社会の全分野において Cb 投資が増加すれば，可変資本投資が相対的に減少していき相対的剰余価値生産が高まるであろう．絶対的剰余価値生産を Ma，相対的剰余価値を Mb とすれば，利潤率 (r) は以下の式となろう．

$$(Ma+Mb)/\{(Ca+Cb)+V\} = r$$

Ca はそれほど増大しないもとでも Cb 投資が大きく進展していけば Mb は増加していくが，可変資本 (V) は停滞するか減少する．Cb 投資が増加していけば雇用が減少し賃金が低下していくから，それを取り戻すために長時間労働が不可避となるから，Ma も増加していくだろう．以上の次第であるから利潤率 (r) は，Cb が増大しても継続的に低下していくことにはならないで，むしろ高まっていくであろう．

前章で示したように，1990 年代末から 2010 年代にかけての日本の製造業における IT 化は，労働過程を標準化，単純化して大量の非正規労働者（相対的過剰人口）を生み出し，労賃を引き下げて，その結果，企業の利潤率を高め「内部留保」が増大していった．この日本の状況を念頭におく必要があろう．

また，生産された剰余価値の構成は次のように示すことができよう．

$$Ma+Mb = mm+mc+mv+mr$$

ここで mm は剰余価値のうち資本家の消費部分，mc は剰余価値からの蓄積のうち不変資本に当てられる部分，mv は剰余価値からの蓄積のうち可変資本に当てられる部分，mr は剰余価値のうち資本家（企業）に留保される部分，である．

生産された全剰余価値は 4 つの部分に分割されていく．mc は増加するとしても，その主なものが労働の省力化のためのものとなっていけば，mm は増加していくであろうが，mv は労働の省力化投資のため微増にとどまり，mr（内

部留保）が大きく増加する．

　ここで注意しなければならいことは，mr（内部留保）は商品の売り（剰余価値の実現）によって得られるが，当面買いがない．商品の販売市場は拡大せず，前章で明らかになったように留保された資金はとりあえず内外の諸金融市場に滞留し，のちに設備投資に利用されるとしても一部にすぎない．他の一部は財政赤字をファイナンスし，一部は海外に投資される．

　以上が，1990 年代末から 2000 年代にかけての日本の製造業における不変資本投資，利潤率の推移である．生産性の高まりが利潤率の低下につながるかは，それぞれの時代における諸事情を考慮して判断しなければならないであろう．

　マルクスは m/(c+v)＝利潤率（r），この式だけで議論しており，絶対的剰余価値の生産も相対的剰余価値の生産もできなくなった時点で「資本の絶対的過剰」が生じ，それが恐慌を引き起こすと論じていた．また，マルクスの時代ではしかたがないとしても，現在では，内部留保（mr）を考察から除外することはできないし，mr は売りを前提するがそれによる買いが制約される．そのことによって国内民間市場が狭隘化し，それは内外の諸金融市場に滞留し，財政赤字をファイナンスするか海外に投資されることが多いことから，国家を前提にした財政，世界市場（世界経済）を本格的に論じなければならなくなるであろう．

(2)　新しい商品の開発と新産業の誕生

　最後に，新しい商品の開発と新産業の誕生についてもごく簡単に触れておかなければならない．マルクスは『資本論』第 3 巻第 14 章の冒頭に，「最近の 30 年間だけでも，以前のすべての時代と比較して考察するならば……」（MEGA，301.27〜，新版⑧ 399 ページ）と記して，資本主義的生産様式のもとでの産業の発展を述べている．にもかかわらず，（利潤率の低下に）「反対に作用する諸要因」の 1 つとして，新しい商品の開発と新産業の誕生については挙げられていない．

　おそらく，マルクスの時代の「最近 30 年間」に次々と新しい商品が開発され，新産業が誕生し，利潤率の低下は阻止されるか緩慢になっていたであろう．ところが，第 14 章では，このことについての記述はない．新商品の開発，新

産業に関連する記述が，のちに執筆された『資本論』第1巻第23章にある．次である．「社会的欲求の新たな発展などの結果としての新市場・新投資領域の開拓のような，致富衝動の特別な刺激のもとでは，蓄積の規模は，資本と収入とへの剰余価値または剰余生産物の分割の単なる変化によって，突然に拡大しうるのであるから，資本の蓄積欲求が労働力または労働者数の増加をしのぎ，労働者にたいする需要がその供給をしのぎ，それゆえ労賃が騰貴することがありうる」（新書版④の1054ページ）．

　以上のことを勘案すれば，『資本論』第3篇の草稿（『資本論』第13，14，15章）は利潤論ベースの資本蓄積論として展開されるべきものなのであろう．現在の日本の非正規雇用，内部留保の増大は，日本における新しい商品の開発と新産業の誕生が乏しいからであろう．また，労働の省力化のため設備投資に重点が置かれ，新商品の開発，新産業の創出が遅れたからであろう．

第**3**章
再生産表式論の基本的諸問題

はじめに

　本書の序論でマルクスの2つ目のプランを見たとき，利潤・利子が先に置かれ，資本と資本の交換，資本と所得の交換が後に置かれていたが，マルクスはのちに，現行のように逆の位置に変えた．それが適切であろう．にもかかわらず本章を第3章にしたのは，日本経済の現状を本書の出発点とするために日本の資本蓄積の分析を第1章に置き，『資本論』第3巻第15章がその分析に有効かどうかを検討する章を第2章に置いたためである．日本の資本蓄積の現状をまず念頭に置いて本書の叙述を進めるためである．再生産表式論を本来の位置に置き，この第3章で論じよう．

　さて，『資本論』第2巻第3篇（再生産表式論）では個別資本の競争は想定されていても，分析の対象にはされていない．それ故，再生産表式論には想定されていても分析されていないところから生まれる「限界」がある．表式に入らない諸商品が社会的に存在するということ，生産されたが実現しない諸商品（売れ残り）が多数存在するということが視界から遠ざかっているという「限界」である．再生産表式論は，再生産が順調に進めば再生産の有り様が一定の表式で示されるということ，その均衡条件を示しているのである．さらに言えば，社会的に生産された諸商品が実現するには，一定の条件が必要であるということを示しているのである．実現しなかった諸商品が存在すること，それがどうなっていくかは論じられない．

　以上のことを指摘したうえで，マルクスの拡大再生産についての『資本論』第2巻の第8草稿を検討しなければならない．「第8草稿」は MEGA Ⅱ-11 の

698 ページからはじまるが，拡大再生産については原草稿の 46 ページから，MEGA は 790 ページの途中からである．筆者は大谷禎之介氏の訳書（『資本論草稿にマルクスの苦闘を読む』桜井書店，2018 年，第 5 章）によりながら，第 8 草稿の拡大再生産の部分について逐語的検討を行なった（拙書『『資本論』諸草稿の検討』日本経済評論社，2021 年，第 1 章の第 1，2 節）．以下は，その検討を踏まえながら，マルクスの再生産表式に関するいくつかの基本的問題を整理したい．

1. 均衡的拡大再生産の条件と競争，実現問題

第 8 草稿の逐語的な検討から，筆者は論点 i)～vii) を提示した（前掲拙書，第 1 章第 3 節）．本書の論述に必要な限りで再度論じよう．重視したいのは，第 8 草稿の拡大再生産についての記述の冒頭部分に記された「拡大された規模での生産が事実上すでにあらかじめ始まっている」（草 206，資⑦ 792）[1]という文章はどのようなことを言っているのかである．この点で重要なことは，「拡大された規模での生産」が可能になる生産手段，労働力等の生産諸要素の存在は表式論にとっては所与のものであるということである．社会には「生産の諸要素」がすでに存在しており，「これらの諸要素が商品として市場で買えるものとなっている」（草 206，資⑦ 792）ということである．

普通に論じられているように，単純再生産から拡大再生産へ移行していくのではない．マルクスは第 8 草稿の次の文章ではそのように記している．「この再生産（拡大再生産——引用者）は，所与の商品量について，ただ，所与の生産物のさまざまな要素の違った配列，あるいは，違った機能規定を前提するだけであり，したがって価値の大きさから見れば単純再生産にすぎない……．単純再生産の所与の諸要素の量ではなくてそれらの質的規定が変化するのであっ

---

1) 草 206 とは以下の略である．「草」は『資本論』第 2 巻（部）第 8 草稿のこと，「206」は大谷禎之介氏の第 8 草稿の訳書（前掲『資本論草稿にマルクスの苦闘を読む』）のページ数．「草 206」は草稿訳書の 206 ページのことである．この章の『資本論』第 2 巻からの引用はすべて新日本出版社の『資本論』新書版からである．「資⑦ 792」とは新日本出版社の『資本論』新書版の第 7 分冊 792 ページの略である．大谷氏の訳書に原草稿のページ，MEGA のページが記されているが，本書では煩雑になるので略したい．

て，この変化が，そのあとに続いて行われる拡大された規模での再生産の物質的前提なのである」（草 231，資⑦ 819-20）．「生産の諸要素の質的規定」あるいは，それらのあり方，配列によって単純再生産にも拡大再生産にもなっていくのである．「拡大された規模での生産が事実上すでにあらかじめ始まっている」というのは，そのような意味である．「そのあとに続いて行なわれる拡大された規模での再生産」というようにマルクスの表現にも曖昧さも残るが，単純再生産の中に拡大生産を生み出す諸要因が存在しているのではないし，いったん，単純再生産の条件がつくられて，それによって次に拡大再生産の条件がつくられるのでもない（しかし，他の箇所では単純再生産から拡大再生産に移行していくような記述もある）[2]．

　次に触れる必要があるのは，前章でも見た『資本論』第 3 巻第 15 章の以下の文章である．「この剰余価値生産によっては，資本主義的生産過程の第 1 幕である直接的生産過程が終わっているだけである．……そこで，第 2 幕が始まる．総商品量，総生産物が……販売されなければならない」[3]．「直接的搾取の諸条件とこの搾取の実現の諸条件とは，同じではない．それらは時間的におよび場所的にばかりでなく，概念的にも異なる．前者は社会の生産力によって制限されているだけであり，後者は，異なる生産部門のあいだの比例関係によって，また社会の消費力によって，制限されている」[4]．諸資本家は自らの判断で商品を生産し，それを市場に供出する．諸資本家がどれだけの商品を生産できるかは，所有している生産手段と購入できる労働力の量によって決まるが，諸資本家が生産し市場に供出した諸商品が売れるかどうかはわからない．消費力を一定とするならば，異なる生産部門のあいだの「比例関係」によって販売できるかどうかが決まる．したがって，市場では競争が展開される．

---

2) マルクスは，「生産諸要素の配列，機能規定」次第で拡大再生産が行なわれると指摘していながら，第 8 草稿の他の箇所では，「単純再生産……の内部で，拡大された規模での再生産の，現実の資本蓄積の，物質的実体がつくりだされる，ということである」（草218）と記して単純再生産から拡大再生産に移行しているように述べている．エンゲルスはこの文章を強調して，単純再生産から拡大再生産が進むという趣旨の挿入文を『資本論』に記している（資⑦ 804，前掲拙書 9 ページの「（補）エンゲルスの挿入文について」も見られたい）．

3) 資⑨ 415-16．

4) 資⑨ 416．

ある水準の消費力においては「生産の諸要素の配列，機能規定」と市場における競争過程の中から，異なる生産部門のあいだの「比例関係」が生まれ，均衡的再生産の諸条件が生まれてくるのである．その異なる生産部門のあいだの「比例関係」について，マルクスは単純再生産の論述で見事に均衡的単純再生産の条件を明らかにしている．「二部門三価値構成」，つまり，生産財生産部門 I $(c+v+m)$，消費財生産部門 II $(c+v+m)$ を示し，社会的生産においては，イ) I 部門内の転換（I c），ロ) I, II の部門間転換（I v+m＝II c），ハ) II 部門内の転換（II v+m）が行なわれ，社会的再生産が順調に進むためには I v+m＝II c が成立することが必要である，と[5]．そうであるから，諸資本の市場での競争も，基本的にはこれら 3 つの転換の市場において行なわれる．I 部門の諸資本家は相互に生産財の販売をめぐって競争するだろうし，I 部門の諸資本家は生産した生産財を II 部門の諸資本家に販売しようと競争する．II 部門の諸資本家は両部門の労働者，資本家へ消費財を販売しようと競争する．これら諸市場での競争を経て，均衡的再生産の条件が切り出されてくるのである．

拡大再生産においても均衡的再生産の条件は基本的には変わらない[6]．I 部門，II 部門の剰余価値をそれぞれ 3 つに区分し，イ) I 部門内の転換，ロ) I, II の部門間転換，ハ) II 部門内の転換を示せば，均衡的な拡大再生産の条件を示すことができる．以下である（m1～m6 の記号は注 6 を見られたい）．2 つの部門の価値構成を，I $(c+v+m1+m2+m3)$，II $(c+v+m4+m5+m6)$ に区分し，イ) I $(c+m2)$ が I 部門内の転換，ロ) I $(v+m1+m3)$＝II $(c+m5)$ が，I, II の部門間転換，ハ) II $(v+m4+m6)$ が II 部門内の転換，以上の 3 つの転換が行なわれる再生産が拡大再生産であり，I 部門，II 部門の部門内転換が進行しながら，I $(v+m1+m3)$＝II $(c+m5)$ が成立することが均衡

---

5) 『資本論』第 2 巻第 20 章，とくに第 2 節．主に第 2 草稿より．

6) マルクスは，第 8 草稿に見られるように，均衡的拡大再生産の条件を示すことに苦労している．それは，『資本論』第 1 巻第 22 章「剰余価値の資本への転化」，第 23 章「資本主義的蓄積の一般法則」で論じられた剰余価値が資本家の消費部分（I 部門では m1，II 部門では m4），蓄積に回される部分のうちの不変資本部分（I 部門では m2，II 部門では m5）と可変資本部分（I 部門では m3，II 門では m6）の 3 つの部分に分けられることが，第 8 草稿の拡大再生産の箇所では十分に考慮されていないからである（前掲拙書 3-4 ページ，19-21 ページ参照）．m1～m6 は筆者が付した記号．

第 3 章　再生産表式論の基本的諸問題　　　71

的な拡大再生産の条件である．生産手段，労働力等の「生産の諸要素」の在り
方，配置と量によって，たまたま，m2，m3，m5，m6＝ゼロになった事態が
単純再生産の均衡式である．したがって，単純再生産が進むというのは稀な事
態である．

　さて，先にも記したが，均衡的再生産の諸条件を明らかにするには市場，そ
こでの競争が論述されなくてはならない．再度，このことについて論じよう．
『資本論』第 2 巻第 3 篇では市場における競争が展開されていない．筆者が前
著（『『資本論』諸草稿の検討』）で「第 2 部（巻）の第 1 篇および第 2 篇と第 3 篇
のあいだには「中間項」が必要ではないだろうか．抽象的な次元のものであれ
「市場論」のようなものである」（35 ページ）と言ったのは，そのことである．
第 1 篇および第 2 篇は個別資本の視点で論じられており，また，商品の実現が
前提されている．第 3 篇は社会的総資本の視点で諸商品の実現の条件が，社会
的再生産の条件が論じられる．第 3 篇がそのようなものであるなら，第 3 篇に
は「市場論」，「競争論」は基本的な論述であれ不可欠であるはずである．

　競争によって実際に販売される諸商品は，I 部門内の転換を担った諸商品
I（c＋m2），II 部門内の転換を担った諸諸品 II（v＋m4＋m6），I 部門と II 部門
の部門間転換を担った諸商品，I（v＋m1＋m3）と II（c＋m5）である．そして
均衡条件は I（v＋m1＋m3）＝II（c＋m5）となる．拡大再生産の条件が社会の
「生産諸要素の配置」の中に存在し，市場で購入可能であり，市場における競
争過程でそれが「切り出され」，それらの諸商品が販売される．これが，マル
クスが「異なる生産部門のあいだの比例関係」と述べた事態である．しかし，
同時に，これらの 3 つの転換の外には販売されない，したがって実現されない
諸商品が残ることになる．むしろ，社会には均衡的な再生産の表式に含まれて
いない諸商品が残っているのが常態であろう．それらの商品は，社会の均衡的
な再生産の条件の中に入れなかった諸商品であり，それらの実現しなかった諸
商品の処理は，個別資本の問題，個別資本の循環，回転の問題として残され
る[7]．

　さらに敷衍して言えば，現実の諸資本の競争，諸資本の運動が，現存してい

---

7)　前掲拙書，44 ページの注 45 を見られたい．

る再生産の「諸要素」のすべてではなく，ある一定部分を動員・稼働させ，結果として一時的に社会的に均衡的な１つの再生産の条件が作り出されるのである．しかし時間が経過すれば諸資本の競争がその均衡条件を崩し，次の新たな均衡条件を作り出していく．競争過程での社会全体の諸資本の資本蓄積が均衡条件の作り変えを進める．均衡条件が存在していて，次にそれが崩されるのではなく，その逆であり，不均衡の中から一時的に均衡的な条件が作られていくのである．したがって，マルクスが行ない，多くの論者が同じ資本の有機的構成，蓄積率，剰余価値率を想定して拡大再生産の第２年目，第３年目の表式を作成していくのは，あまり意味のある作業とは思えない．次年以降，有機的構成，蓄積率，剰余価値率が変化していくのが通常であり，それぞれの年に均衡条件である $I(v+m1+m3)=II(c+m5)$ が成立していけば，再生産の均衡がもたらされるのである[8]．

　さて，以上のことに関連して以下のことを論じておこう．それは，再生産における諸部門間の不均衡が恐慌の基底的要因であるという論点である．普通に言われるのは，『資本論』第３巻第30章の次の文章である．「恐慌は，ただ，さまざまな部門における生産の不均衡からと，資本家たち自身の消費と彼らの蓄積とのあいだの不均衡からのみ，説明されるであろう」（資⑪835，第３巻草③445)[9]．この引用の前半部分でさまざまな部門の間の不均衡が恐慌の要因であると論じている[10]．また，「恐慌の究極の根拠」（資⑪835，第３巻草③446）として，「資本主義的生産の衝動と対比しての……大衆の貧困と消費制限」（資⑪835，第３巻草③446）と言われる．「大衆の貧困と消費制限」があるなかで，いやまさにそれが「諸部門の間の不均衡」を規定して，「消費制限」が「諸部門の間の不均衡」を拡大させる．それらが，あいまって「恐慌の究極の根拠」

---

　8)　Ⅰ部門の年々における資本蓄積が進み資本の有機的構成，剰余価値率が高まっていく過程における拡大再生産表式の例については前掲拙書の 39-41 ページを見られたい．
　9)　「第３巻草③445」とは以下である．「第３巻草」は資本論第３巻第５篇の草稿のこと，「③445」は大谷禎之介氏による邦訳（『マルクスの利子生み資本論』桜井書店，2016年，全４巻）の第３巻の445ページであることを示す．第２巻第８草稿と区別するために，第３巻第５篇の草稿では「第３巻草③」などと，大谷氏の訳書の「巻」を示している．「草」のみの場合は第２巻第８草稿である．
　10)　後半部分は，蓄積が重視され資本家の消費が抑制され不均衡を助長すると言っている．

となっていく.

では,「資本主義的生産の衝動と対比しての……大衆の貧困と消費制限」,「さまざまな部門における生産の不均衡」は表式の中に表現されているだろうか.生産の衝動と大衆の貧困による消費制限は表式には直接的には表現されていない.Ⅰ部門の自律的拡大の可能性を内包しているだけである.均衡的な表式に現われる諸商品はすべて実現されているからである.また,均衡的な再生産の条件の中にはもちろん諸部門の不均衡は示されていない.不均衡は,均衡条件が形成されていく過程において,実現されない諸商品の累増として形成される.

ここでは,「さまざまな部門における生産の不均衡」についてもう少し論じておこう.『資本論』第2巻の第8草稿に,Ⅰ部門内の転換について興味のある文章がある.「流通過程を直線的に進行するものだと考えるとすれば――これが間違いなのである,というのはこの過程はどれもみな互いに反対の方向に進むもろもろの運動からなっているのであって,このことに例外はほとんどないからである」(草208).「(Ⅰにおける資本家の)一部分は……剰余価値の貨幣化によって積み立てられた貨幣で生産手段――不変資本の追加的要素――を買っているが,他方,他の一部分はまだ……貨幣の積立を行なっている……一方は買い手として他方は売り手として……互いに相対している」(草209-10,資⑦796).そのあと,次の重要な文章がある.「均衡はただ,一方的な購買の価値額と一方的な販売の価値額とが一致することが前提されている場合にしか存在しない」(草214,資⑦801).「均衡は……それ自身一つの偶然だから……不正常な経過の諸条件に,恐慌の諸可能性に一転するのである」(同).

これらの文章にあるように,Ⅰ部門内において剰余価値の貨幣化が終わり,生産手段を購入する資本家と,貨幣の積立を行なっている資本家があるのであるが,それらが均衡して内部転換がいつも「正常に」進むとは限らない,不均衡,売れ残りがありうるのである.それはⅠ部門内だけに発生するものではない.Ⅰ部門とⅡ部門の部門間転換においても発生する.Ⅱ部門の「部分1」の資本家はⅠ部門の資本家から生産手段を購入し,「部分2」の資本家は将来の生産財の補塡のために貨幣蓄蔵を行なっている資本家である(前掲拙書,73-76ページ).ここにいつも均衡があるとは限らない.「部分1の資本家」と「部分

74

2 の資本家」の間に不均衡が発生する場合も多いであろう.

　以上のように，出来上がった再生産の条件の中には不均衡は含まれていないが，均衡的な再生産の条件ができる過程には不均衡があり，恐慌の諸可能性に一転する．また，均衡的な再生産の条件が出来上がって以後も，表式に含まれない，実現されない諸商品が常にあり，そのことを理由にいくつかの資本が破綻すれば恐慌の可能性はあるのである．ただ，その可能性が現実の恐慌の発生につながるかどうかは，表式論の議論では明らかにならないだろう.

　均衡的な表式が形成される（切り出される）過程の競争によって不均衡は一時的に均衡化するだろう．不均衡を持続させ，拡大させる諸要因は表式論とは別の箇所で論じなければならない．商人資本，銀行信用を明らかにすることで，不均衡の隠蔽化，持続化，拡大化が明らかになるだろう．したがって，表式論においては恐慌の可能性だけが示されているのであり，それが恐慌の発生につながるかは信用論の展開を待つほかない[11].

2. 再生産表式と貨幣流通・還流

(1) 貨幣流通・還流の具体的呈示

　マルクスの表式を前提にした「貨幣流通・還流」については第 8 草稿の拡大再生産の記述部分よりも単純再生産の記述部分でより正確に論述されている．拡大再生産の記述部分は，貨幣蓄蔵に「惑わ」されて，エンゲルスが言う I 部門，II 部門の諸転換における「三つの重要な支点」（資⑦ 633）が後景に押しやられている．そのために貨幣流通・還流についてはほとんど論じられていない[12].　したがって，われわれは第 8 草稿の単純再生産における貨幣流通・還流をエンゲルスの叙述も参考にしながら明らかにしたのちに，拡大再生産における貨幣流通・還流を論じることにしよう.

　第 8 草稿の単純再生産の論述は「あとに置くべきものの先取り」という部分（大谷訳書 122 ページ）から始まる．その冒頭に，価値増殖率＝100% としたう

---

11)　筆者の恐慌についての見解は前掲拙書の補論 2「恐慌についての簡単なスケッチ」を見られたい.

12)　前掲拙書 68 ページ以下参照.

第 3 章　再生産表式論の基本的諸問題　　　75

えで，以下の単純再生産の表式が呈示される．生産手段生産，I 4000c＋1000v＋1000m，消費手段生産，II 2000c＋500v＋500m，である．そして，「価値 I（v＋m）は……II c と交換される」（草 123）．「しかし，この相互転換は貨幣流通によって媒介されている」（同）[13]と，エンゲルスが「重要な三つの支点」と述べた 3 つのうちの 1 つの支点（I 部門と II 部門の間の転換）における転換が貨幣を媒介に進むことを述べている．そして，この支点の転換がいくつかの部分に分けられて実施されることが第 8 草稿で示される．本章では簡潔に示そう[14]．

　まず，I 1000v＋1000m＝II 2000c のうちの I 1000v ⇔ II 1000c である．これは図 3-1 のようになる．I 部門の資本家が 1000 の貨幣でもって労働力を購入し，I 部門の労働者はその賃金で II 部門の資本家から消費財を購入する．そして II 資本家はその貨幣で I 資本から生産手段を購入して，I 資本家の投入した可変資本は貨幣形態で I 資本家のもとに還流する．

　次に，I 1000v＋1000m＝II 2000c のうちの残る I 1000m ⇔ II 1000c であるが，草稿では，貨幣は「それはさまざまの仕方で前貸しされることができる」（草 124，資⑦ 637）としたうえで，I，II の資本家がそれぞれに貨幣を同等に投じる例を提示している（草 124-26，資⑦ 637）．図 3-2(a)と(b)である．(a)では，II 部門の資本家が 500 の貨幣を前貸しして生産手段を I 資本家から購入し，I 資本家はその貨幣で II 資本家から消費財を購入する．(b)では，I 資本家が

（I 部門の資本家）──→（I 部門の労働者）──→（II 部門の資本家）──→（I 部門の資本家）
　　　　　　　　①1000　　　　　　　　②1000　　　　　　　　③1000

イ）I 部門の資本家によって投入される貨幣 1000（①）
ロ）流通に入る商品（②＋③＝2000），①は労働力商品の購入
ハ）貨幣の回転（速度）2
出所：筆者作成，図 3-9 までも同様．

図 3-1　I 1000v ⟺ II 1000c の転換

---

13)　マルクスの次の言葉は重要である．「商品流通にはつねに二つのものが必要である．流通に投じられる諸商品と流通に投じられる貨幣とである」（草 140，資⑦ 659）．マルクスが第 2 巻の諸草稿でこだわったのもこのことである．貨幣流通を抜きに再生産論を論じることは不完全だとずっと考えていたのである．
14)　詳しくは，前掲拙書 60-65 ページ．

```
┌─────────────────────────────────────────────────────────┐
│ (II 部門の資本家)──→(I 部門の資本家)──→(II 部門の資本家)       │
│         ①500              ②500                          │
└─────────────────────────────────────────────────────────┘
```

イ）II 部門の資本家によって投入される貨幣 500（①）
ロ）流通に入る商品（①＋②＝1000）
ハ）貨幣の回転（速度）2

図 3-2（a） II 500c ⟺ I 500m の転換

```
┌─────────────────────────────────────────────────────────┐
│ (I 部門の資本家)──→(II 部門の資本家)──→(I 部門の資本家)       │
│        ①500              ②500                           │
└─────────────────────────────────────────────────────────┘
```

イ）I 部門の資本家によって投入される貨幣 500（①）
ロ）流通に入る商品（①＋②＝1000）
ハ）貨幣の回転（速度）2

図 3-2（b） I 500m ⟺ II 500c の転換

500 の貨幣元本でもって II 資本家から消費財を購入し，II 資本家はその貨幣でI 資本から生産財を購入する．(b)ではI 資本家が 500 の貨幣を投じるのは，I 資本家がのちに剰余価値を生産し，それが実現されることを期待してのことである．「どんな事情のもとでも，なにがしかの貨幣準備が──資本前貸しのためであろうと収入の支出のためであろうと──生産資本のほかに資本家の手もとにあるものと前提されなければならない」（草 124，資⑦ 637）．

　このように，I と II の部門間転換が貨幣を媒介に進み，貨幣は投入した資本家のもとに還流する．次に，II 部門内の転換，I 部門内の転換であるが，マルクスは II 部門内の転換（500v＋500m）を，II 500v と II 500m のそれぞれの内部転換に分けて論じている．図 3-3 の(a)(b)である．(a)は II 500v の内部転換で，これについては草稿に明確に記述されている（草 128，資 642）．II の資本家が II の労働者へ 500 の賃金を払い，II 労働者はそれでもって II 資本家から消費財を購入する．貨幣は II 資本家へ還流する．

　(b)は II 500m の内部転換であるが，第 8 草稿ではこれについては明確に記述されていない．参考になるいくつかの文書が草稿に見られるだけである．「m は，単純再生産という前提のもとでは，実際に収入として消費手段に支出される」（草 128）．「彼（資本家──引用者）は……のちに実現されるはずの剰余価値の実現のために流通媒介物を前貸しする」（草 149，資 672）などである．

$$\boxed{\begin{array}{c} (\text{II 部門の資本家}) \longrightarrow (\text{II 部門の労働者}) \longrightarrow (\text{II 部門の資本家}) \\ \textcircled{1}500 \qquad\qquad\qquad \textcircled{2}500 \end{array}}$$

イ）II 部門の資本家によって投入される貨幣 500（①）
ロ）流通に入る商品 500（②），①は労働力商品の購入
ハ）貨幣の回転（速度）1

図 3-3（a） II 500v の内部転換

$$\boxed{\begin{array}{c} (\text{II 部門の資本家 a}) \longrightarrow (\text{II 部門の資本家 b}) \longrightarrow (\text{II 部門の資本家 a}) \\ \textcircled{1}250 \qquad\qquad\qquad \textcircled{2}250 \end{array}}$$

イ）II 部門の資本家 a によって投入される貨幣 250（①）
ロ）流通に入る商品（①＋②＝500）
ハ）貨幣の回転（速度）2

図 3-3（b） II 500m の内部転換

草稿のいくつかの文章の意を汲んで示すほかない．ここでは II 資本家を 2 つに区分しよう．II の資本家 a が 250 の貨幣でもって II の資本家 b から消費財を購入し，II の資本家 b は II の資本家 a に売った代金でもって II の資本家 a から 250 の消費財を購入し，250 の貨幣が II の資本家 a に還流する．この場合，資本家 a と b は異なった消費財を生産している．資本家 a は資本を前貸ししたのではなく，流通媒介物を前貸しし消費財と交換し貨幣を還流させる．第 2 草稿（『資本論』第 2 巻第 17 章「剰余価値の流通」）にあったように，「逆説的に見えても，実際には，資本家階級自身が諸商品に含まれる剰余価値の実現に役立つ貨幣を流通に投げ入れるのである．……資本家階級は，この貨幣を前貸しされる貨幣として，すなわち資本として，投げ入れるのではない．資本家階級は，それを，その階級の個人的消費のための購買手段として支出する」（資⑥ 529）．

　最後に，I 部門内の転換であるが，マルクスは結局この I c の部門内転換に伴う貨幣流通・還流については記述しないまま終わった．草稿に書かれているいくつかの指針を参考に記述していこう[15]．筆者は 4 つの指針を示した[16]あ

---

15)　前掲拙書，66-68 ページ．また拙稿「流通必要貨幣量，再生産表式，信用創造」『立命館国際研究』32 巻 1 号，2019 年 6 月の 173 ページ，注 6 参照．
16)　同上拙書，66-67 ページ．

> （I 部門の資本家 a）──→（I 部門の資本家 b）──→（I 部門の資本家 a）
> 　　　　　　　　　①2000　　　　　　　　　②2000

イ）I 部門の資本家 a によって投入される貨幣 2000（①）
ロ）流通に入る商品 500（①＋②＝4000）
ハ）貨幣の回転（速度）2

図 3-4　I 4000c の内部転換

表 3-1　単純再生産において投入される貨幣額と流通に入る
商品の価値額

転　　態	投入される貨幣額	流通に入る商品価値額	本章の図
(i) I 1000v ⟺ II 1000c	1000	2000	図 3-1
(ii) II 500c ⟺ I 500m	500	1000	図 3-2(a)
(iii) I 500m ⟺ II 500c	500	1000	図 3-2(b)
小　　計 I (1000v＋1000m) ⟺ II 2000c	2000	4000	
(iv) II 500v の内部転換	500	500	図 3-3(a)
(v) II 500m の内部転換	250	500	図 3-3(b)
小　　計 II (500v＋500m) の内部転換	750	1000	
(vi) I 4000c の内部転換	2000	4000	図 3-4
合　　計	4750	9000	

出所：筆者による作成.

と，図 3-4 を呈示している．I 部門の資本家 a が I c の半分（2000）の貨幣を
投入して I 部門の資本家 b から生産手段を購入し，I 部門の資本家 b はそれに
よって得た 2000 の貨幣でもって I 部門の資本家 a から生産手段 2000 を購入す
る．これによって I 部門の資本家 a のもとに最初に投入された貨幣 2000 が還
流する．資本家 a と b は異なった生産財を生産している．以上によって，単
純再生産の貨幣流通によって媒介された「三つの重要な支点」の転換が具体的
に示された（総括的には表 3-1）．

　マルクスは，拡大再生産に伴う貨幣流通・還流についてはほとんど記してい
ないので，以上の単純再生産の貨幣流通・還流をもとにわれわれが考えなけれ
ばならない．以下の図 3-5，6，7 である．これらの図では，拡大再生産に伴い

必要とする貨幣量がどれだけ増加しなければならないかも示している（後掲表3-2）．

1年目にⅠ部門は4000c＋1000v＋1000m（500m1＋400m2＋100m3），Ⅱ部門は1500c＋750v＋750m（600m4＋100m5＋50m6）で，均衡条件，Ⅰ（1000v＋500m1＋100m3）＝Ⅱ（1500c＋100m5）が満たされている．いずれも有機的構成，剰余価値率は変化しないとすれば，2年目にⅠ部門は4400c＋1100v＋1100m（550m1＋440m2＋110m3），Ⅱ部門は1600c＋800v＋800m（560m4＋160m5＋80m6）となる．

これらの表式を前提に，Ⅰ部門とⅡ部門の部門間転換は，1年目には，Ⅰ（1000v＋500m1＋100m3）⇔Ⅱ（1500c＋100m5）であり，2年目にはⅠ（1100v＋550m1＋110m3）⇔Ⅱ（1600c＋160m5）である．これらはそれぞれ以下の2つの転換の合計である．1年目は，Ⅰ1000v⇔Ⅱ1000cとⅡ（500c＋100m5）⇔Ⅰ（500m1＋100m3），2年目は，Ⅰ1100v⇔Ⅱ1100cとⅡ（500c＋160m5）⇔Ⅰ（550m1＋110m3），である．Ⅰ1000v⇔Ⅱ1000cおよびⅠ1100v⇔Ⅱ1100cは，Ⅰ部門の資本家がⅠ部門の労働者へ賃金を支払い（1年目は1000，2年目は1100），Ⅰの労働者はⅡ部門の資本家から消費財を購入するが，Ⅱ部門の資本家はその販売資金でもってⅠの資本から生産財を購入する．1年目のⅡ（500c＋100m5）⇔Ⅰ（500m1＋100m3），2年目のⅡ（500c＋160m5）⇔Ⅰ（550m1＋110m3）は，Ⅱの資本家がⅠの資本家から生産財を購入（1年目は600，2年目は660）し，Ⅰの資本家はその資金でもって消費財を購入する．この貨幣流通・還流には図に示されているように，別の貨幣流通・還流も考えられる（図3-5）．

Ⅱ部門内の転換（1年目1400，2年目1440）は，Ⅱの資本家がⅡの労働者に賃金を支払い（1年目800，2年目880），Ⅱの労働者はそれでもって消費財を購入する貨幣流通・還流とⅡの資本家(1)がⅡの資本家(2)から消費財を購入し，後者の資本家(2)は資本家(1)から消費財を購入するという貨幣流通・還流から構成されている．資本家(1)と資本家(2)がそれぞれ交換する消費財は異なるものである（図3-6）．

Ⅰ部門内の転換は以下である．Ⅰ部門の資本家(1)が1年目に2200（2年目は2420）の資本を投入し資本家(2)から生産財を購入し，資本家(2)は資本家(1)か

80

> 1年目　I（1000v＋500m1＋100m3）⟺ II（1500c＋100m5）
> 2年目　I（1100v＋550m1＋110m3）⟺ II（1600c＋160m5）
> ① 1年目　I 1000v ⟺ II 1000c，2年目 I 1100v ⟺ II 1100c の転換
> 　　I資────→I労────→II資────→I資
> 　　　　1000（1100）　1000（1100）　1000（1100）
> ② 1年目　II（500c＋100m5）⟺ I（500m1＋100m3）
> 　2年目　II（500c＋160m5）⟺ I（550m1＋110m3）
> （i）II資────→I資────→II資
> 　　　　600（660）　600（660）
> 　　　　　　　または
> （ii）I資────→II資────→I資
> 　　　　600（660）　600（660）
> 　　　　　　　あるいは
> （iii）II資────→I資────→II資，I資────→II資────→I資
> 　　　　300（330）　300（330）　　　　300（330）　300（330）

注：（　）は2年目の数値．
出所：筆者による作成．

図 3-5　拡大再生産における I と II の部門間転換

> 　1年目　II（750v＋600m4＋50m6）
> 　2年目　II（800v＋560m4＋80m6）
> ① II資　────→II労　────→II資
> 　　　　　800（880）　　800（880）
> ② II資(1)────→II資(2)────→II資(1)
> 　　　　300（280）　　300（280）

注：（　）は2年目の数値．
出所：筆者による作成．

図 3-6　拡大再生産における II 部門内の転換

ら異なる生産財を購入する．これでもって資本家(1)に貨幣が還流する（図 3-7）．

以上の拡大再生産の貨幣投入と還流を総括的に示したものが表 3-2 である．1年目に諸資本家が投入する貨幣額は全体で 1000＋600＋800＋300＋2200＝4900 である．うち I 部門，II 部門の資本家がそれぞれどれだけの額を投入するかは，II（500c＋100m5）⇔ I（500m1＋100m3）の転換における貨幣の投入如何となる．II の資本家がすべて投入すれば，I の資本家は 1000＋2200＝3200，II の資本家は 600＋800＋300＝1700 となる．I，II 部門の資本家が半分ずつ投

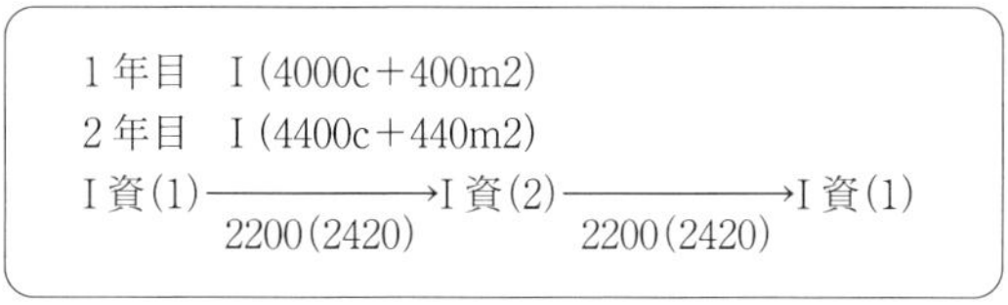

```
1年目　I（4000c＋400m2）
2年目　I（4400c＋440m2）
I資(1)————————→I資(2)————————→I資(1)
　　　　 2200(2420)　　　　　 2200(2420)
```

注：（　）は2年目の数値.
出所：筆者による作成.

図 3-7　拡大再生産における I 部門内の転換

表 3-2　拡大再生産において投入される貨幣額と流通に入る商品の価値額

転　　　換	投入される貨幣額	流通に入る商品価値額	本章の図
(i) I（1000v）⟺ II（1000c）	1000	2000	図3-5
（I（1100v）⟺ II（1100c））	(1100)	(2200)	
(ii) II（500c＋100m5）⟺ I（500m1＋100m3）	600	1200	図3-5
（II（500c＋160m5）⟺ I（550m1＋110m3））	(660)	(1320)	
小　　計			
I（1000v＋500m1＋100m3）⟺ II（1500c＋100m5）	1600	3200	
（I（1100v＋550m1＋110m3）⟺ II（1600c＋160m5））	(1760)	(3520)	
(iii) II（750v＋50m6）の II 部門内の転換	800	800	図3-6
（II（800v＋80m6）の II 部門内の転換）	(880)	(880)	
(iv) II（600m4）の II 部門内の転換	300	600	図3-6
（II（560m4）の II 部門内の転換）	(280)	(560)	
(v) I（4000c＋400m2）の I 部門内の転換	2200	4400	図3-7
（I（4400c＋440m2）の I 部門内の転換）	(2420)	(4840)	
合　　計	4900	9000	
	(5340)	(9800)	

注：（　）は2年目.
出所：筆者による作成.

入すれば，I の資本家は 1000＋300＋2200＝3500，II の資本家は 300＋800＋300＝1400 を投入することになる．2年には II（500c＋160m5）⟺ I（550m1＋110m3）の転換における貨幣の投入如何である．II の資本家がすべて投入すれば，I の資本家は 3520，II の資本家は 1820，I, II 部門の資本家が半分ずつ投入すれば，I の資本家は 3850，II の資本家は 1490 で，計 5340 である．2年目には 440 の貨幣の追加投入がある（表3-2）．この追加貨幣がどのように追加されるかはのちに見ることにしよう．

この項の最後に以下のことを記しておきたい．マルクスの貨幣論を論じる研究者は，社会に必要な貨幣量を再生産との関連で論じるよりも，『資本論』第1巻第3章第2節「流通手段」において記されている次の式を中心に論じることが多かった．その式は，諸商品の価格総額÷同名の貨幣片の通流回数＝流通手段として機能する貨幣の総量，である（資①202）．しかし，この式は総資本の再生産過程を含んでいない，商品論ベースのものである．マルクスが『資本論』第1巻を執筆した時点では再生産論は第1草稿が書かれていたが，表式論はきわめて不十分であった．それ故，第1巻の出版以前に記された第3巻の草稿でも，「すでに単純な貨幣流通を考察したところで論証したように，現実に流通する貨幣の量は，流通の速度と諸支払の節約とを所与として前提すれば，単純に，諸商品の価格と取引の量によって規定されている．同じ法則は銀行券流通の場合にも支配する」（第3巻草③482，資⑪903）とある．

再生産表式をもとにした貨幣流通・還流が明らかになった今や，この第1巻の式でもって，資本制社会が必要とする流通手段の量を論じることは不正確となろう．まず表式論をベースにその量を考察することが必要である．そのうえで，小商品生産等も加えて考慮すべきであろう．

(2) 補足すべき諸点

追加貨幣がどのように供給されるかを見る前に，貨幣流通・還流において考慮すべき諸点を簡単に記しておこう．3点である．第1に固定資本の補塡・蓄積に伴う貨幣流通・還流，第2に，資本の回転と貨幣流通・還流，第3に，表式における諸転換は資本の流通と収入の流通の絡み合いである．順次，簡単に見ていこう．

第1に，不変資本のうち固定資本の部分の価値は，徐々に商品に転化していくが，耐用期間が来れば一挙に更新され，一方的な購買が生じる．このような事態が貨幣流通・還流に及ぼす影響である．周知のことであるが，マルクスはII部門の資本家を2つに区分して（I部門においても同じなのであるが），I，II部門間転換を説明している．「IIの一方の部分は，……200ポンドを現物での新たな固定資本要素に転換した……（中略）……これに対して，IIの他方の部分は，Iから200ポンドで商品を買っていないのであって，IがIIのこの部分

> II部門の資本家（部分1）──→I部門の資本家──→II部門の資本家（部分2）
> 　　　　　　　　　①200　　　　　　　　②200

図3-8　II部門の固定資本の補填

> （II部門の資本家）──→（I部門の資本家）──→（II部門の資本家）
> 　　　　　　　　　①500　　　　　　　　②500
> 　　　──→（I部門の資本家）──→（II部門の資本家）
> 　　　③500　　　　　　　　④500

イ）II部門の資本家によって投入される貨幣 500
ロ）流通に入る商品（①＋②＋③＋④＝2000）
ハ）貨幣の回転（速度）4

図3-9　II 1000c ⟺ I 1000m の転換の変形

に支払う貨幣は，IIの第1の部分が固定資本を買うために投じた貨幣なのである」（草163，資⑦736）．つまり，資本家の一方は固定資本の更新まで貨幣を蓄蔵していき，他方の資本家は一挙に固定資本を更新しているのである．このように，資本家を2つの部分に区分けすることにより，数年に及ぶ固定資本の補填と貨幣還流が進むことが説明しうる（図3-8参照）．

　第2に，資本の回転如何によって資本家が投入する貨幣額は変わりうる．再生産の諸転換は，一度に「一挙」になされるのではなく，流動資本の補充，労賃の支払，剰余価値の消費手段への転換などに規定されて年に数回に分割され，それによって諸資本家が投入しなければならない貨幣額も変わってくる．マルクスの草稿に次の文章がある．「回転数が多くなる……と前提すれば，転換される商品価値を流通させるためにはそれだけ少ない貨幣で足りるであろう」（草146）．資本の回転，とくに生産期間を考慮に入れると，資本の回転によって諸資本家が投入する貨幣額に変化が生じてくる（図3-9参照）．

　第3に，表式における諸転換は，資本流通と収入の流通の絡み合いの中で進行している．例えば，前記したI 1000v ⇒ II 1000c の転換と貨幣還流は，I資⇒I労⇒II資⇒I資であるが，I資⇒I労によってI部門の資本家は労働力を購入し，I部門の労働者は労働力を売って賃金を受け取る．次にI労⇒II資において，Iの労働者はIIの資本家から消費財を購入する．その次に，II

84

資⇒I資でII資本家はI資本家から生産財を購入する．マルクスは言う．「可変資本は資本家の手のなかでは資本として機能し，労働者の手のなかでは収入になる（として機能する）．可変資本はまず貨幣資本として資本家の手のなかにあるが，それが貨幣資本として機能するのは，資本家が労働力を買うことによってである」（草192）．ただし，「可変資本が，資本家にとっては資本として，労働者にとっては収入として二重に機能するのではなく，同じ貨幣が，はじめは資本家の手のなかに彼の可変資本の貨幣形態として（したがって可能的な可変資本として）存在し，次に資本家がそれを労働力に転換すれば，労働者の手のなかで売られた労働力の対価として存在するのである」（同）．

このように，表式の諸転換は資本の流通と収入の流通が絡み合い，それらの流通が継起的に続いていく．II 1000c ⇔ I 1000m でも同じである[17]．「どんな事情のもとでも，なにがしかの貨幣準備が――資本の前貸しのためであろうと収入の支出のためであろうと――生産資本のほかに資本家の手もとにあるものと前提されなければならない」（草124）．

再生産の条件を示す諸転換は資本の流通と収入の流通が継起的に続き，また，一方から見れば収入の受取あるいは支出であるが，他方から見れば生産物価値の実現を表現している．

3. 拡大再生産と貨幣の増加[18]

(1) 課題の設定

第2節で見たように，拡大再生産においては流通に入る商品価値額は1年目には9000であったのが2年目には9800となり，貨幣流通量は第1年目の4900から第2年目には5340となり，2年目には440の貨幣の追加投入がある（表3-2）．貨幣は還流するのであるが，2年目の当初に全資本家は440多い5340の貨幣を保有していなければならない．その増加貨幣はどこから来るのか．『資本論』第2巻の第1草稿には次のように記されていた．「生産の規模が同じままであれば，一度流通状態におかれた貨幣量……で足りるであろう．と

---

17) 同上拙書，79-80ページ参照．
18) この部分は同上拙書，第2章のIVを簡潔に記したものである．

ころが，蓄積……の結果，前貸しされる可変資本の価値も，年々収入として流通する生産物部分の価値も，さまざまな資本のあいだでの価値転換も，いずれも拡張する」[19]．「純粋金属流通を前提すれば……年々の国民的剰余生産物の一部分は金銀と交換され……流通に入っていく」[20]．つまり，拡大再生産に伴い貨幣量が増加しなければならないこと，貨幣が金属貨幣であれば，金生産が不可欠であるということである．

　さらに，マルクスは第1草稿のあと，第2草稿からすべて作られたといわれる『資本論』第2巻の第17章「剰余価値の流通」には次のように記されている．「貨幣の総量は，つねに，蓄蔵貨幣として現存する貨幣と，流通する貨幣として現存する貨幣との合計に等しい．この貨幣総量（貴金属の総量）は，つねに蓄積されてきた社会の蓄蔵貨幣である．この蓄蔵貨幣の一部が摩滅によって消耗される限り，それは，他のどの生産物と同じように，年々新たに補填されなければならない」（資⑥514-15）．「（節約，蓄蔵形態から流通形態への貨幣の転化などの）これらすべての手段でも足りなければ，金の追加生産が行われなければならない．あるいは，結局同じことであるが，追加生産物の一部が金──貴金属生産諸国の生産物──と直接または間接に交換される」（資⑥547-48）．もう1点，「（金生産者の）生産物はその現物形態のままですでに貨幣であり，したがって，それは交換によって，すなわち流通過程によって，あらためて貨幣に転化される必要はない」（同517）．

　これらのマルクスの重要な記述があるが，第8草稿から作られた『資本論』第2巻第20章第12節「貨幣材料の再生産」には十分な記述がみられない．マルクスは，「金の生産は，金属生産一般と同じくIに，すなわち生産手段の生産を包括する部類に属する．年間の生産をイコール30と仮定しよう（きわめて過大に見積もっているのは便宜上のことである）．この価値が $20c+5v+5m$ に分解できるものとする．$20c$ は，Icの他の要素と交換されるべきもので……I $5v+5m$ はIIm[21]の諸要素（消費手段）と交換されるべきものである」

---

19) マルクス，中峯・大谷他訳『資本の流通過程』大月書店，1982年，274ページ．
20) 同上．
21) 大谷氏は氏の草稿訳書177ページにおける注78でIImとしているが，MEGAではIIcとなっている．

（草177，資⑦755）．

　金部門においては，生産物はすべて金の現物であるから，マルクスが言っているように，金部門の固定資本は生産物である金でもってⅠ部門から購入され，金部門の可変資本部分と剰余価値部分はⅡ部門から消費財が購入される．通常のⅠcやⅡ（v+m）のように内部転換はない．したがって，金部門のc+v+mのそれぞれがどのようにⅠ部門，Ⅱ部門と転換されていくのかの分析が必要であろう．

　われわれは，課題を改めて整理しなければならない．第1に，拡大再生産に伴って増大した商品量を転換させるのに必要な貨幣量はどれぐらい増加するのか．第2に，拡大再生産は継続的であるから必要とする貨幣の増加は社会にすでにある遊休貨幣，蓄蔵貨幣では不足し，貨幣の増加は信用を前提しなければ，結局，金生産がなくてはならない[22]．第3に，金生産部門はⅠ，Ⅱ部門それぞれとどれだけの価値の交換がどのように行なわれなければならないのか．それらの事柄を満足させる金部門も含めた再生産表式は成立するのか，である．

　第1については，これまでの拡大再生産の例では貨幣の増加は440である．ただし，貨幣流通・還流の仕方によっては，Ⅰ，Ⅱ部門それぞれに必要な貨幣量が異なる．これについては上の第3と関連させてのちに論じよう．第2については，信用を前提しなければ（のちの章で論述），金生産が必要なことは自明である．第3の問題がここでの中心課題となろう．次項で論じよう．マルクスもこのことを明らかにしなかった．

（2）　金生産部門と再生産表式

　本項では金（G）生産部門を独自な部門として設定しよう．金部門のc+vは補塡されなければならないが，すでにみたように金部門の資本の回転の一循環が終わって以後には金（G）部門で生産された全現物形態（c+v+mの部分，工業用，装飾用の利用は除く）が，「消費」されることもなく購買手段，支払

---

[22]　第2草稿から作られた第17章に次のような文章がある．「資本主義的生産は，その諸条件の発展と同時に発展するのであり，これらの条件の一つが貴金属の十分な供給である……貴金属供給の増加が資本主義的生産の発展史において本質的な一契機を形成する」（資⑥544-45）．

第 3 章　再生産表式論の基本的諸問題　　　　　　　　　　　　　　87

手段，蓄蔵貨幣として追加の貨幣機能を果たす．金部門の価値構成は，$c+v$ $+m7+m8+m9$ である（m7 は剰余価値のうち資本家の消費部分，m8 は蓄積に回る剰余価値のうち不変資本部分，m9 は蓄積に回る剰余価値のうち可変資本部分）．$c+m8$ は I 部門と交換され，$v+m7+m9$ は II 部門と交換され，それぞれ部門の貨幣増加（本源的貨幣の源泉）となっていく．金部門内の転換はない．

前に示された拡大再生産の例において，II $(c+m5) \Leftrightarrow$ I $(m1+m3)$ の転換（図 3-5 の②）における貨幣がすべて II 部門の資本家によって投入されるものとすれば，2 年目には I では 320，II では 120 の投入貨幣の増加となる[23]．つまり，1 年目に投入された貨幣は初年度末にそれぞれの資本家に還流するが，2 年目には I では 320，II では 120，それぞれ増加した貨幣を資本家たちは保有していなければならない．それゆえ，G $(c+m8)=320$（I 部門と交換）であり，I 部門は 320 の追加の生産手段を生産する．その価値構成は I $(213c+53v$ $+53m)=320$ となる（$c:v=4:1$，剰余価値率 100% であるから）．また，G $(v+m7+m9)=120$ であり，II 部門ではその分の追加消費手段を生産しなければならず，その価値構成は $60c+30v+30m=120$ である（$c:v=2:1$，剰余価値率 100% であるから）．

G 部門を設定すると，とりあえず，I $(4000c+1000v+1000m=6000)+$ $(213c+53v+53m=320)=6320$，II $(1500c+750v+750m=3000)+(60c+30v$ $+30m=120)=3120$ となる．そうすると，I は $53v+$（53m のうちの m1+m3）の消費手段を必要とし，また，II は $60c+$（30m のうちの m5）の生産手段を必要とする．したがって，I $53v+m1+m3=$ II $60c+m5$ が満たされなければならない．II 部門の金部門との交換（$60c+30v+30m=120$）のうちの 30m の構成は $24m4+4m5+2m6$ である．他方，I 53m であるから，資本構成を考慮すると m1 はその半分$=27$，m2$=21$，m3$=5$ で，I $(53v+m1+m3)=85$ となる．II $(60c+m5)=64$ であるから，I $(53v+m1+m3)=$ II $(60c+m5)$ は満たされ

---

23)　この転換における貨幣が I の資本家，II の資本家が半分ずつ投入するものとすれば，I の資本家が投入する貨幣は 3500 から 3850 へ増加し（増加額は 350），II の資本家が投入する貨幣は 1400 から 1490 へ増加する（増加額は 90）．両部門の資本家が投下する額は，4900 から 5340 に 440 増加する．この場合には，I の資本家が投入する貨幣がより多くなり（320 から 350 へ），II の資本家が投入する貨幣の増加額が減少する（120 から 90 へ）．

ない．II 部門の消費手段が 21 不足している．したがって，この例の均衡的拡大再生産では貨幣の増加をすべて金生産とするには「無理」があるのである．I 部門が金部門と 320 の交換，II 部門が 120 の金部門の交換になるが，この 320 と 120 の比率では，I，II の部門間の拡大再生産の均衡条件は成立しないのである．ただ，金部門の有機的構成，剰余価値率が上記したものと異なるものとすれば，均衡条件が成立するかもしれない[24]．

　上のような金生産部門を設定する場合，消費財の「相対的過剰生産」（残余）が社会に存在していることを想定しなければならない．一般的には「残余」があるのが通常の常態であるが，それを理論的に想定することは不適切である．あるいは，貨幣の流通速度，資本の回転を加味し，貨幣還流の態様を変化させなければならない．そうすると金生産量は少なくて済む．さらには，社会における蓄蔵貨幣の流通過程への流入も考えられよう．

　以上，金部門の設定を考察したが，拡大再生産に必要な追加のすべての貨幣を，表式の均衡条件を維持しながら金生産に求めるには，金生産部門の上の例とは異なる資本構成，剰余価値率が偶然に均衡条件を満たすことにならなければならない．やはり「無理」が残る．19 世紀の後半の実際は，金生産量ははるかに少なく，次章で述べるように，拡大再生産に必要な貨幣は銀行による信用貨幣（主には帳簿信用）によって大半が補充され，総資本は大量の金生産から「解放」されていくのである．それとともに資本主義的生産様式は貨幣のすべてを金属貨幣に依拠する次元を克服していく（注 23 参照）．資本主義的生産様式は信用制度を構築することによって本格的に自分の足で立つようになるのである．

　さて，最後に以下のことを述べておこう．これまでに論じてきたように，再生産に必要な貨幣はともかくも生産資本家から出てこなければならない．現在のように，大手企業が多額の「内部留保」を保有している状況においては，資本家は「貨幣」を過剰に保有しているのである．大手企業は銀行等から借入を行なう必要がない．金融政策によって貨幣量を増大させようとしても，それは本来無理なのである．のちの章で論じよう．

---

24)　以上についての詳しい論述は，前掲拙書 86-89 ページ参照．

第**4**章
再生産表式にもとづく 2 つの展開

はじめに

前章において再生産表式の基本的論点が明らかになった．本章においては，前章での基本的論点の解明を受けて 2 つの問題を論じたい．1 つの問題は，公共投資，諸企業の大型投資等によって I 部門で追加の需要が生まれ，生産が始まったとき，どのような波及過程が進行するのかを再生産表式を用いて示すことである（第 1 節）．もう 1 つの問題は，外国貿易を表式に導入することが可能かどうか，可能となれば，どのような諸表式が形成されるのかということである（第 2 節）[1]．

1. 再生産表式と需要創出の波及過程

本節では公共投資計画，I 部門の民間・大型投資などによる需要の増加が作り出されるとき，生産部門間においてどのような連鎖が進行するのか，表式を用いて示したい．また，諸部門に生産のための素材が不足する場合，その連鎖が停止し，混乱も起こりうることを示したい．

---

1) 本章の第 1 節は，拙稿「再生産表式と外国貿易，需要創出の波及過程」『立命館国際研究』34 巻 2 号，2021 年 10 月の III の②③をもとにしている．本章第 2 節は，この拙稿の I と II，拙書『『資本論』諸草稿の検討』日本経済評論社，2021 年，第 6 章をもとにしているが，上の拙稿，拙書を大幅に加筆・修正している．

(1)　ケインズの有効需要論

　ある国において港湾・ダム等建設の公共投資，大型工場建設等の民間投資の計画が立てられ，I 部門への 480 の追加的な需要が生まれるとしよう．このような議論においてはケインズの「有効需要論」が思い浮かべられる．そこで，ごく簡単にケインズの「有効需要論」を見ておこう．

　ケインズの「有効需要論」とはどのようなものか．川上則道氏はケインズの「有効需要論」を以下のように論じられる．完全雇用状態で 1000 万人の雇用者により 100 兆円にのぼる GDP が生産され，内訳は消費が 70 兆円，投資が 30 兆円であったところ，生産性が 20% 上昇し，同じ 1000 万人の雇用で 120 兆円の GDP が生産された．ところが，20 兆円の所得の増加にもかかわらず，「限界消費性向」が 80% で消費は 16% の増加，86 兆円にとどまる．他方，投資については，その増減は所得の増加にそれほど関連せず 30 兆円で変わらないと仮定される．そうすると，消費＋投資は 116 兆円で 4 兆円の需要不足が生じる[2]．そこで，不況対策として需要の拡大策が講じられる．波及効果（乗数効果）も考慮すると，需要拡大策はある乗数倍の生産拡大効果がもたらされる[3]．

　新野幸次郎，置塩信雄氏からは次のような指摘がある．「国民所得が一定額だけ増加したとき，これに応じて増加するであろう消費の増加額は国民所得の増加額よりも小である」[4]．企業の投資額については，「ケインズは予想収益と利子率が新投資額をきめると考えたが，予想収益は部分的には現存設備に依存し，部分的には企業の長期期待に依存する」[5]．

　廣田精孝氏も次のように言われる．簡潔に示そう．ケインズの「有効需要の原理」の眼目は，①社会の所得水準は消費需要と新投資需要との和であり，その逆ではない．②消費需要は「消費性向」を媒介として国民所得の水準に依存するが，投資需要の方は国民所得の水準には直接的関数関係がない．結局，投資需要が国民所得の水準を決定する「独立変数」であり，投資需要の大きさが国民所得の水準を決定する[6]．

---

2)　川上則道『マルクスに立ち，ケインズを知る』新日本出版社，2009 年，77 ページ．
3)　同上，93 ページ．
4)　新野幸次郎・置塩信雄『ケインズ経済学』三一書房，1957 年，97 ページ．
5)　同上，100 ページ．
6)　廣田精孝「ケインズ「有効需要」論と再生産（表式）論」富塚・井村編『資本論体系

第4章　再生産表式にもとづく2つの展開　　　91

　これらの「ケインズ有効需要論」の説明についての引用は多くの省略があり簡単すぎであろうが，「ケインズ有効需要論」の問題点が端的に示されてもいよう．川上氏の例示をもとに次のように指摘しよう．第1にどうして生産性が高まり，所得が100兆円から120兆円になったのか．本来的には2つしか要因はない．労働の強度が増すか，または労働の生産性が高まるかしかない．労働の強度は現実にはありうるであろうが，ここでは労働の生産性の高まり＝より高度な機械設備（不変資本のうちの固定資本）の導入が重視されなければならない．しかし，川上氏の例示では何も示されていない．ケインズは不問にしているのであろう．

　これは，「ケインズ有効需要論」の第2の問題点，投資はなぜ所得に反応しないのかと関連していよう．新野・置塩両氏の指摘にあったように，ミクロ的視点が重視され，個々の企業は予想収益にしたがい投資を行なうとされるが，国民経済的には，次の川上氏の指摘が重要であろう．川上氏は，生産規模が大きくなれば，それに応じて投資の規模も大きくなるからケインズのこの想定は妥当性を欠いていると論じられる．「国民経済は生産（供給）→所得→支出（需要）」という循環があるのに，「所得を独立変数として国民経済を捉えるというケインズの把握の一面性」，「所得を独立変数とし消費を従属変数として国民経済の拡大を捉えようとする消費関数論の枠組みの呪縛がある」，「たしかに所得が媒介項ではありますが，所得の大きさの変化が動因になって，すべてが動くわけではない」[7]とされる．川上氏の指摘は正当であろう．

　第3に乗数効果は進むのか．川上氏が「生産の増加は生産能力の増加に余裕があれば可能ですが，その時点での生産能力の上限を超えて増加することはできません」[8]と言われるように，その効果が進むためには，生産諸要素（固定資本，流動資本など）の「残存」がかなり存在するということが前提となるが，乗数倍の生産増加をもたらすような生産諸要素の「残存」という前提を置くことは非現実的であろう[9]．

---

　④』有斐閣，1990年，387ページ．

7)　川上前掲書，86-87ページ．

8)　同上，95ページ．

9)　生産諸要素の不足のうえの需要創出は物価上昇を招き，そのうえ公共投資による社会資本のだぶつき（公共投資の効果の減）が生じ，スタグフレーションの状態になってい

92

　以上のように，ケインズの「有効需要論」には種々の問題を含むが，ケインズの理論がどうであれ，不況時のように生産諸要素の「残存」がかなり存在する環境の下で公共投資などによって「追加需要」が生み出されれば生産拡大が進むだろう．本章では，ケインズの「有効需要論」とは別に，公共投資などによってⅠ部門に「追加需要」が生み出される場合を想定して論じていこう．

(2)　再生産表式と需要創出の波及過程

　ここではケインズの議論から離れてもっぱら再生産表式に基づいて論じよう．もともと，以下のような表式が成立していた．Ⅰ＝6000c＋1500v＋1500m（750m1＋600m2＋150m3）＝9000，Ⅱ＝2250c＋1125v＋1125m（900m4＋150m5＋75m6）＝4500，均衡的再生産の条件が成立している．かつ，この均衡的な条件の「外」には生産されながら売れ残った諸商品，また生産財，消費財の生産のための諸要素および遊休的資本，労働力の過剰が社会に存在しているものとしよう．つまり，過剰生産状況にあるのである（そうであるからこそ公共投資が行なわれるのでもある）．無政府的な状況の中で各資本家は，自らの判断で生産財，消費財を生産するのであるが，それらが販売されてそれらの商品が実現するのは，均衡的な拡大再生産の条件に合致する諸商品に限られる．無政府的な状況下で生産されたすべての諸商品が販売され，実現されることはない．

　いま，上記の均衡的な拡大再生産の条件を満たす以上の生産財，消費財が生産されたか，あるいは均衡的条件を満たす以上の諸商品を生産するに可能な諸要素（諸生産財，遊休貨幣資本，過剰労働力）が存在していたとしよう．そのような事態の中で公共投資計画などの何らかの理由により，480の価値をもつ港湾・ダム・工場用地等の建設が始まるものとしよう．Ⅰ部門への需要が480増加するのである．

　480の港湾・ダム等の建設のために，一部は生産されたが実現しなかった諸商品が使われ，また他の一部の諸商品は新たに生産されるだろう（重機，作業機，鉄，コンクリート等）．新たな需要によって生産諸要素が動員されて，あるいは「活性化」されて新たな建設・生産が始まるのである．480の港湾・ダ

くであろう．

第4章 再生産表式にもとづく2つの展開 　93

ム等の価値構成は以下である．480＝320c＋80v＋40m1＋32m2＋8m3 である（港湾，ダム等の建設分野では蓄積率，剰余価値率はⅠ部門の他の分野とは異なるかもしれないが，ここでは，Ⅰ部門全体の率と同じとした）．これらの諸構成はすでに生産されて売れずに残っているか，一部は新たに生産されるかは別にして，480の生産施設が建設されるためには，そのための生産財（320c＋32m2＝352，今の場合，港湾・ダム等の建設のための重機，作業機，鉄，コンクリート等）と（80v＋40m1＋8m3＝128）の消費財が必要である．したがって，480の港湾・ダム等の建設のために，生産手段生産部門への需要が352発生し，また128の消費財への需要がまずは生じる．

　港湾・ダム建設には3つの工程があるとしよう（図4-1参照）．第3工程が港湾・ダム建設の現場における最終工程である．全体で480の価値をもつがその価値構成は 480＝320c＋80v＋40m1＋32m2＋8m3 であるから，第3工程においては 352（320c＋32m2）の生産財と 128（80v＋40m1＋8m3）の消費財が必要である．第3工程で必要な352の生産財を生産する工程が第2工程である．352の生産財の価値構成は以下のように算出される．もともとのⅠ部門の価値構成から，352：9000＝c：6000 の式が成立し，c＝235 となり，352＝235c＋59v＋59m となる．59mの内訳は蓄積率が 50% であるから，m1＝30，m2＋m3＝29，m2：m3＝4：1 であるから，m2＝23，m3＝6 となる．352＝235c＋59v＋59m（30m1＋23m2＋6m3），である（誤差は四捨五入）．この352の商品は生産財の生産のための生産財である．352の生産財を生産するためには，235c＋23m2＝258 の生産財と 59v＋30m1＋6m3＝95 の消費財が必要である．この258の生産財を生産する工程が第1工程である．258の価値構成は，この国のⅠ部門のそれぞれの価値構成から計算して算出される[10]．172c＋43v＋43m（22m1＋17m2＋4m3）である（誤差は四捨五入）．172c＋17m2＝189，43v＋22m1＋4m3＝69 である．

　これらの3つの工程を図4-1によって説明しよう．港湾・ダム建設には3つの工程があり，第3工程が港湾・ダム建設の現場における最終工程である（③）．全体で480の価値をもち，そのうち，352が白い部分で港湾・ダム建設

10）　258：9000＝c：6000，c＝172，v＝m＝43，43mの内訳は m1＝22，m2＋m3＝21，m2：m3＝4：1 であるから，m2＝17，m3＝4（誤差は四捨五入）となる．

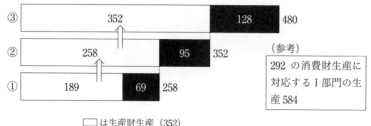

図 4-1 公共投資計画 (480) の波及効果

のための生産手段の価値にあたる（$320c+32m2$）．③の黒い部分（128）は港湾・ダム建設の際，賃金として支払われる部分（$80v+8m3$）と剰余価値のうちの資本家が受け取る部分（$40m1$）である．黒い部分は消費財に転換されていく．

重要なことは，③の352の白い部分（第3工程における不変資本部分＝$c+m2$）は，第2工程（②）における白い部分（第2工程における $c+m2$）と黒い部分（第2工程における $v+m1+m3$）を含んでいる．同様に第1工程（①）の白い部分と黒い部分は第2工程の不変資本の部分（②の白い部分）になっているということである．つまり，①②の白い部分と黒い部分はともに最終的には消費されず，素材としての形態を変えながら③の白い部分（不変資本部分＝$c+m2$）の構成因になっていき，③の白い部分が価値量的には港湾・ダム建設に必要な不変資本の全体であるということになる．

しかし，それぞれの工程における黒い部分はそれぞれの工程において最終的に消費されていった消費財を表わし，480の港湾・ダム建設には最終的には，$69+95+128=292$ の消費財が必要であるということになる．第3工程において必要な消費財は128であったが，さらに第1工程，第2工程の分164が加わる．

そうすると，292の消費財を生産するための生産財（x）が必要となる．これは港湾・ダムの建設とは異なる生産財の生産部門によって供給される．さらに，x を生産するための生産財（y）が必要となる．この国のもともとのI部門が

9000，II部門が4500であるから，$x+y=292\times2=584$となる．その内訳は以下のように2通りのどちらの計算でも算出される．1つの算出方法は292の消費財の価値構成を算出することである．以下のようにして算出される．II=$2250c+1125v+1125m$（$900m4+150m5+75m6$）$=4500$であったから，$292:4500=c:2250$が成立し，$c=146$となり，$v=m=73$となる．$73m$の内訳は，$73:1125=m4:900$が成立し，$m4=58$，$m5+m6=15$であり，$m5:m6=2:1$であるから，$m6=5$，$m5=10$となる．結局，$292=146c+73v+58m4+10m5+5m6$となる．$146c+10m5=156$はI部門と交換されなければならず，この156が消費財を生産するための生産財（x）となる．それ故，消費財を生産するための生産財を生産する生産財（y）は$584-156=428$となる．もう1つの算出方法は，584の価値構成を算出することである．I=$6000c+1500v+1500m$（$750m1+600m2+150m3$）$=9000$であったから，$584:9000=c:6000$が成立し，$c=389$となるとなり，$v=m=(1/4)$ $c=97$となる．$97m$の内訳は$m1=(1/2)m=49$，$m2:m3=4:1$であり，$m2+m3=49$であるから，$m3=10$，$m2=39$となる．結局，$584=389c+97v+49m1+39m2+10m3$で，うち，$389c+39m2=428$はI部門内の転換であり，それは生産財生産のための生産財である．

　上のように2つの方法で算出したが，480の港湾・ダム建設には最終的には，$69+95+128=292$の消費財が必要で，そのためには消費財を生産するための生産財（x）$=156$が必要であり，さらに156のII部門用の生産財が生産されるためには，I部門とII部門の比率，資本の構成からI部門用の生産財（y）428が必要で$x+y$の合計584となる．

　以上みてきたように，480の港湾・ダム等の公共投資計画が実施されると，そのための生産財（$320c+32m2=352$，今の場合，港湾・ダム等の建設のための重機，作業機，鉄，コンクリート等）と（$80v+40m1+8m3=128$）の消費財に対する需要がまずは生じる．しかし，消費財への需要はそれにとどまらず，港湾・ダム等の建設に利用される生産財の生産にはいくつかの工程があり（上の例では3工程とした），それぞれの工程において消費財への需要が生じた．上の例では，最終の第3工程において必要な消費財は128であったが，さらに第1工程，第2工程の分164が加わり292となる．そうすると，292の消費財

生産のためには 584 の I 部門における生産が必要であった．このように，ここまでの議論では港湾・ダム建設の生産財への需要 352，消費財への需要 292，292 の消費財を生産するための生産財 584 の合計 1228 の需要が形成される．

　生産財 584 が生産されるとすると，今度はさらに，584 の生産財生産のための追加の消費財が必要になる．このように，公共投資計画等によって，公共投資による諸建設に伴う直接的需要だけでなく，I 部門と II 部門の間の連鎖的生産が循環的に進行していく．しかし，その需要波及は，再生産構造のあり様に規定されて進むのである．

　ケインズの「有効需要論」では乗数理論が言われたが，上の表式をもとに考察すると，I 部門と II 部門との再生産の連関により生産拡大が進んでいく．単に乗数的に波及があるのではない．生産拡大は無規定なものではない．すでにある再生産の構造（I 部門と II 部門との比率，資本の有機的構成，剰余価値率，再生産の均衡的な条件など）に規定されながら拡大された生産が進行していく．前掲の廣田精孝氏は，「生産財需要と消費財需要の間には，一定の生産力水準に照応する一定の比率関係が存在し，任意の比率関係はとりえないこと，……（中略）……一定の生産力水準に照応して，総有効需要の構造が一定の構造的連関のもとにある」[11]と記されるが，具体的に表式の数値を入れて考察すると，本章の上記のようになるのである．

　また，何よりも重要なことに，連鎖的な需要波及がスムースに進むためには，I 部門，II 部門とも過剰な商品が均衡的に存在しているか，それらの諸商品を生産するに可能な生産諸要素，遊休貨幣資本，過剰労働力が均衡的に存在していなくてはならない．その存在が I 部門に，あるいは II 部門に傾いていると，上記した拡大生産の「連鎖」は停滞するか，連鎖過程において種々の問題をひき起こすであろう．したがって，480 の公共投資計画などによってどれほどの需要が生み出され，実現されていくかは，現存する諸条件によるであろう．それらの供給不足がある状況で大規模な公共投資計画が立てられると，生産諸部門間で不均衡が発生し，またインフレなどが生じるであろう．

---

11)　前掲，廣田氏の論稿，393 ページ．

2. 表式への外国貿易の導入

　外国貿易を表式に導入する必要についてはいくつかの指摘があったが，具体的に表式を示して詳しく議論されることはなかった．マルクスもそのことを行なっていない．むしろ表式論においては外国貿易を捨象することを記している．『資本論』第 1 巻第 22 章の注 21a において，「輸出貿易は捨象する．研究の対象をその純粋性において，攪乱的な付随的事情に惑わされることなくとらえるために，ここでは全商業世界を一国とみなし……」（新日本出版社の新書版④ 996 ページ）とあるし，第 2 巻の第 1 草稿でも考慮外とすることを記している[12]．筆者は敢えて外国貿易を具体的に表式に導入する試みをいくつか行なった[13]．本節では外国貿易を表式に導入する例をいくつか示し，その例でもって導入が可能になること，外国貿易によって，とくに輸入国の再生産構造が大きく変わっていくことを示したい．なお，これらの例は二国間のモデルである．また，二国の経済構造，とくに資本の有機的構成は異なるものとしている[14]．

---

12)　マルクスの言辞についての従来の研究者の諸見解，マルクスの第 2 巻第 1 草稿の記述については前掲拙書『『資本論』諸草稿の検討』198 ページの注 4 参照．また同拙書 199-201 ページには山田喜志夫氏を中心に論じているが，山田氏が論じられる以前の諸家（建林正喜，末永隆甫，行沢健三の各氏）の研究については山田喜志夫『再生産と国民所得の理論』評論社，1968 年，第 5 章，153-157 ページを見られたい．建林正喜氏の以下の言葉は重要であろう．「社会的分業は国際的分業を含めて規定されねばならず，実現過程の形態は外国貿易をとりいれることによってモディファイされねばならぬ」『外国貿易と産業循環』三一書房，1961 年，62 ページ．とはいえ，以前の諸家の主張を詳しく検討することは本書では行なえない．

13)　筆者の最初の論文は以下であった．「国民経済計算と貿易を導入した再生産表式」『立命館国際研究』33 巻 2 号，2020 年 10 月．それ以後，導入する例を高度化することに努めてきた（「再生産表式と外国貿易，需要創出の波及過程」同，34 巻 2 号，2021 年 10 月）．しかし，これらの拙稿の論述はなお不完全，不正確であった．本章によってより豊富化され正確なものになろう．

14)　筆者の最初の例では，世界を 2 つのグループに区分し，2 つのグループの経済構造，資本の有機的構成は同じとして議論したが，本章ではその制約を外している．

（1） 第1例－A国が生産財を輸出し，B国が消費財を生産し輸出する

　A国，B国は経済構造が異なり，資本の有機的構成がA国，B国で異なっている．そのうえで，A国，B国の生産性の差異，過剰になっている生産財，資本，労働力等の有り様，その他国際分業の種々の事情によって，AからBへ生産財が輸出され，逆にBからAへ消費財の輸出が生じる場合，再生産表式はどのようになるかを明らかにしていきたい[15]．以下では，論述を簡単にするために有機的構成以外は，できるだけ蓄積率，剰余価値率はA，Bにおいて同じとしたい．

　A国では次のような均衡的な拡大再生産が進行していた．AのI部門（以下ではAI）＝$6000c+1500v+1500m$（$750m1+600m2+150m3$）＝9000，AのII部門（以下ではAII）＝$2250c+1125v+1125m$（$900m4+150m5+75m6$）＝4500である．AIの$1500v+750m1+150m3$＝AIIの$2250c+150m5$＝2400で均衡条件がある．AIの有機的構成は4：1，AIIの有機的構成は2：1である．AIの蓄積率は剰余価値の半分，剰余価値率は両部門とも100％である．

　このような均衡的な拡大再生産がある中で，国際分業の状況，各国の生産力の差異など何らかの事情によりAからBへ生産財480の輸出が行なわれたとしよう．480の価値構成は以下である．$320c+80v+80m$（$40m1+32m2+8m3$）＝480．輸出される生産財480はI部門で利用されるものとII部門で利用されるものから構成されている．

　Aにおいては，480の生産財を追加で生産するための諸要素，生産財の生産に利用しうる生産財320，賃金に当てられる遊休資本80v，労働力が余剰・過剰として存在していたのである．Aにおいて480の生産財が追加的に生産され，それが輸出される．そうすると，均衡的な再生産が進むためにはAにおいて240の消費財がなくてはならない．それはBから輸入されるとしよう．Aでは，生産ではAI＝$9000+480$，AII＝4500，輸出入を含めると，AI＝9000，AII＝4500で均衡，480のI部門の追加生産があるが，その生産を支える消費

---

15) 再生産表式は国際分業を生み出し，外国貿易を発生させる要因を何ら内包していない．国際分業，外国貿易の成立を前提に，その成立によって一国の再生産の有り様がどのように変化するか，一連の表式にどのような変化が表われるのかを考察するのがここでの課題である．国際分業が生まれ外国貿易がどのように発生するのかについては別途論じなければならない（本章注19，第9章参照）．

財が 240 輸入され，全体として生産財，消費財の間に不均衡はない．均衡的再生産が進行する．輸出入のあとで残る財は，AI＝9000，AII＝4740 で，A の貿易収支黒字 240 が残る．

　B 国においては以下のような均衡的拡大再生産の条件があった．B の I 部門（BI とする）の有機的構成は 3：1 で，価値構成は次のようであった．BI＝4500c＋1500v＋1500m（750m1＋563m2＋188m3）＝7500．他方，B の II 部門（BII とする）の有機的構成は 1.8：1 で，BIIc＝2160 としよう．そうすると，均衡的な条件が成立するためには，BI（1500v＋750m1＋188m3）＝BII（2160c＋m5）であるから，m5＝278 となり，m5：m6＝1.8：1（有機的構成）であるから，m6＝154 となる．BIIc：BIIv＝1.8：1（有機的構成）であるから，2160c：BIIv＝1.8：1 であり，BIIv＝1200 となる．剰余価値率 100％としているから，BIIm＝m4＋m5＋m6＝1200，m4＝1200－（278＋154）＝768 である．結局，BII＝2160c＋1200v＋1200m（768m4＋278m5＋154m6）＝4560 である（誤差は四捨五入）．

　このような均衡的拡大再生産の条件があったところに，生産財 480 が輸入され，新規に投資される．これらの生産財は A で生産されたもので有機的構成が高く，BI，BII で使用されている生産財よりも生産性が高い．輸入生産財のうち I 部門用の生産財が利用される部門を BIb としよう．また，輸入生産財のうち II 部門用の生産財が利用される部門も同様に生産性が高く BIIb としよう．また，B では輸出用の消費財が 240 生産されるが，この消費財は A の消費財とは品質を異にしているであろう．というのは，BII の有機的構成は AII よりも低位であるから．B では貿易が始まる前の 4560 の消費財の生産に加えて 240 の生産が追加される．BII の追加生産は，従来の BII と価値構成は同じであるから，240＝114c＋63v＋63m（40m4＋15m5＋8m6）である．

　BIb，BIIb については以下のように計算される．輸入された生産財 480 は I 部門用と II 部門用から構成され，（BIb の c 部分＝x）＋（BIIb の c 部分＝y）＝480 である．つまり x＋y＝480——（イ）式．また，BIb の有機的構成は A の 4：1，となる．なぜなら，A から輸入された生産財を利用するから．また，BIIb の有機的構成も同じで，A の 2：1 である．それ故，（AI の c＝6000）：（AII の c＝2250）＝x：y である——（ロ）式．（イ）（ロ）の式から計算すると，

x＝349，y＝131 となる．

これらの x，y をもとに BIb，BIIb の価値構成を計算すると，BIb＝349c＋87v＋87m（44m1＋35m2＋9m3）＝525（BIb の有機的構成は AI と同じ），BIIb＝131c＋66v＋66m（53m4＋8m5＋4m6）＝263（BIIb の有機的構成は AII と同じ，誤差は四捨五入）となる．改めて，B の一連の表式を示すと，以下である．

① BI＝4500c＋1500v＋1500m（750m1＋563m2＋154m6）＝7500（有機的構成は 3：1）

② BII＝2160c＋1200v＋1200m（768m4＋278m5＋154m6）＝4560（有機的構成は 1.8：1）

③ BII の追加生産，114c＋63v＋63m（40m4＋15m5＋8m6）＝240（有機的構成は 1.8：1）

④ BIb＝349c＋87v＋87m（44m1＋35m2＋9m3）＝525（有機的構成は 4：1）

⑤ BIIb＝131c＋66v＋66m（53m4＋8m5＋4m6）＝263（有機的構成は 2：1，誤差は四捨五入）

BI と BII が均衡，BIb と BIIb が均衡している．追加 240 の消費財は輸出されて B にはない．全体的に B において素財的に不均衡はない．均衡的な再生産が進行する．この例は，A には生産財を生産する生産財が余剰であり，B には消費財を生産する生産財が余剰とするものである．B は，より生産性が高い生産財を A から輸入することにより生産性が高い BIb 部門，BIIb 部門を創出することができ，経済構造を高度化していくことができよう．他方，A は過剰にあった生産財を輸出することができ，国民所得を増加させ成長率を高めることができる．この例では，A は先進国，B は後発国である．

(2) 第 2 例－A が生産財を輸出し，消費財も A で生産される

第 1 例においては，A は 240 の消費財を輸入するとした．第 2 例は，240 の消費財も A にて生産されるとするものである．一方，B は輸入する 480 の生産財を種々の生産に投じるが，消費財を輸出することはない．A においては，従来の第 I 部門，第 II 部門に加えて，480 の生産財と 240 の消費財が生産され，480＝320c＋80v＋80m（40m1＋32m2＋8m3），240＝120c＋60v＋60m（48m4

$+8m5+4m6$）が加わる．480 の生産財を生産する生産財，240 消費財を生産する生産財がともに余剰（過剰）にあり，また可変資本分の資金，労働力も過剰にあったとするのである．そして生産財 480 が輸出されるのである．しかし，そうすると消費財生産部門は $120c+8m5=128$ に相当する生産財が生産財部門から供給されなくなる．この 128 と交換されるはずの生産財部門の $80v+40m1+8m3=128$ は輸出されて A にはないからである．240 の消費財の再生産は不可能である．

A から 480 の生産財が輸出され，A で 240 の消費財が消費されてしまうと，AII も期末には消費されてしまうから A に残るのは AI がすべてであり，それが生産に投入されて A ではもとの AI，AII の部門が再生産されていくだけである（480 の輸出代金が残るが）．A が 480 の生産財を輸出し，それに対応する 240 の消費財を国内で生産するというのは「1 回限り」であり持続的ではないのである．第 1 例や次の第 3 例に移っていくであろう．

あるいは次のような状況があるかもしれない．A に I 部門用，II 部門用の生産財が過剰にあり，A で追加の II 部門用の 128 の生産財が生産されるかもしれない．そうすると，また消費財が必要になる．このような循環がずっと続くかもしれない．抽象的に級数的に問題を処理することも可能であろう．しかし，このような「循環」は素財の不足がどこかで生じ中断するであろう．中断すると均衡的な再生産は持続しなくなる．本書では，この「循環」の例を級数的に可能と指摘するだけにしておこう．

他方，B では $BI=4500c+1500v+1500m$ （$750m1+563m2+154m6$）$=7500$（有機的構成は 3：1），$BII=2160c+1200v+1200m$ （$768m4+278m5+154m6$）$=4560$ （有機的構成は 1.8：1）があったところに，480 の生産財が輸入され，その輸入代金が A に支払われると同時に，生産財は生産に投入されていく．この生産財が第 1 例と同じように I 部門用と II 部門用から構成されているとしたら，B において新たに I 部門と II 部門が作られていく．その場合，生産財は A から輸入されたものであるから，新しい I 部門と II 部門の資本構成はA と同じになる．というのは，資本の有機的構成を主に規制するのは不変資本の如何であるからである（協業の在り方，労働の強度等も規定するがここではそれらは考慮外とする）．

102

AのI部門とII部門は以下のようであった．AI＝6000c＋1500v＋1500m（750m1＋600m2＋150m3）＝9000，　AII＝2250c＋1125v＋1125m（900m4＋150m5＋75m6）＝4500．すると，Bが輸入した生産財480のうちI部門（BIb）において使われる生産財は349，II部門（BIIb）において使われる生産財は131となる[16]．BIb＝349c＋87v＋87m（44m1＋35m2＋8m3）＝523，　BIIb＝131c＋65v＋65m（52m4＋9m5＋4m6）＝261という新しい部門が作られるのである．

このBIbとBIIbとの間に均衡があるから，Bでは均衡的な再生産が進む．Bからの輸出はない．Bにおいては生産が増大していくが，480の輸入代金の支払能力がなくてはならないし，輸入した生産財を稼働させる過剰の労働力があり，可変資本が過剰になくてはならない．資金不足が常態となろう．場合によっては海外からの資金調達が必要になり，対外債務状態が続く可能性がある．

(3)　第3例－Aが生産財を輸出し，Bはその一部を使って消費財を生産し輸出する

この例では第1例と同じで二国間の経済構造が異なるもの，とくに，資本の有機的構成がA国，B国で異なる．そのうえで，第1例と同じくA国からB国へ生産財（第1例と同じようにI部門用とII部門用の生産財）が輸出され，B国はその生産財を使って消費財を生産しA国へ輸出する場合，再生産表式はどのようになるかを明らかにしていきたい．以下では，論述を簡単にするために資本の有機的構成以外は，できるだけ蓄積率，剰余価値率は第1例と同じにしよう．

Aでは次のような均衡的な拡大再生産が進行していた．AI＝6000c＋1500v＋1500m（750m1＋600m2＋150m3）＝9000，　AII＝2250c＋1125v＋1125m（900m4＋150m5＋75m6）＝4500である．AのI部門（以下ではAIとする）の有機的構成は4：1，AのII部門（以下ではAIIとする）の有機的構成は2：1である．AIの蓄積率は剰余価値の半分，剰余価値率は両部門とも100％である．

---

16)　I部門で使われる生産財をx，II部門で使われる生産財をyとすれば，x＋y＝480，x：y＝6000：2250であるから，計算するとx＝349，y＝131となる．

第 4 章　再生産表式にもとづく 2 つの展開　　　103

　このような均衡的な拡大再生産がある中で，国際分業の状況，各国の生産力の差異など何らかの事情により A から B へ生産財 480 の輸出が行なわれる．第 1 例でもそうであったが，輸出される生産財 480 は I 部門で利用されるものと II 部門で利用されるものから構成されている．

　A においては，480 の生産財を追加で生産するための諸要素（生産財の生産に利用しうる生産財，労働力，遊休資本など）が余剰・過剰として存在していたのである．A において 480 の生産財が追加的に生産され，それが輸出される．その生産財の価値構成は，$320c+80v+80m=480$ である．そうすると，均衡的な再生産が進むためには A において 240 の消費財がなくてはならない．第 1 例と同じくそれは B から輸入されるとしよう．ただ第 1 例と異なるのは，B で消費財を生産する生産財は A からの輸入生産財が使われていることである（のちに詳しく論述）．A での生産では $AI=9000+480$，$AII=4500$，輸出入のあとで残る財は $AI=9000$，$AII=4740$ で，貿易収支黒字 240 が残る．

　以上が A であったが B の再生産表式は次のようになる．B の I 部門（BI とする），B の II 部門（BII）は第 1 例と同じで，均衡的拡大再生産の条件があった．$BI=4500c+1500v+1500m（750m1+563m2+188m3）=7500$．$BII=2160c+1200v+1200m（768m4+278m5+154m6）=4560$ である．このような均衡的拡大再生産の条件があったところに，生産財の輸入 480 と消費財の輸出240 が加わる．B は 240 の消費財を追加的に生産し輸出するが，その生産のための生産財は輸入された生産財 480 のうちの一部分が利用されるものとする．そうすると，240 の消費財を生産する部門では資本の有機的構成は 1.8：1 ではなく 2：1 となる．有機的構成を規定するのは，主要には生産財の生産性であるからであり，それは A で生産されたものであるから（有機的構成を左右する労働の強度等の他の要因は考慮外とする）．240 の価値構成は $120c+60v+60m（48m4+8m5+4m6）$ となる．

　輸入された生産財のうちから $120c+8m5=128$ が，B の輸出用消費財の生産ために利用された．B が輸入した生産財は 480 であり，残り 352 の生産財が残っている．このうち X 量が，B の I 部門の生産に投入されたとしよう．ところが，この生産財は A からの輸入であるから有機的構成は A と同じになる．輸入生産財を使って消費財を生産する部門でも有機的構成は A と同じになる．

104

そうすると，I部門，II部門の比率からI部門の追加生産の価値額は1.5Xとなり，II部門の追加生産の価値額は(1.5/2)Xとなる．それぞれの価値構成は有機的構成，剰余価値率，蓄積率が変わらないとすれば，I部門は$1.5X=Xc+1/4Xv+1/8Xm1+(1/8×4/5)Xm2+(1/8×1/5)Xm3=Xc+1/8Xm1+1/10Xm2+1/40Xm3$——式①となり，II部門はやや複雑であるが，BIIの価値構成を考え，$(1.5/2)X=\{(1.5/2)×1/2)\}Xc+\{(1.5/2)×1/4)\}Xv+\{(1.5/2)×1/4×60/75)\}Xm4+\{(1.5/2)×1/4×60/75×1/6)\}Xm5+\{(1.5/2)×1/4×60/75×1/6×1/2\}Xm6=0.375Xc+0.188Xv+0.15Xm4+0.025Xm5+0.0125Xm6$——式②となる．

　輸入された480の生産財のうち128は輸出消費財生産に使われ，残る352は，Bの新規のI，II部門の生産に使われる．つまり，$I(Xc+1/10Xm2)+II(0.375Xc+0.025Xm5)$に使われ，$I(1+0.1)X+II(0.375+0.025)X=352$，整理すると$1.5X=352$となり，$X=235$となる．

　この$X=235$を式①②に代入すると，追加の新規のI部門（BIb）は$235c+59v+59m$（29m1＋23m2＋6m3）$=353$，追加の新規のII部門（BIIb）は$88c+44v+44m$（35m4＋6m5＋3m6）$=176$となる（誤差は四捨五入による）．それに輸出消費財$120c+60v+60m$（48m4＋8m5＋4m6）$=240$の生産がある．Bが輸入した480の生産財のうち，258はI部門に，222はII部門に利用されたのである[17]．

　以上の論述から，Bには従来のBI，BIIに加えて3つの部門が加わる．改めてBにおける諸部門の生産額と価値構成をまとめて示しておこう（誤差は四

---

17)　480の生産財の構成がこのようであると，Aが輸入する消費財は240でよいだろうか．Aが輸出する生産財480のうち，（80v＋40m1＋8m2＝128）がII部門用であるからこそ，Aが輸入する消費財は240になるのではないだろうか．しかし，この例ではそのようになっていない．この例が「破綻」しているかのように見える．ところが，一般的には生産財の一部はI部門用，他の部分II部門用と厳密には区分できるものではない．例えば，鉄鋼はI部門のために使えるが，他面では消費財の生産のためにも使える．また，作業機（固定資本）の中にも，それでもって新たなI部門用の生産財を生産することもII部門用の生産財を生産できるものがあろう．ここでは480の一部も両用としなければならない．Aにおいて480の生産財を生産するためにはAにおいて240の消費財が必要であるが，Bでは480の生産財の一部は両用として利用可能なのである．Aが輸出する生産財がI部門用，II部門用と厳密に区分される例は，以下の第4例と第5例を合わせればよいだろう．2つの例が同時に進行し，それらを統合すればよいであろう．

捨五入）．

① BI＝4500c＋1500v＋1500m（750m1＋563m2＋188m3）＝7500（BI の有機的構成は 3：1）

② BII＝2160c＋1200v＋1200m（768m4＋278m5＋154m6）＝4560（BII の有機的構成は 1.8：1）

③ 輸出消費財生産部門　240＝120c＋60v＋60m（48m4＋8m5＋4m6），有機的構成は AII と同じ 2：1．

④ BIb＝235c＋59v＋59m（29m1＋24m2＋6m3）＝353，有機的構成は AI と同じ 4：1．

⑤ BIIb＝88c＋44v＋44m（35m4＋6m5＋3m6）＝176，有機的構成は AII と同じ 2：1．

なお，480 の輸入生産財の B の各部門における利用は以下である．（輸出消費財部門の 120c＋8m5＝128）＋（BIb の 235c＋24m2＝259）＋（BIIb の 88c＋6m5＝94）＝481（誤差は四捨五入），である．

B 国においては，BI と BII の間で均衡条件が成立しており，BIb と BIIb の間では，輸入された生産財の一部（259＋94＝353）が投入されて均衡条件が成立している．しかし，輸出消費財 240 がさらに生産されており輸出される．B に残る財は，BI＝7500，BII＝4560，BIb＝353，BIIb＝176 であり，貿易赤字 240 が残るが，B には生産財，消費財の過不足はない．均衡的な再生産が行なわれている．

以上のように，A では生産財 480 の追加生産と消費財の輸入 240 が発生するだけであるが，B においては従来の生産部門 BI，BII に加えて輸出消費財生産部門，BIb，BIIb が加わる．とはいえ，輸出消費財生産部門と BIIb とは事実上同部門である．ともに，A から輸入された生産財が使われ有機的構成は同じだから．

しかし，B においては貿易によって経済構造がかなり変わる．3 つの部門，輸出消費財生産，追加の生産部門（BIb，BIIb）が形成され，それらの部門で利用される生産財は輸入されたもので，輸入生産財を用いる産業諸部門では資本の有機的構成が高まり，のちにはそれが B 国全体に波及していくだろう．また，より訓練された労働力が必要である．しかし，過剰な資本，過剰な労働

力がなくてはならない．Aは先進国で，BはAよりも経済発展が遅れているであろう．

（4）　第4例－AはI部門だけに利用可能な生産財を輸出する

A国では以下の均衡的な再生産の条件があった．AI＝6000c＋1500v＋1500m（750m1＋600m2＋150m3）＝9000，　AII＝2250c＋1125v＋1125m（900m4＋150m5＋75m6）＝4500，である（前例と同じ）．ところが，生産性の格差，その他の事情によりI部門だけに利用できる生産財480を追加生産しB国に輸出した．480の表式は以下である．480＝320c＋80v＋80m（40m1＋32m2＋8m3）であり，Aには320cが余剰として，また，80vの過剰資本，過剰労働力が存在していた．

上の価値構成からなる生産財が追加的に生産されたのであるから，そうすると一定量の消費財がAにおいて必要になる．480の生産財がI，II部門の両方において利用できるものから構成されているのであれば，それは240になるが，I部門用だけであるから240にはならない．いくらになるか．これが1つの検討課題である．

480の生産財がI，II部門の両用を含むものであれば，I部門とII部門との交換（I 80v＋40m1＋8m3＝II 120c＋8m5），つまり，II部門用生産財と消費財が交換され均衡的条件が維持される．ところがこの例では480がI部門用だけであるからII部門との交換は生じない．しかし，480の生産財を生産するには80v＋40m1＋8m3＝128の消費財が必要である．AにはI部門用の生産財を生産する不変資本320は余剰としてあったとしても，賃金（80v）が支払われなければならず，それは消費財の購入につながっていく．また，剰余価値の半分が資本家の消費部分（40m1）に当てられる．さらに，資本蓄積の可変部分（8m3）の相当分が期末には消費財として存在していなければならない．それらの計は128である．480の生産財部門は128の消費財を必要とし，それを別途獲得しなければならない．それがBから輸入されるとするのである．

以上から，Aの諸部門と輸出入は以下である．

①　AI＝6000c＋1500v＋1500m（750m1＋600m2＋150m3）＝9000

②　AII＝2250c＋1125v＋1125m（900m4＋150m5＋75m6）＝4500

③ 追加生産財（I 部門だけに利用されうる）の生産，480＝320c＋80v＋80m（40m1＋32m2＋8m3），それが輸出される．320c＋32m2＝352 の素財が，過剰（余剰）として存在していた．それらが新たに動員・稼働される．

④ 480 のうちの（80v＋40m1＋8m3＝128）に相当する消費財が輸入される．

⑤ 貿易収支 352（480－128＝352）の黒字．

輸出入が終わった時点で A に残る素財は，AI＝9000 と AII＝4500，加えて輸入された消費財 128 である．①〜④の間には不足する，あるいは過剰になる素財はみられない．①〜④の外には過不足があるかもしれないが，それらの生産財の輸出と消費財の輸入，それに貿易代金の受払によって再生産の均衡が維持されている．

B ではどのようであるか．B の I 部門（BI と表記）と II 部門（BII と表記）は次のようになっており，均衡条件が成立していた．BI＝4500c＋1500v＋1500m（750m1＋563m2＋188m3）＝7500，BII＝2160c＋1200v＋1200m（768m4＋278m5＋154m6）＝4560（第 1，2 例と同じ）．この状況に加えて，B は A から I 部門用の生産財 480 を輸入した．

まず，次のことを指摘しておこう．B の輸入業者が 480 の生産財を B の諸資本家に販売して，480 の生産財はまず貨幣形態をとる．それは輸入代金の支払として A に還流し，生産財を生産した資本家は投入した不変資本と可変資本を回収する．しかし，480 の生産財は B に残っており生産に投入される[18]．

480 の生産財を使って B で新しい商品が生産される（この部門を BIα と呼ぼう）が，輸入 480 の生産財は I 部門用である．新しい商品の価値構成は，480c＋120v＋120m（60m1＋48m2＋12m3）＝720 である．この生産部門の有機的構成は AI のものであるが，BIα で新たに生産される生産財は I 部門用と II 部門用からなっている．また，BIα の生産を支える消費財が一定量必要である．BIα 720 のうちの 480c は輸入されたものであるから必要となる消費財は 360 にはならない．必要となる消費財は，賃金部分（120v），剰余価値の資本家の消費部分（60m1），蓄積の可変資本部分（12m3）の計 192 となる．これはのち

---

18) 価値構成は 480＝320c＋80v＋80m（40m1＋32m2＋8m3）であったが，そのうちの不変資本の「補填」320c と「蓄積」32m2 は，新たに生産された商品の中に移転していき，それらが販売され B にて貨幣の蓄蔵がなされる．

に考えよう.

720 の生産財は I 部門用と II 部門用からなっており, B にて 720 の生産財が利用されて I 部門の財, II 部門の財が生産される. 前者の生産部門を BIb, 後者のそれを BIIb と呼ぼう. BIb と BIIb の比率, それぞれの有機的構成は A と同じである. AI の c と AII の c の比率が 6000：2250 であったから, BIb の c：BIIb の c＝6000：2250 であり, (BIb の c)＋(BIIb の c)＝720 である. これらから計算すると, BIb の c＝524, BIIb の c＝196 となる. そうすると, 有機的構成が A のものであるから, BIb＝524c＋131v＋131m (66m1＋52m2＋13m3)＝786, BIIb＝196c＋98v＋98m (78m4＋13m5＋7m6)＝392 となる (誤差は四捨五入).

次に, のちに述べるとした, 720＝480c＋120v＋120m (60m1＋48m2＋12m3) の生産には 120v＋60m1＋12m3＝192 の消費財が必要だとしたことについて論述しよう. 消費財 192 の生産にはもちろん生産財が必要である. 問題はこれがどこから供給されるかである. これまでの論述では供給元は存在しない. A から輸入した生産財 480 は BI α 部門ですべて利用され, また BI α 部門で生産された生産財 720 は BIb 部門 (524), BIIb 部門 (196) で使われて残っていない. B には 192 の消費財生産のための生産財が余剰・過剰に存在しているとするほかない. また, 過剰資本, 過剰労働力があったとするほかない. B に残っていた生産財が使用されるからその生産部門の有機的構成は BII と同じである. 192 の価値構成は以下である. 91c＋51v＋51m (32m4＋12m5＋7m6)＝192. 91c＋12m5＝103 の生産財が B に余剰・過剰としてあったのである.

さらに B で生産され A に輸出される消費財 128 がある. この 128 はどこから来るか. これについても同様である. 128 の消費財を生産するに必要な生産財が B に余剰・過剰に存在していたとするほかない. それ故, その消費財の生産部門においては B の有機的構成が当てはまり, 価値構成は 61c＋34v＋34m (22m4＋8m5＋4m6)＝128, となる. この生産を可能にする 61c＋8m5＝69, 34v＋22m4＋4m6＝60 の素財, 資本, 労働力も B に過剰に存在しているのである.

以上から B の一連の諸部門は以下のようである.

① BI＝4500c＋1500v＋1500m (750m1＋563m2＋188m3)＝7500

第4章　再生産表式にもとづく2つの展開　　　　　　109

② BII＝2160c＋1200v＋1200m（768m4＋278m5＋154m6）＝4560

③ BIα＝480c＋120v＋120m（60m1＋48m2＋12m3）＝720

④ BIb＝524c＋131v＋131m（66m1＋52m2＋13m3）＝786

⑤ BIIb＝196c＋98v＋98m（78m4＋13m5＋7m6）＝392

　　　　　（BIbとBIIbの誤差は四捨五入による）

⑥ BIαを支える消費財部門＝91c＋51v＋51m（32m4＋12m5＋7m6）＝192

⑦ 輸出消費財生産部門＝61c＋34v＋34m（22m4＋8m5＋4m6）＝128

　これらの一連の生産諸部門の成立によって，①～⑦の諸部門の内部に，また，諸部門の間に生産財，消費財の過不足は生まれない．均衡的な再生産が行なわれる．しかし，それにはBにおいて輸入生産財を稼働させうる過剰な資本，労働力が存在していることが条件である．少しだけ補足しておこう．

　Aが輸出する生産財がI部門だけで利用できるもので，その生産財をBが輸入し，Aがその生産財を生産するために必要になる消費財をBから輸入したとすると，以上のように，Bにおいて新たな部門BIb，BIIbがつくられていく．また，⑥⑦の生産を可能にする消費財生産のための生産財がBに余剰・過剰にあるとしなければならない．さらに，③～⑦の部門に投入される可変資本と労働力が過剰になくてはならない．それらの額はかなりの額にのぼっている．

　これらの前提条件があって，BはAからI部門用の生産財を輸入して均衡的再生産を維持できるのである．これら前提条件がなければ，あるいは不足していれば，Bの再生産には不均衡がいろいろな部門で発生するだろう．Bはおそらく後発の資本主義国で，生産財を輸入し生産を拡大していく．BではBI，BII部門だけでなく追加的な部門（③～⑦）が創成されて経済構造が大きく変わっていくだろう．また，高い経済成長率が実現されるであろう．表式に貿易を導入してはじめてこのような大きな変化が生まれることが理論的に把握できるようになる．

(5)　第5例－AはII部門だけに利用できる生産財を輸出する

　Aでは次のような均衡的な拡大再生産が進行していた．AI＝6000c＋1500v＋1500m（750m1＋600m2＋150m3）＝9000，AII＝2250c＋1125v＋1125m

$(900m4+150m5+75m6)＝4500$ である．A の I 部門（以下では AI とする）の有機的構成は $4:1$，剰余価値の半分が蓄積される．A の II 部門（以下では AII とする）の有機的構成は $2:1$ で，剰余価値率は両部門とも 100% である（これまでの例と変わらず）．

このような均衡的な拡大再生産がある中で，ここでは，A，B 両国の過剰資本，過剰労働力の存在，生産力の差異，国際分業の状況などの事情により A から B へ II 部門用の生産財 240 の輸出が行なわれたとしよう．

A において 240 の II 部門用の生産財が追加的に生産され，それが輸出される．その生産財の価値構成は，$240＝160c+40v+40m$（$20m1+16m2+4m3$）である．$160c+16m2＝176$ に相当する生産財が過剰にあって，$40v+20m1+4m3＝64$ に相当する過剰資金，過剰な労働力が A に存在しており 240 の生産財が生産されるのである．そうすると，均衡的な再生産が進むためには A において一定量の消費財がなくてはならない．

240 の生産財が I 部門用，II 部門用の両者を含むものであれば I 部門，II 部門の比率から 120 の消費財となるが，今の例では II 部門用だけであるから，必要となる消費財は $40v+20m1+4m3＝64$ である．ここでは，64 の消費財が輸入されるものとしよう．

A の諸部門は以下となる．

① $AI＝6000c+1500v+1500m$（$750m1+600m2+150m3$）$＝9000$，
② $AII＝2250c+1125v+1125m$（$900m4+150m5+75m6$）$＝4500$
③ II 部門用の生産財が追加的生産：$160c+40v+40m$（$20m1+16m2+4m3$）$＝240$
④ 貿易収支 $(240-64)＝176$ の黒字

以上のように，A には $AI＝9000$，$AII＝4500$ という均衡的再生産を成立させる条件があった上に，$160c+16m2＝176$ に相当する II 部門用の生産財の余剰，$40v+20m1+4m3＝64$ に相当する過剰資金，過剰な労働力があり，それらが生産に投入される．そのうえで，240 の II 部門用の生産財が追加的に生産され，それが輸出される．他方，240 の II 部門用の生産財を追加的に生産するためには 64 の消費財が必要となるが，それは輸入される．

一方，B の I 部門の有機的構成は $3:1$，剰余価値率 100% で，剰余価値の半

分が蓄積されるものとして，Ｉ部門（BI）の価値構成は，3000c＋1000v＋1000m（500m1＋375m2＋125m3）＝5000であったとしよう．BII の有機的構成は 1.8：1，BIIc＝1500，剰余価値率は 100％ とする．そうすると，BII＝1500c＋833v＋833m＝3167 となる．BI（1000v＋500m1＋125m3）＝BII（1500c＋m5）であるから，m5＝125 となる．したがって，m6＝69，m4＝639 となる．BII＝1500c＋833v＋833m（639m4＋125m4＋69m6）＝3167 である（BI，BII はこれまでの例とは異なる）．このような均衡的再生産の条件があるところに，Ｂは Ａ から II 部門用の生産財 240 の輸入を行なうのである．

　Ｂは輸入した II 部門用の生産財を使って消費財を生産する．その価値額と価値構成は，240c＋120v＋120m＝480 となる．生産に使う生産財が Ａ からのものであるから，有機的構成は AII のものである．120m の内訳は，m4＝96，m5＝16，m6＝8 となる．つまり，240c＋120v＋120m（96m4＋16m5＋8m6）＝480 である．Ｂ には 120v＋96m4＋8m6＝224 に相当する過剰資本と労働力が存在していたのである．480 の消費財のうち 64 は Ａ への輸出となり Ａ で消費される．それによって，Ａ での 240 の II 部門用の生産財の生産が可能となる．Ｂ に残った 416 は Ｂ で販売され消費される．416 の販売額のうちから Ｂ の輸入額（240）が支払われ，II 部門用の生産財の価値に含まれている補填・蓄積分は Ａ に回収される．Ｂ は消費財の不足状態があるから，消費財生産のための生産財を輸入するであろう．Ｂ は後発国の中でもより後発の部類に属しているだろう．他方，Ａ は先進国だけでなく中進国である可能性もあろう．

(6)　むすび

　本節では，外国貿易を再生産表式に導入し 5 つの例を示した（基本例は第 1 例であろう）．外国貿易を表式に導入しないで一国の閉鎖された再生産構造を考察するのでは，十全な国民経済は把握されないだろう．それでは実際の経済分析のために表式は生かせないだろう．本節では，国家を前提にした外国貿易の必然性等についてはもちろん言及していない．

　本節では外国貿易が行なわれていけば，再生産表式がどのように変化していき，付随的な表式がどのように加味されるかを論じている．外国貿易が進展していくためには，前章で論じた一国の均衡的な拡大再生産の条件を満たす諸要

素（生産財，資本，労働力）の「外部」に過剰な諸要素が存在していることが前提であり，これらがなければ外国貿易の発生は不可能である[19]．「外部」にある「過剰」な財，資本，労働力が一国の均衡的な再生産の次の条件を作り出すのか，輸出につながるのかは，その時の諸事情による．

さらに，本節で示した5つの例を思い浮かべるだけでも，A国が先進諸国であり，B国は中進国，後発国であることがわかるであろう．外国貿易が開始されることで，それぞれの国において再生産構造がどのように変化するか，経済成長，経済発展がどれぐらい進展するか，その基本的進展がつかめるであろう．外国貿易の進展を軸にした産業構造の変容も再生産表式をベースに明らかにされる必要があろう．もちろん，B国において輸入代金の調達，可変資本の調達，労働力の確保などが問題となる．それらを賄うために，B国は対外債務をつくるかもしれないし，低賃金での労働力の確保のための諸政策を実施するかもしれない．それらのテーマは本節のテーマではない．再生産表式をベースにした外国貿易と国民所得の関連については，本章に続いて本書第9章をつなげて読まれたい．

---

19) この言い方は，結果的に外国貿易の発生に関するA.スミスの理論＝「余剰はけ口」説によく似たものになろう（吉信粛『国際分業と外国貿易』同文舘，1997年，59-60ページ参照）．スミスは次のように記している．「ある特定産業部門の生産物が，その国の需要が必要とする以上になる場合には，この剰余は海外に送られ，国内で需要されるなにものかと交換されなければならない」（大内・松川訳『諸国民の富』岩波文庫②413ページ）．表式論をベースに外国貿易を論じるとすれば，閉鎖的な一国の均衡的な再生産の「外部」に余剰・過剰に存在する生産財，資本，労働力が前提にならなければならない．

第5章
マルクスの信用論と再生産・資本蓄積

はじめに

前の2つの章の表式論では貨幣は金属貨幣＝金であることが前提されていた．ところが，第3章で論じたように，拡大再生産に伴って必要となる貨幣の増加がすべて金生産によって供給されるものとするには「無理」があった．金生産部門を設定し，均衡的な拡大再生産の表式を作成することは困難だったのである．マルクスが均衡的な拡大再生産の表式として提示し，エンゲルスが『資本論』第2巻第21章で「第1例」と呼んだ表式（本書第3，4章においても利用した）をベースにすればそのように言える．マルクスははるかに少ない金生産を考えており[1]，このことをマルクスもエンゲルスも認識していない．

拡大再生産に伴って貨幣が増加しなければならないが，その供給がどのような形態で，どのように行なわれるのかを，マルクスは第2巻の第2，8草稿において示唆のようなことも記していない[2]．上記の「無理」「困難」は，これから論じていくように，資本主義的生産様式の進展とともに信用制度が構築されていき，信用貨幣が供給されるようになって克服されていくのである．資本主義的生産様式は信用貨幣を獲得することにより自分の足で立つことができる．また，本書「序論」でも記したように，平均利潤率の形成によって「生産価格」を基準に諸商品が取引されるようになると，貨幣＝金では「論理矛盾」が

---

1) 「年々の金生産を30と仮定し……」という本書第3章でも引用した文章である（第8草稿の前掲大谷訳177ページ，新書版⑦755ページ）．

2) マルクスの草稿の執筆順は，第3巻の前半部分（第3篇まで），第2巻第1草稿，第3巻の後半部分（第4篇以後）の草稿，そのあとに第1巻の初版，第2巻のその他の草稿の順である．

発生する．信用貨幣で交換が決済される．「生産価格」を基準に行なわれる諸商品の交換は価値通りではなく「不等価」交換であるから，信用貨幣が十全に解明される必要がある．ところが，『資本論』第3巻第5篇（草稿では第5章）は，未完のもの，不完全なものである．十全な信用論とはどのようなものであろうか[3]．

本章では，マルクスは信用論をどのように展開しようとしていたのか，しかし，それが果たされなかったことを確認しつつ，われわれがマルクスの議論を基礎にして信用論を展開し，信用がどのように再生産を進展させるのか，また，貸付可能な貨幣資本はどのように形成されるのか，さらに擬制資本が再生産を離れて膨張を遂げていく様子を明らかにしよう．

1. 銀行資本と信用制度

(1) 信用論のいくつかの基本的視点

のちに記すように，『資本論』第3巻第5篇，またその草稿は完成度が低く，順次読み進めていってもマルクスの信用論の筋道を理解することはなかなか困難である．筆者の「理解」の道筋はのちに記すことにして，その前にマルクスの信用論を理解するための前提，あるいは基本的視点をいくつか述べておこう．

第1に，マルクスは早い時期に資本主義的生産様式が信用制度を構築していくことをはっきり記していた．次である．「産業資本が利子生み資本を自分に従属させるほんとうのやり方は，産業資本に特有な形態——信用制度の創造である．……(中略)……信用制度は産業資本自身の産物であり，それ自身産業資本の一形態であって，それはマニュファクチュアとともに始まり，大工業とともにさらに仕上げられるのである」（『経済学批判（1861-1863年草稿）』大月書店，第4分冊，426-427ページ）．われわれがこれから論じていくような整理をすれば，この文章は以下のようになろう．資本主義的生産様式の発展につれて，産業資本が貨幣取扱業者を銀行業者に再編・転化させ，利子生み資本が銀行資本家に媒介されながら展開し，近代的な信用制度が徐々に構築されていくのであ

---

3) 本書のこの章は，拙書『『資本論』諸草稿の検討』日本経済評論社，2021年，第3，4章をもとに簡潔にしながら一部加筆している．

第5章　マルクスの信用論と再生産・資本蓄積　　　115

る．

　第2に，マルクスは，このように大局的には非常に正確な指摘を行なっていたが，近代的信用論を打ち立てるには大変な苦労を経験していた．われわれは『資本論』第5篇とその草稿を順次読んでいくだけでは，信用論の筋道を理解できないであろう．『資本論』第5篇の第21章から第24章は一般的には「利子生み資本論」＝「利子生み資本そのものの分析」と言われ[4]，銀行資本，銀行業は扱われず，信用制度も論じられていない．利子生み資本を運動させる「主体」が論じられないまま，平均利潤率の形成を前提に演繹的に「利子と企業者利得」が論じられ，「利子生み資本」範疇が措定される．そのような「利子生み資本」範疇は抽象的でそのままでは「利子生み資本」は定在していない．「利子生み資本」は何らかの資本家によって媒介されて，運動する「利子生み資本」になるのである．「利子生み資本」が自己展開していくのではない．

　したがって，資本主義的生産様式への転回によって，「近代的な利子生み資本家」を体現する銀行資本家が登場しなければならない．『資本論』第3巻第36章「資本主義以前」の草稿に次の文章がある．「高利に対するこの激しい攻撃——あるいは利子生み資本の産業資本への従属……は資本主義的生産様式のこれらの条件をつくりだす有機的創造物の，〔すなわち〕現代の銀行制度の先駆でしかないのであって，この銀行制度は，一方ではすべての死蔵されている貨幣準備を集中してそれを貨幣市場に投じることによって高利資本からその独占を奪い取り，他方では信用貨幣の創造によって貴金属の独占を制限するのである」（398 上，草④ 485，新書版⑪ 1056，新版⑩ 1088——草稿には多くの箇所に下線が引かれている．注5に凡例を記す[5][6]．

---

4)　大谷禎之介『マルクスの利子生み資本論』第1巻，桜井書店，2016 年，156 ページ．なお，マルクスは『資本論』第3巻第3篇まで執筆したあと，第3巻の執筆を中断し第2巻第1草稿を執筆する．マルクスはそのあと第3巻の執筆に戻り，第4篇以降の草稿に取り掛かるが，その過程で，『資本論』の議論展開は，従来の「資本一般」から「資本の一般的分析」へ変化していったと言われる．本書では，そのことについて詳論しない（拙書『『資本論』諸草稿の検討』92-93 ページ，92 ページの注1参照）．

5)　「398 上」とは第5篇のマルクスの原草稿のページで，草稿には上欄と下欄があるが，上欄の 398 ページであることを示す．草稿文の下線は草稿のもの．「草④ 485」は大谷禎之介氏による訳書（全4巻からなる『マルクスの利子生み資本論』桜井書店，2016 年）の第4巻の 485 ページであることを示す．『資本論』は新日本出版社の『資本論』新書版，

第3に，マルクスはこのような文章を第36章の草稿に記しつつも，「利子生み資本」について論じた第24章までの論述と，信用制度，銀行業者について論じ始める第25章の論述との関連を記さないまま，第25章の草稿の冒頭に，「信用制度とそれが自分のためにつくりだす信用貨幣などの諸用具との分析は……」（317上，草② 157-158，新書版⑩ 680，新版⑨ 694）といきなり「信用制度」「信用貨幣」が云々される．そして，信用制度が生み出される経緯についての言及はないまま，次に「手形が本来の信用貨幣，銀行券流通等々の基礎をなしているのであって……」（317上，草② 160，新書版⑩ 681，新版⑨ 695）と記され，ここでもいきなり銀行券が提起される．

これら第25章の草稿の冒頭に記されている信用制度，信用貨幣＝銀行券発行の「主体」＝「近代的な利子生み資本家」を体現する銀行業者については，このあと次のように記される．「信用制度の他方の側面は貨幣取扱業の発展に結びついている……貨幣取扱業という土台のうえで信用制度の他方の側面が発展し〔それに〕結びついている，──すなわち，貨幣取扱業者の特殊的機能としての利子生み資本あるいは manied Capital の管理である．貨幣の貸借が彼らの特殊的業務になる．……一般的に表現すれば，銀行業者の業務は，一方では，貸付可能な貨幣資本を自分の手中に大規模に集中することにあり……銀行業者がすべての貨幣の貸し手の代表者として再生産的資本家に相対するようになる」（317上，草② 169，686，700）．

かくして，マルクスは資本制的生産様式が展開していき，産業資本が貨幣取扱業者を銀行業者へ編成替していくと述べているのである．しかし，「近代的な利子生み資本家」を体現する銀行資本家が登場する経緯，貨幣取扱業の銀行業への具体的な転化・再編については述べられていない．とはいえ，ともかく

同出版社の新版の順に示す．ただし，『資本論』第2巻からの引用は新書版のみ．「⑪ 1056」は新書版第11分冊の1056ページ，「⑩ 1088」は新版の第10分冊1088ページであることを示す．なお，大谷氏は『マルクスの利子生み資本論』において，マルクスの草稿の訳文以外に氏独自の見解を示す諸章を作られている．その部分は，大谷② 113と記している．それは大谷氏の本の第2巻の113ページにある氏の文章である．

6) この文章の最後にある「信用貨幣の創造によって貴金属の独占を制限する」という語句は重要である．のちに論じるが，マルクスはここでは「信用貨幣」については，銀行券のことを中心に考えているのであろうが，「帳簿信用」がより重要である．

も，マルクスは，第25章の草稿部分に至ってはじめて銀行業資本を分析対象に据えて信用・信用制度を論じ始める．

　マルクスの信用論の草稿における記述はそのようなものであるが，第25章の草稿そのものも，またそのあとの諸章の草稿も完成度が極めて低く，草稿は上下に書き分けられ，上部にはのちにテキストにまとめられるような部分，下部は注や補足などが書かれている．大谷禎之介氏の訳文には上部，下部の区別が記されている（拙書『『資本論』諸草稿の検討』の「凡例」参照）．とはいえ草稿の上部だけを順次精読しても，マルクスの信用論の展開の道筋を跡付けていくことは難しいであろう．

(2) 「資本の一般的分析」[7]の範囲における信用論の諸項目

　そうであるなら，「資本の一般的分析」の範囲において，信用論が論じなければならない諸範疇，諸項目はどのようなものであるかを大局的に列挙したうえで，それぞれについて論じていき，そのあと反省を加えていくのが『資本論』の信用論への適切なアプローチではないだろうか．それでは銀行業の成立，銀行資本家によって媒介されていく利子生み資本が構築していく信用制度をどのように議論展開していくべきなのだろうか．

　マルクスは，「資本一般」の分析から「資本の一般的分析」へ大きく変化させながら第3部（巻）草稿の第5章（『資本論』第5篇）を執筆したのであるが，筆者は完成された『資本論』体系のうちには以下の諸内容，諸項目が入れられ，それらの理論が完結している必要があると考える．以下である．前著で論述しているので簡潔に示そう．

A）銀行，信用制度の発展の2つの「前提」——イ）資本主義的生産様式の発展による支払手段としての貨幣の機能の一般化，ロ）貨幣取扱業の発展——のうえでの銀行業の成立，

B）銀行に貨幣が預金として集まり，その貨幣による銀行の貸付の進展，

C）貨幣によって預け入れられた預金の一部を準備金とした銀行の手形割引，

---

7)　前の注4に記したようにマルクスは『資本論』第1巻を仕上げていく直前に，『資本論』の議論展開は「資本一般」から「資本の一般的分析」へと変化していったと言われる．

銀行券による貸付（銀行信用供与の一形態），

D) 銀行への預金による預金口座の形成と小切手・手形を利用したその口座の振替による生産資本家・商人の相互間の支払決済，

E) 銀行の種々の貸出（手形割引，対人信用，担保貸出等）による預金の形成（草稿では「帳簿信用」と言われる銀行信用供与のもう一つの形態），

F) 「帳簿信用」によって供与される銀行信用の拡大と資本蓄積の一般的関連，

以上の6項目である．

A)は銀行業の成立であり，B)～E)は銀行の果たす諸役割であり，F)は銀行信用の資本蓄積への影響である．ところが，マルクスの草稿を読むと，これらの諸項目が草稿第5章の「5) 信用．架空資本」において十分に整理されて展開されているとは思えない．草稿のこの箇所はいろいろな解釈の余地を残している[8]．上に記したA)～F)の諸項目が草稿のどの部分において，どれほど明確に記述されているのかを検討しよう．その検討によって，第25章から第35章に相当する草稿の全体構成，その構成の適否もわかるのではないだろうか（注8も見られたい）．

さて，A)については本章の(1)で論じた．また，F)については信用についてのおおよその項目を明らかにしたあと，次の節でくわしく論じたい．そこで，B)～E)についてであるが，これらについては前著で詳しく論じているので，本書では簡単に記しておこう．B)，C)については，第25章に当たる草稿でマルクス自身の文章で明確に述べられている．B)については，「銀行が自由に処分できる貸付可能な資本は二様の仕方で銀行に流れ込む」と記され，具体的に

---

8) そもそも草稿第5章の「5) 信用．架空資本」の部分が全体的にどのような叙述構成になっているのであろうか．大谷禎之介氏は，「5) 信用．架空資本」の部分の構成と現行『資本論』との対照を，氏の本の第1巻（大谷①）の45-46ページに掲げられながら，「5) 信用．架空資本」の前半部分——草稿 I) 以前の部分，現行『資本論』の第25章～第27章——は「信用制度概説」の部分であり，後半の部分——草稿 I)～III)の部分，『資本論』第28章～第35章——は，「信用制度下の利子生み資本」の考察に当てられているとされる（大谷①序章，62-64ページ）．氏は，氏の本の第2巻を「信用制度概説」とし，第3，4巻を「信用制度下の利子生み資本」とされている．筆者はこのような見解をとらない．前掲拙書の第3章を見られたい．また本書の以下においてもそのことが示されるだろう．

第5章　マルクスの信用論と再生産・資本蓄積　　　119

論じられる（317 上，草② 171-173，資⑩ 686-687，⑨ 700-701）．生産者や商人の準備ファンド，貨幣資本家たちの預金，すべての階級の貨幣貯蓄，最後に少しずつ消費しようとする収入である．C）については，「銀行業者が与える信用はさまざまな形態で，たとえば，銀行業者手形，銀行信用，他の銀行あての手形，小切手，等々で，最後に銀行券で与えることができる」（318 上，草② 177，資⑩ 687，⑨ 701-702）とある．この指摘は，銀行券発行により，銀行ははっきりと貨幣取扱業者の諸機能をはるかに上回っていることを示している[9]．しかし，これらの項目，内容についても数行の記述で終わっており，『資本論』のこれまでの記述と比べるとごく簡単なものになっている．

　D），E）については，大谷氏が「信用制度概説」の部分（注 8 参照）と言われる草稿の第 5 章第 5 篇「信用．架空資本」の I）以前の部分，『資本論』の第 25 章と 26 章の冒頭部分（草稿では訳書の草② 157-215）においては，マルクス自身の文章を見出すことができず，当時の種々の論者等からの抜書きで示されているだけである．以下の抜書きである．

　D）については，草稿の 319 下に，「フランス銀行が定期的に公表している統計（によって以下のことがわかる——奥田）……正貨，銀行券，口座から口座への振替（小切手によって当座勘定のうえで行なわれる振替），のそれぞれによってなされた取引は，……振替が 58%，銀行券が 35%，正貨 7% であった」（319 下，草② 182，『資本論』ではこの抜書きはカットされている）．また，J.W. ギルバートの『銀行業者の歴史と諸原理』（1834 年）から次のような抜書きがある．「預金銀行は振替によって流通媒介物の使用を節約し少額の貨幣で多額の取引を処理することを可能にする．……（中略）……預金システムは，このように振替によって，金属貨幣の使用をすっかり取って代わるほどにまで仕上げられるかもしれない」（ギルバートの本 123-124 ページ，草稿 318 上，草② 189——『資本論』では少し表現が異なる）[10]．

――――――――――

[9]　金融制度研究会『イギリスの金融制度』（日本評論新社，1959 年）に以下のことが記述されている．「イギリス銀行業の中心となる巨大銀行の多くが地方出身」（268 ページ）であり，地方銀行の「発券による地方的流通手段の供給こそ拡大をみせる地方産業の要求にこたえる所以であった」（271 ページ）．

[10]　新日本出版社の新書版⑩ 691-692，新版⑨ 705 をみられたい．『資本論』の方がわかりやすくなっている．この抜書きは，大谷氏よって［信用制度についての雑録］と表題が

また，E)については『資本論』第25章および第26章の冒頭に関する草稿の中から，2つの抜書きが認められる．1つは，J.W. ボウズンキトという人の『金属通貨，紙券通貨，信用通貨』(1842年) からの次のものである．「預金は銀行券または鋳貨がなくても創造されることができる．銀行家が不動産所有証書等々を担保として6万ポンド・スターリングの現金勘定を開設する．彼は自分の預金に6万ポンド・スターリングを記帳する」(ボウズンキトの本，82-83ページ，草稿317下，草②166，『資本論』ではJ.W. ボウズンキトからの抜書きはカットされている)．もう1つは，先ほどのギルバートの本から次の抜書きがある．「銀行券を発行しない銀行業者でさえも，手形の割引によって銀行業資本を創造する．彼らは彼らの割引を，彼らの預金を増加させるのに役立つものにするのである．ロンドンの銀行業者たちは，自分のところに預金口座をもつ人びとのため以外には割引しようとしない」(ギルバートの本119ページ，草稿は318上，草②185，『資本論』⑩691，⑨705)[11]．

『資本論』第25章および第26章の冒頭に関する草稿の中には，このような抜書きがあるのであるが，草稿のこの部分においては，D)，E)に関するマルクス自身の文章はみられない．

D)，E)に関するマルクス自身の文章は，草稿のこの部分ではなく，大谷氏が「信用制度下の利子生み資本」とされる草稿の部分——「5) 信用．架空資本」のII，『資本論』第28章，第29章——においてみられる．たとえば，D)についてはマルクス自身の次のような文章がある．「預金はつねに貨幣（金または銀行券）でなされる．……(中略)……他方では，商人たち相互間の（総じて預金の所有たちの）互いの貸し勘定が彼らの預金にあてた振り出しによって相殺され互いに帳消しにされるかぎりでは，預金は貸し勘定のそのようなたんなる記録として機能する（その場合，それらの預金が同一の銀行業者のもとに

付けられている草稿部分において書かれているものである（草②188の注143)．

11) なお，マルクスは手形割引については，第26章の草稿において正しく記している．次のカッコの文章である．「(手形を振出すことは商品を信用貨幣の一形態に転換することであり，手形を割引することはこの信用貨幣を別の信用貨幣に転換することである（銀行券の場合）……)」(324，上下の区分はない，草②249)．『資本論』では，「手形の振出しとは，信用貨幣の一形態への商品の転化であり，また手形の割引とは，この信用貨幣の，他の信用貨幣すなわち銀行券への転化である」(⑩739，⑨752) と記述されている．

第5章　マルクスの信用論と再生産・資本蓄積　　　　　　　　　121

あってこの銀行業者が別々の信用勘定を互いに帳消しにするのか，それとも別々の銀行業者が彼らの小切手を交換し合って互いに差額を支払うのかは，まったくどちらでもかまわない）」（草稿338上，草③180-181）．現行『資本論』では次の文章になっている．「預金は，いつも貨幣で——金または銀行券で……なされる．……（中略）……預金は，預金者相互の貸方勘定が彼らの預金引き当ての小切手によって相殺され，互いに帳消しにされる限りでは，このような単なる帳簿上の記帳額として機能する」（第29章，⑪812，⑩830）．この文章では，預金は金または銀行券でなされるとあり，E)のようなマルクスが後段で言う「帳簿信用」による預金形成は言われていない．しかし，金または銀行券による預金で形成された預金残高の振替による支払決済の方は明瞭に記されている．

　E)については，マルクス自身の記述はD)についてよりも不十分ではないかと思われる[12]．マルクスが銀行の貸出による「預金の形成・創造」を明確に述べているのは，「帳簿信用」について記している箇所である（草稿332上，草③136，資⑩793，⑨809）[13]．草稿の文章は以下である．「これまで前提されていたことは，前貸は銀行券でなされ……しかしこのこと（この前提——奥田）は必要ではない．銀行は，紙券のかわりに帳簿信用を与えることができる．つまりこの場合には，同行の債務者が同行の仮想の預金者になるのである．彼は銀行あての小切手で支払い，小切手で受け取った人はそれで取引業者に支払い，この銀行はそれを自分あての銀行小切手と交換する（手形交換所）．このような場合には銀行券の介入はぜんぜん生じない」（332上，草③136，資⑩793，⑨809，『資本論』では少し文章が異なっている）．「帳簿信用」についてはこの数ページのちにもう１つ言及がある．「帳簿信用のゆえに取引がまったく銀行券

---

12)　この点についての大谷禎之介氏の把握に関する筆者の批判については前著『『資本論』諸草稿の検討』第３章の注12（107ページ）を見られたい．

13)　先に引用した次の文章は紛らわしい．「預金はつねに貨幣（金または銀行券）でなされる．……（彼らはこの預金で手形割引を受けたり貸付を受けたりする）……」（338上，草③180）．『資本論』では次のような文章になっている．「預金は，いつも貨幣で——すなわち金または銀行券で……なされる．……彼らの手形はこの預金で割引を受け，彼らへの前貸しもこの預金でなされる」（第29章，⑪812，⑩830）．この文章の紛らわしさについては，同上拙書，107-108ページを参照されたい．

の発行なしに行われる」(334 上，草③ 139，資⑩ 795，⑨ 811) という文章である．

以上のように，マルクスが自分の文章で「銀行の貸出による預金の形成・創造」について明確に述べているのはこの草稿の部分だけであり，あとは文章が曖昧であったり，いくつかの抜書きにとどまっている．本書第4章で述べたように，銀行の貸出による「預金の創造」についての論述を完成させないと，総資本は大量の「貨幣材料としての金生産」(『資本論』第2巻第20章第12節，第2部第8草稿，大谷氏の邦訳，175-187 参照) から「解放」されない．したがって，「資本の一般的分析」の範囲内で信用理論を完結させるためにも，「銀行の貸出による預金の形成・創造」にまで進んで論述を完成させなければならなかったはずである．その意味で，マルクスの第3部第5篇の草稿は未完のものである．

前に記したように，利子生み資本はそのままでは抽象的で定在しえないのであり，銀行資本家に媒介されて運動していくのであるが，その進行過程において銀行自身も変化しつつ近代的な信用制度を徐々に完成させていく．信用制度の「一般」あるいは「概説」を前もって論述し，そのあとで利子生み資本の展開を論じるというのではないと思われる．筆者の理解は大谷禎之介氏の理解とは異なる[14]．

本来，利子生み資本は銀行資本家に集中されて，それが運用されて運動するのであり，銀行資本の運動となる．そして銀行資本が信用制度を構築していくのである．それらの相互連関を論理的に捉える必要があろう．以上のことは，信用と蓄積の関連をみる次節以下でも明らかになるだろう．

本節の最後に，草稿第5章の「5) 信用．架空資本」の部分が全体的にどのような叙述構成になっているかとの関連で，以下のことを簡潔に記しておきたい．それは，草稿の「5) 信用．架空資本」の III)——『資本論』第30章〜第35章——はどのように捉えられるのであろうかということである．詳しくは

---

14) 『資本論』第27章の草稿の末尾に近いところにある「いまわれわれは，利子生み資本そのものの {信用制度による利子生み資本への影響，ならびに利子生み資本がとる形態} の考察に移る」(327 上，草② 299，⑩ 764，⑨ 778) という文章についても，こだわり過ぎず，大局的な視点から見直す必要があろう．マルクスが草稿を書き始めた時点で記したことと，のちに記述が進んでいった時点で記した内容はズレることもありうる（われわれが日々経験していることであり，マルクスが特別ではない）．

次節で論じるが，これまで，ほとんどの論者は第30章から第34章の「テーマ」——貨幣資本の蓄積がどの程度まで現実的蓄積の指標であるのか，貨幣逼迫はどの程度まで実物資本の欠乏を表現しているのか——の論究が，草稿第5章の核心部分であると考えてきた．しかし，「III）」のはじめの部分で貨幣は「鋳貨／地金または銀行券」（340上，草③412），『資本論』では「地金，金貨，銀行券」（⑪822，⑩842）とされている．「III）」では「帳簿信用」を除外した「貨幣」を前提に論述されている．しかも，その「テーマ」の論述は産業循環のなかで論じられている．帳簿信用の供与による資本蓄積については「III）」では十全に記述されていないと考えられる．したがって，帳簿信用による資本蓄積の急速な進行と，信用が恐慌の諸要因を累積されていく過程の分析も不十分になっているのではないだろうか．筆者は，「III）」の「テーマ」は帳簿信用の供与による資本蓄積を論じたうえで果たされるものと考えている．「帳簿信用」を前提にすると，「貨幣資本の蓄積がどの程度まで現実的蓄積の指標であるのか，貨幣逼迫はどの程度まで実物資本の欠乏を表現しているのか」というテーマは，内容を大きく変えるのではないだろうか．信用の資本蓄積との関連については次節で論じよう．

2. 信用による再生産の加速

前節では筆者の考える「資本の一般的分析」の範囲における信用論の諸課題，A）～F）を提起し A）～E）について論じたが，F）については論じないままである．それは，この課題の詳述にはかなりのスペースで議論を展開しなければならず，前節の課題の本筋をまず示すことが重要であったからである．また，A）から E）は信用論そのものの部分であり，F）は信用によって資本蓄積がどのように進展するかという『資本論』体系におけるより展開された課題であるからである[15]．本節では，この残された課題が明らかにされる．再生産論的視

15）『資本論』第3部（巻）の第5章（篇）において究明される最後のテーマは，前節の末尾に記したように，本来の貨幣資本の蓄積がどの程度まで現実的蓄積の，拡大された規模での再生産の指標であるかということと多くの論者は考えている．しかし，そのテーマと，資本蓄積における信用の役割は，焦点が少しずれているように思える．このことについては以下の本文で論じよう．

点をもって信用が資本蓄積において果たす役割を明らかにしていきたい[16]．

(1) 借入金と生産過程

　生産過程，再生産過程において生産資本家は投入する貨幣資本を何らかの方法で手元にもっているものと『資本論』第2巻では前提されていた[17]．しかし，その貨幣は実際は大部分が銀行の貸付によるものである．生産資本家の投入する貨幣は顚倒して借入金となっているのである．マルクスは第3部草稿（『資本論』第32章）で次のように書いている．

　「monied Capital の蓄積は，一部は，次の事実のほかにはなにも表わしてはいない．すなわち，再生産的資本の実体的な諸要因の直接的な交換を度外視すれば，再生産的資本がその過程でとる形態である貨幣は，すべて，再生産する人びとが前貸しする貨幣ではなくて彼らが借りる貨幣と言う形態をとるのであり，実際には，再生産過程で行われなければならない貨幣の前貸しが借りられた貨幣の前貸として現われる，という事実である」（353 上，草③ 507，⑪ 874，⑩ 900，下線は草稿のもの．以下でも同じ）．草稿は続いて，「実際には，一方の人が他方の人に，彼が再生産過程で必要とする貨幣を貸すのである，ところが，このことが，銀行業者が再生産する人びとに貨幣を貸す，という形態をとるのであって，これは，再生産する人びとが事実上は，彼ら自身もその一人である

---

16)　この節は，前著第4章を簡潔に，一部は加筆したものである．

17)　前著第2章，本書第3章参照．第3部第5章の草稿と第2部（巻）の第2草稿以下の草稿の執筆順は前者が先である．『資本論』第2巻に次のような文章がある．「すでに第1篇および第2篇で明らかにしたように，資本前貸し用であれ，収入の支出用であれ，ある程度の手持ち貨幣が，どのような事情があっても生産資本とともに資本家の手中にあるものと前提されなければならない」（資⑦ 637，第2巻第8草稿124）．第3巻草稿でも，おそらく第2巻第1草稿を踏まえてのことであろうが，それほどはっきりではないが，このことが指摘されている．次の文章である．「われわれは前に，生産のさまざまの構成部分がどのように交換されるかを見た．しかし，この交換は貨幣によって媒介されている．たとえば，可変資本は実際には労働者の生活手段であり……それは彼らには（少しずつ）貨幣で支払われてきたものである．この貨幣は資本家が前貸しなければならず……資本のさまざまの範疇（たとえば不変資本と生活手段の形で存在する資本と）のあいだの交換の場合も同じである．しかし，資本の流通のための貨幣は，一方の側によって，またはそれぞれの分に応じて双方の側によって前貸されなければならない」（360〔混乱，続き〕，草④ 113，資⑪ 919–920，⑩ 951）．

公衆に，彼らが必要とする貨幣資本の残高を委ねる，というのと同じことである．それは同時に，この資本の処分権はまったく仲介者としての銀行業者たちの手に握られてしまう，ということを表現している」(353 上，草③ 507-508，⑪ 874-875，⑩ 900-901) と記している．

　意味のやや取りにくい文章であるが，これらの文章は要するに以下のことを示している．イ) 第 2 巻で再生産資本家が投入する貨幣を何らかの方法で保有していたとする「前提」が，ここでは，ほとんど銀行から借り入れられたものであるということ，ロ) また，その貨幣は生産資本家が生産・再生産過程において生まれた蓄蔵された貨幣などを銀行に預金したもの，つまり，生産資本家から銀行に入ってくる貨幣の源泉は再生産過程で生み出された貨幣であるということ (このことは本章でのちに「貸付可能な貨幣資本の形成」として論じる)，銀行はまたこの貨幣を他の生産資本家に貸しているということ，ハ) かくして資本の処分権が仲介者としての銀行に握られているということを示している．

　マルクスがここで想定していることは銀行の金融仲介的な業務であるが，生産資本家と銀行との関係，信用の再生産・資本蓄積との関係，役割を考察していくには，ここで言われている事態を踏まえなければならない．後段で問題になる「本来の貨幣信用」(344 上，草③ 446，資⑪ 836，⑩ 857) の議論展開もこれを踏まえて明らかにされるものであろう．

　さて，再生産における「信用の役割」を論じるには，やはり，『資本論』第 3 巻第 27 章の部分の草稿をふり返っておかなければならない．『資本論』第 27 章はエンゲルスにより「資本主義的生産における信用の役割」とタイトルが付けられているが，それでほぼ異論はないであろう[18]．その草稿に，「信用の役割」の重要な 1 つとして以下の文章が挙げられている[19]．ここではエンゲルスによって整理された文章を引用しよう．

---

18)　大谷禎之介『マルクスの利子生み資本論』桜井書店，2016 年，第 2 巻，287 ページにおける大谷氏による注 3 参照．

19)　マルクスは，第 27 章で，信用の役割について，利潤率の均衡化，株式会社の形成などを指摘しているが，今のこの論理次元で何よりも重要な役割は「商品変態の，さらには資本の変態の個々の局面の，信用による加速」(326 上，草② 288，⑩ 756，⑨ 770) である．

「流通または商品変態の，さらには資本の変態の個々の局面の，信用による加速，またこのことによる再生産過程一般の加速．（他方では，信用は，購買行為と販売行為とを比較的長期間にわたって分離することを許し，それゆえ投機の土台として役立つ．）準備金の収縮．これは二様の面から考察されうる．——すなわち，一方では，流通する媒介物の減少として，他方では，資本のうちつねに貨幣形態で実存しなければならない部分の縮小として」（⑩756，⑨770）と記されている[20]．

この文章はわれわれが解明していかなければならない諸テーマを示しているが，草稿はこれらのことをまとまって叙述してはいない．草稿（『資本論』）のいろいろな箇所において簡単に記され，また，種々の著書，議会報告などへのコメントを兼ねて記述されており，それらの記述を整理して，新たに構成し直してまとめる必要があるのである．つまり，マルクスが信用を再生産過程と関連させて論じている諸箇所をフォローし，再生産，蓄積との関連での信用の役割を再整理していかねばならない．

(2)　手形と手形割引

①商業信用と商品・資本の変態

上記の第27章からの引用文において第1に課題にしなければならないのは，「商品変態の，さらには資本の商品変態のさまざまの段階」（326上，草②288，

---

20)　第27章にあたる草稿で記されている「諸役割」は，詳しい分析が行なわれて「まとめられた」ものとは考えられない．むしろ，今後，分析を行なって詳細に論じられなければならない諸課題が示されているものとみなければならない．草稿の第27章にあたる部分に，先に記したように「これまでわれわれは主として信用制度の発展……を主として生産的資本に関連して考察してきた．いまわれわれは，利子生み資本そのもの｛信用制度による利子生み資本への影響，ならびに利子生み資本がとる形態｝の考察に移る」（327上，草②299，⑩資764，⑨778）とあるが，草稿のこの文章以前に，「生産的資本と関連させて」信用制度が十分に論じられてきただろうか．否であろう．したがって，「信用制度の役割」は，本来はもっと後の章でくわしい分析が終わった箇所で論じられるべきではないか．なお，草稿の「信用制度の役割」では「流通または商品変態の，さらには資本の変態の個々の局面」以外にも種々のことが記されているが，ここでは触れない．また，本章の本文で記している「流通または商品転換の，さらには資本の変態の個々の局面」における信用の役割については，本来は第2巻（部）の論述を踏まえなければならないであろう．

資⑩ 756, ⑨ 770) についての解明である．つまり，G−W′−G′である．とくに，生産された商品資本の実現，W′−G′において信用がどのようにかかわるのか，また，G−W，貨幣資本の生産資本への転換における信用の役割を明確にしていかなければならない．それらの変態は現金でも行なわれるが，多くの場合は手形が利用されるであろう．

W′−G′が現金で行なわれれば，販売時点で商品価値は実現される．さらに，ここに商人が介在すると商品がまだ消費されない時点で，商品が商人の手もとにある時点で，市場に留まっている時点で，生産資本家にとっては商品が実現している[21]．「流通過程の短縮」であり，売買行為と消費が分離している．生産資本家は資本循環の次の段階に進むことができる．W′−G′が現金で行なわれ，しかも商人が介在すれば「流通過程の短縮」が生じる[22]．しかし，手形が利用されると商人が介在しても，裏書によって手形が流通しない限り「短縮」は生じない．手形が満期になって貨幣化が行なわれるからである．とはい

---

21) 『資本論』第2部（巻）の第2章「生産資本の循環」（この章は第5草稿からとられている）に，次の文章がある．「W′−G′という行為は，資本価値の循環の継続のために，また資本家による剰余価値の消費のために，W′が貨幣に転化され，販売された，ということだけを想定する．……しかし，W′が，たとえば糸を買った商人の手中にあってさらに流通するにしても……個別資本の循環の継続には，少しも関係はない」（資⑤ 119, ⑤ 123）．しかし，商人が流通過程に参加すると，W′−G′という事態は変化する．「現実には売れずに転売人たちの手中に滞留し，したがって実際にはまだ市場にある，ということがありうる」（資⑤ 120, ⑤ 125）のである．しかも，「大量生産は，その直接の買い手としては，他の産業資本家たちのほかには卸売商人しかもちえない」（資⑤ 119, ⑤ 124）．さらに，ここに銀行信用が加われば，生産資本家にとっては商品資本の「販売」が済みながら，実際には，市場にとどまっている事態が拡幅される．「これは恐慌の考察に際しての重要な一点」（⑤ 119, ⑤ 124）である（次の注も参照）．
22) 不破哲三氏は恐慌論の視点においてこのことを強調される（『マルクスと『資本論』——再生産論と恐慌，中巻』新日本出版社，2003年，68-98ページ）．不破氏は商人との取引を強調されるが，氏が言われる「流通過程の短縮」は，商人との取引で現金取引の場合と手形取引の場合は区別する必要があろう．前者においては，ただちに「短縮」が生じ，また後者において手形の裏書が行なわれる場合は，貨幣への「転化」と同じ事態が生じうるが，裏書がない場合は手形の満期になって貨幣への転化となるから「流通過程の短縮」は生じない．手形取引の場合，こののちにみる銀行による手形割引によって「流通過程の短縮」が生じる．したがって，実際は，商人の介在と銀行による手形割引をあわせて考えなければならない．不破氏への言及は，前著第4章の注9，補論2の注2をみられたい．

え，手形の利用によって「信用は購買と販売という行為をかなり長いあいだ分離しておくことを許」（326 上，草② 288，資⑩ 756，⑨ 770）すことになる．

草稿は，第 30 章に相当する部分（草稿の「III)」の部分）において，「商業信用〔すなわち再生産に携わる資本家が互いに与えあう信用〕」（341 上，草③ 433，資⑪ 827，⑩ 847）について，比較的まとまったかたちで論述しているが，「III)」における叙述については前著で論じているのでここでは割愛し論を進めよう．

注意しなければならないのは，前述のように手形が裏書によって流通していない場合には，手形が満期になるまでは生産資本家にとってはいまだ商品資本の貨幣化は実現しておらず，資本の還流は完結していない．したがって「流通過程の短縮」はない．資本循環の次に移行することも不可能である．この限界は銀行による手形割引によってこえられる[23]．

②銀行による手形割引

商業信用では「貸される資本は，最終消費に向けられている<u>商品資本</u>であるか，または<u>生産的諸資本</u>の不変部分の諸要素としてはいるべく（それらを補填するべく）予定されている<u>商品資本</u>である」（342 上，草③ 438-439，資⑪ 831，⑩ 851）．ところが，ここに，貸付資本家（銀行等）による手形割引が加わると，つまり商業信用に銀行信用が加わると事態は大きく変わる．生産資本家および商人相互の前貸しに，銀行業者たちの彼らへの貨幣の前貸しが混ぜ合わされるのである．これによって手形の満期限の制約がなくなり，多額の準備金も避けられる．「事業が非常に堅実で還流は順調であるような外観が長く存在することもありうるのである」（344 上，草③ 447-448，⑪ 836，⑩ 858）．

マルクスが第 26 章「貨幣資本の蓄積，それが利子率におよぼす影響」に当たる草稿部分等で，銀行による手形割引に記していること（本書では割愛，前著，124-125 ページ参照）は，次の 3 点である．第 1 に，手形割引は産業資本家自身が与えた信用が銀行等からの信用によって「代位」，相殺され，資本の還

---

23) 19 世紀のイギリスにおいては，商業銀行は直接手形を割引くよりも，ビルブローカーに短資を融通し，ビルブローカーが手形を割引いていた（前掲拙書，15 ページ参照）．手形割引についてのマルクスの把握については本章の注 11 参照．

流の先取りになるということ，第2に，これによって資本家は自分の事業を次の階梯に進ませ，再生産過程を早めることができるということ，第3に，手形割引は追加資本を供給するのではなく，産業資本家が与えた信用を銀行信用によって「代位」，相殺することで，追加資本の借入とは大きな差異があるということである．

　生産資本家，商人どうしの手形による商品取引では手形の満期まで達成されない商品資本の貨幣化が，銀行等による手形割引によって手形受取人にはそれが実現し，その限りでは生産資本家の資本還流の先取りとなる．このことが重視されなければならない．彼らはそのことによって再生産過程を早めることができる．ところが，手形振出人には商品の販売，商品価値の実現という課題が依然として残っている．銀行等は，その実現を当てにして，そのことによって手形金額が回収されることを前提に割引いているのであり，商品を購入しているのではない．

　手形割引も含め銀行信用については，われわれがテーマにしている商品・資本の変態との関連でまずは論じなければならない．マルクスは，第28章「流通手段と資本」に相当する草稿部分（「I」）において，次のように記している．「還流が商品資本の貨幣への再転化，G−W′−G′を表現しているということは，すでに流通過程を考察したときに見たとおりである．信用は還流を，生産的資本家にとってであろうと商人にとってであろうと，現実の還流にはかかわりのないものにする」[24]（330上，草③110）──この文の末尾をエンゲルスは「信用は貨幣形態での還流を……現実的還流の時点から独立させる」（⑩776，⑨791）とわかりやすくしている．

　銀行等による手形割引こそが，生産資本家のW′−G′を，多くの場合は商人が介在しながらも，商品資本の貨幣への転化の先取りを，したがって，資本還

24）　ここで言われている「流通過程の考察」は第2部（巻）の第1草稿を踏まえて言われているのであろう．マルクスは第3部第5章の草稿執筆時点では，第2部第1草稿までしか執筆していない（第1草稿の邦訳書は以下である．中峯・大谷，他訳『資本の流通過程』大月書店，1982年）．ただし，第3部第7章草稿（『資本論』では第7篇「諸収入とその源泉」）に未完の再生産表式がごく簡単に記されており（前掲拙書の50ページ参照），その執筆時如何によっては，第7章の草稿が第5章の草稿に反映されている可能性もあろう．

流の先取り，剰余価値の貨幣への転化の先取りを進めるのである．生産資本家は，手形割引を受けることによって次の G−W を，また，g−w（資本蓄積）を行なうことによって，新たな拡大再生産過程に進むことができる．ところが，銀行等が割引いた手形の裏付けになっている商品はまだ最終購入者（生産財購入者あるいは最終消費者）に販売されていないかもしれない．マルクスが「現実の還流にはかかわりのないもの」（エンゲルスは「現実的還流の時点から独立させる」）といっている事態である．「急速で確実な還流という<u>外観</u>は，いつでも，それの現実性が過ぎ去ってからもかなり長いあいだ，ひとたび動き出した信用によって維持される」（330 上，草③ 111，下線は草稿，⑩ 776，⑨ 791）．

　なお，ここで次のことも付記しておきたい．銀行による手形割引は金貨幣・イングランド銀行券の形態で行なわれようと，銀行自らの銀行券，「帳簿信用」の形態で行なわれようと，上記のことには変わりがない．銀行信用がどのような形態で供与されるかは，以後のテーマとなる．

(3)　担保貸付，帳簿信用

①担保貸付，帳簿信用と再生産

　『資本論』第 30 章にあたる草稿の商業信用の論述が終わったところで，「ところがいま，この商業信用に，本来の貨幣信用がつけ加わる」（344 上，草③ 446，⑪ 836，⑩ 857）と記述される，この銀行信用は，手形割引ではなく，担保なしの対人信用か，国債等の証券，土地等を担保とする銀行信用であり，生産された商品資本の変態とは関連のないものである．「本来の貨幣信用」には，このように生産された商品資本の裏付けをもたない「追加信用」を含むことが多いのである．しかも，草稿には記されていないが，この「本来の貨幣信用」と言われる信用は，金貨幣，イングランド銀行券では不可能である．「追加信用」は，銀行自らの銀行券か「帳簿信用」で供与される以外にはない[25]．

　生産資本家，商人が「融通手形の使用によって，また他方では手形を振出すことを目的とした商品の販売」（344 上，草③ 447，⑪ 836，⑩ 858），証券担保借

---

25)　自らの銀行券での信用供与，帳簿信用での信用供与は，対人貸付，担保付の貸付だけでなく手形割引でも行なわれるが，手形割引は「追加信用」にはならない．「信用の代位」である．

入等を行ない，事業を拡張していくのである．つまり，追加の信用を得て，不変資本と可変資本へ投入し再生産を拡張していく．この借入がピール条例以降において「帳簿信用」の形態で行なわれれば，資本蓄積は急テンポで進行していく（後述）．それは，「事業が非常に堅実で還流は順調であるような外観が長く存在」（344 上，草③ 447-448, ⑪ 836, ⑩ 858）しながら進むこともある．銀行による担保貸付等は「資本還流の先取り」「剰余価値の先取り」に結果することもあるが，それ以上に重要なことは商品生産，剰余価値の生産を前提にしない再生産過程から遊離した銀行信用で資本拡張が急速に進められることである．それはいまだ生産されていない，将来生産される商品への需要を生み出すから，金本位制下では一定の幅に抑えられても，物価上昇圧力を生み出す．

　信用論の再生産・蓄積論との関連では以下のことも補足的に触れなければならない．拡大再生産と追加の銀行信用への需要の関連である．拡大再生産の年ごとの変化につれて生産される商品額は増大していくが，その商品を流通させる貨幣の増加はどこからくるのか．年度初めに投下された貨幣は年度末には資本家のもとに還流する．前章で見たとおりである．しかし，拡大再生産の場合，次の年度には追加の貨幣が資本家の手もとになくてはならない．

　資本の回転，貨幣の節約を論じないとすれば，金生産か銀行信用しかない．しかも銀行信用であっても手形割引では不可能である．というのは，手形割引の金額はすでに生産された商品資本の金額が最高限度である．金生産がないか，あるいは不足していれば，銀行の「対人信用」か，何らかの担保貸付しかない．

　手形割引では追加貨幣は補充できないから，貨幣を金としていた拡大再生産表式は，貨幣の「不足」を表示していたのである．それは金生産で補充できなければ，銀行券による銀行信用の供与か帳簿信用による「預金通貨」の増大によるしかない．前章で述べたように，かくして，総資本は大量の金生産から「解放」されていく．資本主義的生産様式は本格的に自分の足で立つようになる．しかも，ピール条例の制定以降，市中銀行券の発行は抑制され，イングランド銀行券は市中銀行にとっては準備金になっていくからイングランド銀行券による信用供与はありえない．銀行信用の大半は，「帳簿信用」になっていかざるを得ない．

②擬制資本への投資のための銀行信用への需要

　銀行信用は直接的な再生産過程に関連しているだけにとどまらない．国債や株式等の擬制資本への投資のためにも需要される．このことを示すためには，一定の収入を生む資産が資本還元され，その資産は擬制資本になることが論じられていなければならない．擬制資本についての最小限の論究が必要となる．それは，草稿では「II)」の部分（第29章「銀行資本の構成諸成分」）で行なわれている．

　ところが，「資本の一般的分析」の範囲内でどこまで論じるかという問題がある．国債についての本格的な論述は，国家，財政を踏まえて論じられなければならず，国家，財政は「資本の一般的分析」の範囲には属さないだろう．しかし，必要なかぎりで国債について論じなければならない．株式についても同様である．

　一定の規則的な貨幣収入がすべて資本の利子として現われ，利子率によって資本還元される．一定の規則的な貨幣収入が地所であろうと証書もしくは債権であろうとそうである．その主要なものが国債，株式である．資本として支出されていないにもかかわらず，国家による国債保有者への利子支払によって資本還元され，国債が資本のように現われ，つまり，擬制資本，幻想的な資本，架空資本となるのである．そして，「この架空資本は，それ独自の運動をもっているのである」（336上，草③167，⑪805，⑩823）．株式の場合，出資者が企業に投資した資本を表わすかぎり，現実資本を表わす所有証書，現実資本の持ち分である．しかし，それは現実資本へ投下されたあとは，配当請求権に変わっていく．その配当金が利子率によって資本還元されて株価が形成され，擬制資本になっていく．株式は発行され，その応募資金が現実資本に投下されたあとは，独自の運動を始めていく[26]．

　以上のように，国債，株式等の有価証券は，銀行資本自体の投下対象ともなるとともに，銀行業者は，国債，株式などの有価証券へ投下しようとする諸々

---

26)　銀行等による生産資本家に対する貸付さえも擬制資本のように，「貸し手にとっては，それ（貸付資本──引用者）は，貨幣への請求権に，あるいは所有権原に，転化してしまっている」（草③518，⑪880，⑩907）ように見えてくる．これは信用制度の進展のもとでの利子生み資本の新たな形態である．

の「貨幣資本家」（＝引退している資本家，金利生活者，貨幣貸付業者，金融業者たち——資⑪ 883，⑩ 911，草③ 523 の大谷氏の注 1226）に対して，有価証券，土地等を担保とする貸付等で銀行信用を与える．「monied Capital の発展につれて，国債証券，その他の利子生み証券の量が増大する……それと同時に，monied Capital にたいする需要も増大する．というのは，投機のためにこれらの証券を買う証券仲買業者たちが貨幣市場で一つの主役を演じる」（335 上，草③ 524，⑪ 883，⑩ 911）からである．

　第 27 章の草稿において，「いまわれわれは，利子生み資本そのもの ｛信用制度による利子生み資本への影響，ならびに利子生み資本がとる形態｝ の考察に移る」（327 上，草② 299，⑩ 764，⑨ 778）とあったのは，このような信用制度下における擬制資本，架空資本の誕生とその市場の展開のことを主に言っていたのである．信用制度下において，利子生み資本が新たにとる形態とはこのようなことであり，草稿 III)——第 30 章——の冒頭で提起された，貨幣資本の蓄積と現実資本との関連が主要ではないであろう．貨幣資本の蓄積と現実資本との関係の問題は，再生産過程，資本蓄積過程における信用の役割を，「帳簿信用」を踏まえて，十分に明らかにしたあとで論じられる問題であろう．

3.　貸付可能な貨幣資本の形成

　これまでは，主に再生産との関連で信用への需要の面で論じてきたが，本節では貸付可能な資本がどのように形成・供給されるのかを見ていきたい．

(1)　再生産過程から生まれる貸付可能資本

　『資本論』第 25 章にあたる草稿部分に，「銀行が自由に処分できる貸付可能な資本は二様の仕方で銀行に流れ込む」（317 上，草② 171）とあり，『資本論』では「いろいろな方法で銀行に流れ込む」（⑩ 686，⑨ 700）と記される[27]．そのうち，草稿での二様のうち，「一方は」と記される「生産者と商人とが準備

---

27)　草稿では「二様」とあり，エンゲルス版では「いろいろな方法」と言い換えられている．草稿では「二様」を示したあと，「最後に」として「少しずつ消費しようとする収入も銀行に預金される」と記される（317 上，② 171-172）．

金として保有する貨幣資本または支払金として流れてくる貨幣資本」(317 上，②171，資⑩ 686，⑨ 700-701）と，「最後に」と記され，資本家と労働者の収入の大半が当てはまる「少しずつ消費しようとする収入」(317 上，草稿② 172，資⑩ 687，⑨ 701）が，再生産と関連していよう．しかし，第 25 章では再生産との関連は述べられない．「他方」の方と記されている流入は直接には再生産とは関係がない．

再生産過程との関連で貸付可能な貨幣資本の形成が論じられるのは草稿のIII）のなかほど，『資本論』では第 31 章においてである．さっそく，われわれもそちらの論述の方へ移っていこう．第 31 章にあたる草稿部分に，「moneyed Capital（すなわち貸付可能な monied Capital）への貨幣の転化は，生産的資本への貨幣の転化よりも簡単」(346 上，草③ 468，⑪ 855，⑩ 878）と記され，2 つが区別される．「(1)たんなる moneyed Capital への転化，(2)moneyed Capital に転化される貨幣への，資本または収入の転化」(同）である．前者は，第 25 章に記されていた「諸階級の貨幣蓄蔵，遊休貨幣，収入」にも当てはまるが，ここ（『資本論』では第 31 章第 1 節の草稿）で主に論じられるのは，「たんなる銀行制度の拡張や通貨準備の節約によって，あるいはまた，私人たちの支払手段の準備ファンドの節約によっても行なわれうる」(346 上，草③ 471，⑪ 857，⑩ 880）ものである．これらの貨幣資本は容易に，貸付可能な貨幣資本に転化する．後者が，「生産的資本の現実の蓄積と関連するような積極的な monied Capital の蓄積を含む」(346 上，草③ 468，⑪ 855，⑩ 878）のであり，再生産過程で生み出される貸付可能な貨幣資本の形成である．

後者について記されている第 31 章第 2 節にあたる草稿において，「信用制度の発展や貨幣業務の巨大な集積は，それ自体として，moneyed Capital の蓄積を，現実の蓄積とは異なった形態として促進せざるをえない．moneyed Capital のこうした発展は，つまるところ現実の蓄積の一結果である」(352 上，草③ 500，⑪ 869，⑩ 894）と結論的な文言がまず出てくる．しかし，その内容（蓄積の一結果としての moneyed Capital の蓄積）が具体的に示されるのは，草稿（『資本論』）の訳書ではそれから 2 ページほどのちの，次の文章である．「利潤のうち，収入として支出されないで，蓄積に向けられる部分，といっても生産資本家にとって自分の事業のなかでは直接の使い途のない部分，この利

潤は直接には商品資本のうちに，それの価値の一部分として存在している．い
ま，商品資本が……当初の資本に等しい価値部分だけでなく，利潤の部分にイ
コールの価値部分も自分の生産諸要素に再転化させられないかぎりは，それは
貨幣に実現されて，一時，貨幣の形態で存在しなければならない」（352 上，草
③ 502-503，⑪ 871，⑩ 898-897）．

　ここに記されているのは，わかりにくい表現であるが，『資本論』第 2 部
（巻）で深く議論された固定資本の更新のこと，さらには蓄積のための貨幣の
蓄蔵のことである．しかし，ここでは固定資本の更新，蓄積のための貨幣蓄蔵
が再生産と関わって詳しく論じられることはない．この「使途」の当面ない貨
幣資本の「量は資本そのものの量が増大するのにつれて増大する」（352 上，草
③ 503，資⑪ 871，⑩ 897）という文章で終わっている．さらに次の文章がある．
「利潤のうち収入として支出される部分の増大さえも，一時的な，しかし絶え
ず繰り返される moneyed Capital の蓄積として表現される」（352 上，草③ 503，
資⑪ 871，⑩ 897）．労働者に支払われる可変資本（賃金），剰余価値のうちの資
本家の収入，蓄積される剰余価値のうちの可変資本部分がそうである．ここに
は明記されていないが，補塡，蓄積に当てられる流動資本部分もこれに相当す
るだろう．不変資本のうちの流動資本も徐々に投入され，一時的には貸付可能
な貨幣資本になりうる．

　以上の草稿の文章は不鮮明であるが，それは第 3 部（巻）第 5 篇の草稿は拡
大再生産の第 2 部（巻）第 2，第 8 草稿以前の執筆であるからであろう．本書
第 3 章の表式論において明らかになった「貨幣の流通・還流」を想起されたい．
生産資本家によって投入される貨幣はすべて諸資本家のもとへいずれにしても
還流する．つまり，投入される貨幣は生産過程と流通過程を経て諸資本家のも
とへ徐々に還流する．それは，不変資本の更新・蓄積のための貨幣蓄蔵として
であろうと，資本家の収入としてであろうと，労働者の賃金としてであろうと，
そうである．本書第 3 章の再生産表式論における貨幣流通・還流は，再生産過
程を経て貸付可能な貨幣資本が形成されることを表現していた．そして，本書
第 3 章の第 2 節における「固定資本の補塡・蓄積」，「資本の回転と貨幣の流
通・還流」，「資本の流通と収入の流通の絡み合い」は，投入される貨幣が生産
過程と流通過程を経て諸資本家のもとへ徐々に還流するいろいろな姿を理論的

に示していた.

それらの貨幣は，結局，銀行に預け入れられ，前に引用した草稿353上の文章（草③507-508，⑪874-878，⑩900-901）にあったように，その貨幣は銀行から生産資本家へ貸し付けられるのである．再生産過程から生み出される貸付可能資本は，拡大再生産に伴う貨幣増加を別にすれば「貨幣の流通・還流」に基本的に示されている．マルクスの第31章にあたる草稿文章は，第2巻の貨幣流通・還流が把握される以前の文章で回りくどいが，上のことを反映した文章であろう.

(2) 再生産過程から遊離した貸付可能な貨幣資本の形成

以上，再生産過程からどのように貸付可能な資本が形成されてくるかを見てきたが，これらは「銀行が自由に処分できる貸付可能な資本は，いろいろな方法で銀行に流れ込む」（『資本論』第25章，資⑩686，⑨700）と記される以上に，はるかに重要な論述である．つまり，再生産過程から生まれてきた貸付可能な貨幣資本は再生産のために需要され，銀行を経て再び生産諸要素の購入資金になっていくのである．少なくとも，再生産における資本の一回転の期間のうちではそのように言える．資本家，労働者以外の諸階級から銀行に流れ込む貸付可能資本を除外すれば，再生産に投入される貨幣資本は，第1に再生産過程の進行において資本家に還流してきた貨幣であり，再生産過程から生み出された貨幣資本（＝生産資本家に還流してきた貨幣）はすべて再び生産過程に投入される．さらに，第2に，拡大再生産に伴う増加した商品を流通させるのに必要な増加した貨幣資本（一部は金生産，一部は銀行信用）が付け加えられる．つまり，再生産過程に投入される貨幣資本は大部分が第1の再生産過程自身が生み出してくるもので，それに第2の部分が加わる.

第1の部分をさらに敷衍して述べれば，金利生活者，土地所有者などの再生産過程以外から供給される貨幣資本を除外すれば，また，拡大再生産に伴う商品量の増加を流通させるのに必要な貨幣増加を供給する金生産，銀行信用を除外すると，生産過程に投入される貨幣資本はすべて生産過程から生み出されたものなのである．したがって，短期的には，資本の回転，産業循環のそれぞれの局面では「過剰」があっても，「追加」の過剰貨幣資本は恒常的には生まれ

第5章　マルクスの信用論と再生産・資本蓄積

てこない．資本の回転，産業循環の一循環期間内を考えれば，再生産から生まれる貸付可能な貨幣資本は，それはすべて再生産に投入され，追加的な貸付可能貨幣資本は形成されないのである．したがって，産業循環の各局面における貸付可能な貨幣資本の供給と需要の如何によって利子率は変化する．繁栄期には利子率は上昇し，停滞期には下落する．

　しかし，拡大再生産が続いていくと商品量が増加し，それを流通させる追加の貨幣が必要になる．それゆえ再生産が続く中で再生産過程から供給される貸付可能な資本の額は，次期に拡大再生産過程に投入される貨幣額より少ない額である．拡大再生産によって実際に投入される貨幣資本は増加していくからである．再生産過程に投入される貨幣額が再生産過程から生まれる貨幣資本を上回るから，その原資は金生産か再生産過程以外から供給されるほかない．いまは，金生産，資本家，労働者以外の諸階級，富裕層からもたらされる貨幣資本を考慮外とするなら，追加の貸付可能な貨幣資本は，銀行が金貨幣，イングランド銀行券で受け入れた預金を準備金に自らの銀行券を発行するか，「帳簿信用」で供与する以外にはない．ところが，『資本論』第30〜32章にあたる草稿の III) では，帳簿信用による「預金の創造」は想定されていない．草稿 III) の冒頭には次のような文章がある．「monied Capital の過剰供給は，どの程度まで，停滞しているもろもろの貨幣量（鋳貨／地金または銀行券）と同時に生じ，したがって<u>貨幣の量の増大で表現されるのか</u>？」（340 上，草③ 412）[28]．明らかに，ここでは貨幣は金貨幣，イングランド銀行券，銀行自身の銀行券に限定されている．「帳簿信用」による「一覧払預金残高」は含まれていない．しかし，ピール条例以降，銀行自身の銀行券発行による銀行信用供与は制約されていく．

　上のようであるなら，「循環の一定の諸局面ではつねにこの monied Capital のプレトラが生ぜざるをえない」（354 上，草③ 513，⑪ 877，⑩ 904）と記されるのは，「無理」があるように思える．さらに，そのすぐあとに，「信用制度の発展につれてこのプレトラは発展せざるを得ないのであり，したがって同時に，<u>生産過程をそれの資本主義的諸制度を乗り越えて駆り立てる必然性が</u>——過剰

---

28)　『資本論』では次のような文章になっている．「貨幣資本の過剰供給は，停滞する大量の貨幣（地金，金貨，銀行券）の現存と一致するのか」（資⑪ 822，⑩ 841-842）．

取引，過剰生産，過剰信用が——発展せざるをえない」（354 上，草③ 513-514，⑪ 877，⑩ 904）と記されるのはさらに大きな「無理」があろう．このことを言うには，述べておかなければならない諸事項があろう．「信用制度の発展につれてこのプレトラは発展せざるを得ない」[29]のは，また，それによって「過剰取引，過剰生産，過剰信用が——発展せざるをえない」のは，ピール条例以降，銀行信用が帳簿信用によるものが中心となって，再生産から乖離した大規模な追加的貸付可能資本が銀行の貸出によって「創造」されていくからである．帳簿信用を抜きにこのようなことは言えないだろう．貸付資本の蓄積とは，「ただたんに，貨幣が貸付可能な貨幣として沈殿する（あるいは貸付可能な貨幣という形態をとる）ことであって，この過程は，貨幣の資本への現実の転化とは非常に違うものである」（354 上，草③ 512-513，⑪ 877，⑩ 904）から，国債，土地等の担保を伴った帳簿信用によって容易に貸付可能貨幣資本が「創造」され，蓄積されるのである[30]．過剰信用，「monied Capital」のプレトラについては帳簿信用を踏まえられなければならない[31]．

(3)　擬制資本の展開

草稿 III)——『資本論』では第 32 章に次の文章がある．「注意せよ．monied Capital の発展につれて，国債証券やその他の利子生み証券の量が増大す

---

29)　「資本のプレトラ」というのは「つねに monied Capital について用いられるもの」（草③ 411）であり，「資本の過剰」とは異なる範疇である．

30)　マルクスは草稿の I)——『資本論』第 28 章「流通手段と資本」では「帳簿信用」について記しながら，II)——第 29 章では「帳簿信用」についてまったく触れられない．銀行資本の資産でも負債でも，草稿 III)——第 30～32 章「貨幣資本と現実資本」でも触れられない．

31)　『資本論』第 3 巻第 15 章の第 3 節に次の文章がある．「個々の諸商品の過剰生産ではなく資本の過剰生産——といっても資本の過剰生産はつねに諸商品の過剰生産を含むのであるが——が意味するものは，資本の過剰蓄積以外のなにものでもない」（資⑨ 428，⑧ 431）．この文章には，草稿ではこのことは利子生み資本，信用の箇所で詳しく論じられるという訳者の注がついている（⑨ 428 の＊3，⑧ 431 の＊）．草稿における「過剰生産」「資本の過多」「過剰蓄積」のそれぞれの意味は厳密にとらえなおす必要があろうし，『資本論』第 30 章「貨幣資本と現実資本」の冒頭に記されている「比類なく困難な問題」（草③ 411，資⑪ 822，⑩ 841）も「貨幣資本の過多」と「資本の過多」との関連でとらえなおされる必要もあろう（前掲拙書補論 2 も参照されたい）．

第5章　マルクスの信用論と再生産・資本蓄積　　　139

る……それと同時に monied Capital にたいする需要〔も増大する〕．というの
は，投機のためのこれらの証券を買う証券仲買業者たちが貨幣市場で一つの主
役を演じるからである」(355 上，草③ 524，資⑪ 883，⑪ 911)³²)．草稿 III) の論
述（「貨幣資本と現実資本」）では「帳簿信用」は想定されていないから，草稿
のここで叙述されている擬制資本への投資のための貨幣資本はどこからくるの
か．「飛躍」，「無理」があろう．帳簿信用についての論述を十分に展開して，
「生産過程をそれの資本主義的諸制度を乗り越えて駆り立てる必然性が」議論
されなければならない．さらに，「資本の現実の価値増殖過程とのいっさいの
関連は最後の痕跡にいたるまで消え失せ」(337 上，草③ 171，資⑪ 807，⑩ 825)，
再生産過程とは離れて擬制資本は「独自の運動」を行なうから，擬制資本への
投資のための追加の貸付可能資本は，再生産過程からは生まれてこないのは当
たり前のことである．それは大部分，帳簿信用によって供与される以外にない．
草稿であるから，厳密に論理次元が限定されず，いろいろな事象が記述されて
いるものと解釈されるが，ここには「飛躍」「無理」があるのである．

　ところが，擬制資本の大規模な展開は，今度は逆に再生産の拡大と，貨幣資
本の過剰，「攪乱」の前提条件を作り出していく．擬制資本についての十全な
議論展開は「資本の一般的分析」の範囲を超えるであろうが，帳簿信用も踏ま
えた擬制資本への投資を可能にする銀行信用供与と，擬制資本の再生産過程へ
の一般的影響＝資本蓄積における擬制資本の一般的役割の論述までは「資本の
一般的分析」の範囲であろう．

　つまり，国債等の証券，土地などを担保とする種々の貸出＝帳簿信用による
預金の創造，資本の還流の先取り，剰余価値の先取りと資本蓄積，株式発行，
創業者利得による資本の集積・集中などの議論である．そもそも，手形割引は
資本還流の先取りとも，剰余価値の実現前の先取りにもなるもので資本蓄積を
早めるものであるが，その信用額は商品資本＝手形の金額が上限であり再生産
過程の制約がある．ところが，種々の担保貸付の金額は再生産過程以外の国債

---

32) 『資本論』（第 32 章）では次の文章になっている．「自由に利用できる貨幣資本の発展
　　につれて，利子生み証券，国債証券，株式などの総量が……増加する．……これらの有
　　価証券の投機取引を行なう証券取引業者たちが貨幣市場で主役を演じるので，自由に利
　　用できる貨幣資本にたいする需要も増加する」(資⑪ 883，⑩ 911)．

などの証券，土地等の金額に制約されるだけである．資本蓄積は急テンポで進行しうる．これらの議論は，独占資本の形成の議論の前提にもなりうるだろう．また，その貸出が帳簿信用＝預金創造によって行なわれるから，再生産の規模から遊離していくから，つまり，生産され流通に入る商品量とは遊離していくから物価上昇の要因になりうる．先にも少し触れたが，もう少し述べておこう．

　担保貸出の形態の生産資本家への銀行の帳簿信用は，剰余価値の貨幣化ではなく，つまり，$W'-G'$ がない状態での，貨幣蓄蔵がない状態での，生産資本家への新規の銀行信用の供与，剰余価値の生産を前提としない資本蓄積，$G-W$ が進むことがありうるのである．ところが，G が転化するはずの W の不変資本部分はまだ生産されていない．生産されていない商品への需要が生まれ，社会全体では，潜勢的貨幣資本に転化する貨幣の過剰，不変資本の素材不足の状態になる．諸資本間の競争が激しい状況においては，担保貸出を得ようとする諸資本間の競争，諸資本間での潜勢的貨幣資本を実際の不変資本に転化させようとする競争がさらに激化するだろう．したがって，物価上昇が生じうる．しかし，金本位制の下では銀行預金は，金またはイングランド銀行券の形で引出しが可能で（イングランド銀行券は金に交換されうる），帳簿信用の額に制限が発生する．その供与額は再生産された商品量によって最終的には制約を受け，恒常的な物価上昇は生じない．

　このような，帳簿信用＝「預金の創造」を基礎にした資本蓄積の議論とともに，他方では，擬制資本の独自な展開についての議論が必要になってくる．この議論は「資本の一般的分析」の範囲を超えると思われるが，視野に入れられなければならない．

　擬制資本の再生産過程への一般的影響をも視野に入れた資本の集積・集中を論じることは，草稿 III) のテーマとは必ずしも合致していないであろう．草稿 III) の議論展開における貨幣が金，銀行券に置かれ，また主要なテーマは「貨幣の蓄積．これはどの程度まで，現実の資本蓄積の，すなわち拡大された規模での再生産の指標なのか……」（草③ 411-412）であった．帳簿信用＝「預金の創造」を基礎にし，擬制資本の再生産過程への一般的影響をも視野に入れた資本の集積・集中が本筋の議論になり，それが詳しく論じられて，その上で，草稿 III) の「貨幣資本と現実資本の関連」のテーマが個別テーマとして設定

されるべきではないだろうか．筆者は草稿I)～III) をも含めた草稿第5章全体を，資本の蓄積との関連での信用論として理解するのである．言い換えれば，信用論を踏まえながら『資本論』第1部 (巻) の第7篇「資本の蓄積過程」に立ち返る，これが草稿第5章の III) を含めた草稿全体の本筋と考えるのである．

4. まとめに代えて――銀行の貸出による「預金創造」の意義と恐慌論

以前の拙稿[33]以来，帳簿信用について筆者は次のように記してきた．『資本論』第25章に当たる草稿の部分ではマルクスはギルバートなどの著書を引用してその内容を記しているが，マルクス自身の文章で記したのは『資本論』第28章の部分――草稿の I) においてである．「銀行は，紙券の代わりに帳簿信用を与えることもできる」(333 上，草③ 136，資⑩ 793，⑨ 809)，「帳簿信用によって取引がまったく銀行券の発行なしにかたづく」(334 上，草③ 139，⑩ 796，⑨ 811) という文章である．しかし，草稿の II)――第29章「銀行資本の構成諸部分」，III)――第30～32章「貨幣資本と現実資本」――においては，帳簿信用についてはまったく記述されていない．マルクスはそれらの部分では貨幣は金，イングランド銀行券，銀行自身の銀行券のみを想定している．

しかし，本章においてこれまでみてきたように，ピール条例以降，市中銀行の銀行券発行は制約を受け，銀行信用の増大は帳簿信用によるものになってくる．改めて，帳簿信用の役割について記しておこう．

まず，第1に帳簿信用によって，総資本は大量の金生産から解放された．帳簿信用がなければ，貨幣は金か銀行券だけであり，拡大再生産が進んでいくと，それでは貨幣は不足するであろう[34]．第2に，再生産過程によって形成される貸付可能な貨幣資本の量は，現状の再生産の規模に制約されている．「追加」の貨幣資本は形成されない．資本蓄積が進み拡大再生産の規模が大きくなっていくと，追加の貨幣資本は帳簿信用によって供給されるようになっていく．再

---

33)　拙稿「利子生み資本・信用論から国際通貨範疇へ」『立命館国際研究』32 巻 2 号，2019 年 10 月．
34)　本書第3章をみられたい．

生産過程の規模に制約されない銀行信用供与が帳簿信用によってこそ可能になるのである．第3に，帳簿信用によって資本の集積・集中が促されるであろう．このことを本格的に論じるためには，「資本の一般的分析」を超えて株式会社論を展開しなければならないだろう．第4に，銀行信用，とくに担保による帳簿信用は，生産，剰余価値の生産を前提にしない貸付であるから，金兌換，金本位制のもとで物価上昇は恒常的には生じないとはいえ，物価上昇の圧力は続くであろう．

第5に，帳簿信用によって擬制資本投資への融資が可能となり，再生産過程とは遊離した金融・証券市場が拡大していくとともに，銀行以外の証券会社，信託会社等の金融諸機関が銀行とともに大きな地位を占めてくるだろう．第6に，そのことが再生産過程，資本蓄積に新たな影響を与えることになろう．株式の配当＝創業者利得を視野に独占体の形成を論じなければならない．さらに第7に，再生産過程の外部に大量の貸付可能な資本，擬制資本が創出され，それらが全体として再生産過程とは異なる「独自の運動」を展開していくことになる．それが産業と銀行の融合関係の土台になっていく．上の第3以降の本格的分析は「資本の一般的分析」の範囲を超えており，それぞれ独自の研究が必要となろう．

以上の再生産，資本蓄積における信用の役割を踏まえながら恐慌論の大筋も描けるのではないだろうか．再生産，資本蓄積における信用の役割を明らかにすることは，恐慌の発展した発現諸要因を明らかにすることでもあるからである．むしろ，信用論にまで論理を上向することによって，恐慌論は現実的に把握できるようになるのではないだろうか．前書で論じたが，本書でも簡単に記しておきたい[35]．

商品価値の実現（$W'-G'$）ができていない時点で手形割引が行なわれると，生産資本家は前貸しした資本を還流させ，その資本を再び生産過程に投入する

---

35) 前著，補論2「恐慌についての簡単なスケッチ」参照．ただし，この「スケッチ」における「恐慌の基底的諸要因」のうち，第3に指摘した『資本論』第3巻第15章に記述された「資本の過剰生産」については，本書第2章で論じたように問題を多く含んでいる．本書では，本文で記したように第1，第2の基底的要因がある中で，銀行信用がそれらの要因を固定化し，拡大化，隠蔽化していく過程において恐慌が発生するものと捉えたい．

ことが出来る．資本の循環の加速である．その過程は「剰余価値の先取り」でもある．実際の剰余価値は実現されていない時点で，剰余価値の一部が資本蓄積にまわされ拡大再生産が加速される．しかし，商品資本の実際の実現の前に，新たな資本循環の開始，剰余価値の蓄積への転化の「先取り」が行なわれるから，最初の商品資本の実現に破綻が発生すると資本の還流，蓄積の不可能が明らかとなる．それは手形の不渡りとなり，準備金がなければ手形振出人は銀行に資金融通を求めるか，それが不可能であれば，破産していく．銀行は不良債権を抱えることになり，銀行の経営悪化が進行していく．恐慌的な事態が生じる．

　さらに，銀行信用が証券，国債，不動産等を担保とする貸付が帳簿信用のかたちでなされると，上の過程はより大規模に進行する．担保貸付は手形割引と異なり，実際の再生産過程から遊離した銀行信用であり，「資本還流の先取り」，「剰余価値の先取り」を急速に進めるからである．「資本の過剰生産」とはそのような事態の下で生まれるものである．一方での資本主義的生産の急拡大と，他方での最終消費の制約がある中で，信用が再生産における諸部門間の不均衡を拡大し，それを固定化・隠蔽化している状況下において，恐慌は勃発するのである．以下の文章が筆者の基本的考えである．「貨幣恐慌，信用恐慌は，結局は労働者の消費が制約されているもとでの，それを超えた生産拡大，「さまざまな部門における生産の不均衡」が基礎になっている」（前掲拙書『『資本論』諸草稿の検討』151 ページ）．銀行信用がその不均衡を拡大化，固定化，隠蔽化している状況の下で信用連鎖のどこかで破綻が生じる．信用恐慌から全般的恐慌への進展である．

第**6**章
国民所得と諸収入

はじめに[1]

　マルクスは,『資本論』の第3巻第3篇「利潤率の傾向的下落の法則」の草稿をほぼ執筆し終えてから第3巻草稿の執筆を中断して,第2巻第1草稿を執筆したあと,ふたたび第3巻第4篇以降の草稿に取り掛かる[2].と同時に,これまで『資本論』の分析範囲を「資本一般」の分析としていたのを「資本の一般的分析」=「資本主義的社会の内的編成の分析」へと変更し[3],第4篇「商品資本および貨幣資本の商品取引資本および貨幣取引資本への(商人資本への)転化」,第5篇「利子と企業利得とへの利潤の分裂.利子生み資本」の草稿を執筆し,さらに第6篇「超過利潤の地代への転化」の草稿を完成させ,「内的編成の分析」はひとまず終わった.そのあと,第7篇「諸収入とその源泉」が執筆されている.

　マルクスは,「最後にわれわれはいろいろな現象形態に到達したが,これらの形態が俗流経済学者にとっては出発点として役立つわけだ.すなわち,土地から生ずる地代,資本から生ずる利潤(利子),労働から生ずる労賃というのがそれだ」(エンゲルスへの手紙1868年4月30日,全集第32巻訳63ページ)と

---

1) 本章は拙書『『資本論』諸草稿の検討』日本経済評論社,2021年,第5章を踏まえ,一部割愛し,一部は加筆したものである.

2) 大谷禎之介『資本論草稿にマルクスの苦闘を読む』桜井書店,2018年,第6章,292ページ,294-295ページ,315ページなど.『資本論』第1巻の初版の執筆は第3巻第7篇草稿の執筆のあとである.

3) 大谷禎之介『マルクスの利子生み資本論』第1巻,桜井書店,2016年,100-102ページ,前掲書『『資本論』諸草稿の検討』第3章の92-93ページ,注1参照.

記している．第7篇は，この手紙にあるように，当時の多くの人々，経済学者の大半が表象として浮かべていた「土地－地代，資本－利潤・利子，労働－賃金」という「三位一体」的な考え方，現象的で「顚倒的な捉え方」を，第1巻第1篇から第3巻第6篇までに展開されてきた一連の草稿の本質的な考察（第2巻は第1草稿のみ)[4]を踏まえて，改めて総体的に批判するものである．本質的な議論展開は，第3巻第6篇（地代論）の草稿で終わっている．第7篇における本質論的な議論展開は，社会の総生産物の価値は全部門のC＋V＋Mで構成され，国内の総所得，新しく生産された価値は社会の全部門のV＋Mに等しいとされることぐらいである．少し長いが引用しよう．

　「総生産物の価値は，前貸しされ生産で消費された資本——不変資本及び可変資本——の価値，プラス，利潤および地代に分解する剰余価値，に等しい．または，個々の資本の生産物ではなく，社会的総資本の生産物を考察すれば，総収益は，不変資本および可変資本を形成する素材的諸要素，プラス，利潤および地代がそこに現れている剰余生産物の素材的諸要素，に等しい．総所得は，総生産物のうち，前貸しされて生産で消費された不変資本を補塡する価値部分とこの価値によって計算される生産物を控除したあとに残る価値部分と，この価値によって計算される総生産物または総体生産物のうちの部分とである．したがって，総所得は，労賃……＋利潤＋地代に等しい」（『資本論』新書版⑬1469ページ，新版⑫1504ページ）．「社会全体の所得を見れば，国民所得は労賃プラス利潤プラス地代から，すなわち総所得からなる」（同上⑬1470ページ，⑫1505ページ）．

　少しわかりにくい表現であるが，このように社会の総生産物の価値，国民所得が，社会的総資本の観点で，素材的視点と価値的視点で把握したうえで，国民所得は労賃＋利潤＋地代からなると言い換えられている．本質的把握であるが，国民所得の価値的把握においては，国民所得の規模を統計的な金額で捉えることができない．一国の経済規模を示すことができないのである．そうすると，経済政策の実施も困難になる．

4）　ただ，第7篇の草稿には第2巻第1草稿の論述よりも進んだ記述がある．例えば「初源」的な単純再生産表式が示されている（前掲拙書，50-51ページ，『資本論』新書版⑬1466-1467，新版1500-1502ページ）．

さらに，第7篇では国内総所得が，利潤・利子，地代，賃金として顚倒的形態をとっていくことは言われるが，それ以上に国内総所得がいろいろな産業における各階級，階層へ具体的に分配されていく過程は論じられていない．マルクス以後，とくに，いわゆる「サービス部門」の労働が価値を生むのかどうか，「サービス部門」の所得が本源的所得なのか派生的所得なのかが論争されてきたが，第7篇ではそれらについては論じられないままになっている．われわれの国民所得論の展開にとってもこのことを議論しておかなければならない．本章では，拙書，拙稿[5]をもとにこのことに関する要点を記したい．

他方，現在，国民所得論の主流となっている国民経済計算（System of National Accounts, SNA）における国民所得の把握の仕方についても，おおよそのことについて論じたい．国民経済計算における国民所得論においては「三位一体」的・顚倒的な捉え方は克服されているのだろうか．マルクスの理論との対比でみてみよう．本文で見ていくように，SNAの国民所得論は，いわゆる「スミスのドグマ」を脱しているとはいえ，多くの「みなし」項目を含んでおり，顚倒的な捉え方から完全に免れていないと考えられる．とはいえ，SNAの国民所得論は，「みなし」項目を取り入れながら，一国の経済規模を統計的に示そうとしている．われわれは，それを利用せざるを得ない．したがって，SNAの国民所得論の基本的な性格を知っておく必要がある．まず，SNAとマルクスの国民所得論の概要とSNAの国民所得論の基本的性格を論じよう．その後，「サービス部門」の所得について論じよう．

1. 国民所得について——国民経済計算（SNA）とマルクスの理論

国内で生産された商品＝財は，販売されて各層の所得となり，消費されていく．したがって，国民所得の運動を見ていくには，「生産の局面」「所得形成の局面」「消費の局面」の三者の局面で見ていかなければならない．しかも，それらが，まず概念的＝理論的に把握される必要があり，その上で生産額，国民所得の金額，消費・投資の金額が統計値として把握するにはどうすればよいか

---

5) 同上拙書，第5章，拙稿「国民所得におけるいくつかの論点」『立命館国際研究』27巻2号，2014年10月．

という問題がある．前述のように統計値として把握出来なければ，現状の国民
経済についての評価，政策提起ができないからである．

　ところが，国民所得の理論的把握と統計的把握がうまく照合するのだろうか．
統計値はどのように得られるのであろうか．この節では，国民経済計算
（SNA）の国民所得論の諸問題をマルクスの理論と対比させながら考察し，
SNA の性格をはっきりさせていきたい．

（1）　国民所得の生産の局面

　現行の SNA においても，国民所得の「生産の局面」から議論が始まってい
く[6]．社会においては生産が行なわれ，その富が分配されて所得が形成され，
そのあとに消費されていくからである．SNA において国内総生産（GDP）は
「国内純生産」と「固定資本減耗」の合計である（図 6-1[7]．この図の脚注につい
てはのちに論述）．

　他方，マルクスの理論によると，「生産の局面」では「国民所得は，商品形
態の社会的総生産物の一部分であり，年労働による 1 年間の価値生産物あるい
は抽象的人間労働が新たに対象化された純生産物の総体である」[8]．「生産局面
の商品形態の国民所得は，社会的総生産物のうち新しく生産された価値量に対
応する生産物である．すなわち，生産財と消費財の現物形態での価値生産物の
総体である」[9]．つまり，価値的には全社会の可変資本と剰余価値，（v＋m）

---

6)　普通のマクロ経済学のテキストにおいては，当たり前のように「マクロ的な生産，分
　配，支出の間には……生産→分配→支出→生産→……という流れが存在しており……」
　（福田慎一・照山博司『マクロ経済学・入門 第 4 版』有斐閣アルマ，2011 年，7 ページ）
　と記されている．次節でみるように，国民所得分析の基礎をつくったケインズにおいて
　は，「所得＝消費＋投資」に理論的核心があったとされる．必ずしも，「生産概念」が出
　発点ではなかったようである（川上則道『マルクスに立ちケインズを知る』新日本出版
　社，2009 年，38 ページ参照）．

7)　福田・照山氏の同上書の図 1-2（8 ページ，本章の図 6-1）には，上段から「国内総生
　産」「国内総支出」「国内総所得」になっていて，生産，所得，支出の順番ではない．両
　氏はこの本の中で，なぜそのような順で示されているのかを説明されていない．また，
　「国内総生産」「国内総支出」（515.8）と「国民総所得（533.4）」，「国内総所得（515.8）」
　の関係が図では不正確になっている．本章では福田・照山氏の図のまま掲載した．

8)　山田喜志夫『再生産と国民所得の理論』評論社，1968 年，15-16 ページ．

9)　同上書，21 ページ．

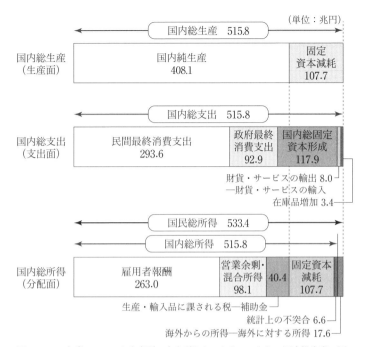

図 6-1 国内総生産・支出・所得，2007 年（年度）における日本のケース

であり，その価値部分の素材は生産財と消費財である．

それでは，SNA とマルクスの理論の「異同」はどうであろうか．SNA の「国内純生産」がマルクスの理論の「生産局面」の国民所得に等しい．つまり，国内純生産では，マルクスの言う不変資本部分（原料などの流動資本及び機械などの固定資本）の全体が除外されているからである．したがって，国内純生産はマルクスの言う $(v+m)$ に等しくなるのである．それ故，SNA はいわゆる「アダム・スミスのドグマ」を脱却している．しかし，SNA ではその素材

的要素（消費財，生産財）については何も述べていない．金額的なことだけを言っている．

SNA における「国内総生産」と「国内純生産」の関係は以下のようである．「国内総生産」（GDP）においては原料・中間財の二重計算は除外されているが，「固定資本の減耗」は含まれており，それをさらに除外したのが「国内純生産」である．理論的には，「国内純生産」が正しい．それなのに，なぜ，国内総生産は「固定資本減耗」を含んでいるのか．これについてはのちに SNA の全体的性格を述べるところでも触れるが，ここでは次のことだけを指摘しておこう．固定資本減耗の実際の金額を統計的に捉えることが難しいという事情がある．個々の企業にとって「固定資本の減耗」＝減価償却費は企業の商品販売代金に含まれ，それがのちの固定資本の更新のために貨幣として保存され，当面は支出されない．そこで，特定の企業がその年に行なった固定資本への投資（固定資本形成＝積み立てられてきた減価償却資金でもっての固定資本購入）でもって固定資本減耗に代用したと「みなす」のである[10]（実際は，企業がその年に行なった固定資本への投資には減価償却分だけでなく追加固定資本投資も含まれている）．ところが，固定資本形成それ自体は，支出であり，投資である．国民所得の「生産局面」ではない．そこで，SNA は固定資本減耗を含んだ「国内総生産」を「生産の局面」の国民所得として「みなす」のである．

一方，マルクスの理論は，この論理次元においては，純粋に理論的・本質論的把握を仕上げることに重点がおかれ，国民所得の「生産局面」における具体的・統計的金額をとらえることは課題の外におかれている．理論的・本質論的には，「生産局面」の国民所得は「国内純生産」が正しく，それはマルクスの言う全社会の $(v+m)$ に等しいのである．

---

10)　10 企業があり，それらの企業で同じ固定資本が使われているものとし，価格は 1 億円，耐用期間が 10 年としよう．ここにおいて 9 企業は「固定資本減耗分」を積み立て，1 企業は 1 億円の固定資本を新たに購入して更新したと考えれば，1 億円が 10 企業全体の「固定資本減耗」にあたるであろう．しかし，当初は 10 年が耐用期間であると考えられても，その後，使用中の固定資本が古いと評価され，現状の生産には利用できなくなり，7 年で新たな固定資本に更新される可能性がある．固定資本減耗にはこのような不確実性がある．

第 6 章　国民所得と諸収入　　　　　　　　151

　以上のように，生産局面における国民所得の概念が SNA において，またマルクスにおいて捉えられるのであるが，どちらにおいてもその具体的金額は得られない．生産物は販売されてはじめてその金額が捉えられるのである．「生産局面」だけをみていても，理論的にはともかくも，実際の国民所得の金額は得られないのである．また，生産された商品がすべて販売されるとは限らない（後述）．この 2 点は重要である．

(2)　国民所得の形成の局面

　生産物は販売されていくが，すべての生産物が販売されるとは限らない．生産物＝販売された商品＋売れずに残った財であるが，販売された商品は貨幣所得となって諸階層に分配され諸階層の所得となっていく．SNA では販売される商品の額を規定する要因，売れ残りが生じる要因については問題とされていない．図 6-1 の「国内総所得」には示されていないが，実際の国内総所得は生産物の販売によって形成された貨幣所得と販売されず財として残された「在庫品」からなる．貨幣所得は形成されないが，在庫品は財として資本家（企業）のもとに置かれた状態にある．しかも，「在庫品」の実際の金額は販売されていないのであるからわからないし，のちに再生産に投入されるのか，のちに販売されて消費されるのかもわからない．SNA では「在庫品増加」は生産，所得の項目ではなく，「在庫投資」として支出の項目＝投資の項目とみなされていく[11]．

　マルクスの理論では，再生産表式にもとづいて，販売される商品の価値が素材とともに分析されている．単純再生産，拡大再生産の均衡条件がそれである．その条件に合致した場合にのみ，生産＝販売が成立する．マルクスの理論においては，資本主義社会は生産財生産部門（Ⅰ部門）と消費財生産部門（Ⅱ部門）からなり，それぞれの部門の全生産物の価値構成を，不変資本（c），可変資本（v），剰余価値（m）に区分し，単純再生産が均衡的に進む（生産＝販売となる）条件として Ⅰ(v+m)＝Ⅱc の式が成立することを主張する（拡大再生

---

11)　福田・照山，前掲書，90 ページ．川上則道氏は次のように記されている．「最終生産物の購入額はその生産額と必ずしも一致しないが，在庫増加という項目を立てれば形式的には一致させることができる」（川上前掲書，51-52 ページ）．

産については第3章で見たように, I (v+m1+m3)＝II (c+m5) である). ただし, 第3章で論じたように均衡的な再生産表式には販売された諸商品のみが示されており, 表式の外に販売されなかった（実現されなかった）財が存在しているのである. しかもマルクスは外国貿易を考察外としている. したがって, 再生産の均衡条件が満たされているといっても販売されなかった財が存在していることを念頭に置いておく必要があるし, 閉鎖的国内経済に限定される. 実際は, 販売の中には国内販売と輸出が含まれる（外国貿易を含めた再生産表式論は第4章で論じたが, 国民所得と外国貿易との関連は第9章で論じよう).

販売された商品は貨幣所得を形成し, 国内の諸層に配分されていく. 本源的所得は, 前項でみたように商品を生産する製造業における (v+m) であるが, それは, 国内の諸層に配分され移転していく. 重要な問題は, どの分野, どの産業で価値が生み出されるのか, つまり, 生みだされた価値によって所得が形成される分野・産業と, 生み出された価値の移転・分与によって所得が形成される分野・産業の区分けである. 商業分野における所得は, 商品を生産する製造業から分与されたものであり, 利子所得も源泉は製造業において生産された剰余価値からの移転である. これらのことはマルクスが『資本論』第3巻第4篇, 第5篇で詳細に明らかにしたことである. また, 税は, 本源的所得であろうと移転・分与されて形成された所得（派生的所得）であろうと, 所得（労働者, 資本家）からの支払, 企業利潤（生産された剰余価値と移転・分与された剰余価値＝利潤）からの支払である. 問題になるのは,「サービス業」における所得についてである.

のちに詳論するが, 保育, 教育, 医療, 介護等に携わる人々の所得は, 家計（労働者, 資本家）からの支払と政府を通じて分配された資金であって, これらの分野で従事する人が価値を生み出すのではない. 本来の「サービス業」（人へのサービスを伴う業種——観光, 娯楽, 映画, 一部の飲食業, 理髪, 風呂など)12) の所得は家計からの支払であり, のちに詳しく論じるが,「サービ

---

12) 少しだけ触れておこう. 飲食業のほとんどは製造業であろう. 食材を購入し食品を生産し販売するか, 生産したその場で飲食を提供している. 前者は食品生産だけであるが, 後者は食品生産と販売（流通）を同時に行なっている. どちらも「サービス業」ではない. 高級レストラン, 料亭などは, 食品生産だけでなく, 客人へのサービス業務を行なっており, サービス業に含まれよう. クリーニング業は汚れた衣類の洗濯であり, 機

第6章　国民所得と諸収入　　　153

ス業」と言われていても，その他の業種は多くが生産，流通にかかわる製造業，
商業の分化した形態の産業，あるいは金融業の一分野であり，本来の「サービ
ス業」ではない．ここでもいくつかの産業について述べておきたい．

　本来の「サービス業」と考えられる観光業，映画，娯楽産業などの所得は，
労働者，資本家等の個人の所得からの支払であり，本源的所得ではない．運輸
業の所得は，大部分が生産・流通に関するものである．各種の生産手段が工場
へ運ばれ，生産された商品が販売市場へ運ばれる．また，労働者が仕事場へ運
ばれる．これも，生産過程・流通過程に関する運輸である．しかし，それ以外
の労働者，資本家等が利用する運輸は余暇的な利用であるから，所得から運輸
業へ支払われた所得である．このように，運輸業の所得は，運輸業で新しく生
み出された価値と様々な労働者，資本家等の個人の所得から支払われた部分と
からなる．商品の輸送，生産労働者の職場への輸送は価値を生む．商業労働者
の職場への輸送から生まれる所得は，商業分野への価値の移転と同様である．
さらに，労働者，資本家等が運輸を個人的に利用することから生まれる所得は，
サービス収入であり，家計所得から支払われる．

　通信業における所得も運輸業と同様に考えられる．労働者，資本家が個人的
に利用するのは，種々の家計所得からの支払であり，商品の生産に関わる通信
費は新たな価値を生むが，商品の流通に関わる通信費は，生産分野から商業分
野への価値の移転である．

　以上のように，「サービス業」と普通考えられている産業分野の多くは，本
来的には生産・流通，金融に関する分野であり，本来的な「サービス業」では
ない[13]．ところが，運輸業，通信業における所得の上にみた諸構成は概念的
には区分できるが，それぞれの所得がどの分類に属するかは，実際の現実の場
面では分類できない．混在している[14]．

　そこで，SNA は統計的数値を得るためには，それらすべてが，それぞれの

────────
　　械の補修・修繕と同じで「サービス業」ではない（前掲拙書『『資本論』諸草稿の検討』
　　第5章の注12参照）．
13）　金子ハルオ氏は，次のように言われている．サービス業の「多くは社会的生産過程ま
　　たは流通過程および社会的分業の発達によるそれらの分化した形態である」（『サービス
　　論研究』創風社，1998年，225ページ）．
14）　前掲拙書，第5章，186-191ページ，のちに再述．

業種（公務員も含め）で所得が「生まれた」と「みなし」，商品生産業種からの所得の移転であることを問わないままにするのである．先に記した観光業，娯楽業，理髪，風呂などの分野でも，本来は移転された所得であるが，そこで所得が「生み出された」と「みなす」のである．そうして，「みなし」を含んで作られた諸統計がSNAにおける国内総所得の「諸項目」と統計値である．

かくして，所得は，理論的には本源的所得と，それから分与された，あるいは移転された所得とに概念的には区分できるのであるが，本質（価値＝本源的所得の生産とその所得の移転・分与の経緯）は，そのままでは統計的には把握できず，具体的経済的事情の展開によって現象の形態を獲得して統計的に捉えられるようになる．とはいえ，逆に現象形態をたどっても本質（価値＝本源的所得の生産とその移転の経緯）はつかめない（現象から下向することができない）．本質がどのような形態をとって現象していくかをつかむ以外にない．しかし，実際の統計数値は現象した諸形態の数値からしか得られない．国民経済計算は，本質的諸関連を問わないまま，現象形態において示される具体的統計諸数値とそれらの諸関連を把握するものであると解釈される．

以上のような次第で，概念上，理論上は価値的視点で考察することが必要であるが，統計値を利用して国民所得，外国貿易を分析するときは，国民経済計算の「諸項目」と統計値を利用せざるを得ない．本質的考察と現象的諸形態における統計値の諸関連の分析がともに必要なのである．

もう1つ，指摘しておかなければならない．それは，SNAの「国民総所得」（図6-1，国民総所得＝国内総所得＋海外からの所得）の中の「雇用者報酬」「営業余剰・混合所得」「税，補助金」「海外からの所得」は実際の金額としてとらえることができるが，「国民総所得」の中にある「固定資本減耗」は「所得の局面」では具体的な金額が依然として得られない．次項でみるように，国内総支出のすべての項目の具体的な金額の確定（諸商品の販売，在庫品の価格確定）を踏まえ，「差額」を計算することによって算出されていく．

(3) 国民所得の消費の局面

図6-1によると，国内総支出＝国内最終消費支出（民間，政府）＋国内総固定資本形成＋財・サービス収支＋在庫品増加，である．国内総支出の局面では，

第 6 章　国民所得と諸収入　　　155

在庫品増加以外の諸項目のすべてにおいて，実際に販売＝購入された金額が示されている．

　労働者，資本家が得た貨幣所得が生活のために消費財・サービスの購入に当てられる．また，政府は税などから徴収した歳入から政府消費支出に当てる．さらに，資本家（企業）は生産のための資材（原料，中間財と固定資本）を購入する．ただし，SNA においては原料および中間財は二重計算のために国内総生産から除外されているから，支出は国内総固定資本形成のみとなる．

　これらの国内消費財消費，国内総固定資本形成は，国内総所得から当てられるのであるが，厳密には，生産された商品の販売によって形成された貨幣所得からの支出である．国内総所得は生産物が販売されて貨幣所得になっている部分と財そのままで残っている部分がある．実際の消費額，投資額は貨幣所得からの購入であり，生産物の全額ではない．生産されたが売れずに残った財はそれぞれの資本家のもとに遊休生産財または保管消費財として置かれている．SNA では，それらは「在庫品増加」の項目として設定される．「販売されなかった製品は，新たな在庫として積み増しされることになる．それが在庫投資である」[15]．これは消費ではないが，支出の一項目と「みなされる」のである．

　SNA においては，「在庫品増加」を生じさせる要因については何も言及されず，事実を確認しているだけである．また，それらがのちに再生産に投入されるか，のちに消費されるかはその時点ではわからない．また，投入される，消費されるとしてもどのような価格として評価されて投入されるか，消費されるかも実際上はわからないのである．

　そのことはさておき，「在庫品増加」を除く，あるいは「総固定資本形成」の中に「在庫品増加」を含めることによって，通常，SNA では，国内総生産＝国内総支出＝国内最終消費支出＋国内総固定資本形成＋財・サービス収支（＝$C+G+I+X-M$）で示される[16]とされる．また，SNA では，国内総支出

---

15)　福田・照山前掲書，90 ページ．

16)　記号は，同上，6-7 ページ参照．なお，正確には国内総支出（GDE）＝販売商品（＝貨幣所得を形成）＋在庫であり，したがって，国内総生産＝国内総支出＝内需（$C+I+G$）＋外需（$X-M$）＋在庫品増加，である．福田・照山氏も同上書でこのように（$GDE=C+G+I+N+X-M$）と記されている（N は在庫品増加，G は政府最終消費支出である，6-7 ページ）．しかし，他方で「在庫品増加」は「在庫投資」とみなされ（福田・照山，

＝国内総所得とされ，国内総所得＝消費 $(C+G)$ ＋貯蓄 (S) であるから，$C+G+I+(X-M)=(C+G)+S$ となり，$(X-M)=S-I$ とされる[17]．以上，2つの恒等式が成立するとされるのであるが，2つの式には「在庫品増加」の問題が不問にされたままである．これらは，厳密には，生産＝販売が成立して成り立つ式である．

　他方，マルクスの理論においては，均衡的な再生産の条件が満たされる場合にのみ，生産物はすべて販売され，価値が実現していく．ところが，マルクスが言う均衡的再生産の条件には外国貿易が捨象されていた．つまり，閉鎖的な一国経済が考えられていた．そこで，マルクスの理論をもとに考えるには，外国貿易を導入した再生産の条件を検討しなければならなかった（第4章参照）．

2. SNA の基本性格

(1) SNA の現象的把握

　第1節の(2)において，「本質（価値＝本源的所得の生産と移転・分与の経緯）は，そのままでは統計的には把握できず，具体的経済的事情の展開によって現象の形態を獲得して統計的に捉えられるようになる」と記した．また，「実際の統計数値は現象した諸形態の数値からしか得られない．国民経済計算は，本質的諸関連を問わないまま，現象形態において示される具体的統計諸数値とそれらの諸関連を把握するものであると解釈される」とも記した．マルクスの理論は本質＝価値次元の議論であり，SNA はその本質がたどった先の現象形態の諸項目の諸関連を示したものである．その際，SNA における諸項目における金額の統計値がどのように得られていくのか，諸項目の金額が「確

　　前掲書，90 ページ），「総固定資本形成」の中に含まれる．ところが，同書の第12章「オープンマクロ経済」では，財市場においては，$Y=C+I+G+X-M$（387 ページ）と N（在庫品増加）が抜けている．財市場ということで（在庫品は販売されないから財市場を構成しないからであろう），N はないものとされている．

17)　国内総所得の概念ではなく，それを総国民可処分所得の概念に置き換えれば，経常収支＝$S-I$ となる（日本銀行・国際収支統計研究会『入門 国際収支』東洋経済新報社，2000 年，41 ページ）．また，福田・照山両氏の図（本章図 6-1）における「国内総所得」と「国民総所得」の差異に注目されたい．

第6章　国民所得と諸収入　　　157

定」されていく経緯をみなければならない．それらの具体的金額が明らかにな
らない限り，一国の国民経済がどのような状態にあるのかがつかめないし，政
策的諸策の方向も打ち出せない．SNA の意義はそのことに求めざるを得ない．

　SNA の諸項目の金額は次のように確定され算出されていく．i) 国内総生産
は，直接的には統計値が得られない．生産物は販売されてはじめて金額が捉ま
えられる．ii) 生産された生産物は売られ，所得になっていく．国民総所得の
うち，「雇用者報酬」「営業余剰・混合所得」「税，補助金」「海外からの所得受
取，海外への所得支払」の金額はそれぞれの統計から得られる．しかし，国民
総所得のうちの「固定資本減耗」は統計値が得られない．

　iii) 所得から支出（消費）が行なわれ，民間および政府の消費支出は消費財
の購入額で捉まえられる．また，国内総固定資本形成も固定資本の販売＝購入
から捉えられる．財・サービスの輸出・輸入も額が得られる．最後に「在庫品
増加」も実際に販売された同種商品の価格を当てはめることによって，在庫品
の金額は一応算出することが可能である．したがって，国内総支出のすべての
項目の金額は具体的な統計値が得られる．iv) 国内総支出の金額から，国内総
所得のうちの「固定資本減耗」以外の金額を差し引いた額が「固定資本減耗」
と算出される．v) 国内総支出＝国内総生産とし，iv) によって得られた「固定
資本減耗」から「国内純生産」が算出される．

　以上を改めて言い換えると，イ) 国内総支出の諸項目は実際の諸商品の販売
から金額が得られる．また，国内総所得のうちの「固定資本減耗」を除く各項
目も実際の金額が得られる．ロ) 以上から，国内総支出＝国内総所得とすれば，
「固定資本減耗」の金額が算出される．ハ) 国内総支出＝国内総生産とし，「固
定資本減耗」が算出されているから，「国内純生産」が算出される．

　以上のように，SNA の諸項目の金額の確定過程（商品交換から得られる諸
項目の金額とそれらの金額から得られる一部の項目の算出）＝順番があるので
ある[18]．それ故，SNA の理論を，生産の局面⇒所得の局面⇒支出の局面の順
次論究されたものと考えるのは不正確である．改めて「理論」的に「整理」し

18)　国民経済計算は「みなし」諸項目を策定して「三面等価」が成立しているとしている
　　が，なお国内総所得において「統計上の不突合」が入れられている．国民経済計算にお
　　ける諸項目の統計値の算出には統計作成上の困難が伴っている．

ようとして出来上がったものなのである．整理し直したものが生産の局面を出発とする「三面等価」の原則である．出来上がった SNA から，その意味を考えることは誤った理解をもたらすであろう．

SNA の性格に関して次のことも記しておこう．図 6-1 の「国内総所得」の項目には「統計上の不突合」があることを先に注に記したが，このことに関して，福田・照山氏は次のように注記されている．「実際には，国内総支出と国内総生産が別々に推計されるため「統計上の不突合」という若干の推計値の不一致が生じる」[19]．また，「生産・支出は『国内概念』，所得は『国民概念』によって把握される指標であるために，一国の生産水準を表わす国内総生産（＝国内総所得）に海外からの純所得を加えた国民総所得が一国の所得水準を示す指標となる」[20]と注記されている．このように，SNA では諸統計値を「確保」するためには一定の推計の「操作」が行なわれ，概念の把握とは異なる一定の操作が導入されるのである．

しかし，SNA は流動資本および「固定資本減耗」（マルクスの理論では不変資本 C の一部）を考察に入れており，いわゆる「スミスのドグマ」を乗り越えて，マルクスの言う国民所得（v＋m）＝純付加価値の金額は，SNA の「国内純生産」と一致しており，SNA の現象形態は本質を一部反映している．それゆえ，いくつかの注釈を加えれば，SNA は現実的分析を行なうのに利用可能になってくる．

(2) 川上則道氏の SNA の把握

川上則道氏は，マルクスの理論を高く評価される一方，国民経済計算（SNA）が現実の一国経済分析にきわめて有効であることを強調される．筆者もこの点は同意見である．以下，川上則道氏の著書（『マルクスに立ちケインズを知る』新日本出版社，2009 年）を参考に，SNA の性格をさらにはっきりさせていこう．しかし，マルクスの理論と SNA の議論がどのような関連にあるのかは，川上氏のこの本では十分に指摘されていないように思える．

---

19) 福田・照山，前掲書の 8 ページ，この福田・照山氏の著書の図 1-2（本書図 6-1）の注記である．

20) 同上．

①計量可能な概念から出発

　川上氏は、「ケインズは諸企業の産出物と諸企業の所得（利潤）という実際的で計量可能な概念から出発して、所得等の概念を定義し、所得＝消費＋投資、貯蓄＝投資、という関係がつねに成り立つことを明らかにした」（15ページ）といわれる．「計量可能な概念から出発して、所得等の概念を定義」とあるように、SNAのもとになったケインズの議論は抽象的・本質論的な国民所得の理論を考えるよりも、具体的な統計値が得られる「概念」を作り、ケインズ以後、さらに「国民経済の循環構造を計量的に把握するために、必要で妥当な諸概念を体系的に設計した」（66ページ）のが現行のSNAなのである．

　しかし、「国民所得分析には、アダム・スミス以来の古典派経済学の有名な誤り（「アダム・スミスのドグマ」と言われる——引用者）……は含まれていません」（19ページ）と川上氏が言われるように、SNAでは、原料等の中間生産物、固定資本減耗が考慮されていて、つまり、マルクスが言う不変資本 (c) が考慮されていて、マルクスの本質的議論とSNAの現象的「概念」は数値的に維持されている．つまり、SNAは本質を反映しているのである．

②「みなし」について

　SNAにおいては「計量的に把握するために」、多くの「みなし」がある．国民経済計算は、国民経済の状況を統計値によって把握するためにやむを得ない「みなし」を多用している．付加価値＝所得は生産が行なわれて生まれるにもかかわらず、所得があるところであたかも「生産」が行なわれて所得を生み出しているかのように論じているのが最大の「みなし」である．生産を出発点として国民所得論を展開していくことを回避している．また、そうしないと、具体的な統計値が得られないのである．生産によって生み出された付加価値のそれぞれの部分がどのように移転しながら国民諸層の所得を形成していくのかという本質的内容は、統計的には把握できないのである．本質的数量はその現象形態からしか得られない．しかし、現象は本質から離れられないし、しかも現象の形態を分析していって本質に迫ることもできない関係にある．

　川上氏は「所得を生み出す活動が生産であるというこの捉え方は現象的に明確さをもっており、商業・金融業・医療・教育なども一括して生産として分析

することには実際的な有効性があります」(41 ページ) と言われている. さらに次のように言われる. 「現行の国民経済計算には, 生産にサービス生産を含めているとか, 自己所有住宅の居住者でもサービス生産が行なわれているとしている (貸し家業を営んでいると見なしている) とか, 雇用者所得に重役俸給が含まれているとか, 等々の問題はいろいろあります」(19 ページ). 次のような他の論者の指摘もある. 「国民所得勘定は所得の大きさや流れを記録するのに, たとえば帰属利子・帰属家賃というきわめて大胆な擬制を行なっています」(石田定夫『資金循環分析の解説』日経文庫, 1971 年, 56 ページ).

これらの引用は, 国民経済計算が現象的な諸関係を示すものであり, 現象的・迂回的な捉え方を行なうことでのみ諸統計値が得られることをまさに言っているのである. とくに, 「固定資本減耗」は, 概念上でも実際の数値のうえでも「国内総固定資本形成」の中に, 新規の追加の固定資本形成とともに含まれているものである. そして, 「国内総固定資本形成」の数値は, 実際の総固定資本の販売額=購買額から把握される. しかし, 「国内総固定資本形成」のうちの「減耗分」と「追加分」が判別されないまま, 「固定資本減耗」は迂回的に国内総所得 (=国内総支出) から国内総所得の他の諸項目の数値を控除して算出されるのである. それによって, 追加の固定資本形成の数値も把握される.

その年に新規の固定資本を購入しない企業にとっては, 商品の販売額の中から想定上の「減価償却」が分けられ, 企業の会計に記されているだけである. 企業家には「固定資本減耗」としては意識されていないであろう.

川上氏が次のように言われることがそれを示している. 「国民所得分析 (国民経済計算) とは, 端的に言えば, 国民経済の循環構造を計量的に把握するために, 必要で妥当な諸概念を体系的に設計した枠組みのことです. 国民経済の構造を計量的に把握すること自身が目的ではあります」(66 ページ). ここでの「必要で妥当な諸概念」には, 上に筆者が言った「みなし」が多く見られ, 「みなし」も含めて現象的な諸概念を作成し, その諸概念の数的関連を示したものが国民経済計算なのである. そのような諸概念を設定しないと国民所得は数的・統計的に捉えられないのである.

③生産が出発であるということについて

「国民所得分析の理論的基礎における核心はケインズが打ち立てた「所得＝消費＋投資」にあります．……これらの推計を構成する概念は所得概念と支出概念（消費と投資）であり，生産概念を欠いています．このことからも国民所得分析が生産概念ではなく，所得概念を中心に形成されたことがわかります」（38 ページ）と川上氏は言われる．

ケインズにおいて，当初，生産概念が出発になっていなかったということは，以下の事情による．生産の額がいくらになっているかの統計値は，どれだけの金額の消費財が販売＝購入されているかということと，投資のための資材の購入（ここでは原料と固定資本の購入，マルクスの理論では不変資本部分の購入）がどれだけの金額になっているかということからしか捉えられない．それらの販売＝購入は，一方では所得形成であり，他方では支出の局面である．生産の金額が得られて，それから消費財消費がいくら，投資額がいくらとされるのではない．所得，支出が捉えられて生産が捉えられる．逆なのである．SNA の諸統計値を得る手順，手続きはこのようなことである．

川上氏が言われるように，国民経済計算では，元々は所得が出発点であり（しかもそれは消費財の販売額と生産のための資材の販売額から得られるのであるが），その後，国民経済計算の理論が整理されていく（川上氏が言う「必要で妥当な諸概念」の作成）過程で，経済の基本になる生産が出発点におかれるようになっていった．その意味では，現行の国民経済計算はそれなりの「理論化」が進んだ結果だと言えよう．しかし，上にみたように，統計的には生産額がいくらであるかは，つまり，国内総生産額がいくらであるかは「生産の局面」だけをみていても捉えられない．生産額は販売されてはじめて統計的に捉えられるのである．統計的には販売＝購入，国民所得の形成と支出が国民所得論の出発点にならざるを得ない．上にみたケインズの「所得＝消費＋投資」に核心があるというのはそういう意味である．販売＝購入からさかのぼって，国民所得の金額，生産額が得られていくのである．理論的にはともかくも，統計値を得る順番はそういうことになる．

そうした順番で得られた統計値を，多くの「みなし」を導入してそれなりの「理論的整理」を行ないながら重要な諸項目を策定し，それらのあいだでの数

値的諸関連を提示するのが現在の国民経済計算であると言えよう．その理論的整理の際，生産を出発点におき直したのである．しかし，統計値の視点では，「消費＋投資＝消費財の購入＋投資のための資材の購入」が出発点であるから，販売⇒所得⇒支出⇒生産となっている．したがって，見落としてはならないことに，SNA では生産＝販売となってしまう．ところが，現実的には生産された商品（＝財）がすべて販売されるという保証はない．それ故，国民経済計算の理論的整理において，何らかの「みなし」が必要になってくる．「在庫品増加＝在庫投資」がそれである．他方，マルクスにおいては，生産＝販売が成立するのは，再生産の均衡条件を満たす諸商品だけであり，実際には再生産表式に含まれない商品，生産財，消費財であれ，売れ残りが存在している（本書第3章参照）．

以上の川上氏のいくつかの記述によって，SNA の性格がより鮮明につかめたものと思われる[21]．しかし，それはマルクスの理論と対比することでより明確になるであろう．

3. 国民所得とサービス部門

SNA においては，どの産業分野で付加価値が形成されるか，どのような労働が付加価値を形成するかは問題にされなかった．所得があるところではどこにおいても付加価値が生まれるものとみなされた．ところが，マルクスの理論においては，国民所得論の展開にとって重要な論点となるのが，どの分野で価値が生み出されるか，「サービス労働」は価値を形成するかどうかである．本節では，このことを論じ前節までの議論展開の補足としたい[22]．

---

21) なお，川上氏は SNA の現実的利用の形式として「マトリックス表示」を推奨されている（川上則道『マルクス「再生産表式論」の魅力と可能性』本の泉社，2014 年，273-274，294-296 ページ）．筆者はこれについては今のところ言及できない．当面は，SNA の数値を本質的諸関係の現象形態の諸関連の表示としたうえで，一定の注記を付けながらいくつかの問題の解明に利用していきたい．

22) 本節はいわゆる「生産的労働」についての論稿，ましてや高度技術労働，知識労働に関する論稿ではない．ただ，価値が，どのような労働によって生み出されるのかの視点に言及しただけにとどまっている．

第6章　国民所得と諸収入　163

(1)　いくつかの所説

　マルクスの理論において，とくに論争になった論点，「サービス労働」は価値を生むかどうかについての論点をまず簡単に整理しよう．

　サービス労働が価値を生まないという主要な論者は金子ハルオ氏と山田喜志夫氏である[23]．両氏のその議論の内容を，飯盛信男氏が的確に簡潔にまとめられているので飯盛氏により整理しよう．飯盛氏自身はサービス労働の価値形成を主張されるが，形成しないという論者の要点，形成するという論者の双方の要点をわかりやすくまとめられている[24]．

　金子ハルオ氏と山田喜志夫氏らの要点は以下である．1) サービス労働は資本のもとで行なわれるばあいでも，価値と剰余価値を生産しない．2) サービス価格には価値のうらづけがなく，その価格は他の諸関係から派生した性格をもっている．3) サービス業資本の得る利潤は自ら生産した利潤ではなく，社会的総剰余価値のなかから平均利潤法則によって配当されたものである．4) サービス部門の労働者と資本家の所得は，物質的生産部門で生産された「本源的所得」から再配分される「派生的所得」である[25]．サービス労働が価値を生まないという議論内容の大略はこのようであるが，もちろん，サービス労働が価値を生まないという論者どうしでも見解の相違はある．しかし，本節では詳細に示すことは割愛しよう[26]．

　次に，サービス労働が価値を生むという論者（赤堀邦雄氏，石倉一郎氏，堀

---

23)　金子ハルオ『生産的労働と国民所得』日本評論社，1966 年，158-159 ページ（以下では本書を金子①とする）．金子ハルオ『サービス論研究』創風社，1998 年，11-12 ページなど（以下では本書を金子②とする）．山田喜志夫『再生産と国民所得の理論』評論社，1968 年，34，123 ページなど．

24)　本章におけるサービス労働についての記述は，本節の議論展開に必要なかぎりでのものであり，諸論者の細部にわたる議論は控えたい．

25)　飯盛信男『生産的労働の理論』青木書店，1977 年，70 ページ，以下では本書を飯盛①と略す（氏にはもうひとつの著書があるのでこの著書を①とし，もうひとつの著書を飯盛②する）．

26)　見解の差異が目立つのは，生産的労働の本源的規定と歴史的規定に関する把握であり，山田喜志夫氏は「国民所得の生産に関しては，生産的労働とは何かということが先決問題なのではなくて，……いわゆる歴史的規定は，国民所得の生産の問題に関する限りまったく無関係というべきである」といわれる（前掲書『再生産と国民所得の理論』28 ページ）．

江忠男氏など)[27]であるが，この主張の大略についても飯盛氏が簡潔にまとめられている．1) 価値の素材的担い手としての使用価値はサービス部門においては，サービス労働がうみだす有用効果そのものである．2) 価値としての労働の社会的性格は，その労働によって生産された物が交換市場に登場することをとおして，はじめて現われる．しかしサービス労働は，そのままの姿で市場に現われ，人間労働の支出として価値性格を取得する．3) サービス商品の価格はその生産に支出された人間労働量であり，その価格は価値により規定される．4) 資本主義的に生産されるサービス商品の価値は c＋v＋m から構成される．サービス業資本の利潤の源泉は，サービス労働の剰余労働である．5) サービス部門も物質的生産部門と同列に国民所得の生産に参加する[28]．

　本節では，サービス労働が価値を生むかどうかの 2 つの陣営の論争については，詳細に立ち入ることは避け，飯盛氏による 2 つの陣営の主張を簡潔に記した[29]．マルクスの理論に準拠する経済学での 2 つの陣営のどちらにおいても国民所得の総額は同じである．一方は，財の生産部門で生まれた本源的所得がサービス部門へ再配分され派生所得となり，本源的所得の総計と国民所得は一致する．他方は，サービス部門も価値を生み，サービス部門も物質的生産部門と同列に国民所得の生産に参加するとする．しかし，二重の計算にはならない．価値を形成する分野（サービス部門を含むかどうかは別にして）で新しく生産された価値量（v＋m）が国民所得である．したがって，国民所得論において

---

27)　赤堀邦雄『価値論と生産的労働』三一書房，1971 年，石倉一郎「生産的労働と価値の概念の新解釈」『現代の理論』1967 年 8，9 月など，堀江忠男『労働価値説の新たな発展』多摩書店，1955 年．

28)　飯盛① 70-71 ページからの要約．赤堀氏らのサービス部門が価値を生むとしている主要な根拠は『資本論』第 2 巻第 1 章「貨幣資本の循環」で記されている文章，『経済学批判（1861-1863 年草稿）』の文章であるが，本書ではこれらの文章の本文での引用は割愛する（拙書『『資本論』諸草稿の検討』日本経済評論社，2021 年，174-175 ページ参照，第 2 巻第 1 章の文章については本章の注 38 をみられたい）．飯盛氏も赤堀氏らと同様にマルクスのこれらの文章を根拠に，サービス部門の価値形成を主張される（飯盛① 113 ページ）．

29)　久留島陽三，保志恂，山田喜志夫編『資本論体系⑦地代・収入』有斐閣，1984 年に，論争をまとめた 2 つの論稿（金子ハルオ「生産的労働と不生産的労働」，渡辺雅男「サービス労働論の諸問題」）があるが，飯盛氏の論点整理のほうが 2 つの陣営の主張と論点がつかみやすい．

第6章　国民所得と諸収入　　　　165

は価値形成の労働の範囲が問題とされるべきであり，「生産的労働」の議論を
多く持ち込むことは控える方がよいであろう[30]．そうでなければ問題が混乱
するであろう[31]．

(2)　サービス消費と労働力の価値

「サービス労働」が価値を生むかどうかとは別に，以下のことがより重要で
あろう．それは，すべての社会構成員は一定額のサービス消費が不可欠であり，
サービス部門の労働者も含めすべての労働者は労働力維持のためには生活財の
みならずサービスの購入が不可欠である，ということである．したがって，サ
ービス労働が価値を生むかは別にして労働力の価値規定にはサービスの消費に
当てられる費用が含まれることになる[32]．

そうならば，社会の進展に伴い労働者のサービス消費が増大していけば労働
力の価値は高まっていくことになる．山田喜志夫氏は他の条件が一定とするな
らば，サービス部門の増大は資本蓄積率を低下させ資本蓄積の阻害要因となる
と主張される[33]．飯盛氏は山田氏のこの主張を主な理由として，サービス労
働の不価値形成に反対され価値形成説の立場に立たれた（飯盛①83-85 ページ）．
山田氏の主張には無理があろう．労働者のサービス消費の増大によって労働力
の質が向上すれば，生産性は高まり，資本蓄積のプラス要因になりうる．飯盛
氏は「サービス消費の比重の増大は生産力発展の必然的帰結でもある」（飯盛
①84 ページ）[34]と反論される．

---

30)　飯盛氏の議論はどちらかと言えば，国民所得論よりも生産的労働論であり，国民所得
　　論における論点をまず明らかにしてのち，生産的労働の意義を強調するべきではないか．
31)　筆者は，前掲『『資本論』諸草稿の検討』で，このあと表式にサービス部門を設定する
　　論議を検討している（176-184 ページ）が，本書では省略したい．この検討自体は無意
　　味ではないが，本書で筆者のとくに主張する論理展開からは外れているからである．
32)　価値不形成説の山田氏でも次のように言われる．「労働者のサービス支払をも考慮した
　　場合，労働力の価値は，労働力の維持に直接必要な生活手段の価値と，サービス支払を
　　通じて間接的に必要な物的財貨の価値によって規定される」（前掲書，36，127 ページ）．
33)　「サービス部門の肥大化は……他の条件を剰余価値のうちサービス支払いにあてられる
　　価値部分……を増大させる．したがって，他の条件を一定とするならば，サービス部門
　　の増大は，社会の総剰余価値のうち蓄積に向けられる部分を圧迫することとなり，資本
　　蓄積に対して阻害要因となる」（山田氏の前掲書，132 ページ）．
34)　山田氏には氏なりの国民所得論，再生産論はあってもサービス労働論は希薄なのであ

労働者の修練・教育などへの支出だけでなく娯楽・教養への支出も労働力の質の向上につながる．したがって，労働力の価値規定には，社会的視点，文化的視点の考察が必要である．技術の進展，グローバル化に伴う高等教育，語学教育の不可避化，娯楽・教養としての文芸の享受，娯楽としての旅行，健康維持のための諸施設・医療等，これらも労働力価値の一部を構成するといわなければならない．これらの構成が高まることによって労働生産性が高められるのである．

なお，以下のことを付け加えておきたい．多くの論者が言うように労働力商品自体は労働生産物ではない[35]．労働者は生活財およびサービスを消費することによって自らを再生産するのである．櫛田豊氏をはじめ何人かの論者は，教育労働などのサービス労働は「人間にその労働を対象化させ」[36]，価値を生むと主張されるが，労働力商品自体は労働生産物ではないことが真に把握されていないのではないだろうか．教育労働者が生徒・学生に外から「労働を対象化させ」，労働力の再生産に関わるのではないだろう．生徒・学生という主体が，教育労働者が行なう授業等において技術・知識・思考を受容し，もって成人し労働力を維持・発展させるのであろう．さらに，労働力の価値規定に関して，もう1点，生産力発展の必然的帰結としての従来の熟練労働とは異なる「複雑労働」（技術労働，知識労働）について触れなければならないのであるが，これについては次項以下で「厳密な意味」でのサービス部門の範囲を検討するところで必要な限りで少し論述しよう．

(3) サービス部門とはどのような分野であろうか

これまでサービス部門とは具体的にどのような分野であるか触れてこなかったが，具体的にどのような分野であるかを明確にしていかなくてはならない．

飯盛信男氏は2冊目の著書（飯盛②）で第三次産業の分類を詳しく論じられる．氏は「日本標準産業分類」（氏が使われているのは1976年のもの）を検討

ろう．

35) 金子氏はそのことを強調されている（金子② 85-86ページ）し，山田氏もそのように言われている（127ページ）．

36) 櫛田豊「サービスと労働力商品」早稲田大学大学院『商経論集』第42号，1982年9月，109ページなど．

表 6-1 価値論視点からの第三次産業の分類（総括的に）

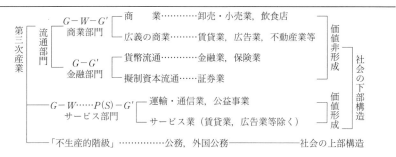

* 運輸・通信業，サービス業には「不生産的階級」としての性格を併せもつ人口がかなり含まれている．
** 流通部門とサービス部門の担い手は社会の下部構造に位置し，労働過程の視点（本源的規定）からは生産的労働者に属するが物質的生産部門との対比から「半生産的人口」と位置づけることも可能であろう．

出所：飯盛信男『生産的労働と第三次産業』青木書店，1978年，146ページ．

され，価値論視点から表6-1のような分類を示された．氏はほとんどの論者と同様に商業部門，金融部門はサービス部門ではないとされ，「不生産的階級」をサービス部門とは別におかれる．その上で，サービス部門には運輸・通信業，公益事業が含まれ，それらと賃貸業，広告業等を除く「サービス業」が置かれる．氏はこの「サービス業」は具体的には「日本標準産業分類」における大分類「サービス業」(L) のうち，「物品賃貸業，旅館等，娯楽業のかなりの部分，駐車業，集会場は賃貸業（物品・施設の使用のための提供）として，また，広告業，法律事務所，公認会計士・税理士事務所等は純粋流通費用が自立化した部分として，広義の商業部門……に含めるべきであろう．大分類「サービス業」のうちこれらを除いたものがサービス部門……に含まれる」（飯盛②145ページ）とされる．具体的にサービス部門は，洗濯・理容・浴場，映画業，放送業，医療業，保健・清掃業，宗教，教育，学術研究機関，興行団等の娯楽業，著述家・芸術業などの分野である（②145ページ）．

さらに，飯盛氏は価値論・再生産論視点からの第三次産業の分類として表6-2を提示される．第三次産業を流通部門とサービス部門に分類されたうえで，それぞれが「事業関連部門」と「消費関連部門」にわけられ，さらに「中間産業」が設定され，各分野が示されている．そして，これらのサービス部門の各分野は価値を形成するとされる．さらに，「不生産的階級」が前表と同じく別

168

表 6-2　価値論・再生産論視点からの第三次産業の分類

	事業関連部門	消費関連部門	中間産業
流通部門 （価値非形成）	各種商品卸売業，金融業，損害保険業，保険媒介代理業・保険サービス業，不動産賃貸業，広告業	各種商品小売業，遊興飲食店，競輪・競馬等，遊戯場，生命保険業，不動産業（除不動産賃貸業）	
	卸売業，各種物品・産業用事務用機械器具賃貸業，駐車場業，法律事務所・特許事務所，公証人役場・司法書士事務所，公認会計士・税理士事務所	小売業・飲食店，共済事業，自動車・スポーツ娯楽用品・その他の物品賃貸業，旅館その他の宿泊所，劇場・興行場，運動場，公園・遊園地，集会場	
サービス部門 （価値形成）	道路貨物運送業，水運業，倉庫業，運輸付帯サービス業，通信業，電気業，工業用水道業，自動車整備業，機械修理業，協同組合，情報サービス・調査業，その他の事業サービス業，土木建築サービス業，デザイン業，その他の専門サービス業，経済団体，と畜場 （学術研究機関） ＝研究開発部門	鉄道業，道路旅客運送業，下水道業，洗たく・理容・浴場業，その他の個人サービス業，映画業，興行団，その他の娯楽業，放送業，その他の修理業（除機械修理業），著述家・芸術家業，個人教授所，清掃業，宗教，社会保険・社会福祉，労働・文化・政治団体等，他に分類されないサービス業 （医療業，保健業，教育） ＝労働力形成部門	航空運輸業，ガス業，上水道業，熱供給業
不生産的階級 （社会の上部構造） ＝公務，外国公務			

注：□は非再生産的性格＝腐朽性・浪費性の強い部門を示す．
出所：同上，157 ページ．

に置かれる．この表でとくに注目されるのは，「事業関連部門」において（学術研究機関）＝研究開発部門が，「消費関連部門」において（医療業，保健業，教育）＝労働力形成部門がサービス部門の中で特別に置かれていることである．これら学術研究機関，医療業，保健業，教育についてはのちにみよう[37]．

　その前に，上のように飯盛氏によってサービス部門とされた各分野が果たしてサービス分野に含めてよいのか検討が必要である．それらの分野には，金子ハルオ氏が「社会的生産過程または流通過程および社会的分業の発達によるそ

[37]　飯盛氏はこれらの分野では公的セクターの比重が高いことから，価値法則の貫徹が修正されるとしている（② 139 ページ）．

第6章　国民所得と諸収入　　　169

れらの分化した形態」（金子② 225 ページ）と言われるように生産過程，流通過程の延長とみられる分野，さらに一部金融業に関わる分野が存在するのではないだろうか．

　第1に，飯盛氏の表で示されている「事業関連部門」の運輸業（道路貨物運送業，水運業），倉庫業，「消費関連部門」の運輸業（鉄道業，道路旅客運送業）はサービス業であろうか．この運輸関連業のうち，貨物輸送に関連している業務は通常に言われているように生産過程の延長と考えてよいのではないだろうか[38]．したがって，「事業関連部門」の運輸業はすべて生産分野であり，価値を生むと考えてよいだろう．次に，労働者が工場に通勤するための運輸は，注 38 に示したマルクスの第 2 巻第 1 草稿の文章，すなわち「一つの工場等々の内部での運輸，および生産資本のさまざまな成分の運輸」と同様に考えられないだろうか．各種の生産手段が工場へ輸送され，労働者が運輸手段を利用して工場へ出勤することで生産過程が始まるのであるから，その運輸は価値を形成すると考えられないか[39]．最後に，労働者の工場等の勤務地へ移動する以外の運輸利用は娯楽等での利用と考えられる．それは，娯楽等として労働力価値の一部を構成し，サービスでの運輸であろう[40]．このように，同じ旅客運

38）　マルクスには異なって解釈可能な 2 つの文章がある．1 つは，『資本論』第 2 巻の有名な文章，「輸送業が販売するのは，場所の変更そのものである．生み出される有用効果は，輸送過程すなわち輸送業の生産過程と不可分に結びつけられている．……その有用効果は，生産過程の期間中にのみ消費されうる．……この交換価値は……その有用効果（の生産）に消費された生産諸要素（労働力および生産諸手段）の価値，プラス，輸送業に就業している労働者たちの剰余労働が創造した剰余価値，によって規定されている」（新書版⑤ 87-88，新版⑤ 92-93 ページ）である．もう 1 つは，第 2 巻の第 1 草稿（現行『資本論』第 2 巻には用いられなかった）の文章である．「運輸費，あるいは運輸業それ自体が，本来の生産部面を越えて延長され流通部面の内部で商品にかんして行なわれる生産過程——それは同時に商品の価値の実現過程に付随する一過程であるけれども——であるとみなされうるのである．（一つの工場等々の内部での運輸，および生産資本のさまざまな成分の運輸．）」——このカッコの草稿文は鉛筆で記されていたという（中峯照悦，大谷禎之介，他訳『資本の流通過程』大月書店，1982 年，110 ページ）．筆者は，後者の見方をとる方が一貫しているように思える．

39）　そうであるなら，資本家の労働者への通勤手当の支払は v（可変資本）部分ではなく c（不変資本）部分になる．その不変資本部分（手当）は労働者を通じて運輸資本家へ支払われる．

40）　同じ把握は金子ハルオ氏にもみられる．金子① 207-218 ページ．

輸であっても生産過程に属する運輸とサービスとみなしうる運輸が混在している. 範疇的に区分できるだけである.

第2に, 表6-2の電気, ガス, 水道業であるが, これらは「人間の自然への働きかけであって生産物であり, サービスではない」[41]. 第3に, 「事業関連部門」のうち自動車整備, 機械修理, 土木建築サービス (図面作成等), デザイン業は生産部門であろう. 自動車整備, 機械修理は, 自動車・機械という物的財の消耗に対して労働が加えられ, それらの財が復生されるのであるから生産労働であるし, 土木建築サービス業 (図面作成等), デザイン業も建物等の建設, 商品生産に関わり商品生産への一過程 (広義の生産部門) であるから生産的労働であろう.

さらに「事業関連部門」の情報サービス・調査業も, 生産, 販売, 金融業に関わるものがほとんどであろう. 生産関連に関する分野は生産部門の付随分野であり, 販売に関する情報サービス・調査業は商業分野, 金融業に付随する分野 (飯盛氏は「広義の商業部門」という表現を使われているが, それに該当) であろう. サービス部門とするには問題がある.

要するに, この表であげられている第三次産業の多くが, 金子氏が言われているように, 「社会的生産過程または流通過程および社会的分業の発達によるそれらの分化した形態」(金子② 225 ページ) なのである. その結果, 「厳密な意味で」あるいは「純粋な意味で」サービス部門に入れられる分野はそれほど多くはないだろう. 事業関連のサービス部門はほとんどなくなってしまう. 直接, 人へのサービスを伴う業種, 理容・浴場・その他の個人サービス業, 旅行, 映画, 興行団等などのいくつかの娯楽分野がサービス分野といえるだろう. 飯盛氏は放送・新聞, 著述家・芸術家の分野もサービス業に入れられている (飯盛② 145 ページ) が, これらはサービス業ということが適切であろうか. 教養の分野であり, 社会が進むにつれて比重を増してくる. もちろん, これらの分野における所得は, 本源的な所得ではなく, ほとんどが国民各層の所得から支払われたもので派生的所得である.

さらに, 表6-2にみられる「事業関連部門」の「研究開発部門」であるが,

---

41) 山田, 前掲書, 115 ページ.

第6章　国民所得と諸収入　　　171

　これらの「技術労働」「知識労働」は，ほとんどが生産過程または流通過程，金融業の部門における社会的分業の発達によって分化し，高度化していった労働であり，さらにはそれらの過程・部門の効率化・迅速化を促す情報関連の労働である．それらの労働のほとんどがデスクワーク，研究的な労働であり，生産・流通の現場の労働ではないが，広い意味で物的財の生産のための活動であり価値を生み出していくか，販売に関連した分野では価値を商業資本へ移転させていく労働，利子をもたらす労働である．したがって，これらの労働は直接，人へのサービスを伴うサービス労働ではない．現在の生産・流通・金融・情報分野における「複雑労働」（技術労働，知識労働）とみなしうる（従来の「熟練労働」ではない）．したがって，現場から離れているとはいえ，生産過程におけるそれらの技術労働，知識労働は生産性が高く，現場の「単純労働」よりも単位時間あたりはるかに多くの価値を生み，流通過程の技術労働，知識労働はより多くの価値を商業資本へ移転させる[42]．また技術労働者，知識労働者の「育成費・教育費」が大きくなり（大学院への進学，語学修得など），労働の高度化につれて労働者の「娯楽・教養」の質も変化して（労働力の価値規定には文化的要素も含まれている），労働力の価値はそれらによって高くなっていく．科学的成果を利用しコンピューターを駆使した製品開発・製品管理，人事管理労働，ソフト開発業務などはそれらの労働であり，新しく生み出される価値は，現場の工場で製品を作る労働により生み出された価値に限定するべきではないだろう．それらの技術労働，知識労働（＝複雑労働）で生み出される価値量の方が，現在では現場で製品を作る中で生み出される価値量よりもかなり大きいであろう[43]．

---

42)　特許料などもこの視点で見直される必要があろう．なお，ここでの技術労働，知識労働が生産過程，流通過程の労働の分化したものであるというのは，価値論・剰余価値論，生産過程・流通過程論の視点で言っているのであり，「技術労働論」「知識労働論」のレベルの議論ではない．

43)　労働者の教養分野の消費の意義を踏まえたうえでの，とくに教育労働，医療労働などの「知識労働論」を別途展開していくことが必要であろう．しかし，価値形成労働の議論，国民所得論に生産的労働論，知識労働論の社会的意義などの議論を持ち込むのは，かえって議論を混乱させることになるだろう．生産的労働の「歴史的規定」については山田氏が言われるとおりであろう（本章注26参照）．

（4）　国民所得と公的部門[44]

　さらに，飯盛氏は「サービス部門には公的セクターの比重が高い分野がかなりあり，そこでは価値法則の貫徹は修正される」（②139ページ）と記されているが，それらの分野の多くが，表6-2で「労働力形成部門」と記されている保健，教育，医療などの分野である．現在では保育，介護分野も考慮されなければならないだろう．しかし，これらの分野がサービス部門かどうかという問題設定はいかがであろうか．

　これらの分野は国家，公的セクターによってかなりの部分が担われるようになる．価値法則の貫徹は修正されるということで済まされるだろうか．家庭の変化，共同体の崩壊につれて保育分野も労働力の再生産に重要な分野になっていく．私学で教育が一部担われても国家や公的セクターによる助成が一部行なわれることになる．介護分野も利潤採算ベースでは行なわれにくく，自治体などの何らかの運営への参加が不可避となっている．医療分野も同じであろう．利潤採算ベースで病院が完全に営業できることはなく，公的医療保険制度が不可欠であり，かなりの額の財政資金が投入されなければならない．

　これらの分野は国民の生命，生活維持，労働力の再生産にとって不可欠であり，これらの分野の事業を国家，自治体等が担うことにより社会が維持されていく．次章で，宮本憲一氏の社会資本論について論じるが，宮本氏によれば資本制下において消費は私的消費と公的消費に二分裂していき，労働者は保育，教育，医療，介護等の諸業務を受けなければ自らを維持・再生産することはできない．社会資本の一分枝である「社会的共同消費手段」の重要部分は公共機関の手で供給され，「資本制社会の再生産の条件」が掌握される[45]．したがって，保育，教育，医療，介護の分野はサービス部門などでは全くなく，当然，

---

44)　詳細は前掲拙書『『資本論』諸草稿の検討』の191-196ページを見られたい．

45)　宮本憲一『社会資本論』有斐閣，1967年，39ページ．宮本氏は社会資本のうちの「社会的一般労働手段」の掌握についても次のように記されている．「ブルジョア国家の成立は，生産手段の資本主義的所有と剰余価値の資本家的取得の自由の制度を，権力によって法制的に確認することであった．そして国家は，それにもとづいて，全社会の秩序を軍事的政治的に保護し，行政的に運用するという任務をもっている．それだけではない．ブルジョア国家は資本の生産の一般的共同社会的条件たる一般的労働手段を建設管理することによってブルジョア社会全体を総括することになったのである」（26ページ）．

それらの分野の費用は価値形成分野で生み出された国民所得から配分されるものである．価値法則の修正どころではない．

　しかも，労働者は，一方では賃銀の一部でもって保育，教育，医療，介護の費用のある部分を，それらの分野の私的経営体に支払い，また他方では賃銀の他の一部を税として納付し，国家，公的セクターはその資金（財政資金）でもって保育，教育，医療，介護の設備を整備し，また，それらの分野の労働者へ賃銀を支払う．

　以上のようだとすると，保育，教育，医療，介護の費用は労働力の価値の一部を構成するはずであり，労働者の維持・再生産，労働力の価値規定は，議論のレベルを納税とそれによる生命維持，生活維持のための財政支出にまで上向させることによって十全に把握できるのではないだろうか．そのためには，国家を論じなければならない．

　以上，本章で展開してきたように国民所得論は，サービス部門の諸課題にとどまらず，最終的には国家による「資本制社会の再生産の条件」の掌握＝「ブルジョア社会の国家の形態での総括」にまで論理次元を上向した議論内容を含んでいるということであろう．次章で論じよう．

第7章
経済学と国家

はじめに[1]

第6章において国民所得を論じ，その議論が保育，教育，医療，介護等における諸問題と関連をもち，とくに国民所得と公的セクターの関連を論じるところまで論を進めてくると，国家についての論述が不可欠になってくることがわかった．マルクスの『経済学批判要綱』の「序説」に書かれた経済学の体系プランで，「三大社会階級，これら三階級のあいだの交換．流通．信用制度」の次に「ブルジョア社会の国家の形態での総括」が置かれていたように，国家論を国民所得論の次に論じなければならない．もはや，国家論を抜きに財政制度や金融制度はもちろん，外国貿易，外国為替，国際通貨，世界市場（世界経済）を論じることは不可能である[2]．

さらに，国民が生み出した国民所得，財政資金の公平な分配のためには国家の現状の役割を変革しなければならないが，そのためにも国家を十分に把握しておかなければならない．このことについてはのちの補章で論じよう．

1. マルクス・エンゲルスの国家論——簡単な整理

序論で記したように，経済学に国家を意識的に位置づけ，経済学体系をまと

---

1) 本章は，拙稿「国家についての一試論」『立命館国際研究』36巻2号，2023年10月をもとにしている．
2) 国際通貨論，国際通貨体制について論じる際，どうしても国家を把握しておかなければならない．筆者はこれまでこのことを痛感しながら，国家論を十分に論じることができなかった．

めようとしたのはマルクス・エンゲルスが初めてであった．古典学派においては国家について言及することはあっても，それを経済学の体系のなかで本格的に考察することはなかった．そこで，マルクス・エンゲルスの国家についての把握を簡単に振り返っておきたい．

(1) 『ドイツ・イデオロギー』における国家

まず，『ドイツ・イデオロギー』(1845-46 年) における国家把握である．多くの論者もマルクス・エンゲルスの国家論について述べる際，まずは『ドイツ・イデオロギー』について言及している[3]．とくに以下の文章がよく引用される．「労働の分割と同時に，個々の人間または個々の家族の利益と，交通しあうすべての個人の共同の利益との矛盾が存在することになる」(全集版訳，大月書店，第 3 巻 28 ページ，渋谷正訳 62-63 ページ，以下では全集訳を基本とし，必要な場合に渋谷訳を使用，本章では以下で諸文献を引用する際，ページは数字のみで示す)[4]．「そしてあたかも特殊な利益と共同の利益とのこの矛盾から共同の利益は国家として，——現実的な個別的および総体的利益から切り離されていると同時に幻想的な共同性として独立した——形態をとるようになる」[5](29)．「支配をめざすそれぞれの階級は……まず政治権力を獲得しなければならない．

---

3) 筆者も以前の拙稿「社会的意識，「支配的思想」，国家の把握に関する小論」『立命館国際研究』27 巻 3 号，2015 年 2 月で，下山三郎氏の議論 (『明治維新研究史論』御茶の水書房，1966 年の第 4 章「史的唯物論をめぐって」)を振り返りながら『ドイツ・イデオロギー』について論じた．本章の以下でもこの拙稿に触れよう．

4) 『ドイツ・イデオロギー』からの引用は，とりあえず『マルクス・エンゲルス全集』大月書店，第 3 巻を利用する．『ドイツ・イデオロギー』の本格的な検討には，渋谷正編・訳『草稿完全復元版ドイツ・イデオロギー』新日本出版社，1998 年を利用すべきであろうが，本章は『ドイツ・イデオロギー』の検討が課題ではないので，ことわりがない場合は煩雑さを避けるために全集版の訳を用いた．

5) 前掲の渋谷正編・訳『草稿完全復元版ドイツ・イデオロギー』によると，この文章は草稿復元版の左のページではなく，右ページに追記のように記されている (『ドイツ・イデオロギー』の草稿は左欄と右欄に分かれており，右欄には注記，加筆，覚え書きなどが記されている——『復元版』の「凡例」の 3，4)．次である．「まさに特殊的利害と共同利害とのこの矛盾から，共同利害は，〈自〔立した〕国家として〈形成される〉，現実の個別的利害と全体的利害から切り離された自立した姿を，そして同時に幻想的な共同性として自立した姿をとる」(62-63)．なお，右ページの抹消ののちに修正された文章は斜体の字で記されている (『復元版』の凡例 12 参照)．

第 7 章　経済学と国家　　　　177

……それはそれの利益が同時にまた普遍的なものであるかのように見せるため」(30) である．「幻想的な共同性」とは，「国家という形態において支配階級の人々は彼らの共通利益を押し立て，そして一つの時代の全市民社会はその形態のなかでまとまる」(58) 姿のことであろう．支配階級の人々の利益がそれ以外の人々の共同の利益にも見え，全社会が「まとまる」という事態であろう．したがって，これらで言われている「共同利益」「共通利益」「普遍的利益」は実は支配階級の利益であり，国家は支配階級の国家なのである．この点に関して 2 点が付け加えられなければならない．1 点は，全社会が「まとまる」という事態が生まれるには，支配階級の利害が全社会の利害として普遍化される必要がある．「或る一定の階級の支配は或る種の思想の支配にほかならないかのごとき」(44) になる必要があり，階級支配には「或る特殊の利益を普遍的な利益として，もしくは『普遍的なもの』としてあらわして見せる必要」(同) がある．つまり「支配的思想」による「外観」の「普遍化」が必要である．もう 1 点は，「支配している諸個人は……彼らの意志に国家意志，法律としての，一般的表現を与えなければならない」(347) という．これら 2 点については，のちの補章で詳しく論じよう．

　この『ドイツ・イデオロギー』における国家把握は，まず何よりも哲学的であり，ヘーゲルの影響を受けている．そのうえ，ここで言われる国家はブルジョア国家とは限らない．のちに述べるそれ以前の「民族国家」，その他の国家にも通じる国家論であろう．さらに，分業は言われているが，マルクスの経済学がいまだほとんど進展していない時点の把握であり，そのような国家論である．ブルジョア国家であるなら，資本−賃労働の諸関係の下にある種々の利害の衝突，資本制下の諸矛盾の具体的有り様が示されていなければならない．その有り様は，マルクスでは『資本論』において，エンゲルスではマルクスの理論を受けて要約的に『反デューリング論』などで，のちに示されていくであろう．のちに論じよう．

(2)　「序説」および「序言」における国家

　『ドイツ・イデオロギー』の次に言及しなければならないのは，『経済学批判要綱』の「序説」(1857 年) および『経済学批判』の「序言」(1859 年) である．

「序説」の3「経済学の方法」に書かれた経済学批判体系のプランにおける国家に注目しよう．プランに(1)～(5)の項目があり，(2)の項目において，「ブルジョア社会の内的編成……三大社会階級．これら三階級のあいだの交換．流通．信用制度（私的）」があって，その後の(3)の項目は「ブルジョア社会の国家の形態での総括．自己自身にたいする関連での考察．「不生産的」諸階級．租税．国債．公信用．人口．植民地．移民」（『マルクス資本論草稿集①』大月書店，62，大月書店の国民文庫，306）となっている．ここでは2点が重要であろう．1つは，ブルジョア社会は国家の形態で総括されるということ，もう1つは，そのような国家がブルジョア経済に作用するということである．そして，その作用過程を担う「不生産的」諸階級が不可欠となり，租税・国債・公信用が課題になることがこのプランで示されている．「自己自身にたいする関連での考察」という文章は解釈に幅が生まれる余地があるが，マルクスが他の箇所で論述したもの，とくに，「序説」の4の表題，「生産・諸関係と交通諸関係とにたいする関係での国家形態と意識形態．……」（前掲『草稿集①』62，国民文庫，306，下線は引用者）を考慮すると[6]，「国家のブルジョア社会に及ぼす影響そのもの……国家の「経済的力能」[7]のことと理解するのが適当であろう．

このように，プランの記述によって，マルクスの国家についての把握が，

---

[6]　他にも参考になる文章がある．『経済学批判要綱』執筆前にマルクスは「バスティアとケアリ」という未公刊の手稿を執筆し，そこに次のような文章がある．「ブルジョア的諸関係をそれ自体としてみるならば，つまり国家のおよぼす諸影響を除いてみるならば……」（『資本論草稿集①』の6ページ）．この文章を見ると，「自己自身にたいする関連での考察」という文章は，「国家のブルジョア社会に及ぼす影響そのもの」と考えられる（吉信粛「経済学批判体系と『資本論』」，宇佐美・宇高・島編『マルクス経済学体系II』有斐閣，1966年所収，241ページ参照）．

[7]　吉信粛氏の同上論稿241ページ，また，同氏の『国際分業と外国貿易』同文舘，1997年，22-25ページも見られたい．「経済的力能」という用語は，『資本論』第1巻第24章「いわゆる本源的蓄積」のなかで使われている．「封建的生産様式の資本主義的生産様式への転化過程を温室的に促進して過渡期を短縮するために，国家権力，すなわち社会の集中され組織された強力を利用する．強力は新しい社会をはらむあらゆる古い社会の助産婦である．強力はそれ自身が一つの経済的力能（フランス語版では「経済の代理人」）である」（新日本出版社，新書版，第4分冊，1286ページ，MEW, 23, S.779，ドイツ語では eine ökonomische Potenz）．この「経済的力能」という国家の作用を，本源的蓄積過程だけでなく資本主義的生産様式の確立後も認め，一般化されるのが池上惇（後述），吉信粛氏らである（吉信氏の前掲「経済学批判体系と『資本論』」241ページ参照）．

『ドイツ・イデオロギー』におけるヘーゲル的，哲学的なものから，資本制の下での経済的諸実態を踏まえたうえで資本主義国家の把握へと豊富化されなければならないという方向性，指針が明瞭になっている．しかし，「序説」の1「生産」，2「生産の分配，交換，消費にたいする一般的関係」の論述は，国家の形態でブルジョア社会が総括されるという諸相をとらえるには経済学的にきわめて不十分なままである．それは，『経済学批判要綱』（1857-58 年の経済学草稿）の執筆以後を待たねばならない．

　『要綱』執筆後の『経済学批判』の「序言」では，「序説」に記されていた「自己自身にたいする関連での考察」という文章の意味，ブルジョア社会の内容が明瞭に示されてくる．「序言」の冒頭で，「資本・土地所有・賃労働，そして国家・対外商業・世界市場」（『資本論草稿集③』203，国民文庫，13）というプランが示されたあと，経済的土台と上部構造との関係が簡潔に述べられる．「人間は……一定の発展段階に照応する生産諸関係を受け容れる．これらの生産諸関係の総体は，社会の経済的構造を形成する．これが実在的土台であり，その上に一つの法的かつ政治的上部構造がそびえ立ち，そしてこの土台に一定の社会的諸意識が照応する（『草稿集③』205，国民文庫，15）．

　ここでは，経済的土台，上部構造がどのようなものであり，それらの関係が概括的かつ明確に述べられている．経済的土台，上部構造，それらの関係が論述されており，それは，それ以後，国家をより豊富に捉えていくのに必要な前提となるものであろう．また，ブルジョア社会の把握のためには経済的土台だけでなく上部構造も論じなければならないことが示されている（「経済学批判体系」は国家の経済的土台に対する反作用を一部含むが，主要には土台についての分析ではある）．とはいえ，プランにおける国家の位置は「序説」と変わらないが，国家そのものについての詳しい言及はない．国家がどのように形成されるのか，ブルジョア社会が国家によってどのように総括されるのか，これらの論述はなされていない．

(3)　『反デューリング論』（1878）と『起源』における国家（1884）

　ところが，マルクスは「序言」以後，『資本論』の諸草稿を執筆していくが，国家についてのまとまった論述は行なっていないと思われる．『ゴータ綱領批

判』（1875年）において若干のことに触れているだけである．以下である．マルクスは，「（ドイツ労働者党の綱領は）……現存の社会……を現存の国家……の基礎として取り扱わないで，かえって国家をそれ自身の「精神的・道徳的な，自由な基礎」をもつ自立的な事物として取り扱」（全集訳，第19巻28）っていると批判し，「種々の文明国にあるいろいろな国家は，その形態上の種々雑多な違いにもかかわらず，いずれも近代ブルジョア社会の地盤の上に立っているという共通点をもってい」（同）る．「（綱領で）「国家」と言っているのは，政府機関，すなわち分業によって社会から分離した独自の機構をかたちづくっているかぎりの国家の意味である」（同30）と述べている[8]．

　上に引用した以上に，国家についての詳しい議論展開は『ゴータ綱領批判』にはみられない．マルクスは「ブルジョア社会の国家の形態での総括」とはどのような事態なのかについてはほとんど示さないままに終わったのではないだろうか．他方，エンゲルスは『反デューリング論』（1878年），『家族，私有財産および国家の起源』（1884年），種々の手紙などで国家に言及している．その概要を示しておこう．

　『反デューリング論』では，まず，すでに刊行されていた『資本論』第1巻を踏まえて，資本制社会の内在的な法則および諸矛盾を概略的に論じている．これは「国家の経済的力能」を論じる際に重要な前提となる．のちにも触れるので，ここでは一部だけを示しておこう．「社会的生産と資本主義的取得とのあいだの矛盾は，個々の工場内における生産の組織化と全体としての社会における生産の無政府状態との対立として再生産される．資本主義的生産様式は，その起源からしてこの生産様式に内在する矛盾の二つの現象形態のなかを運動する」（全集第20巻，訳282，岩波文庫版，粟田賢三訳，下巻207-208）．「産業予備軍は，産業の好況期には自由に利用でき，つづいてかならず恐慌によって街頭にほうりだされる．……労賃を資本家の欲望にかなった低い水準に抑えるための調節器である」（全集訳283，粟田訳209）．エンゲルスはここで述べられている資本制社会の法則，諸矛盾を踏まえて，国家について記している．少し長

---

8)　マルクスは，「次に問題になるのは，国家制度は共産主義社会においてどんなふうに変わるか？ということである」（全集第19巻，訳書28）と問題を提起しているが，「この問題には科学的に答えることができるだけ」（同）と述べて具体的には何も述べていない．

第7章 経済学と国家　　　181

いがまとまっている箇所なので引用しよう.

　「階級対立のかたちをとって運動してきたこれまでの社会には, 国家が必要であった. つまり, そのときどきの搾取階級が自分たちの外的な生産諸条件を維持するため, したがって, とくに現存の生産様式によって規定される抑圧の諸条件 (奴隷制, 農奴制または隷農制, 賃労働) のもとに被搾取階級を力ずくで抑えておくためにつかう組織が必要であった. 国家は全社会の公式の代表者であり, 目に見える一団体に全社会を総括したものであった. しかし, 国家がそういうものであったのは, 国家がそれぞれの時代にみずから全社会を代表していた階級の国家——すなわち, 古代では奴隷所有者である国家市民の, 中世では封建貴族の, 現代ではブルジョアジーの国家——であったかぎりにすぎなかった」(全集20巻, 訳書289, 粟田訳218-219). この文書のあと, 階級支配が取り除かれたときから, 国家はひとりでに眠り込んでしまう, 死滅するという趣旨の文章がある (全集20巻, 289-290, 粟田訳219) が, この把握は『反デューリング論』における国家が階級支配の視点でとらえすぎていることの反映であろう (第2節参照).

　『ドイツ・イデオロギー』においては, 特殊利害と共同利害の衝突から, 共同利害が国家として外化すること, 共同利害は支配階級のそれであることが強調されていたのと比べて, 国家が階級支配の機関であるという論調が一歩進んでいる. 搾取階級が自分たちの外的な生産諸条件を維持することが国家の第一義であり, それを維持するために強力機関が必要であることが強調されている. そのうえで, 国家は全社会の公式の代表者であり, 全社会を総括したものであると記されている.

　これらの指摘は, 『ドイツ・イデオロギー』が哲学的な把握であったのに対して, ここでは資本制社会の経済学的把握を踏まえて論述されているとはいえ, やや硬直したものになっている. 少しのちに見る晩年のエンゲルスの手紙には, 国家とならんで法, イデオロギー・哲学などが記され, もう少し幅のある記述になっている.

　また, 『反デューリング論』では「国家は全社会の公式の代表者であり, 全社会を総括したもの」と記されていても, どのように全社会を総括しているのか, どのようにして国家が「全社会の公式の代表者」になっているのか, それ

らの具体的な諸相が示されていない.

『家族，私有財産および国家の起源』ではどうであろうか．いくつかの文章を引用しよう.「自由人と奴隷，搾取する富者と搾取される貧者に分裂せざるをえなかった社会……このような社会はこれらの階級相互のたえまない公然たる闘争のなかで生活するか，それともまた，外見上相争う諸階級のうえに立って，彼らの公然たる衝突を抑圧し，階級闘争を，せいぜい経済的な分野で，いわゆる合法的な形態でたたかわせる，第3の力の支配のもとにおかれるか，そのどちらかでしかありえなかった．氏族制度はその寿命を過ぎていた．それは分業とその結果である諸階級への社会の分裂とによって打ち砕かれていた．それは国家によってとってかわられた」（全集第21巻，訳168，村井・村田訳，国民文庫220）.

そのあと次の文章が続く.「（国家は）一定の発展段階における社会の産物である．それは，この社会が自分自身との解決不可能な矛盾に絡みこまれ，自分ではらいのける力のない，和解できない対立物に分裂したことの告白である」（全集第21巻，訳169，国民文庫221）.「相争う経済的利害をもつ諸階級が，無益な闘争によって自分自身と社会を消耗させることのないようにするため，外見上の社会のうえに立ってこの衝突を緩和し，それを「秩序」の枠内に引きとめておく権力が必要になった．……この権力が，国家である」（全集169，国民文庫221）.「この公権力を維持するためには，国家市民の費用負担が必要である．——すなわち租税である……いまや公的権力と徴税権をにぎって，官吏は，社会の機関でありながら，社会のうえに立っている」（全集170，国民文庫223）.

『家族，私有財産および国家の起源』における国家論の主要点は上の文章で表わされているといってよいだろう．『ドイツ・イデオロギー』で特殊利害と共同利害について言われていたことの延長線上に発展的に論述されていると言えるだろう．ここでは，氏族制度の崩壊によって階級が生まれ，それとともに国家が誕生することに主張の主眼があり，結果的に『ドイツ・イデオロギー』で言われた「支配的思想」による「普遍化」の面が顧みられなくなった．そのために，マルクス・エンゲルスの国家論は，国家は階級支配の強力装置であるという一面が後代の人々によって強調されることにつながったのであろう．また，ここでは資本主義国家は論じられていないし，資本制社会の法則，諸矛盾

第 7 章　経済学と国家　　　　　　　　　　　　　　　　183

の中で資本主義国家がどのように機能するかも論じられていない.

　その後, エンゲルスは『ルートヴィヒ・フォイエルバッハとドイツ古典哲学の終結』(『フォイエルバッハ論』——1888 年)[9]やコンラート・シュミットへの手紙 (1890 年 10 月 27 日) において史的唯物論を論じている. シュミットへの手紙には, 「史的唯物論一般についてのあなたのご質問に答える」(全集第 37 巻, 訳 424) というかたちで, 国家, 法律, イデオロギー・哲学, 宗教に言及している. 国家については次のような文章がある. 「社会は社会にとって不可欠ないくつかの共同の機能をつくりだします. この機能に指名された人たちが, 社会の内部に分業の新しい部門をつくります. それにより彼らは委任者にたいしても特別の利害をもつことになり, 委任者にたいして自立化し, そうなると——国家がそこに生じます」(同, 下線は引用者). 論調は『ドイツ・イデオロギー』におけるものと基本的には同じであろう. また, この手紙には, 法律, イデオロギー・哲学等についても論じられ, しかも, それらの経済活動への反作用が強調されている. これらについては煩雑になるので注 9, 10 に引用している[10](ぜひ参照されたい). なお, これらの論点は, のちに補章を論じる際,

---

9)　『フォイエルバッハ論』には次の文章がある. 「社会は, 内外からの攻撃にたいしてその共同の利益を守るために, 自分のために一つの機関をつくりだす. この機関が国家権力である」. 「国家は, ひとたび社会に対して自立した力になると, ただちにもう一つイデオロギーを生み出す. すなわち, 職業的政治家たち, 国法の理論家たち, 私法の法律家たちにあっては経済的事実との関連がいちじるしく消え失せてしまう. 経済的諸事実は, どんな個々の場合でも, 法律の形式で認可されるためには法律的動機という形式をとらなければならない」(全集第 21 巻, 訳書 307).

10)　法律については, 分業によって「職業的法律家がつくられるやいなや, ふたたび新しい, 自立した領域が開かれ, それは一般的に生産および商業に従属しながらも, なおかつこれらの領域にたいして特別の反作用能力をもつことになります」(425) と記し, 「『資本論』の, たとえば労働日にかんする篇, そこでは立法が鋭く作用するのですが, 立法とはなんといっても政治的行為ではありませんか」(427) と記して, 立法の経済領域への反作用を述べている. 哲学については, 「それぞれの時代の哲学は, その先達からひきつづき, 出発点となるような特定の思考材料を前提としてもっています. だからこそ, 経済的後進国が哲学においてはそれでも第 1 ヴァイオリンをひくことができる」(427) と記している. それらの言及ののち, 「現実の世界では……形而上学的な両極対立は, 危機においてしか存在せず, 大きな過程全体は相互作用——たとえ非常に不等な諸力の相互作用であり, そのうちで経済的な運動がはるかに最強で, 最も本源的で最も決定的な力であるにせよ——の形態ですすむこと, ここでは絶対的であるのではなく, かつすべて相対的である」(428) と経済的事象の上部構造への作用をまとめている. さら

参考になるものである.

『反デューリング論』,『家族, 私有財産および国家の起源』が階級支配の視点でとらえすぎていたのを,『フォイエルバッハ論』やこの手紙においては法律, イデオロギーなどにも言及してやや多面的になっているが, ブルジョア国家がどのようにしてブルジョア社会を総括するのかについてはやはり詳しくは述べておらず, 多くは記述されないままに残ったというべきであろう. そもそも,「ブルジョア社会の国家の形態での総括」は強力装置による階級支配であるとともに, それ以外の諸側面(上のエンゲルスからの引用文における「共同の機能」)を有しているだろう. 国家は強力装置以外に諸側面, 諸機能を有しているからこそ総括と支配が可能になるのであろう. 近代ブルジョア国家の全面的な解明は, マルクス・エンゲルス以降の研究者が明らかにしなければならない課題として残されたのである.

2. ブルジョア社会の国家の形態での総括——幾人かの研究者による把握

マルクス・エンゲルスを踏まえながら, 経済学体系における国家論の進展に重要な貢献をなしたのは日本の財政学, 世界経済論の研究者であった. というのは, 経済学批判体系プランにあったように国家の把握を前提にそれらの学問が成立するからである. 以下, 諸研究者の議論を見ていこう.

(1) 島恭彦氏の国家論

島恭彦氏は『現代の国家と財政の理論』(三一書房, 1960年)において, ヴァルガ, ツィーシャンク, 井汲卓一氏らの国家独占資本主義論を振り返りながら, 資本制国家を次のように簡単にまとめられる.「総じて資本主義体制を維持しようとする資本制国家は階級支配を権力的に組織する権力行政と, 資本主義経

に, 同年9月21日のヨーゼフ・ブロッホ宛の手紙には, 次のような文章もある.「唯物論的な歴史観によれば歴史において最終的に規定的な要因は現実生活の生産と再生産である. それ以上のことをマルクスも私も主張したことはありません. さて, もしだれかがこれを歪曲して, 経済的要因が唯一の規定的なものであるとするならば, さきの命題を中味のない, 抽象的な, ばかげた空文句にかえることになります」(全集27巻, 訳401-402ページ).

済をコントロールする管理行政とをかね行っている」(35).「この国家の二つの機能を統一的にとらえることは, 資本主義のあらゆる段階の国家, とくに現代の国家の認識のためにはきわめて大切なこと」(同),「国家の機能の二つの側面というのは, 一般に資本主義社会における「社会化」といわれるものの矛盾した性質を反映している」[11](同) と言われる.

そして, 島氏は「管理機能」の具体例として, 以下を挙げられる.「自然に対する社会的な支配や調整」,「分散的な生産手段の社会的に集中された生産手段への転化」,「科学の意識的応用」,「土地の計画的利用」,「結合された・社会的な・労働の生産手段としての使用によるすべての生産手段の節約」等である(37).「要するに資本主義国家の機能に含まれる社会的コントロールと権力的支配という二つの側面は, 資本主義内部の「社会化」過程の矛盾を反映している」のであり, しかも,「資本主義国家の管理機能は, 純粋なものではなく, つねに「政治的」である」(同)とされる.

島恭彦氏のこれらの指摘は, マルクス・エンゲルスの国家論の基本を踏まえつつ, 国家についてのさらなる理論的進展を促す諸論点が含まれていた. それを果たすべく貢献されたのが池上惇氏, 宮本憲一氏であった.

(2)　池上惇氏の国家論

①土台・上部構造の相互作用

池上惇氏の国家論も国家独占資本主義論の吟味から抽出されたものである. 氏は『国家独占資本主義論』(有斐閣, 1965 年)の第 1 章において次のように言われる.「土台・上部構造の相互作用, それの惹起する諸矛盾を分析するという立場から国独資に接近するのが最も正しい方法である」(13). その指摘のあと, 氏は同書の第 2 章で土台・上部構造の相互作用についての基本的な論述がなされる. 第 1 節で社会科学が「上部構造と土台の相互作用に関する法則性

---

11)　島氏が言われる「社会化」過程についてはさらなる検討が必要であろう. 氏は,『資本論』第 1 巻第 24 章第 7 節の文章を引用しながら「社会化」過程を言われる. 氏が言われるように『資本論』第 7 節で言われる事態は抽象的な考察であり, 具体的に「権力的機能」と「管理機能」がどのような局面でどのように必然化されるのかを,「この文章(第 7 節の文章——引用者)のところどころに組み入れて考えてみることはできる」(37)とされるが, 氏のこの著書では「組み入れ」は指摘だけで具体的には記されていない.

を明らかにしえない場合には，逆に経済理論そのものの俗流化が始まる」(24)
と指摘され，第2節では「土台とは生産諸関係の総体であり，生産手段にたい
する所有関係が，生産諸関係の性格を特徴づけている」(28) としたうえで，
エンゲルスを引用しながら，人間の目的意識的な行動は究極的には経済的な前
提と条件によって規定されるが，政治的，法律的，宗教的な諸要素——上部構
造は土台に対して一定の反作用を及ぼすと，土台・上部構造の相互作用の基本
を述べられる (28-31)．

②資本主義的諸矛盾の総体にたいする国家の経済的力能

　氏はこれを受けて第3節の冒頭において，氏のこの著書の基本視角を提示さ
れる．以下である．「土台と上部構造との相互作用の中で経済学における国家
の範疇をとらえようとする立場からすれば，まず第1に，資本主義的生産関係
から不可避的に生み出される諸矛盾の総体を把握し，第2に，この諸矛盾の総
体に対応してどのような性格の国家権力が，どのような干渉を経済過程に対し
ておこなうか，が研究されなければならない．そして，最後に，この干渉の結
果として，資本主義的諸矛盾がどのような方向に発展していくか，が明らかに
されるべきである」(33)．

　そのうえで，氏は矛盾の総体をエンゲルスに依拠しながら4点示される．A
「生産者が生産手段から分離する．……プロレタリアートとブルジョアジーと
の対立」，B「無拘束な競争戦．個々の工場内における社会的組織と社会にお
ける全体としての生産の無政府状態との矛盾」，C「産業予備軍の増大……他
面での生産力の未曾有の発展，恐慌」，D「資本家自身が生産力の社会的性格
を部分的に承認することを余儀なくされる．……ブルジョアジーは余計な階級
であることがあきらかになる」(池上，35-36，前掲，粟田賢三訳『反デューリン
グ論』224-226)[12]．

　氏は，資本主義的国家権力は資本主義的基本矛盾によって規定されている

---

12)　この池上氏が引用されたエンゲルスのA〜Dの文章は，エンゲルスが『反デューリ
　　ング論』をもとに『空想より科学へ』を執筆した際に付け加えたものである（前掲，粟田
　　訳『反デューリング論』の訳者序文4参照）．全集版の『反デューリング論』にはこれら
　　の文章はない．A〜Dの文章は『空想より科学へ』（全集版，第19巻，訳224-225，大
　　内兵衛訳，岩波文庫，70-71）にある．

(33) と言われ，資本主義的諸矛盾の総体に対応する国家の土台への作用（国家の経済的機能）は次の3つに分かれるとされる．1) 階級対立に基因する権力機関そのものの維持のための経済的干渉，2) 諸矛盾を一時的に緩和し，資本主義的生産方法を改良するための経済的干渉，3) 本源的蓄積的な国家の経済的干渉，である（36-37）．この3点の指摘はおおむね正当であろうがいくつかの問題も含むであろう（本源的蓄積的な国家の経済的干渉については本章では割愛)[13]．以下，順次見ていこう．

　i)「権力機関の維持」について

　氏は，資本主義以前の国家では，権力支配が共同体から引きついだ「社会の共同事務」と結びついており，いわゆる「公的機能」が階級支配の基礎の1つとなっていたと言われ（37），しかし，資本主義的生産関係は一切の共同体的規制の廃棄にむかってすすみ，資本主義的国家権力は生産の管理から疎外され，社会の共同事務をおこなう専門家の集団は不必要になり，生産力水準の発展は社会の全成員が社会の共同事務に参加しうる可能性をつくりだすと論じられる．国家権力は純粋の階級抑圧機関として，「不生産的階級」として規定される（37-38）．これが氏の言われる上述の1)「権力機関維持のための経済的干渉」＝「国家権力の経済基礎」であり，それは氏が言われるように古典派経済学の「夜警国家」論に通じるものである．古典派経済学にとっては，この「干渉」は「浪費」であり，経済的発展にとっては「桎梏」とみなされると言われる（38）．

　しかし，この池上氏の把握はいかがであろうか．この把握では島氏が言われた資本主義国家の「管理機能」は後景に追いやられてしまいかねない．資本主義的生産関係の進展は一切の共同体的規制の廃棄にむかうが，資本制国家は共同体諸規制を解除しながら，産業資本のために全国市場の整備に必要な道路，港湾等の建設，労働力確保のための教育，衛生事業を進めていかざるを得ない．

---

13) 池上氏は，「国家の経済的機能としての本源的蓄積の諸契機は，産業資本の発展とともに，副次的役割に転落してゆくとはいえ，決して消滅するわけでなく，資本主義的蓄積様式に接合され，補足しあいながら国家の経済的機能として作用する」(53) と言われる．本章では本源的蓄積における国家の作用については割愛するが，以上の指摘は重要なものであろう．後述の吉信粛氏が言われている民族国家から資本主義国家への転変過程のなかでこの問題は本来は論述されなければならないだろう．

氏はこれらの建設，事業を次の「改良」の箇所で少し触れられるが，「改良」
の視点で把握されるのが適当であろうか．それらの事業を抜いては資本制下の
全国市場の拡大は不可能であり，労働力確保も十分にならないだろう．国家は
資本主義体制を維持できない．ここに，島氏が言われていた「管理機能」が存
在する根拠があろう．

ii)「資本主義的改良」

池上氏は「経済的力能」の2)「資本主義的改良」については4点の事例を指
摘される．第1は，工場立法などの「改良」である．「工場立法が資本制生産
様式の発展期における国家権力の経済的干渉をもっとも典型的に示す」(41)
とされ，「標準労働日の設定が，究極的には資本の利益と一致するものであり
ながら，激烈な階級闘争を媒介したのと同じく，都市計画や地域問題も，都市
住民や地域住民の要求，環境整備や，公衆衛生的見地からする運動を媒介とし
て「改良」された．かかる「改良」は労働者や市民の生活水準を一時的に上昇
させるが，より大規模な資本の集積，集中の条件をつくり上げることによって，
より一層大きな資本の支配力を達成させる」(43)．

また，「改良」の「経済的力能」としての第2例は鉄道を中心とする運輸業，
運河，橋梁などの大量の固定資本であるが，これも「改良」の中に入れられて
論じられる．「利潤率が低く，個別資本の手に負えない部分は，国家がその運
営を引き受けざるをえない」(44)．「このような国家の干渉は，信用制度と株
式会社が発展するまでの過渡期的な事態にすぎない」(同)と言われる．しか
し，それらの事業の一部は信用制度が整備され，株式会社が登場して以後も国
家によって建設，整備されるのではないだろうか．池上氏の言われる「改良」
というよりも，国家によるブルジョア社会の総括にとって不可欠の事業ではな
いだろうか（後述）．

第3の事例は信用制度であり，「国家の経済過程への干渉の性格は，銀行制
度および信用制度の確立の中に最も典型的な姿をみることができる」(同)．最
後の第4事例として国有企業が指摘される (46)．第3，第4の指摘はごく簡
単なものにとどまっている．しかし，銀行制度および信用制度の確立が「資本
主義的改良」の中に入れられるのはどうであろうか．信用制度の整備，中央銀
行の設立，国内決済制度，国民通貨は，資本制国家の登場を前提に国民経済の

成立を踏まえなければならない[14].

　以上の池上氏の論述を簡単に以下にまとめてみよう．氏の論述には問題点も含むものであるが，資本制社会における「全矛盾を総体として把握し，それにもとづいて国家の経済過程への干渉の性格を明らかにする」(61) という視角は，国家論にとってきわめて重要なものであろう．この視角を発展させ経済過程への干渉をより豊富に把握し，また資本制下の全国市場の拡大，労働力確保の国家の機能も考察しながら，国家の形態での資本主義社会の総括とはどのような事態なのかを全面的に明らかにしていく必要があろう．

　その場合，島氏が言われていた国家の支配機能と管理機能の統一的把握を改めて視野に入れなければならないだろう．池上氏の場合，資本主義以前の社会における共同体規制が資本主義の進展に伴って廃棄されていったことを強調される結果，資本制国家による新たな全国市場の創設，労働力確保のための諸施設の整備＝「共同管理機能」の視点が抜けてしまった．それらの諸施設の整備のためには，財政，官僚制度，教育，医療などの整備が不可欠となり，法体系と議会制度も不可欠になる．それらが資本制国家の諸契機となり，資本制国家を展望する新たな地平を形成していくことになるのではないだろうか．

(3)　宮本憲一氏の国家論

①社会資本

　島氏の著書を受けて，国家独占資本主義論とは別の方向で国家論をさらに深められたのが宮本憲一氏であった．それは，社会資本論の研究を経由しておこなわれ，島氏が述べられていた国家の「管理機能」を理論的にとらえ直そうとするものであろう[15].

---

14)　拙書『国際通貨体制の論理と体系』法律文化社，2020 年，第 1 章，とくに，17 ページ以下を見られたい．

15)　「社会的労働手段」についての先駆的な研究は池上惇氏によってなされている（宮本憲一『社会資本論』有斐閣，1967 年，12 ページ）．池上氏の論稿は以下である．「社会的労働手段と公共投資」『経済論叢』90 巻 6 号，1962 年 12 月．池上氏のこの論稿においては「社会的労働手段」が中心に論じられ，「社会的共同消費手段」については簡単にしか述べられていない．また，本章ですぐのちに論じていく社会資本の国家による整備が「国家によるブルジョア社会の総括」につながるという指摘はみられない．

宮本氏による社会資本の把握を簡潔に記そう．氏は次のように言われる．
「ブルジョア国家の成立は，生産手段の資本主義的所有と剰余価値の資本家的
取得の自由の制度を，権力によって法制的に確認することであった．そして国
家は，それにもとづいて，全社会の秩序を軍事的政治的に保護し，行政的に運
用するという任務をもっている．それだけではない．ブルジョア国家は資本の
生産の一般的共同社会的条件たる一般的労働手段を建設管理することによって，
ブルジョア社会全体を総括することになったのである」[16]．「ブルジョア国家
による共同消費（上水道，衛生設備，教育機関など――引用者）の掌握はブル
ジョアジーの共同体（行政機関，代表制機関などの国家機関――引用者）が，
労働力の再生産の一般的条件ひいては資本制の再生産の条件を掌握することで
ある．それは，生産条件の一般的条件の掌握とともに『ブルジョア社会の総
括』＝資本主義的国家の完成のひとつの側面である」[17]．

以上の，社会資本――社会的一般労働手段と社会的共同消費手段――の理論
的整理によって，「ブルジョア社会の総括」の内容が一層明確になり，島氏が
言われた国家の「権力的機能」と「管理機能」が統一的に把握されうるように
なった．

②4つの矛盾と社会問題

宮本氏は社会資本についての究明をなされた後，「国家経済の一般理論」を
本格的に示そうとされる．それは氏の『現代資本主義と国家』（岩波書店，1981
年）の第2章，とくにその第2節においてである．この節は3つの項からなっ
ている．第1項「公共的介入の必然性」においては，「資本主義的経済法則の
生み出す社会的矛盾」――4つの矛盾が述べられ，「この4つの矛盾は，それぞ
れ独自の社会問題をひきおこす」(67)し，「4つの矛盾は市民社会の混乱と政
治的な対立を生み，それを体制の危機にいたらせないために，公共的介入は必
至となった」(70)．これが宮本氏の国家論の基本であるが，この基本把握は，

---

16) 宮本憲一，同上，26ページ（以下では「ページ」を略す）．

17) 同上，39．氏は，「マルクスは生産過程外の消費を個人的消費と総称した．マルクスは
『資本論』の中で，個人的消費の内容について，理論を展開していない」（同上 29）と論
じられる．そのとおりであろう．それ故，氏の社会的共同消費手段＝社会資本の展開は
国家による総括を論じるにあたって重要である．

先の池上氏の把握——矛盾の総体を把握し，それに対する国家の干渉・作用（経済的力能の発揮）を明らかにする——と大略的には同じである．ただし，矛盾の内容は若干異なっていよう．それを以下に示そう．

それでは宮本氏が言われる4つの矛盾とはどのようなものだろうか．第1の矛盾は，「資本家による労働者の搾取」である．剰余価値の取得が労資の階級対立の根源であり，「資本主義固有の基本的矛盾として労働者の貧困問題が生ずる」(64)．第2の矛盾は，「資本制蓄積にともなう共同社会的条件の貧困」(64) である．資本主義社会は剰余価値の法則，利潤原理によって動いており，生産や生活の一般的条件が十分に供給されない傾向がある．ダム，道路，鉄道などの生産の一般的条件（社会的一般生産手段），共同住宅，生活環境施設（上下水道，衛生設備など），公教育施設，医療施設，社会福祉施設などの生活の一般的条件（社会的共同消費手段）の整備の遅れである．これらは，それらの諸施設は費用がかかって採算が取れなかったり，商品化しにくい等のために，国民経済や市民社会を維持するためには不可欠であるが整備が遅れる (64-65)．

宮本氏の大きな理論的貢献は，前述のように，この第2の矛盾で指摘されている社会資本についてである．もちろん，氏の『社会資本論』がベースになっている．資本主義は共同体を崩壊させ，共同体に付随していた共同生産設備，生活環境設備の一部を資本主義国家が整備せざるをえなくなる．とくに後者の生活環境設備の整備が遅れるのである．しかし，第2の矛盾として社会資本（社会的一般生産手段，社会的共同消費手段）の整備の遅れが言われるのは問題があろう．そもそも資本制下の全国市場を維持・拡大するために，社会資本，とくに社会的一般生産手段の整備が不可欠であり，それらの整備は私的資本では不可能であったのである．氏が，社会資本が「国家によるブルジョア社会の総括」の重要な契機とされる（前掲『社会資本論』26）以上，第2の矛盾からの社会資本の把握では矮小化にならないだろうか．社会的一般生産手段と社会的共同消費手段を同列におくことが適当であろうか．前者は矛盾から説明されるべきものではないだろう．少し述べよう．

全国市場の創設のために，ブルジョア革命直後のマニュファクチュア時代から政権によって道路，橋梁などの交通手段の整備，度量衡の統一，郵便制度等の整備が始まっていく．それらの整備は，勃興しつつあったマニュファクチュ

ア経営者の求めるものであるとともに，ブルジョア革命によって生まれた政権の維持のために，軍隊，官吏の動員，諸税の確保のために必要なもの（政権維持基盤）でもあった．さらに，産業革命後の機械制大工業の時代にはより大規模の鉄道，運河，港湾などの社会資本が資本主義国家により整備されていく．それらは，「生産の一般的条件」[18]とはいえ，私的資本，総資本によっては十分に整備されないものであり，資本主義国家によって整備される．その整備は，諸資本，総資本の要求であり総資本の運動と関連している．そして，そのことによって国家は資本主義経済を総括するのである．のちにも触れるが，総資本の諸運動と資本主義国家の社会資本の整備も含む経済過程への作用とが合わさって国民経済がかたちづくられていく．国民経済の範疇をやはり想定しなければならないのであろう．

さて，宮本氏が指摘される第3の矛盾は「独占による価格騰貴などの不正義」(65)であるが，これについては項目が挙げられているだけで，内容的にはほとんど記載がない．第4の矛盾は「価値がないか，価値が小さい財・サービスあるいは労働力を商品化しない人間の破壊と浪費」(65)とされる．資本主義社会において価値の低い自然環境が浪費され，自然破壊，公害・都市問題にこの矛盾は顕在化する．また，病人，高齢者などの健康は生産力の低下と評価される．自然破壊，病人・高齢者の健康維持が評価されなくなる．剰余価値の法則，利潤原理の働く社会ではこれらの費用は節約され，住民生活の困難が増す(65-66)．

以上の4つの矛盾は，それぞれ独自の社会問題をひきおこすが，氏はとくに2つの問題について論述される．第1は経済的には社会的効率がおちて，社会的再生産を困難にするという事態についてである(67-68)．とくに言われるのが労働力の再生産の困難化である．賃金の労働力価値以下への切り下げ，貧困化が都市問題を生じさせ，「資本の自律性にまかせれば労働力が枯渇し，都市における生産力が停滞し，市民社会は存続できなくなる可能性が出てきた」(68)．第2は「4つの矛盾はそれぞれの社会的結果として，あるいは複合した社会的結果として，社会的不公平を生み出し，市民の生活困難を生み，階級対

---

18)　宮本氏の前掲『社会資本論』1.

立を激化させ，市民社会は政治的な混乱におちいる」(69) という事態への言及である．

　4つの矛盾とそれが引き起こす社会問題についての宮本氏の指摘は重要であり，そのとおりであるが，資本主義的生産の諸矛盾から不可避的に発生する恐慌とそれへの国家の対応についてはどうなのであろうか．宮本氏は「国家経済の一般理論」を論じられている第2章では恐慌については記述されていない．国家の恐慌への諸対応を一般理論として論じる必要があろう．筆者のとらえ方を簡単に記しておきたい．

　資本主義経済においては経済諸部門間の不均等は不可避であり，生産された全商品が販売されて実現されることはない．マルクスは『資本論』第2巻の草稿において，次のように記している．「均衡はただ，一方的な購買の価値額と一方的な販売の価値額とが一致することが前提されている場合にしか存在しない」，「均衡は……それ自身一つの偶然だから……恐慌の諸可能性に一転する」[19]．しかし，多くの場合，この不均衡は種々の要因によって均衡化に向かう．マルクスは，「流通過程を直線的に進行するものだと考える（のは）……間違い（であり）……この過程はどれもみな互いに反対の方向に進むもろもろの運動からなっている」[20]と記述している．ところが何らかの要因によって不均衡が均衡化しないまま推移していけば恐慌が勃発する．不可逆的な不均衡の進展をもたらす主要因は信用膨張である[21]．信用膨張の中ではそれが危険と認識されるまで期間がかかり，その間，不均衡は隠れており，大きく進展していく．信用過程のどこかで破綻が発生する（どこで発生するかはそれぞれの時期の事情によって異なる）と，それが信用過程の全過程に及び，手形の不渡り，借入の返済の困難化が続き，「恐慌は，消費的需要の，個人的消費のための需要の，直接的な減少においてではなく，資本と資本との交換の，資本の再生産

---

19)　大谷禎之介『資本論草稿にマルクスの苦闘を読む』桜井書店，2018年，第5章に所収の訳，214，新日本出版社の新書版訳，⑦801．均衡的な再生産表式が成立していれば，もちろん，そこには不均衡は存在しない．不均衡の問題は均衡的な表式の外にある．実際の社会には均衡的な表式に入らない諸商品が残り，つねに不均衡化の要因が残存している（前掲拙書『『資本論』諸草稿の検討』36，43-44）．
20)　同上の大谷禎之介氏の訳書，208，『資本論』⑦794-795．
21)　前掲拙書『『資本論』諸草稿の検討』150．

過程の，減退において，目に見えるようになる」[22]．生産諸部門間の不均衡，過剰生産が一挙に現われる[23]．

　こうした生産諸部門間の持続的不均衡，恐慌に対して，とくに1930年代以降の国家は，財政資金を最大限使いながら，その緩和をはかってきた．公共投資による需要創出である．これはケインズ政策として種々に論議されてきた．本章ではこのことについて詳述しないが，乗数的に生産過程の波及があるのではなく，生産財生産部門（I部門），消費財生産部門（II部門）の部門間比率に規定されながら，公共投資による過剰生産の緩和が進んでいく[24]．現在では，資本主義において不可避的に発生する恐慌への国家の対応，公共投資，財政・金融政策を抜きには，国家の諸矛盾に対する干渉・作用の全体像は把握されないだろう．

③国家の介入とまとめ

　宮本氏は恐慌への国家の対応については論じられないが，氏が言われる4つの矛盾とそこから生じる社会問題を契機に国家権力の介入の必然性が論じられる．労働条件の規制，交通手段の整備，社会的共同消費の供給，公教育の実施などである（前掲宮本70）．「国家権力による公共的介入は，形式的には国民合意といった議会の承認＝立法化を必要とする」（71）．「このような国家権力の介入は，法制度をつくってすすめるか，あるいは直接規制＝行政介入から始まるが，やがて20世紀にはいると資本主義の経済に同調して，財政的な介入が大きくなり，それが一般的な方法となる」（同）．

　以上のように，宮本氏は，先の池上氏の把握と同様に，矛盾の総体を把握し，それに対する国家の干渉・作用（経済的力能の発揮）の必然性を明らかにされようとする．

　そのうえで，宮本氏は『現代資本主義と国家』の第2章第2節第2項において「国家による資本主義経済・市民社会の総括」（75）について論じられる．

---

22)　『資本論』⑤ 120-121．

23)　注19の拙書の補論2を見られたい．

24)　拙稿「再生産表式と外国貿易，需要創出の波及過程」『立命館国際研究』34巻2号，2021年10月，第3節を見られたい．同拙稿は本書の第4章に収録．

ここに氏の国家論の中心があろう．氏は以下のように総括的に言われる．「資本主義体制とは，資本主義的商品経済，資本主義的市民社会，資本主義的国民国家の総称である．この場合の国家とは，国民議会，中央政府行政機関，司法組織，自治体，自治体議会，学校，軍隊，国・公営企業，第三セクターなどの特殊法人を含む権力機関と公共サービス機関の総称であって，立憲制による法治国家である」(75)．さらに，「国家は資本主義経済の上に成立するブルジョア社会を総括する」(同)．「国家は資本主義経済の再生産を保障するとともに，ブルジョア社会を防衛し，その内的矛盾を解決し，資本主義体制を創設し，維持しようとする」(同)．

以上のような国家についての総括的な諸規定のうえで，「国家の役割」を6点にわたって記される (76-79)．1)「内外の敵対勢力を暴力的に抑圧し，支配階級を保障し，その社会秩序を安定すること」，2)「資本の生産の一般的共同社会的条件の創設・維持管理」，道路・鉄道などの交通手段，通信手段，工場用水などの社会資本の整備である．3)「市民，労働者の生活の一般的共同社会的条件の整備」，共同住宅，上下水道，医療衛生施設，教育施設等の社会資本の整備である．4)「商品・貨幣の流通や信用の対内・対外的な一般条件の整備」である．一国の通貨発行権，度量衡の統一，気象観測，経済統計の作成などである．5)「資本の本源的蓄積の助成」，資本や労働力の都市集中の基盤整備等である．6)「環境や資源の管理」．資本主義経済は有限な環境を破壊し浪費する傾向があるが，その利用に一定の規制をかける．しかし，やはり宮本氏は国家の役割の中に恐慌への対応は入れられない．この点は，われわれの今後の課題として残っていよう[25]．

「国家の役割」をこのように整理され，氏は最後に，「国家の役割は，権力的事務と共同事務とが並列して存在するのではない……この社会の下では権力的総括として統一されている」(80) と，宮本氏は島氏が提起された論点——国

---

25) 本書においては恐慌論を論じることはできないが，筆者は以下で論じている．拙書『『資本論』諸草稿の検討』日本経済評論社，2021年の補論2「恐慌についての簡単なスケッチ」．この補論を，信用論を論じ終わった後においている．本書でも第4章の末尾に簡単に記している．なお，リーマン・ショックのようなアメリカの恐慌は，アメリカの経常赤字とそのファイナンスが進行している状況下での国内信用膨張を論じる必要があろう．本書の第13章で少し触れよう．

196

家の権力的機能と管理機能——のより高次の理論的整理に大きな貢献をなされ
た[26].

　以上の島，池上，宮本氏の理論的整理を踏まえて，われわれは国民経済を正
確に把握できるようになったであろう．つまり，諸資本，総資本の運動・展開
とそれを補う国家による「生産の一般的条件」（宮本『社会資本論』1）の整備，
諸資本，総資本の運動・展開から生まれる諸矛盾への国家による作用，このよ
うな国家の「経済的力能」によって国民経済が把握できよう．国家によって総
括された一国の資本主義経済過程・諸事態＝国民経済が，つまり国民的経済構
造，国民的資本構成，国民的利潤率，国民的労賃などとして現われてくる．そ
れらは対外的に諸国家と対峙することによって明確になる[27].　国民経済とは，
そのような国家によって総括された一国経済の「基礎的諸範疇の国民性」なの
である．しかし，ここでいくつか論じておかなければならない．1つは，これ
までの議論を補う意味，反省の意味を込めて木下悦二氏の議論を批判的に検討

---

26)　国家は権力的機能と管理機能を保持しているのであるから，たとえ，共産主義が実現
　　したとしても，エンゲルスが『反デューリング論』で言うのと異なり（全集版第20巻，
　　訳289-290），国家は「眠り込む」ことにはならないし「死滅」しないであろう．「眠り
　　込む」「死滅」するのは階級の「消滅」による権力的機能だけである．すくなくとも社会
　　的一般労働手段，社会的共同消費手段などの整備の諸機能は必要である．マルクス・エ
　　ンゲルスの研究の範囲・段階では捉えられないのであろう．宮本氏が言われていたよう
　　に（前掲『社会資本論』29の注，その他，同書第1章のいくつかの注），マルクスは
　　「社会資本」という用語も使っていないし，それに関するような言及も限定的である．ま
　　た，本書では，補章を設けて，法学研究者の国家論について少し論じる予定であるが，
　　法学研究者の国家論では，社会資本への視点が十分でない．次のような趣旨の文章が気
　　になる．つまり，「国家は，この秩序（階級的支配＝従属関係の社会的編成）の維持のた
　　めに，そしてそのかぎりでのみ，この維持機能の一環として「共同的＝社会的機能」を
　　果たす（道路・水利事業，衛生事業，教育事業……）」（藤田勇『法と経済の一般理論』
　　日本評論社，1974年，117）という．この表現によって，国家は「階級的モメントと超
　　階級的モメントとの「二重性」，あるいは「実体的」なものと「幻想的」なものとの「二
　　重性」によって説明されるべきでない」（同114）と言われるのであろうが，「そのかぎ
　　りでのみ」というこの説明では不十分であろう．法学研究者の国家論においては，ブル
　　ジョア経済諸過程の全体を国家がどのように総括するのか，国家の経済過程への反作用
　　が十分に捉えられていないようである（拙稿「社会的意識，「支配的思想」，国家の把握
　　に関する小論」『立命館国際研究』27巻3号，2015年2月の209-210，214の注29参照）.
　　経済学の研究者と法学研究者，思想論の研究者等の「共同」研究が必要なのであろう．

27)　前掲，吉信粛「体系」244，『国際分業と外国貿易』25-26参照.

しておきたい．論じるべき他の点については「まとめに代えて」において指摘
したい．

(4) 木下悦二氏の国家把握についての批判的検討

　宮本憲一氏の『現代資本主義と国家』の刊行ののち，『資本論体系⑧国家・
国際商業・世界市場』（有斐閣，1985 年）が刊行され，木下悦二氏が冒頭論稿
「『資本論』と後半体系」を執筆されている．本章では，マルクスのプランにお
ける「ブルジョア社会の国家の形態での総括．自己自身に対する関連での考
察」への理論的貢献をなされてきた島，池上，宮本各氏の諸議論と関連させて，
木下悦二氏の議論展開を吟味しよう．とはいえ，本章では木下氏の論稿の全体
について言及することはできない．本章では『資本論体系⑧』に収録された木
下悦二氏の論稿の 2「後半体系の位置づけ」のうちの A「後半体系における国
家論の視角」，B「国民経済について」に対する論評に限定される（C，D につ
いては割愛）．国際商業，世界市場についての検討は，本章の課題を超え，別
の機会に行ないたいからである．
　木下氏の議論を吟味するのは，氏が重要視される「市民社会」，『ドイツ・イ
デオロギー』における「共同利害」という範疇——島，池上，宮本氏はほとん
ど触れられなかった——が資本主義国家を把握する際，混乱を引き起こしかね
ないかどうかを確認したいためでもある．

①市民社会，「共同的利害」

　木下氏は氏の論稿の A において，ヘーゲルの『法の哲学』における「市民
社会」という範疇，用語にこだわられる．氏はエンゲルスのマルクスへの手紙
（1852 年 9 月 23 日）を引用され，「エンゲルスはブルジョアジーが支配階級と
なった社会をブルジョア社会と呼んでいる」(17) と言われつつ，エンゲルス
のこの言葉を「確認しておけば，市民社会＝ブルジョア社会として扱っていさ
さかの不都合もない」，「近代市民社会においては，プロレタリアートも形のう
えでは自由人として現われるという特徴を，「市民社会」という訳語がよりよ
くあらわしていると考えるからである」（同，下線は引用者）と記述される．し
かし，われわれは市民社会＝ブルジョア社会として扱ってよいだろうか，また

われわれが問題とするのは「形のうえで」のことではないだろう．氏への疑問の第1点はこのことである．

次に，氏は，やはりヘーゲルに言及されながら，「国家が市民社会の普遍的利害を代表するものとして，市民社会を外部から従属させる存在であるとの認識において（ヘーゲルとマルクスは）共通でありながら，普遍的利害が全市民のそれであるとヘーゲルがみたのに対して，支配階級を構成する一部の市民のそれにすぎず，他の階層を隷属させる役割を果たすものとマルクスはみた」[28]（18）と言われる．「共同利害」の階級性についての氏の指摘自体はそのとおりであろう．

次の疑問は以下のことである．「マルクスとエンゲルスは，近代国家についての論理を二重に設定している」（18）と言われ，氏は，マルクスらはその一面を『ドイツ・イデオロギー』における「共同的利害」においていると主張される．この是非である．氏は『ドイツ・イデオロギー』から3つの文章を引用されつつ，次のように言われる．「一方では分業の発達に伴い，個人ないし家族の個別的あるいは特殊的利害と共同的利害との間に矛盾が生じる．そこで共同的利害が国家として自立した姿をとる」（18）．この文章を受けて，マルクスは「国家の共同社会性を一つの「幻想的な共同社会性」であるとみなしている」（19）と言われる．国家の二重機能，2つの側面は，島氏，宮本氏においても述べられていたが，島，宮本氏はその一面を『ドイツ・イデオロギー』の「共同利害」におかれることはなかった．木下氏の主張のように，一面をこの「共同的利害」におくことはいかがであろうか．氏は，その直後に「マルクスたちの国家論のいま一つの論理は，いうまでもなく，国家の成立を階級支配から説くもの」（同）と言われ，それを「国家道具説」（20）と呼ばれる．氏は，「このような国家観に立って，経済学批判体系に位置付けられた「国家」が研究できるとは思わない．誰の目にも階級支配の道具であることが，透けて見え

---

28) マルクス・エンゲルスは「共同利害」を，ヘーゲルと違って，「観念の中でたんに「普遍的なもの」としてではなく，まず現実のなかで，……存在する」（全集版，第3巻訳28-29，岩波版43，渋谷訳62-63，訳文は渋谷版の左欄の文章）ものとして把握している．このことから「普遍的利害」と「共同利害」は内容的に大きく異なるものである．現実的な利害であるから，それは哲学的にではなく，本来ならば経済学的に把握されなければならない．

るような国家ならば，あえて経済学的研究の助けなど借りる必要がないからである」(20-21) と言われる[29]．しかも，氏は「国家道具説」を批判されるあまりに，「国家が剥き出しの暴力組織などではなく，全市民社会の共同的利害の外化した存在でありながら，同時にそれが階級支配に役立っている」(21, 下線は引用者) と言われるが，「全市民社会の共同的利害」であろうか．氏は，それは「支配階層を構成する一部の市民のそれにすぎず」(18) と言われていたのではないか．「国家道具説」は一部の論者にはあてはまるであろうが，「経済的土台と国家の相互作用」，「国家による総括」を検討してきた論者には当てはまらないであろう．のちに再述しよう．その前に，上にみた木下氏への第1と第2の2つの疑問について論じておこう．

②木下氏への2つの疑問について

上にみた木下氏への第1と第2の2つの疑問は，いずれも，資本－賃労働の諸関係が十分に発展する以前の時期と以後の時期の差異，マニュファクチュアの時期と産業革命以後の大工業の時代の差異を，氏が意識的に考察されていないから生じているのではないか．

『ドイツ・イデオロギー』に以下の文章がある．「市民社会ということばは18世紀において，所有関係がすでに古代的および中世的な共同体から脱け出ていたときに現われた．市民社会らしい市民社会はやっとブルジョアジーとともに展開する」(全集版，第3巻，32，岩波版，49，渋谷訳は170-171)[30]．「市民社会」というのは，市民革命（イギリス革命，フランス革命など）の時期の啓

---

29) 氏は，「国家道具説」の立場では「資本主義経済は国家なしに自立的に運動するものととらえられ，国家抜きの自己完結的な経済学が展開される」(23) と言われる．その代表的な経済学として宇野経済学の原理論，近代経済学を挙げられる (23-24)．

30) この文章の直後に，「しかしながら直接に生産と交通とから発展する社会組織は，すべての時代に国家およびその他の観念論的な上部構造の土台をかたちづくっていて，やはりいつでもこの同じ名称でしめされてきた」(この訳文は岩波版49，全集版32，渋谷訳170-171) とある．2点指摘しておこう．第1に，ギリシャ，ローマ社会もときに「市民社会」と言われうるし，第2に，本来の「市民社会はブルジョアジーとともに発展する」のだろうか．この文章は大工業が本格的になる以前の1840年代の中ごろに書かれたもので，マルクス・エンゲルスが資本主義的生産様式の科学的分析を行う前の文章であり，産業革命後の機械制大工業の時期のブルジョア社会が市民社会と言えるだろうか．のちにみる「民族国家」と「資本制国家」の差異をわれわれは問題にしなければならない．

蒙的思想家（イギリスではホッブス，ロック，スミスなど，フランスではルソーなど，それらの思想家を受けてドイツではヘーゲルなど）が使った概念である．まだ資本－賃労働の関係が本格的に生まれてくる以前の本源的蓄積がこれから進行していく時期の社会のことを言っており，資本－賃労働の関係が広範化した時期のブルジョア社会とは異なる[31]．

　木下氏は次のように言われる．「近代市民社会では，共同体が全面的に解体され，私有財産制が社会全体に広がり，私有財産から切り離された無所有の賃労働者までが，身分制的従属から解放されて市民となっている．彼らは，自由で平等な私人として，自由意志的に契約を通じて自らの労働力を売るものとして，現れている」(22)．これらの文章に木下氏の市民社会の把握が十分に示されていよう．氏が市民社会をどのように規定されるかは別にして，それはマルクスの言いたいこととは異なっている．

　『資本論』第1巻第4章「貨幣の資本への転化」第3節「労働力の売買」で次のように書かれている．「労働力の売買が……行なわれる流通または商品交換の部面は，じっさい，天賦の人権の本当の楽園だった．ここで支配しているのは，ただ，自由，平等，所有，そしてベンサムである．自由！　なぜならば，ある一つの商品たとえば労働力の買い手も売り手も，ただ彼らの自由な意思によって規定されるだけだから．彼らは，自由な，法的な対等な人として契約する」(新日本出版社，新書版②300，国民文庫①308，訳文は後者による)．木下氏が言われるのはここまでの「自由」「平等」である．

　しかし，『資本論』において剰余価値論が展開され，蓄積論にまで進んでくると，自由，平等，これは擬制だという．『資本論』第1巻第14章「絶対的および相対的剰余価値の生産」において，次の文章がある．「相対的剰余価値の生産は，一つの独自な資本主義的生産様式を前提する……最初はまず資本のもとへの労働の形式的従属を基礎として自然発生的に育成されるのである．この

---

31)　木下氏の次の文章も示しておこう．「彼（マルクス）を『悩ました疑問の解決のために』，『市民社会の解剖学』である経済学の研究に取り組んだのだが，そのもっとも重要な疑問の一つは『市民社会と国家』であった」(22，「序言」参照)．マルクス，エンゲルスもブルジョア社会を「市民社会」と呼んでいるときも確かにある（それは執筆時期によってもいよう）が，内容的には本章で示しているように異なるものとして把握する必要があろう．

形式的従属に代わって，資本のもとへの労働の実質的従属が現われる」（新日本出版社，新書版③ 874，国民文庫版③ 12——新書版では「従属」ではなく「包摂」という用語が使われている）[32]．「包摂（従属）」が形式的なものから実質的なものへ転化していくには産業革命後の大工業が登場してくることが必要である．この労働の「包摂（従属）」という事態を受けて，さらに，『資本論』第21章で次のように記される．「ローマの奴隷は鎖によって，賃金労働者は見えない糸によって，その所有者につながれている．賃金労働者の独立という外観は，個々の雇い主が絶えず替わることによって，また契約という擬制によって，維持されるのである」（新日本出版社，新書版④ 983，同③ 120，訳文は後者による）．「じっさい，労働者は，彼が自分を資本家に売る前に，すでに資本に属しているのである．彼の経済的隷属は，彼の自己販売の周期的更新や彼の個々の雇い主の入れ替わりや労働の市場価格の変動によって媒介されていると同時におおい隠されているのである」（同④ 990-991，③ 127，訳文は後者）．

　産業革命によって大工業が生まれ，資本－賃労働という関係が広まり深まっていくと，労働力の売買に伴う自由，平等という関係は擬制であることが明確になり，資本－賃労働という関係によって作られてくる社会は「市民社会」ではなくブルジョア社会（資本制社会）となっていくのである[33]．木下氏とは異なり，マルクスは『資本論』ではこのように言っているのである．

　したがって，木下氏が「国民経済は国家によって総括された市民社会」(24)

---

32)　「包摂（従属）」が形式的なものから実質的なものへ転化していくには産業革命後の大工業が登場してくることが必要である．「包摂（従属）」の意味合い，用語については宇佐美・宇高・島編『マルクス経済学体系I』有斐閣，1966年所収「資本のもとへの労働の形式的包摂および実質的包摂」（杉原四郎氏の稿）参照．なお長谷部文雄訳では「包摂」となっていた（青木文庫③ 805）．

33)　『資本論』には次の文章がある．「以前は，資本は自分にとって必要だと思われた場合には，自由な労働者に対する自分の所有権を強制法によって発動させた．たとえば，機械労働者の移住はイギリスでは1815年に至るまで重刑をもって禁止されている」（同④ 983，③ 120-121，訳文は後者）．およそ産業革命以前にはまだ労働者は住居の自由を全面的にはもっていないということであり，産業革命によって資本－賃労働関係が広範化する以前にも「市民社会」は実際には存立していなかったということであろう．市民革命直後の社会全般において自由，平等などが実現していたのでもないのは明らかである．本来の市民社会の建設は，資本主義が全面的に展開した時代のわれわれの今後の課題であろう．

と言われるとき、「市民社会」は「ブルジョア社会」と言い換えられなければならない．マルクス自身，「序説」において，「ブルジョア社会の国家の形態での総括」と記している．市民社会の総括とは言っていない．

次に，木下氏への第2の疑問——国家の「二重性」の一面を，『ドイツ・イデオロギー』の「共同的利害」におかれていたこと——であるが，『ドイツ・イデオロギー』における国家は，資本主義国家ではないであろう．「氏族制度」が崩壊してからの，階級が生まれて以後のどの時代にも通じる国家の一般性，せいぜいマニュファクチュア時代，産業革命によって大工業が生まれる以前の時代の国家（のちに述べる「民族国家」）であろう．われわれは，資本主義国家を問題にしているのであるから，その国家の「二重性」の一面を『ドイツ・イデオロギー』の「共同的利害」から論じることは問題を含むであろう．『ドイツ・イデオロギー』は機知に富んだもので，ヘーゲルの「後継者」への批判を論じたものであるが，経済学的な諸範疇を踏まえて論じられてはいない．『ドイツ・イデオロギー』における国家は，そのような時点での国家把握であることを忘れてはならない．われわれは資本主義経済の全面的な展開のうえに立った資本主義国家の「二重性」を言わなければならない．

木下氏もそのことを意識されたからであろうか，氏の論稿のB部分「国民経済について」において，前述した宮本憲一氏の議論の要約（宮本氏の前掲書の63-80の部分）を長い文章にして記される(26)．宮本氏が言われた資本制社会の4つの矛盾，それから生じる諸混乱から国家による公的介入が必然的になるという議論，6つの国家の役割についてなどが要約され，それらを木下氏は首肯できるとされる(26)．

そうであるなら，木下氏は『ドイツ・イデオロギー』における「共同的利害」を，いったん横において，資本制社会の矛盾の総体に対応する国家の役割を論じなければならなかったであろう．氏が「生産，流通，消費のすべてにわたって私的資本制的に行われるならば，近代市民社会そのものの存立は危ぶまれる」(25)と言われるが，「生産，流通，消費のすべてにわたって私的資本制的に行われる」ところから生まれる諸事態，資本制社会の4つの矛盾は『ドイツ・イデオロギー』からは明らかにならないからである．また，「資本制生産の成立と存続が可能となるためには，「生産の社会的な一般的条件」が準備さ

れていなければならない」（同）と言われるが，ここで「生産の社会的な一般的条件」とは，明らかに宮本氏が言われた社会資本のことであろう[34]．

したがって，木下氏が言われる国家の「二重性」は，宮本氏の次の言葉に言い換えられなければならないだろう．「国家の役割は権力的事務と共同事務とが並列して存在するのではない．……この社会（資本主義社会——引用者）の下では，（2つの面は——引用者）権力的総括として統一されている」（宮本『現代資本主義と国家』80）と．

このように把握される国家は対外的には「外側にむかっての国家」として現われる[35]が，このことについては第9章で論じよう．

(5) 「民族国家」と資本主義国家

木下氏の論述においては「市民社会」が1つの論点になった．それとの関連で以下のことを把握しておく必要があろう．その把握は木下氏の「混乱」の原因を明らかにするためにも必要なものであろう．

17世紀，18世紀の西欧のブルジョア革命によって西欧において1つの集権的な国家が生み出されていくが，それはただちに資本主義国家と言えるものではない．資本制的生産様式がまだ本格的に成立していないからである．この国家は，「さしあたっては封建的支配階級に対立し，それに完全にとって代わることを目的とするブルジョア階級によって担われている国家，したがってすでに存在している階級的諸関係にもとづいている国家である」（吉信粛編『貿易論を学ぶ』有斐閣，1982年，51）．吉信粛氏はこのような国家を「民族国家」と呼んでいる．吉信氏の重要な指摘を見ておこう．

「革命を遂行するブルジョア階級は，民族国家の形態においては，階級としてではなく全社会の代表者として登場し，封建的支配階級に対する全社会集団として現われている．こうしたことが可能なのは，ブルジョア階級の特殊的利益が，それ以外のすべての非支配階級の，農民，小商品生産者，プロレタリアなどの共同の利益と多くの面でつながっているということによってである」（同）．「民族国家は，資本主義の諸条件にもっとも適応した国家形態であり，

---

34) 宮本氏の『社会資本論』に「生産の一般的条件」という表現がある (1)．

35) 吉信粛氏の後掲論文，後掲書参照．

その任務はもっと自由に，広範に，そして急速に資本主義を発展させることである．ところが，資本主義の発展は，民族国家が最初に土台としていた階級関係それ自体を変化させる」(同51-52)．「民族国家はその枠組みをそのままにしながら，その内容を変えることによって，資本主義国家に発展する……ブルジョア階級がプロレタリア階級を抑圧し搾取するための上部構造＝権力機構である」(52)．

本論で見た「市民社会」というのも，吉信氏が言われる「民族国家」の時代における諸階級構成を反映したものであり，資本主義社会の社会構成とは異なるものである．したがって，この「市民社会」に見られる自由，平等などは本来のものではなく，社会的には広範には実現されないで終わる．また，『ドイツ・イデオロギー』は，マルクス，エンゲルスがヘーゲルの哲学から脱却するべく書かれたものであり，『ドイツ・イデオロギー』における「市民社会論」は資本主義的諸矛盾についての分析が行なわれる以前のものであることを忘れてはならない．ちなみに言えば，本来の「市民社会」は資本主義が全面的に進展し，その中で国民が国家の支配的機能を制限し，基本的諸権利を獲得していったのちに成立していくものであろう．本来の「市民社会」が本源的蓄積の時代にあったのではないし，産業革命ののちの19世紀後半にあったのでもない[36]．

さらに，すでに述べたことであるが，以下のことも記しておく必要があろう．「民族国家」は分権的国家ではなく，集権的国家である．その権力は必ずしも一民族の国家支配ではない．複数の民族を含めた国家支配の場合もありうる．それ故，本章ではカッコを付けている．そうした国家のもとで言語の統一化もはかられ[37]，マニュファクチュア時代から人馬のための道路，橋梁，大型帆船のための港などの交通手段の整備，度量衡の統一，郵便制度等の整備が始

---

36) 『資本論』第1巻第8章「労働日」，第13章「機械と大工業」，第23章「資本主義的蓄積の一般的法則」など，また，エンゲルス『イギリスにおける労働者階級の状態』(1845年) が読まれる必要があろう．

37) 吉信氏は「民族国家」のもとでの言語の統一を強調されている（『貿易論を学ぶ』51，『国際分業と外国貿易』14）．宮本氏は「民族国家」というよりも「国民国家」という用語を利用されている．「ブルジョア革命による国民国家」(85) というように，「民族国家」「国民国家」の用語については今は論じないが，検討の余地があろう．

まっていく．それらの整備は全国市場を求める勃興しつつあったマニュファクチュア経営者の利害と一致するものであるとともに，ブルジョア革命によって生まれた権力の維持のために，軍隊，官吏の動員，諸税の確保のために必要なもの，政権維持のためのものでもあった．

3.　「まとめ」に代えて

　宮本氏の社会資本を軸とした議論展開によって，国家の「経済的力能」，国家の経済過程への反作用の基本は把握された．しかし，国家の「経済的力能」は社会資本を中心とする整備だけでなく多様である．国家の経済過程の総括は多様なのである．しかし，ブルジョア革命によって成立した政権には上に記したように，まず軍部，官吏を維持するための徴税等の財政問題が第1の課題となる．その後，金融制度などの種々の制度が課題となっていく（明治政府においても同様であった）．マルクスのプランには記されていなかったが，中央銀行の設立による国内決済制度，工場法による労働の諸制度，教育制度，保健制度等々の整備もそうである．それぞれの制度の構築において国家が関与し，総括していく．その際，以下の2つの点が指摘されなければならない（のちの補章でも論じる）．

　1つは，資本主義社会の進展につれて社会にはいろいろな諸制度が必要になってくるし，諸矛盾の発現が不可避で，諸問題，諸課題は最終的には法の制定（＝国家意思の確定）によって制度化され，諸矛盾の緩和がはかられる．そしてそれらの法制定の過程には諸階級，諸階層の利益，イデオロギーの衝突が避けられない．したがって，イデオロギー，政治，法等の諸分野にまたがりながら国家が「総括」していく．マルクスが「ブルジョア社会の国家の形態での総括」というとき，ブルジョア経済過程だけでなく，国家はイデオロギー，政治，法等の社会の全体を総括しているということを含めなければならない．国家は，経済的だけでなくイデオロギー的に，政治的に，法的に社会を総括していかなければならないのである．マルクスの『経済学批判要綱』の「序説」の「4」はそのことに言及していたのであろう．本書では，イデオロギー的に，政治的，法的に，ブルジョア社会を総括している国家については詳しく論じられ

ないが，以上のように国家は，全面的にブルジョア社会を総括していくのである．

　もう1つは「全能」の国家がまずあって，その国家がそれぞれの分野を「総括」していくのではない．国家は，ブルジョア社会の進展に伴う諸制度の整備のために法を制定し，またブルジョア社会に不可避の諸矛盾の発現による諸問題，諸課題に当面し，そのつど諸問題，諸課題についての法を制定していく．国家は諸制度の整備のつど，諸問題に当面するつど力能を強化し，力能を高め，力能の範囲を拡大していく．しかも法制定過程でイデオロギー論争，政治的対立が避けられず，それらについても国家は関与していき，最終的に法制定によって諸制度，諸問題についての「国家意思」を表明することになる．

　本書では，工場法による労働の諸制度，教育制度，保健制度等々の整備については論じられない．財政制度については以下にごく簡単に指摘するにとどめ，中央銀行の設立と国内決済制度＝金融制度については次章で論じよう．

　マルクスの「序説」におけるプランには「ブルジョア社会の国家の形態での総括」のあとに，「租税，国債，公信用」が置かれている．宮本憲一氏は「ブルジョア革命による国民国家は王領地などの封建的土地所有と封建的特権を廃止し……元首あるいは国家は無産化した」[38]，「資本主義国家は，それまでの有産国家ではなく，無産国家であり，租税国家である．……租税こそ近代民主主義の物的基礎といってよい」[39]と記されている．したがって，本来ならば本章において「租税，国債，公信用」について論じる必要がある．

　ところが，筆者は財政学を専門にしていないし，本章で引用した財政学の諸家が著書を刊行しておられるから，本書の読者はそちらを検討していただければと思う．著書をあげておこう．島恭彦『財政学概論』岩波書店，1963年，池上惇『現代資本主義財政論』岩波書店，1974年，宮本憲一『現代資本主義と国家』岩波書店，1981年，である[40]．

　これらの諸家の著書をもとに財政学の基本を学びつつ，現在の日本の財政状

---

38)　前掲『現代資本主義と国家』85.

39)　同上，87.

40)　うち，島恭彦氏の『財政学概論』において，財政学の一般的体系が示されているであろう．第1章「財政学の対象と方法」，第2章「経費論」，第3章「租税論」，第4章「公信用及び公共投資論」，第5章「地方財政論」，第6章「予算論」，となっている．

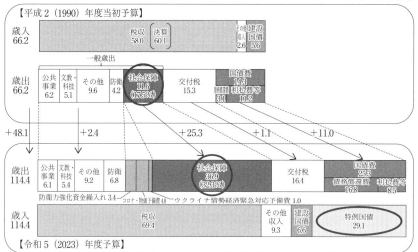

注:括弧内は一般会計歳出に占める社会保障関係費の割合.
出所:財務省『日本の財政関係資料』(令和5年4月)より.

図 7-1　1990年度と2023年度における国の一般会計歳入歳出の比較

表 7-1　日本の国税における区分　(%)

	1989	1997	2011	2023
個人所得課税	34.4	34.5	29.8	28.9
法人所得課税	35.3	24.2	24.1	24.9
消費課税	18.9	32.8	40.4	41.2
資産課税等	11.4	8.4	5.6	5.0

出所:財務省の統計より.

況についての分析が必要であろう.この分析も筆者にはその能力はない.ここでは図7-1,表7-1だけを示しておこう.

　1990年度には財政赤字は現在と比べてはるかに少なかった.図7-1から90年度以来,歳出における「社会保障」の増加が目立つが,その増加に見合う税収の伸びがみられず,国債発行が巨額にのぼっている.そのために90年度以来,国債費が大きく増加し,財政状況が硬直していることが見てとれる.また,図7-1には示されていないが,税収の内訳が表7-1に示されている.税収に占める消費課税の比率が増加し,法人所得課税,個人所得課税の比率が低下して

いる．消費課税の比率は 1989 年度には 19% であったのが，2023 年度には 41% への上昇，法人所得課税は 35% から 25% への低下，個人所得課税は 1989 年度の 34% から 2023 年度の 29% に低下している．消費税が 1989 年度に 3% で導入され，98 年度に 5%，2014 年度に 8%，19 年度に 10% に引き上げられ，逆に，法人所得税の方は，89 年度に 42% から 40% へ，98 年度に 30% へ，2012 年度に 25.5% へ下げられ，現在は 23.2% である．

　本書では，日本の財政についての詳しい論述はできないが，今後の財政について以下の 2 点については述べておきたい．1 つは，限られた財源をどのような重要項目に配分するかである．社会保障費をはじめ歳出の諸項目の内訳の検討も必要であり，少子高齢化が進む中でこれまでの大型公共投資の規模はこれでよいのか，少子化対策，新型コロナ禍において医療体制の不備が明らかになったが，医療関連への使途が考えられなければならない，等々である．もう 1 つは，税負担の公平化である．先に見たように，消費税率が引き上げられる中で法人税率が引き下げられ，所得税の累進性にも問題があろう．現在の社会保険制度の検討も必要である．「小さい政府・大きい政府」の議論も必要であろう．今後の財政の諸改革には，国家の改革を視野に入れなければならいであろう．のちの補章で少し論じたい．

　最後に，現在の日本の財政赤字が維持可能なのかどうかも以下のことをここで記しておきたい．財政赤字の維持可能性は国内的視点で論じられることが多いが，のちの第 9 章第 2 節で論じるように，貿易・サービス収支黒字が減少し，赤字も出る年が多い中で，巨額の財政赤字は維持不可能である．財政赤字は企業部門，家計部門が「黒字」であるから維持されえるが，これらの部門の「黒字」が減少し赤字になれば財政収支も貿易・サービス収支も赤字になる．財政収支は貿易・サービス収支との関連で論じることが必要である．のちの章で詳しく論じよう．

第**8**章
中央銀行と金融政策，アベノミクス批判

はじめに

　この章では第5章，第7章を踏まえて金融政策について論じたい．金融政策を論じるとなると，信用論の進展がなければならないし，中央銀行，国民通貨の範疇が明確になっていなくてはならない．そして，その議論は国家範疇の定立が前提となる．「どのような金融政策を実施するかは国家意思が出来上がっていなければ定まらない」（拙書『国際通貨体制の論理と体系』19 ページ）し，「中央銀行の諸機能，金融政策もそうした国家の「経済的力能」の一種」（同21 ページ）であるからである．第1節では中央銀行，国民通貨について，まず基本的諸事項を明らかにしよう．第2節では，それを踏まえて2013 年以来の日本の「量的・質的金融緩和」（アベノミクス）の評価を行ないたい．「量的・質的金融緩和」は政府の金融政策がテーマであるから，国家を論じてのちに議論される必要がある．

　第5章で「帳簿信用」として記された預金の創造について論じたが，従来のマルクスの信用論についての議論においては軽視されがちであった．しかし，預金準備とそれに基づく預金の創造についての理解が極めて重要である．現在では預金準備はマネタリー・ベース，預金通貨等の貨幣はマネーストックと呼ばれ，マネタリー・ベースとマネーストックの関係を検討しなければならない．さらに，第1章で論じた大手企業の「内部留保」の累積が銀行の貸出を伸長させず，マネタリー・ベースの急増にもかかわらずマネーストックが大きく増大しなかった要因である．「量的・質的金融緩和」にもかかわらず物価上昇はほとんど生じず，株式等の証券価格の上昇をもたらすにとどまった．非正規雇用，

「内部留保」を踏まえてアベノミクスの正否を検討しなければならないのである．しかし，2013 年以来のアベノミクスを論じる前に，前章を踏まえて「中央銀行と国民通貨」を論じておかなければならない．

1. 中央銀行と国民通貨

(1) 国家と中央銀行

マルクスは「経済学批判体系プラン」において中央銀行，国民通貨を明確に位置付けなかった．国家の次に置かれるのは「不生産的階級」で，その維持のための租税，国債等の財政の分野であり，そのあと，生産の国際的関係に移っていく（「序説」，「序言」等）．しかし，租税，国債等のあとには，中央銀行と国民通貨，金融政策が置かれなければならなかったであろう．そうでないと「ブルジョア社会の国家の形態での総括」は経済過程の総括に限定しても不完全なままになろう．1844 年のピール条例をめぐってイギリス議会では厳しい議論が展開された．中央銀行，金融制度，金融政策の在り方について通貨学派と銀行学派のイデオロギーが闘わされ，通貨学派の考え方が強く反映したピール条例が国家意思となっていった．

本節では，前章で論じた国家を前提に，中央銀行がどのような役割を果たすのか，中央銀行の諸機能を果たしていくことにより国民通貨が確立してくることを論じよう．

詳細については論じられないが，国家による中央銀行の実際の設立は，資本主義国家ごとに異なった経緯をたどる．国家財政とからみつつ，信用制度のある程度の発展を受けて設立されてくる．マルクスは，中央銀行の設立については記していないが，『資本論』では次のような文章も見られる．「たいていの国では，銀行券を発行する主要銀行は，国家的銀行と私営銀行との奇妙な混合物として実際はその背後に国家信用をもち，その銀行券は多かれ少なかれ法定の支払い手段である」（新書版⑩ 688，新版⑨ 702，草稿では 318 上，大谷訳書草②178．以下ページは略）．この文章は，イギリスの信用制度がまだ十分に発展していない時期の状況を記したものであろう．1844 年のピール条例は，準備金をイングランド銀行に集中させ市中銀行による銀行券発行に制約を課し，そ

第8章　中央銀行と金融政策，アベノミクス批判　　211

の後，銀行信用は「帳簿信用」に重点が移っていくからである．

　他にもマルクスはイングランド銀行について記述している[1]．高山洋一氏はマルクスのイングランド銀行に関する記述をふまえ，中央銀行の機能を以下のように整理されている．1)「政府の銀行」としての機能，2)「発券の集中・独占」，3)「国民的金準備の保管者」，4)「銀行の銀行」「最後の貸し手」，5)「金融政策の主体」，である[2]．

　これらの諸機能をみても中央銀行は国家が前提とならなければならないことは明らかであろう．しかし，これまでの議論においては国家を前提にしない発券集中が論じられたり，「限定された国家」を前提に貨幣制度が論じられることもあった[3]．ブルジョア経済構造にとどまらず，上部構造も含めブルジョア社会の全体を総括している国家を前提に中央銀行を論じる必要がある．

　上に高山氏が挙げられた中央銀行の諸機能のうち，「政府の銀行」と「銀行の銀行」について少し論じておこう．高山氏は『資本論』に散見する文章をもとに，この機能を挙げられるのであるが，マルクスの文章には，イングランド銀行の国庫金に関する業務，「政府預金」についてはみられない．しかし，この業務こそイングランド銀行を「政府の銀行」にしている．時代は下がるが，R.S.セイヤーズは次のように記している．「当時（19世紀末から1914年まで——引用者）におけるイングランド銀行のいちばん重要な業務は，同行の第1の顧客，すなわち政府に対する業務であった．……国庫の歳入歳出という全くの日常業務は非常に膨大であった」[4]．このようなイングランド銀行による国庫金の管理業務がどのように進展してきたかは歴史学の課題であろうが，す

---

　1)　この部分は，拙書『国際通貨体制の論理と体系』法律文化社，2020年（以下では同書を『論理と体系』と略す），第1章のIII（17-23ページ）をもとにしている．
　2)　浜野・深町『資本論体系⑥ 利子・信用』有斐閣，1985年，所収，高山洋一「中央銀行」477-478ページ．高山氏はイングランド銀行に関するマルクスの文章①〜⑬を列挙され，中央銀行の諸機能を本文に記したように1)〜5)に整理されている．なお，日本銀行金融研究所編『日本銀行の機能と業務』有斐閣，2011年は，中央銀行の役割を，「発券銀行」「銀行の銀行」「政府の銀行」の3つを挙げている（5ページ）．
　3)　諸議論の整理については，同上，高山氏の論稿，479-488ページ，拙書『論理と体系』18-19ページ，この拙書の第1章の注48参照．
　4)　R.S.セイヤーズ『イングランド銀行——1891-1914年』東洋経済新報社，1979年（日銀金融史研究会訳）上17ページ．

でに 18 世紀の末にはイングランド銀行の主要な預金が「政府預金」であった
ことは垣間見ることができる．A. アンドレァデスは次のように記している．
「1806 年における政府預金の年平均は 1219 万 7303 ポンドであり，数年間この
平均は 1100 万から 1200 万ポンドの間で変動していたことが立証された．しか
し，同期間中に政府に対して同行の行なった貸上げの平均は 1450 万ポンド以
下であった」[5]．イングランド銀行は，18 世紀末に政府へ財政資金を供与する
とともに，国庫金の管理を行なっていたのである．

　また，「銀行の銀行」，とくに市中銀行のイングランド銀行への預金，口座設
定がどのようであったのか，どのように進展してきたのかが重要であるが，
A. アンドレァデスの著書に記されている 1844 年の貸借対照表からわかる（表
8-1 ——資産と負債が逆になっている）[6]．1844 年 9 月 7 日に終わる週の発券
銀行券は 2835 万ポンド（借方——表の左側），貸方（表の右側）の金貨・地金
は 1266 万ポンドになっている．銀行部の貸方では政府預金が 1455 万ポンド，
銀行券が 818 万ポンド，その他証券が 784 万ポンド等で，借方では株主・資本
金が 1455 万ポンド，政府預金が 363 万ポンド，その他預金が 864 万ポンド等
になっている．

　アンドレァデスは 1903 年 9 月 16 日をもって終わる週の貸借対照表も呈示し
ている．それによると，銀行部の借方の「国庫当座預金」（注 4）712 万ポンド，
「個人当座預金」（注 5，主には市中銀行の預金であろう）3718 万ポンドなどと
なっている[7]．わかりにくい貸借対照表であるが市中銀行のイングランド銀行
への預金の状況がおおよそ把握できるであろう．市中銀行がもつイングランド
銀行への預金は市中銀行が保有する預金の準備となり，その準備金を前提に銀
行信用（銀行券発行，「帳簿信用」）が市中に供与される．市中銀行は金準備の
保有から「解放」され，イングランド銀行が「国民的金準備の保管者」となる．

---

　5)　A. アンドレァデス，町田義一郎・吉田啓一訳『イングランド銀行史』日本評論社，
　　　1971 年，245 ページ，原著は 1904 年刊行．
　6)　同上，340 ページ．A. アンドレァデスはピール条例以前の法律に基づく貸借対照表も
　　　示している（341 ページ）．アンドレァデスは『イングランド銀行週報』から 1844 年の
　　　イングランド銀行の貸借対照表を作成しているから，それ以前の貸借対照表は『イング
　　　ランド銀行週報』から知ることができるかもしれない．
　7)　同上，348 ページ．

213

表 8-1　イングランド銀行の貸借対照表[1]

（万ポンド）

発券部

1844[2]	1903[3]	1844[2]	1903[3]
銀行券発行		政府負債	
2,835	5,065	1,101	1,102
		金貨・金地金	
		1,266	3,220
		銀地金	
		169	—
		証券	
2,835	5,065	298	743
		2,835	5,065

銀行部

1844[2]	1903[3]	1844[2]	1903[3]
株主資本金		政府預金	
1,455	1,455	1,455	1,695[6]
積立金		その他証券	
356	375	784	2,166
政府預金		銀行券	
363	712[4]	818	2,201
その他預金		金・銀貨	
864	3,718[5]	86	211
手形			
103	12		
3,142	6,273[7]	3,142	6,273

注：1)　資産と負債が逆になっている．
　　2)　1844 年 9 月 7 日に終わる週．
　　3)　1903 年 9 月 16 日に終わる週．
　　4)　国庫当座預金．
　　5)　個人当座預金．
　　6)　政府証書．
　　7)　訳書では 6,773 となっているが，誤訳であろう．
出所：A. アンドレァデス（町田義一郎・吉田啓一共訳）『イングランド銀行
　　　史』日本評論社，1971 年（原書は 1904 年），340，348 ページより作
　　　成．

　高山氏が挙げられていた「発券の集中・独占」，「国民的金準備の保管者」，「最
後の貸し手」などの中央銀行の役割は，こうして，「銀行の銀行」という役割
の進展から生まれた役割なのである．

(2)　国内決済制度と国民通貨

　以上のイングランド銀行の「政府の銀行」「銀行の銀行」の機能を前提に，国民通貨の範疇への議論を進めていこう．この範疇成立には，国内決済の制度が確立していくことが必要である．第5章でも論じたが，生産資本家，商人の相互間での支払決済が，彼らが銀行にもつ一覧払預金の振替で行なわれ，銀行が生産資本家，商人たちへ信用供与を行なう際にも，借手の一覧払預金口座へ貸金を記帳する（「帳簿信用」）．こうした信用制度の発展のうえで国内決済制度が確立していく．その際，特に重要なのが，中央銀行が国内決済制度の頂点に立つに至る経緯の把握である．マルクスはまとまった論述を行なっていないが，イギリス議会の「銀行法」の文章から『資本論』第33章において次のような引用を行なっている（高山氏はこの「銀行法」からのマルクスの引用については，何も言及されていない）．「1854年6月8日に，ロンドンの個人銀行業者たちは，株式諸銀行の手形交換所の組織への参加を認め，そしてその直後に最終的清算は，イングランド銀行で処理された．日々の決済は，さまざまな銀行がイングランド銀行にもっている勘定への振替によって果たされる．この制度によって諸銀行が従来その相互の勘定の決済に用いた高額の銀行券が不要になった」（『銀行法』1858年，新書版⑪905，新版⑩936-937，348上，大谷訳草③485）[8]．

　しかし，マルクスは引用だけで，この文章の内容を分析することはしていない．マルクスが引用した「銀行法」の文章においては，以下のことが重要である．1) 個人銀行だけでなく株式銀行も手形交換所に加盟し，企業，商人等が振り出す手形・小切手の決済制度がイギリス全体で飛躍的に高まり，企業間の決済が迅速で効率化されるということ，2) 銀行間の決済が，銀行がイングランド銀行に開設している口座の振替によって進められ，3) 高額のイングランド銀行券の必要性がなくなってきたということである．

　また，「銀行法」からマルクスが引用したこの文章には記されていないが，イングランド銀行と市中銀行との諸取引の支払決済も，銀行がイングランド銀行にもっている口座（勘定）に記帳されることにより行なわれる．そうすることによって，政府の歳入，歳出もイングランド銀行にある政府の口座，市中銀

---

　8)　この「銀行法」からのマルクスの引用文について筆者が最初に触れたのは以下の拙書においてである．『ドル体制とユーロ，円』日本経済評論社，2002年，28ページ．

行の口座，市中銀行にある諸企業の口座を利用して支払決済が進んでいく[9]．

このような，イングランド銀行が頂点に立つ国内決済制度が確立して「預金通貨」範疇が成立する．諸企業はもちろん個人も，銀行に保有する一覧払預金の振替を通じて決済ができ，一覧払預金が通貨になる．「預金通貨」という概念が生まれるのである．そして，「預金通貨」はイングランド銀行券で引き出すことも可能で，「預金通貨」はイングランド銀行券と並んで国民通貨になるのである．国民通貨範疇の成立である．企業間決済のほとんどが諸企業が市中銀行にもつ「当座預金」の振替によって行なわれ，銀行間決済が，中央銀行と市中銀行の決済が，政府と市中銀行の決済が「中央銀行当座預金」の振替によって行なわれるという事態は，19世紀中期に成立し，現在までその国内決済制度は基本的には変わらない．中銀が「金融政策の主体」になれるのも，こうした中銀が頂点に立つ国内決済制度が成立してこそである．

R.S. セイヤーズは，「政府の資金調達が金融市場調整というイングランド銀行自身の課題に及ぼす影響」[10]がイングランド銀行総裁の関心となり，（この）「点はセントラル・バンキング的な公定歩合，公開市場操作，その他との関係で考えられる必要があった」[11]と記している．「政府の銀行」としての機能が，「銀行の銀行」の機能と結びつき，それらの機能が国内決済制度をつくり上げ，そのことを前提に金融政策が実施されていくことが言われている．ここまで論を進めることで，中央銀行の金融政策を論じることが可能になる．中央銀行の諸機能は各国の信用制度の発展を受けて内実化されていく．これらが明らかになることによって，現在の「量的・質的金融緩和」の有効性を検討する準備ができたであろう．

2. アベノミクスの提唱と異次元の金融緩和の実施[12]

前節で，国家を前提に中央銀行の設立，国内決済制度，国民通貨の範疇の確

---

9) 歳出の例を示しておこう．歳出に伴う政府の企業等への支払は，政府の中銀預金が落とされ，企業等が取引している銀行の中銀口座（中銀当座預口座）へ振り込まれる．同時に，企業等が銀行にもっている口座に振り込まれ，歳出の支払決済が終わる．

10) セイヤーズ，前掲書，上17ページ．

11) 同上．

立を論じてきた．これらの諸事項，諸範疇を前提にして，国家・中央銀行の金融政策が実施されていく．本節では，アベノミクスの金融政策を論じ，その政策が日本経済の浮揚に寄与したのかどうかについて論評したい．

(1)　提唱と初期の物価上昇，為替相場の動向

2012年12月にアベノミクスを提唱していた第2次安倍政権が誕生し，それを受けて新たに任命された黒田東彦総裁のもと，日本銀行は2013年4月に「量的・質的金融緩和」（QQE）＝「異次元の金融緩和」政策を実施し始める．日本銀行はそのメカニズム（シナリオ）を『日銀レビュー』において次のように説明していた．①2年程度の期間に2%の物価上昇を目標とするとの明確なコミットメントにより予想物価上昇率を引き上げる．②巨額の長期国債を購入する．③上記の①②により実質金利を押し下げる．④実質金利の低下により景気が好転し需給ギャップが改善する．⑤上記の需給ギャップの改善は①とともに現実の物価上昇率を押し上げる．⑥現実の物価上昇率の上昇が予想物価上昇率をさらに押し上げる．⑦上記の変化を反映し，あるいは先取りする形で株価や為替相場が変化する．⑧投資家のリスク資産への選好を高めるほか，金融の面では貸出の増加が期待される[13]．

この『日銀レビュー』にあるようにアベノミクス，QQEにおいては国民，金融機関，企業の物価上昇の「期待感」「予想」[14]はとりわけ重視され，期待，

---

12)　本節は，拙書『国際通貨体制の動向』日本経済評論社，2017年，第11章をもとにしている．本書を以下では拙書『動向』と略す．また，本章では図表の掲示を最低限にとどめ，この拙書の図表を参照していただきたい．その場合，例えば，拙書『動向』の図11-7参照などと示している．

13)　『日銀レビュー』「量的・質的金融緩和：2年間の効果の検証」（企画局，2015-J-8）2015年5月，1-2ページ．

14)　以前は「合理的期待仮説」が言われたが，最近では「フォワード・ルッキング・アプローチ」なる言葉がよくつかわれる．2016年9月21日に公表された日銀の「量的・質的金融緩和の総括的な検証」においても「予想物価上昇率の期待形成メカニズム」という項目が(3)にたてられ，「フォワード・ルッキングな期待形成の役割が重要である」と記されている．実際に金融政策が実施される以前に中央銀行が政策スタンスを変化させることを表明しそれに対して期待感が生まれれば，金融機関だけでなく企業，個人等も対応し，予想物価，株価，為替相場等の変動を引き起こすというのである．「期待感」が金融諸変数を変化させることはありうることであり，とくに，国内ばかりでなく海外に

予想が経済実態の変化を先取りして物価上昇，為替相場，株価の変化をもたらすとしている．

そこで，アベノミクスの発表以後の予想物価上昇率の推移をみよう．図8-1である．消費者の今後1年間の予想インフレ率は，アベノミクスを提唱する安倍政権が登場した2012年末以後急上昇し，2013年3月に0.42％，以後13年中上昇し続け13年末には0.8％に達していた．しかし，14年になると低下し始め，14年後半期には0.5％ぐらいに低下し，それ以後はほとんど上昇せず，15年末には0.45％に落ち込んでいる．今後5年間の消費者の予想インフレ率の方は，今後1年間の予想率よりも高いが時間経過による変化が小さい．13年初めに上昇するが，今後1年間の予想率よりも上昇幅が小さい．13年末から14年初めにかけて，また，14年後半から15年初めにかけての上昇がみられるが，全体的には今後1年間の予想率と同様の低下の推移をたどり，15年末には0.78％に落ち込んでいる．企業の今後5年間の予想インフレ率は14年末から

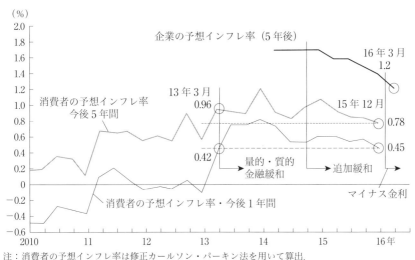

図8-1　家計と企業の予想インフレ率

おいても過剰資金，余剰資金が金融機関，大手企業，富裕層に蓄積されていればそうである．われわれの検討にもそれは考慮されなければならない．

16年春にかけて一貫して低下傾向にある.

　政府によるアベノミクスのコミットメント,QQEの導入を受けて,このように予想物価上昇率は高まったが,それは1年半ぐらいしか維持できなかった.実際の消費者物価指数(生鮮食品を除く)は図8-2に示されている.13年春から上昇し14年半ばにピークになり(14年は消費税率の引き上げが影響している),それ以後低下している.実際の物価上昇は15年にはなくなり(上昇率が0%に),それに照応するように予想物価上昇率も低下していったのである.2年間に2%の物価上昇を実現させるという当初の提唱は実現しなかった.

　他方,為替相場の方は12年末から15年の初めまで円安の傾向が持続している.アベノミクスの提唱,QQEの実施を受けて物価上昇の予想は14年半ばまで続いたが,それが円売りを引き起こし,円高是正・円安も進行していったと考えられる(図8-3).アベノミクスに期待し,金融緩和,物価上昇を予想する内外の為替ディーラー,内外の金融機関の関係者,企業の財務担当者,富裕層等は,今後の物価上昇の予想,期待をもって円売・ドル買を行なうだろう.円安が進んだ時点でドルを円に転換すれば為替益が得られるからである.したがって,予想,期待感は実際の円売を通じて円高是正・円安のきっかけを作ったと言えよう.しかし,のちに述べるように,この時期の円高是正・円安の基底的要因は2011年から始まっていた貿易収支赤字の発生である.また,アメリカのリーマン・ショック時の「非伝統的金融政策」(QE)の終了(14年10月)――日米の金融スタンスの「食い違い」――が円安を加速させた.ところが,15年になると円安の進行はほぼなくなり,16年には120円ぐらいから一挙に100円台に上昇し

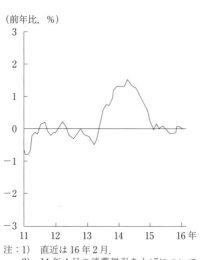

注:1)　直近は16年2月.
　　2)　14年4月の消費税引き上げについては,直接的な影響を調整.
出所:日本銀行『金融システムレポート』2016年4月,7ページより,原資料は総務省「消費者物価指数」.

図8-2　消費者物価指数総合(生鮮食品を除く)

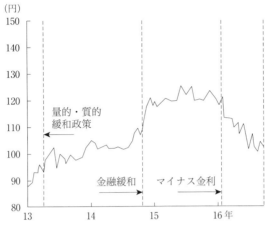

注：直近は 16 年 9 月 30 日．
出所：日銀『金融システムレポート』2016 年 10 月，16 ページより，原資料は Bloomberg.

図 8-3　ドル／円相場

ている．のちに見るように貿易赤字の消滅が基本的理由である．QQE によって物価上昇も起こらず，120 円程度の為替相場状況を持続させることもできなかった．

(2) 日銀の国債等の購入とマネタリー・ベース，マネーストックの推移

　黒田新総裁のもとで日銀は 13 年 4 月から多額の国債等の購入を始めた（購入代金は銀行等の日銀当座預金へ振り込まれマネタリー・ベースの増加となる）．政策への期待感，物価上昇予想は，政策のコミットメントと同時に国債等の購入が実施されて「確信」的なものになるものである．また，多くのマネタリスト（いわゆる「リフレ派」）をはじめ政策担当者にとっては国債等の購入によるマネタリー・ベースの急増は金融政策にとって不可欠の条件と考えられていた．そこで，日銀による国債等の購入がどれほどの規模になり，マネタリー・ベースの急増がどれほどのマネーストックの増大をもたらしたのか，それが国債市場にどのような状況を作り出したのか，検討しよう．マネタリー・ベースは市中に出回っている流通現金と市中銀行等の中銀当座預金の合計であり，市中銀行等による預金創造のベースになる．マネーストック（M1）は銀

行券発行高と貨幣流通高の合計に，全預金取扱期間（銀行，信用金庫等）に置かれている要求払預金（一覧払預金ともいわれる，預金通貨）を加えた額であり，これが支払・決済に利用できる「貨幣」である．

前掲の『日銀レビュー』が十分に検討しなかった課題である．拙書『国際通貨体制の動向』の図11-7に国債の機関別保有状況が示されているが，日銀の保有はQQEが始まる頃には100兆円を下回る額であったのが，14年の初めに生命保険，ゆうちょ銀行等の保有を上回り，16年の初めには300兆円に達している．日銀が銀行等の金融機関から巨額の国債を購入すれば，銀行等の「日本銀行当座預金」が急速に増加していき，それがマネタリー・ベースを増大させていく．表8-2にマネタリー・ベースとマネーストックの推移が示されている．マネタリー・ベースの方から見ていこう．

2012年末にマネタリー・ベースは138.5兆円（うち「日銀当座預金」が47.2兆円）であったのが，13年6月には173.1兆円（うち「日銀当座預金」が84.7兆円），13年末には201.8兆円（「日銀当座預金」が107.1兆円）と1年間に63兆円以上増加している（うち「日銀当座預金」は59.9兆円の増加）．14年末には275.9兆円（「日銀当座預金」は178.1兆円），15年末には356.1兆円（「日銀当座預金」は253.0兆円）となり（12年末からは217.6兆円の増加，うち「日銀当座預金」の増加は205.8兆円），16年末に437.4兆円（330.2兆円），17年末に478兆円（368.5兆円），18年末504.2兆円（389兆円），19年末518.2兆円（400.5兆円），20年末617.6兆円（494.2兆円）などとなっている．マネタリー・ベースの増加のほとんどは日銀当座預金の増加となっている．12年末から20年末にかけての日銀当座預金の増加は実に447兆円にものぼっている．日銀が大量の国債のほか，投資信託証券（ETF），不動産投資信託証券（J-REIT）などを購入しているのである．

他方，マネーストックの方はそれほど増加していない．M1は12年末に560.3兆円であったのが，14年末に618.7兆円，15年末646兆円，16年末687.8兆円，17年末734.6兆円，以後，緩やかに増加し，20年末に931.4兆円になっている．しかも，M1の大部分は「預金通貨」であることも注目しておこう．準通貨＋CD[15]の方はほとんど増加していない．12年末に588.4兆円であったが，20年末には549.9兆円とわずかであるが減少している．

表8-2 マネタリー・ベースとマネーストックの推移

(兆円)

	(A) マネタリー・ベース[1]			(B) 通貨（M1）			(C) M1＋準通貨＋CD[3]	(D) (B)／(A)	(E) (C)／(A)
		現金通貨発行高[2]	日銀当座預金		現金通貨	預金通貨			
2011. 12	125.1	88.5	36.5	541.4	80.0	461.4	1123.6 (582.2)	4.33	8.98
12. 12	138.5	91.2	47.2	560.3	83.1	477.2	1148.7 (588.4)	4.05	8.29
13. 6	173.1	88.4	84.7	578.2	80.6	497.6	1171.3 (593.1)	3.34	6.77
12	201.8	94.7	107.1	592.0	85.3	506.8	1187.6 (595.6)	2.93	5.89
14. 12	275.9	97.7	178.1	618.7	88.2	530.6	1221.3 (602.3)	2.24	4.43
15. 12	356.1	103.1	253.0	646.0	93.6	552.5	1252.3 (606.3)	1.81	3.52
16. 12	437.4	107.2	330.2	687.8	94.8	593.0	1280.0 (592.2)	1.57	2.93
17. 12	478.0	111.5	368.5	734.6	99.1	635.5	1319.2 (584.6)	1.54	2.76
18. 12	504.2	115.2	389.0	774.5	102.4	672.0	1347.2 (572.7)	1.54	2.67
19. 12	518.2	117.7	400.5	818.0	104.3	713.7	1376.3 (558.3)	1.58	2.66
20. 12	617.6	123.4	494.2	931.4	110.2	821.2	1481.3 (549.9)	1.51	2.40

注：1) 月末残高.
  2) 日本銀行券発行高と貨幣流通高の合計.
  3) ( ) はうち準通貨＋CD.
出所：日本銀行，時系列統計データ表より作成.

以上のように，日銀による大量の国債等の購入によってマネタリー・ベースが急増しながらマネーストックの方は微増にとどまっている．すなわち，信用創造がそれほど進まず「信用乗数」が低下しているのである．表8-2のD欄，E欄をみられたい．2011年末にD欄は4.33，E欄は8.98，12年末にそれぞれ4.05，8.29であったのが，2016年12月にはそれぞれ1.57，2.93まで低下している（20年末には，1.51，2.40）．つまり，日銀による国債等の購入によりマネタリー・ベースが急増しても，銀行等は貸出を大幅に増加させることができず預金通貨はそれほど増加していないのである．銀行等が貸出を大幅に増加させることができなかったのは，第1章で論じたように大手企業が多額の「内部留保」を保有しており，銀行借入をほとんど増加させなかったからである．マネーストックの増加が緩やかにとどまっているのであるから，マネーストックの増加を根拠とする物価上昇はほとんど起こらない．「リフレ派」はマネタリー・ベースの増加がマネーストックの増加をもたらし，よって物価上昇が生じ

---

15) 定期性預金，譲渡性預金，外貨預金等.

ると考えていたのである[16]が，物価上昇を実現させる貨幣量（マネーストック）の増加がそれほどではなく，実際の物価上昇は14年上半期までの期待感，予想によるものが一部にあったとしても，14年下半期から物価上昇率は低下していき，予想物価上昇率も低下していく．

しかし，長期金利は低下傾向を示していった．日銀がマネタリー・ベースを年間60〜70兆円のペースで増加させるというQQEを13年4月に導入し，大量の国債等を購入しはじめた直後には長期金利はむしろ上昇し，0.8%を突破し1.0%近くになった（拙書『動向』図11-5，11-8参照）が，間もなく0.8%に低下し13年末には0.6%近くになり，マネタリー・ベースの増加を年間80兆円にという14年10月の「追加緩和」後の14年末には0.4%前後に，15年末には0.2%近くまでに低下してきた（同，図11-5参照）．それは当然のことで，日銀の国債購入価格は，日銀が購入しなかった場合の市場価格よりも高く，しかも，大量に購入されるのだから．各金融機関は財務省から進んで国債を購入し，それを日銀に売るのである（日銀の国債引受は禁止されている）．国債の2次市場では国債価格は持続的に上昇していく．

かくして，長期金利は持続的に低下していったが，長期金利の低下が貸出を増加させたという明確な指標は得られない．前述したように，日銀が国債等を大量に購入し続けマネタリー・ベースを増加してきたがマネーストックはゆるやかな増にとどまった．これは，銀行等の貸出，信用創造があまり進まなかったということの証左である．貸出，信用創造が停滞すればマネーストックの増加は大きくならず，消費者物価上昇率も横ばいで推移することになる．マネタリー・ベースを急増させる政策は，国債等の利回り，長期金利を低下させるには効果があったが，物価上昇にはほとんど効果がなかったのである．

---

16) マネタリスト，リフレ派の「貨幣数量説」は以下の式で表現される．貨幣量×貨幣流通速度＝物価×商品量．この式にはいくつかの問題が含まれている．この式自体は恒等式であり，左辺が右辺をいつも規定するとは限らない．右辺が左辺を規定する場合もある．マルクスも類似の式を論じている（『資本論』第1巻第3章第2節）が，その場合は商品量（諸商品の価格総額）に重点が置かれている．なお，ゼロ金利のもとではM1とM3（M1＋準通貨＋CD）の差異がなくなってくる．準通貨，CDは蓄蔵性，貯蓄的性格を有しているといってもゼロ金利の下では蓄蔵性，貯蓄性の意味がなくなり，他方，M1も一部は蓄蔵的性格をもつからである．M1が蓄蔵性をもつようになれば貨幣量は統計に表われているM1の額よりも少なくなろう．

また，長期金利の低下は，日米間の金利差を拡大した．アメリカ FRB はリーマン・ショック時にゼロ金利と財務省証券の購入を行なう非伝統的金融政策（QE 政策）を実施したが，財務省証券の購入は 14 年 10 月に終了し，ゼロ金利政策は 15 年 12 月に終了した[17]．日米間で短期金利だけでなく，長期でも金利格差が生まれ，日銀の多額の国債等の購入による長期金利の低下は円安局面を創り出したとはいえよう．

以上のように，日銀の国債等の購入は長期金利の持続的な低下をもたらし，日米間の金利差を大きくし為替相場へも影響を及ぼした．

(3) マイナス金利の導入と長短金利の管理（イールドカーブの管理）

13 年 4 月から日銀が大量に国債を購入してきたことから日銀は 14 年初めに生命保険会社等を抜いて最大の国債保有者になり（拙書『動向』の図 11-7 参照），16 年 3 月末には保有額は 364 兆円にのぼった．これは国債発行残高（1075 兆円）の 34% である[18]．にもかかわらず，はっきりした物価上昇は起こっていない．2 年間で 2% の物価上昇をめざすという当初の提唱が実現しないことが明らかになり，このまま年ベースで 80 兆円の国債等の購入が可能であろうかという問題が浮上してきた[19]．これ以後，異次元金融緩和の政策には多額の国債等の購入に加えて，種々の付随的，追加的政策が実施されていく．しかし，それがまた新たな問題を作っていく．この点は拙書『動向』には記述していないのでやや詳しく見ておこう．

折しも，16 年の初めには円相場が上昇し始める（『動向』図 11-3 参照）．このような局面が進んで，日銀は 16 年 1 月 29 日の金融政策決定会合で「マイナス金利」の導入を決定する一方，長期国債の購入額を年間約 80 兆円の水準を従

---

17) 拙書『国際通貨体制の動向』102-109，128 ページ．
18) 『エコノミスト』2016 年 8 月 2 日，30 ページ．
19) 日銀の大量の国債等の購入によって利回りは低下し続け，保険，年金基金，公的基金等の資金運用機関の運用が難しくなってきた．他方で，国債流通市場の流動性が低下し，「歪み」が生まれてきた．日銀による大量購入がなければ国債価格は市場ベースで決定されていくのであるが，日銀の購入が国債価格を支え，市場ベースの価格設定メカニズムが機能しなくなってきた．いずれにしても，日銀の大量の国債購入は限界にきたのである．この限界はそのまま異次元の金融政策の限界につながる．

来通り継続すること決定した.

「マイナス金利」の導入[20]は，80兆円の国債購入にどのような影響を与えることになるだろうか．銀行等の金融機関が日銀に国債を売り，「日銀当座預金」を新規に増加させるとその分に0.1%の金利が課される可能性があるのであるから，日銀が以前と同様に国債を購入しようとすれば，日銀がより多額の国債を購入することによって購入価格を引き上げて0.1%の「金利負担」をカバーする以外にない[21]．また，銀行等は日銀に国債を売って「日銀当座預金」を増加させるよりも，当座預金の増加を回避するために2次市場から国債を買う動きを始めるであろう．しばらくは利回りがプラスで利回りが得られるからである．しかし，いずれにしても国債価格が上昇し，次第に国債利回りもマイナスになっていく．実際，10年物国債利回りは16年1月の初めに0.25%であったのが，マイナス金利政策が実施され始めた2月にはマイナスを記録するようになった．さらに2月以後低下し続け，16年7月にはマイナス0.30%近くにもなった（拙書『動向』図11-8）．これは日銀がこれまでと同様に大量の国債を購入していることを示すだろう．

他方で，ディーラーの取引では現物新発債取引は増大しているが，新発債以外の取引は低水準になっているし，証券会社の対顧客取引も低水準で推移している[22]．新発債以外の既発債の取引が低水準になってきているのは，既発債の多くの部分が日銀によって多くが買われ，市場の流動性が低下しているからであり，証券会社の対顧客取引が低調であるのは，利回りがマイナスになり生

---

20) 日銀は「マイナス金利」を適用する際，「日銀当座預金」を3段階に区分した．1)これまでの預金残高にはマイナス金利は不適用（「プラス0.1%の金利」），2)「所要準備額」，経済成長のために民間金融機関の貸出を支援するための「貸出支援基金」，「被災地金融機関」等の残高には「ゼロ金利」，3)上記の1)，2)を除く「日銀当座預金」に対してマイナス0.1%を適用とする．しかし，タイミングをみてゼロ金利の適用部分を増やしていくとされており，上記の1)，2)を除くすべての「日銀当座預金」にゼロ金利が適用されるのではない．日銀の「裁量」が想定されている．例えば，日銀は21年4月にゼロ金利が適用される「マクロ加算残高」を算出する際の基準比率を3月の15.5%から20.5%に引き上げた（日本経済新聞，21年4月9日，電子版）.

21) 「指値オペ」の導入が決定されるのは9月の金融政策決定会合であり，この時点では「指値オペ」はなされていない.

22) 日本銀行，*Financial System Report*（『金融システムレポート』），2016年4月，21ページ．また，同誌の2016年10月，13ページの図表II-2-5をみられたい.

保，年金基金等が国債への運用が難しくなっているからである．

このような事態が進みマイナス利回りが生まれて，長短金利の「イールドカーブ」はフラット化していった．国債を運用している生保，年金基金などの機関投資家の運用益確保は困難になる．マイナス金利の導入は国債市場における価格形成の歪みを大きくしていったと言えるだろう．

上のように生保，年金基金等の国債への運用が難しくなったばかりでなく，銀行にとっても長期金利全般が低落していくから，貸出等が難しくなり利益基盤が縮小することになっていく．さらに，日銀にとっては，額面よりも高い価格で国債を購入しているのであるから，満期を迎えれば損失を発生させることになる．つまり，日銀資産の劣化が進むことになる．しかるに，長期金利のマイナスへの低下が円安に動かすこともなく，逆に，14年下半期以降の経常収支黒字を受けて円高が生まれ，株価指数も下落傾向をたどることになった．マイナス金利の導入も含む異次元の金融政策は16年春には行き詰まった観を呈する事態となった．

このような状況の中で行なわれた16年7月29日の日銀・金融政策決定会合は上場投資信託（ETF）の買入れ額を現行の約3.3兆円から約6兆円にほぼ倍増させることなどを決める以外に他の政策の変化はなかった．しかし，この会合では「量的・質的金融緩和」・「マイナス金利付き量的・質的金融緩和」の政策効果について「総括的な検証」を行なうことを決めざるを得なくなった[23]．

そして，2か月後の9月下旬の日銀金融政策決定会合では「長短金利操作付き量的・質的金融緩和」という「新しい枠組み」に移行することを決定した．つまり，0.1%のマイナス金利政策を維持しつつ，「10年物国債金利が概ね現状程度（ゼロ程度）で推移するよう，長期国債の買い入れを行なう．買入れ額については現状程度の買入れペース（……約80兆円）をめどとしつつ，金利操作方針を実現するように運用する．買入対象については，……平均残存期間の定めは廃止する」[24]という．「長短金利操作付き量的・質的金融緩和」と呼ば

---

23) 日銀「金融緩和の強化について」（2016年7月29日），および各新聞．

24) 日銀の2016年9月21日の金融政策決定会合の文書（『金融緩和強化のための新しい枠組み：「長短金利操作付き量的・質的金融緩和」』）．この決定会合で「指値オペ」の導入を決めていたが，その実施は11月17日に初めて実施された（ロイターより，http://headlines.yahoo.co.jp/hl?a=20161117-00000044-reut-bus_all, 2016年11月17日）．なお，

れる政策である.

この「新しい枠組み」はマネタリー・ベースの増加（国債等の大量購入）よりも長短金利操作に重点が置かれ，イールドカーブのフラット化を是正しようとする意図が強調されている．それゆえ，いわゆる「リフレ派」から反発が出てきた．元日銀・審議委員も含め「リフレ派」の人たちが80兆円の国債購入の継続を主張し，日銀内の「リフレ派」とみなされる副総裁・審議委員を批判する見解を公表したのである[25]．しかし，「異次元の金融緩和」の行き詰まりが明確になって日銀による「総括」作業が始まった7月末から8月初めにかけて国債利回りが上昇している（図8-4）が，この変化から16年7月までの日銀の国債購入のスタンスが7月以降変わったことがうかがい知れる．長期金利が8月からはマイナス0.05％前後で推移している．「リフレ派」の主張とは異なる方向が7月末から8月にかけての時期に進行しており，9月29日の金融政策決定会合でそのスタンスが明確にされたのである．

ところが，日銀が国債利回りをゼロ％で維持させたいというが，元来，長期金利は中央銀行が直接にコントロールできるものではなく，「指値」での巨額の国債購入によってのみコントロールが可能なのであり，日銀が国債購入額を減少させるとなると長期金利が変化し日銀の長期金利のコントロールは一層困難になる．事実，「新しい枠組み」の実施以後，日銀は国債購入の高水準を維持している．

16年7月の金融政策決定会合以後，金融機関等の金融状況についての期待感，予想は13年当初とは逆になり，日銀総裁は16年10月21日，国会で

この文書で「総括的な検証」が記されている．1）物価の持続的な下落という意味でデフレではなくなったとし，2）2％の物価上昇を阻害した要因として原油価格の下落，新興国経済の減速など外的要因を挙げるにとどまった，3）予想物価上昇率の期待形成の役割の重視，マイナス金利と国債買入れは長短の金利を大きく押し下げた，4）国債金利の低下は貸出・社債・CP金利の低下につながった，イールドカーブの低下，フラット化は金融機能の持続性に不安感を抱かせる可能性がある．以上のこの簡単な「総括」が2013年初めのアベノミクスの提唱，「異次元の金融政策」の導入の際に謳われていた「デフレ」脱却のシナリオに全面的に答え，深く分析されたものとは言えないだろう．例えば，マネタリー・ベースとマネーストックの関連などの分析，経常収支と円相場の関連など．また，この間の金融政策がうまく機能しなかった本当の諸理由（貸出・設備投資の低迷，内部留保の増加，消費の低迷など）への言及がなされていない．

25）『毎日新聞』『朝日新聞』2016年10月13日.

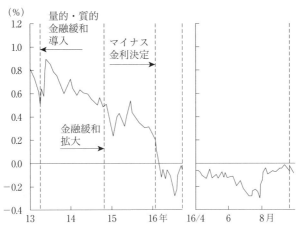

図 8-4　長期金利（10 年）

「2017 年度中の物価 2% は修正もありうる」という趣旨の発言をおこなわざるをえなくなった[26]．前述の「リフレ派」の人たちが恐れていたのはこのことである．彼らは，国債の大量購入により予想物価上昇率を高め，また，マネタリー・ベースの増加によって実際の物価上昇を実現させられうると考えていたのである．10 月 21 日での国会での総裁発言は 11 月 1 日の金融政策決定会合ではっきりすることになった．2% の物価目標達成時期は 5 度目の先送りとなり「18 年度ごろ」となった[27]．この時点で，マイナス金利，「長短金利操作付き量的・質的金融緩和」という「新しい枠組み」も国債購入を増加させる以外にはなく，限界が明確になってきたが，それに代わる金融政策を打ち出すこともできず[28]，黒田総裁の退任時まで国債の保有率を高める以外になすすべがない状態が続く[29]．

---

26) 『朝日新聞』2016 年 10 月 22 日．
27) 2016 年 11 月 2 日の各紙．
28) 当時，国債の償還期限をなくす案や日銀保有国債の「変動利付永久債化」などのプラン，いわゆる「ヘリコプター・マネー」政策に通じるプラン等が提起されるが，いずれも説得力をもつものではなかった．
29) 23 年 4 月に植田和男新総裁の時代になっても，本格的な「出口政策」は示されず，依

228

(4)　円高是正，円安の基礎的要因[30]

　円・ドル為替相場に影響を与える要因として以下の３つがあろう．第１は，日，米政府，日銀，FRB による経済政策・金融政策のスタンスの変化の表明による「予想・期待」による為替相場の変動である．第２は，日米の通貨当局の金融政策のスタンスの異同による金融政策の実施である．第３は，日本の貿易収支，経常収支の動向である．為替相場の現実的変動は，以上の３つの要因が重なりながら，ときには第１の要因が第３の要因よりも強く，ときには第１の要因が主要に第３の要因がそれを補完するように，また，ときには第２の要因が第３の要因を背景に，さらに，ときには第３の要因が第１，第２の要因よりも大きな要因となって為替相場が変動していく．

　以上の第１と第２の要因についてはこれまでの項でほぼ論じた．本項では，とくに，第３の要因，貿易収支，経常収支，国際収支の動向が時間的ズレを伴って為替相場に影響を与えるのは何故かについて論じたい[31]．表 8-3 に2011 年からの日本の国際収支が示されている．簡単に諸特徴を挙げておこう．2011 年から貿易収支が赤字になり 14 年にかけて赤字幅が増大し，赤字幅の減少は 15 年からである．サービス収支赤字幅は旅行収支の改善により 14 年から減少している．第１次所得収支黒字は 13 年上半期に 10 兆円を超え，以後も高い水準にある．これらを受けて経常収支が 13 年下半期，14 年上半期に赤字になったが，14 年下半期から第１次所得収支黒字の増加をうけて黒字に転化し，15 年からは 8 兆円を超える黒字が生まれている．それに応じて金融収支の黒字も 15 年から半期で 10 兆円を超えるようになってきた．

　このような国際収支の動向であるから，12 年には円高が是正されているはずである．しかし，12 年には１ドル 80 円を割って 79 円，78 円台になること

　　然として多額の国債が購入されている（23 年 11 月末）．24 年にどうなるか．
30)　為替相場については，本来は，本書第９章の「外側に向かっての国家」で論じられるものであるが，アベノミクスの狙いの１つが「円高是正・円安誘導」でもあるので，本章で論じておきたい．外国為替，為替相場についての原理的な論究は次章で行なおう．なお，金本位制下にあっても，金融政策は為替政策になることがあった．短資流入を意図した金利引き上げ等である（1920 年代のイギリスの金融政策をみよ──拙書『両大戦間期のポンドとドル』法律文化社，1997 年，第２章参照．
31)　詳しくは拙書『動向』第 11 章第２節，とくに 346-355 ページ参照．

229

表 8-3　日本の国際収支[1]

(兆円)

	2011		2012		2013		2014		2015	
	上半期	下半期	上半期	下半期	上半期	下半期	上半期	下半期	上半期	下半期
経常収支	5.5	4.0	3.0	1.6	1.6	−0.1	−0.5	3.1	8.2	8.3
貿易収支	−0.5	−1.1	−2.5	−4.2	−4.7	−5.3	−6.1	−4.2	−0.4	−0.3
サービス収支	−0.6	−1.2	−0.9	−0.9	−0.8	−2.0	−1.6	−1.6	−0.9	−0.7
第1次所得収支[2]	7.3	6.8	7.1	7.2	10.0	7.8	8.3	9.8	10.5	10.2
第2次所得収支[3]	−0.7	−0.4	−0.7	−0.5	−0.5	−0.5	−1.1	−0.9	−1.0	−0.9
金融収支	4.3	3.3	3.5	−1.3	2.3	0.3	−0.9	5.1	10.4	10.4
「投資収支」[4]	2.6	−8.8	5.6	−0.5	−1.5	−2.4	−1.4	4.6	10.1	10.0
外貨準備	1.7	12.1	−2.1	−0.8	3.8	2.7	0.5	0.4	0.3	0.3
誤差脱漏	−1.2	−0.7	0.4	−2.9	−0.7	0.5	−0.4	2.0	2.4	2.2

注：1)　（＋）（−）は 2014 年からの公表形式による．14 年からは「資本移転等収支」は含まない．
　　2)　2013 年までは所得収支．
　　3)　2013 年までは経常移転収支．
　　4)　2013 年までは資本収支，2014 年からは金融収支から外貨準備を除く項目．
出所：財務省「国際収支状況（速報）」より．

が多かった．12 年に貿易赤字が大きくなっているのに，なぜ，このような異常な円高が続いているのであろうか．

　まず，貿易取引が国際収支表に記録される時点と為替取引が実施される時点とのズレがある．貿易取引が国際収支表に記録される時点は商品の所有権が移転される時点である[32]．それは船積書類が譲渡される時点だと理解できる．信用状付，D/P，D/A などの決済方法の違いによって船積書類が譲渡される時点が異なる．信用状付では，銀行が輸出手形を買い取り，輸出業者は輸出代金を回収する．その時点で船積書類は譲渡される．銀行に買い取られた荷為替手形は信用状発行銀行に送られ，輸入者は代金決済をするか，引受を行ない船積書類を受け取る．信用状のつかない D/P，D/A の貿易では，輸出業者は取り立てのために銀行に荷為替手形を手渡した時点で船積書類は譲渡されるが，D/P の貿易では輸入者の支払が済んで輸入者に船積書類が渡され，その後，輸出業者は代金の支払を受ける．D/A の貿易では荷為替手形が輸入業者の取

---

32)　日本銀行・国際収支統計研究会『入門国際収支』東洋経済新報社，2000 年，13，18，290 ページ．なお，本章では国際収支統計であるので，国際収支統計の「所有権が移転した時点」を計上時点としたい．

引する銀行に届き，輸入業者がそれを引き受けた時点で船積書類を受け取り，輸入業者の支払はのちのこととなる．輸出業者の輸出代金の回収も輸入業者の支払後となる．

上のように，船積書類の譲渡される時点は貿易決済の種類により異なり，それによって貿易に伴う為替取引が実施される時点も様々である．貿易契約時点，輸出代金の受取時点，輸入代金の支払時点（それも D/P，D/A とでは異なる）など．さらに，あまり省みられないが，貿易取引には貿易金融（ユーザンス）が伴うことがほとんどである．輸出業者によるユーザンス（シッパーズ・ユーザンス，サプライヤーズ・クレジット，信用状なし期限付輸出手形）の供与，銀行などのユーザンスである．輸出業者によるユーザンスの場合は貿易業者間の支払の猶予であり，銀行等による輸入ユーザンス供与の場合は，輸入業者はユーザンス資金で輸入代金の支払を済ませるが，銀行等からの借入が残り，のちの返済となる．輸出業者への銀行の金融もある．輸出業者が期限付手形で輸出した場合，期限付為替手形を銀行が期限前に買い取るのである[33]．

ユーザンスが伴う場合，貿易に伴う為替取引の時点は，貿易契約時，荷為替手形の到着時，ユーザンス期間の終わり，為替相場の変化によってはユーザンス期間の途中，などと種々の時点となる．また，ドル等外貨建貿易においては日本側において為替取引が必要となり，為替リスクの負担も日本側にかかる．円建貿易の場合は海外において為替取引が実施され，為替リスクも海外側が負担となる．

貿易業者が直物取引を行なった時には，銀行は直ちに持高をなくすことができるが，貿易業者が先物予約を行なったとき，銀行はまずは直物取引で総合持高をゼロにしたうえで，基本的にその後スワップ取引によって直物，先物でも持高をなくすことになる．例えば，ドル建輸入業者がドル買の先物予約を行なったとき，銀行は外為市場において直物でドル買・円売を行なって総合持高をゼロにし，数時間以内に直物でドル売・円買，先物でドル買・円売のスワップ取引を行なう．したがって，インターバンクの直物市場ではドル買とドル売

---

33) 輸出ユーザンスとは「為替銀行が輸出者からの依頼により期限付輸出手形を買い取り，輸入者に対しては輸入決済を一定期間猶予する銀行ユーザンス」である（財務省『国際金融年報』1996年版，199ページ）.

が生まれるので為替需給は均衡するが，先物ではドル買が残るので数か月後の
インターバンク市場の直物相場感に影響を与えるであろう．

　しかし，先物相場は基本的には「金利平価」によって規定される．ドル金利
が円金利を上回っている時期が多いので，先物相場はドルのディスカウント
（直物相場よりも先物相場がドル安・円高）になっている．しかも，先物期間
が長い方が円高に．ところが，日本の異次元の金融緩和により，先物為替相場
の形成に異変（「金利平価」からの乖離，先物相場が「金利平価」によって決
まる相場より円高に，──拙書『動向』図11-15，16参照）が生まれている．

　以上に見てきたように，貿易取引が国際収支表に記録される時点と，為替取
引が行なわれる時点とは種々に異なる．とくに，原油等の一次産品の輸入にな
ると，貿易金融の期間は長くなり，国際収支表に記録される時点と為替取引が
実施される時点の間には1年以上のズレが発生しうる．このことは見逃されて
はならない．

　2011年から14年上半期にかけて，原油価格の上昇（拙書『動向』図5-1参
照）に伴い日本の原油・天然ガスの輸入額が増加している（同，表11-4参照）．
原油・天然ガスの輸入額増加が，貿易収支悪化を招来させているのであるが，
原油・天然ガスの輸入支払に伴う為替取引は，1年から1年半ぐらい遅れるか
ら12年にもなお円高が続いていたと思われる．そして市場での円高観が上の
ズレを長引かせた．それがアベノミクスの提唱により市場観が一挙に変化し
12年末から急速に円高是正が進行していった．アベノミクスの提唱は市場観
の変化を起こすうえで大きなきっかけになったのであるが，その円高是正の基
底には11年から進行していた原油・天然ガスの輸入額の増加，貿易赤字の発
生があったのである．

まとめ

　拙書『動向』の補論Ⅰ「リフレ派の主張の変遷」で論じた[34]ように，「リフ

---

34)　本書ではリフレ派の主張については『動向』補論Ⅰにおける記述を参照していただく
　　ことにして割愛したい．補論Ⅰでの「非リフレ派」の人たちの引用は最低限のものにと
　　どまった．しかし，いくつか，今後検討しなければならない指摘がある．それを注にお

レ派」の考え方の基礎にはミルトン・フリードマン流の哲学,「物価はすべて貨幣的現象である」という考え,貨幣が増加すれば物価上昇が生じるという貨幣数量説的思考がある.そのために,かれらはマネタリー・ベースを増加させ,その増加によって銀行の貸出が伸びマネーストック（貨幣）が増えていくと考えている.しかも,かれらは通貨当局がマネタリー・ベースを増大させるという強いコミットメントを表明し続けることが肝要だという.

　しかし,マネタリー・ベースの増加はマネーストック（貨幣）の増加をいつももたらすものだろうか,これがまず第1に問われなければならない.本書の第3章で論じたように,貨幣の量は基本的には再生産の規模によって規定される[35].銀行貸出が増加することによって預金が創造され,そのことによってマネーストック（貨幣）が増加していくのであるが,貨幣量は再生産の規模が拡大していくことにより増加していく.中央銀行の貨幣量を増大させようとする政策も再生産の状況に対応するのでなければ有効に機能しない.

　「異次元の金融政策」が有効に機能しなかったのは,日本経済の規模に見合

いて示しておこう.翁邦雄氏は「金融政策の本質が,いまお金を使うか,将来お金を使うかに働きかける政策である……その効果は,家を来年建てる代わりに今年建てるように働きかけるということにすぎません.今年に前倒しさせると,その分来年になると建てたい家の数は減ります」（日本経済研究センター編『激論マイナス金利政策』日本経済新聞社,2016年,63ページ),「金融政策では,人口動態に規定される」（64ページ）と述べられている.また,吉川洋氏は「貨幣数量説が『他の事情が等しければ一般物価水準は貨幣数量によって決まる』と説いているのに対し,マーシャルは『他の事情は等しくないと述べている』」（同,148ページ）と主張され,マクロ経済学の根本を問われる.さらに,池尾和人氏は,「中長期的には現実が経済学の論理から大きく乖離することはない,それゆえ経済学は学ぶ価値のある有益な学問である」（同,302ページ).「銀行部門が国債を購入すると預金が増えるということは,nominal なレベルの信用創造としては起こります.ただし,問題は創造されたマネーストックを裏付ける貯蓄が存在しているかどうかです」（同,317ページ).「信用創造はいわば貯蓄の「先取り」です」（同）.これらの発言は補論Ⅰでは検討できなかった.今後掘り下げられるべき論点である.しかし,彼らの発言にもいくつかの疑問は残る.例えば,池尾氏は「銀行部門が国債を購入すると,常にマネーストックが増えます」（317ページ）と述べられる.したがって,彼らの興味ある指摘も十分注意しながらの検討が必要となろう.

35）マルクスの『資本論』第1巻第3章第2節で示された式,諸商品の価格総額÷同名の貨幣片の通流回数＝流通手段として機能する貨幣の総量,この式も再生産と十分に関連させて論じていない点で「完結」したものとなっていない.再生産を踏まえたうえでの諸商品の流通を把握（本書第3章参照）して,この式は「完結」させなければならない.

うマネーストックがすでにほぼあったからである．大手企業は多額の「内部留保」を保有しており，生産規模を拡大させるために必要とする資金を銀行から借り入れるまでもないのである．また，第1章で見たように，日本の勤労者の所得が増えず企業の設備投資の額も大きく伸びなかった．企業の銀行からの借入は大きく伸びない環境，成長率が低位のまま経緯する環境が今世紀以降，継続した．本章の表8-2にはそれらが反映しているのである．マネタリー・ベースが増加しても，銀行は貸出相手を十分に見つけることができず，マネーストック（M1）がそれほどの増加にならなかったのである[36]．

　日本経済が抱えていた問題はアベノミクス＝異次元の金融緩和によって解決されるようなものではなかったのである．アベノミクスが提唱される時期に日本経済が抱えていた根本問題は，第1章で論じたように非正規雇用等の雇用の不安定が広がり，他方で新たな産業の創出が進まず国内で設備投資が伸びないで「内部留保」が増加し，しかもその多くが対外直接投資に向けられ，国内市場が広がらないという事態であった．アベノミクスは日本経済が抱えていた根本問題から目を逸らす役割を果たしたと言いうるであろう．

　そればかりでなく，異次元の金融緩和は日本経済の成長率を高めることなく，種々の「負の遺産」を残すこととなった．第1に，いわゆる「出口政策」への道筋が明らかにならないまま，世界経済，日本経済の状況が変化しても機敏な金融政策への移行が困難な状況を作り出した．第2に，イールドカーブのフラット化が典型的であるが，国債市場に多くの「歪み」を作り出した．第3に，財政規律のゆるみを醸成し，巨額の国債残高の累積を持続させてきている．

　2023年4月日銀総裁は植田和男氏に交代し，新総裁は「量的・質的金融緩和」からの「出口」政策を検討せざるを得ない状態にあるが，なおはっきりし

---

36)　マイナス金利の導入後もリフレ派の目標が達成されないことから，「金融と財政の一体化」（＝「シムズ理論」）なるものが浜田宏一氏などから言われはじめた．浜田氏は，「シムズ論文で考えが変わった」と話される．また，浜田氏は外債の購入も選択肢としてありうると言われる（『エコノミスト』2016年12月27日，32-35ページ）．「シムズ理論」とは，大略，以下のようなものである．政府が財政節度を短期的であれ放棄し，そのことがインフレ期待を高め，物価上昇をもたらすというものである（拙稿「リフレ派の主張の変遷と金融政策の限界」『国際金融』2018年2月1日，10ページ）．「負の遺産」の拡大生産である．

ないままである．日本と対照的なのがアメリカ連邦準備制度（FRB）である．
FRBはリーマン・ショック時に「非伝統的金融政策」を採用したが，FRBは
BISの文書——「国債残高の水準を引き下げることにより，各国政府は次の金
融・経済危機が勃発したときに再び対応力をもちうるのである」(83rd, *Annual
Report*, June 2013, p. 8) と軌を一にして，「出口」政策を探り始める．そして，
14年10月にはアメリカ国債の購入を終了させ，15年12月にはゼロ金利政策
も終了させた[37]．また，2020年には新型コロナの蔓延を受けて再度，「非伝統
的金融政策」を採用したが，これも早期に終了させた．

　日銀の方は新型コロナが蔓延しても新たな金融政策を打ち出せず，新型コロ
ナが収束してきても「量的・質的金融緩和」からの「出口」政策も提起できず，
日米の金利差の拡大から円安が進行し，「量的・質的金融緩和」が目指した物
価上昇ではなく輸入インフレが進行してきた．「出口」政策が必要なのである
が，ゼロ金利と日銀による国債購入による証券価格全般の支えが長期に続き，
諸企業，諸金融機関，政府はもとより国民の諸階層もその異常な環境に「慣
れ」てきた．アベノミクスはその環境を増幅させながら継続させてきた．同時
に，その「慣れ」の下で諸企業，諸階層の間に利益と所得の不均等，格差が生
み出されてきた．そうした環境からの脱却，有金利状態に戻る過程において諸
機関，諸階層に種々の影響が生まれてこよう．国債費増と膨大な財政赤字，中
小企業の金利負担の増，住宅ローン等の国民負担は言うまでもない．日本経済
全体が大きな転換の時期を迎えていると言えよう．諸階層への影響がどのよう
に出てくるのかを注視しよう．今後，長期にわたって以上のような日本経済の
状況の中で生活している日本国民は「負の遺産」と闘わなければならない．

37）　拙書『動向』第4章，101，128ページ．

補章[1]　国家の改革と国民の社会意識の高度化

(1)　「ブルジョア社会の国家形態での総括」の含意と国家の改革へ

　第7章において「国民経済」範疇の基本骨格をとらえることができたであろう．諸資本，総資本の運動・展開とそれを補う国家による「生産条件の一般的条件」（＝社会的一般労働手段，社会的共同消費手段等）の整備，諸資本，総資本の運動・展開から生まれる諸矛盾への国家への作用，このような国家の「経済的力能」によって総括された一国の資本主義経済過程・構造が一国の「国民経済」である．さらに，「国民経済」の成立には第7章で論じたように，財政の諸制度（本書では財政学の諸家の業績を挙げることで終わった）と第8章で論じた中央銀行の設立による国内決済制度（＝「国民通貨」範疇の定立）等の整備が不可欠であった（労働の諸制度，教育，保健制度等は本書では触れない）．

　第7章，第8章の論述によって「国民経済」範疇のうち主要なものは捉えられたのであるが，それ自体は経済学的範疇である．しかし，第7章で論じたように，財政，金融などの諸制度は政治，イデオロギー，法における諸事情を受けて成立してくるものであり，これらの諸事情がある中で国家が法の制定によって作り上げてくるものである．

　本書の序論でみたように，『経済学批判要綱』の「序説」の「3. 経済学の方法」の末尾において「経済学批判のプラン」が示されたあと，「4. 生産．……生産諸関係と交易諸関係にたいする関係での国家諸形態と意識諸形態．法律諸関係．家族諸関係」（マルクス『資本論草稿集①』大月書店，62ページ，杉本俊郎訳『経済学批判』国民文庫，306ページ）という記述がある．その前に，マルクスは「プラン」において，「ブルジョア社会の国家の形態での総括」（同）と記しているが，これら2つの文言は，資本主義経済の諸過程と諸制度は，諸意識

---

1)　この補章は，拙稿「国家についての一試論」『立命館国際研究』36巻2号，2023年10月の「はじめに」，IIIをもとにしている．

形態，政治的関係，法体系等を経て形成され構築されることを言っているのであろう．

　そのようなブルジョア社会の諸意識形態，政治，法等を含めた社会全体を総括しうる国家が前提にあって，その国家がブルジョア経済過程・諸事情へ反作用を及ぼすと述べているのである．それが，「3. 経済学の方法」における「自己自身にたいする関連での考察」（同）という文句の内容である．再度，強調すれば，「3. 経済学の方法」においてはブルジョア社会の全体は，まだ十分に把握されていない．そのあとの「4. 生産．……国家形態と意識形態．法関係．家族関係」にまで進んでとらえられるものである．

　ところが，「4」における「……国家諸形態と意識諸形態．法律諸関係．家族諸関係」に関する論述はごく簡単なものである．8点にわたっての記述があり，そのあと芸術に関する文章があるが，それぞれについての関連も不鮮明でほとんどテーゼのような文書で終わっている[2]．したがって，われわれは，意識諸

---

　2)　次のような文章が興味を引く．「物質的生産の発展の，たとえば芸術的発展との不均等な関係」（前掲『資本論草稿集①』63 ページ），「芸術のばあいに知られていることは，その一定の全盛期は，けっして社会の一般的発展に比例していない」（同，64 ページ）．また，エンゲルスも本書第 7 章の本文や注 10 において示したように，コンラート・シュミット宛の手紙（1890 年 10 月 27 日）に史的唯物論についての質問に答えるというかたちで，国家，法律，イデオロギー領域，哲学，宗教について簡単に論じている．また，それらの経済運動への反作用を強調している（全集版，訳書 37 巻，424-428 ページ）．しかし，「ブルジョア社会の国家の形態での総括」については十分に論究されているとは言えないだろう．『ドイツ・イデオロギー』で論じられた「支配的思想」への言及はない．マルクスが経済学を最後まで完成させることができなかったこと，さらにマルクスもエンゲルスも法律，イデオロギー，哲学等についても研究する意図を保持していたが十分に論じきれなかった．このことに関連して以下のことを追記しておきたい．マルクスもエンゲルスも法律，イデオロギー，哲学等について十分に論じきれなかったことから，「マルクス・エンゲルスの考え」が歪められ，マルクス，エンゲルスは経済過程，それも狭い範囲の事象のみの解明にとどまったというような言説が依然として目立つ．それが彼らの「社会主義」の把握の解釈にまで及んでいる．例えば，アクセル・ホネットという人は次のように記している．「マルクスの確信にしたがえば，資本主義においてはただ賃金労働者の集団によってのみ代表される．この集団だけが，対象的な労働を行い，現在の労働の疎外の中で自分の自然な切望との隔たりを認識するからである」（日暮・三崎訳『社会主義の理念』法政大学出版局，2021 年，66 ページ），「マルクスの理論によって，19 世紀前半に生まれた社会主義的な諸観念は，すべてもっぱら革命的な労働者階級のみの精神的産物だと説明され，その階級の実際の構成，実際の利害状況についてはより詳細な考察を要しないものとされた」（66-67 ページ），「マルクスは，中央集権的経済と異

形態，政治的関係，法などの上部構造の諸契機がどのように作られていくのか，それらを国家がどのように総括していくのか，マルクスが呈示しか行なっていない諸課題に接近していかなければならない．

　筆者は，イデオロギー論，政治学，法学等の専門家ではない．にもかかわらず，何故，われわれは，それらを含めて国家がブルジョア社会をどのように総括していくのかについて論じる必要があるのか．それは以下の事情があるからである．

　第1章でみたように，今世紀に入って以後の日本国民の実質所得は増加していない．平均所得はやや低下しているともいえる．種々の非正規雇用が増大して雇用状況の不安定化が進み，また，保育，教育，医療，介護等における諸問題が累積し，少子化，高齢化が深刻になってきている．多くの国民は，階級，階層についての意識をもたないまま，人生のそれぞれの局面において経済的困難に遭遇している．それは，経済学的に述べれば労働力の再生産が順調に進んでいないことを意味しているのであろう．労働力の再生産，労働力の価値を考察するにあたって，国家の役割を検討することは不可欠であろう[3]．

　生産手段の所有関係を問う以前に，国民がつくり出した国民所得をどのように配分・利用するか，国民が支払う租税をどのように用いるか，基本的人権を保障し，所得格差を小さくしていく過程における国家の役割を問わなければならない．経済学の論理を所得論から国家，国民経済にまで上向して一国の経済

───────────────

なる経済の社会化の制度的方途を構想するあらゆる可能性を，社会主義から奪ったのである」(94ページ)．驚くべきマルクスへの論難であるが，この著者は，マルクスの著作を，初期の『ドイツ・イデオロギー』などから『資本論』とその諸草稿，『フランスの内乱』，「農業問題・土地問題」などの多くの分野の論稿・草稿，手紙などを丹念に読んだことがなく，他の論者が記したものを検討しないままの，ある種のマルクスを批判する1つのタイプなのであろう．社会主義の問題以前に，「ブルジョア社会の国家の形態での総括」，社会意識，法的関係などについて，マルクスがどのように論じているのか，どのように論じようとしていたのか探っていけば，はるかに豊かな叙述を見出すことができるであろう．

3)　労働力の再生産，労働力価値の十全な規定が進むためには，議論を国家にまで進めなくてはならないことを筆者はいくつかの箇所で述べてきた．以下である．拙書『『資本論』諸草稿の検討』日本経済評論社，2021年，193-195，224ページ，拙稿「内部留保と過剰資本」『立命館国際研究』35巻1号，2022年6月，152-153ページ，など（後者の拙稿の主要部分は本書の第1章に含めている）．

構造，経済政策を論じる必要があろう．どのような経済構造・構成をもつ日本経済にしていくのか，その国民的議論のための1つの指針を出せればと思う．

　財政，国民所得の公正な配分のためには国家の役割の改革が必要であるが，国家の役割の変革のためには国家の改革を進める主体の確立，国民の社会意識の改革が必要である．これまでの思想論の論稿では多くの国民が「支配的思想」あるいは「俗流的」な議論にとらわれており，それからの脱却が困難であることが指摘されてきた．また，これまでの多くの研究は，支配階級が掌握している国家が国民をどのように管理，コントロールしているかという議論が大半であった．あるいは，国家そのものを論じないままであった．

　この補章では，そうしたことを念頭におきながら，国家論が経済諸矛盾の累積への国家の対応だけにとどまっていては不十分であり，財政，国民所得が国民のために活用されるには国家の改革を実行する国民の主体，基本的人権・民主主義的意識の醸成，自立的イデオロギーの形成がどのように生まれてくるのか，それらを論じなければならない．補章ではその基礎的視点を探りたい．

(2)　国民経済のなかでの社会的生活

　さて，筆者は以前の拙稿[4]において下山三郎氏[5]，藤田勇氏[6]の著書をもとに社会的意識，「支配的思想」，国家について論じたが，そこでは「国家の経済的力能」，国民経済についてはほとんど言及しておらず，国家論の重要な内容を欠いたものになっていた．下山氏は被支配階級による「支配的思想」の受容を重視され，それを中心に国家を論じられた．藤田氏も「支配的思想」を念頭に入れられつつ，最も基底的なカテゴリーとして「社会的存在－社会的意識」をおかれ，物質的社会関係も含む社会的存在[7]の生み出す社会的意識が社会関

---

4)　拙稿「社会的意識，「支配的思想」，国家の把握に関する小論」『立命館国際研究』27巻3号，2015年2月．

5)　下山三郎『明治維新研究史論』御茶の水書房，1966年の第4章「史的唯物論をめぐって」．

6)　藤田勇『法と経済の一般理論』日本評論社，1974年のとくに第1，2章．氏のこの著書を大学院ゼミ等で池上惇先生が評価されることがあった．このことが頭に残っており，筆者が長らく放置していたこの著書を検討するきっかけになった．以下で，同書と注4の拙稿を引用する際，「ページ」を略し，数のみ記す．

7)　藤田氏が言われる社会的存在とは経済的土台よりも包括的なカテゴリーである（氏の

補章　国家の改革と国民の社会意識の高度化　　239

係として客観化され，政治的関係，道徳・宗教的関係，法的関係などの上部構造の諸契機が生まれてくることを，そして国家を論じられた．

　ところが，これらのことは，国民経済＝藤田氏の言う物質的社会関係の実態と，それへの国家の反作用を明らかにしたうえで論じられなければならないものであった．両氏が言われていたように[8]，ブルジョア社会の経済過程にとどまることなく種々の具体的な社会生活において人々は存在するのであり，しかも無媒介的に存在しているのではない．したがって，その具体的な社会生活を前提にしないで，「哲学的」に「存在－意識」を論じるのは適当ではない．国民経済における諸矛盾，そのなかでの人々の社会生活を論じたうえで，社会的意識，「支配的思想」，法体系などの上部構造の諸契機について論じられる必要があろう．そうであるから，いま，国民経済について論じ終わったところで，この補章では主に藤田氏の論じた内容を改めて論じよう[9]．

（3）　租税国家と議会における国家財政の承認

　この議論を進めるためにはマルクスの「経済学批判体系のプラン」にもう一度戻らなければならない．ブルジョア国家が支配機能を維持するためには，軍備，官僚の諸制度を整備・維持しなければならない．「プラン」において「ブルジョア社会の国家の形態での総括」のあとに，「不生産的諸階級」，租税，国債，公信用が位置付けられるのはそのような意味である．また，社会資本，す

　　同上書 27）．筆者流にいえば，ブルジョア社会の種々の規定性が捨象されていない，ありのままのブルジョア社会のなかに生きている人間存在のことであろう．
[8]　藤田氏は「人間の物質的生活の生産から出発して社会諸関係の総体の運動法則を厳密に科学的に分析」することの重要性を指摘されている（同上書 19）．それでも，本書第7章の注 26 に記したように，藤田氏は国家によるブルジョア経済過程・事情の総括については十分に記されていない．それ故，「国家は，この秩序（階級的支配……）の維持のために，そのかぎりでのみ，この維持機能の一環として「共同的＝社会的機能」を果たす（道路・水利事業，衛生事業，教育事業……）」（同 117-118，下線は引用者）と言われる．「共同的＝社会的機能」（道路・水利事業，衛生事業，教育事業……）は，マルクスにおいても極めて不十分な指摘しかなかった．しかし，第7章で見たように，その機能は「ブルジョア社会の国家形態での総括」にとって不可欠である．
[9]　筆者は哲学，思想，イデオロギー，法学などを専門としていないので，これらの議論を独自に展開することは不可能である．補章では，再び，主に藤田勇氏の著書の議論を再構成するかたちで叙述を進めたい．

なわち社会的一般労働手段，社会的共同消費手段の整備＝国家の社会的共同機能を果たすためには財政資金が必要であり，租税，国債，公信用が論じられなければならない．とはいえ，プランにおける租税，国債，公信用は社会資本などの整備のためのものとはなっていない．プランの執筆時点では，社会資本の整備は考慮外で，ほとんど視野に入っていない．

宮本憲一氏は次のように記される．「ブルジョア革命による国民国家は王領地などの封建的土地所有と封建的諸特権を廃止し……元首あるいは国家は無産化した」[10]，「資本主義国家は，それまでの有産国家でなく，無産国家であり，租税国家である．……租税こそ近代民主主義の物的基礎といってよい」[11]．

「民族国家」「国民国家」から資本主義国家へ転変・発展してくると議会制度が整備されてくるが，租税は強制徴収されるものであり，租税は議会で承認される必要がある．議会の主要な任務は租税・歳出などの財政分野の事項なのである．円滑な租税徴収のためには議会の審議が必要になり，租税徴収，歳出は法的形態をとるようになるが，国家財政が法的に確認される過程において当然ながら社会の各階級，各層の種々の利害の対立，闘争が不可避となる．

前に引用した『経済学批判要綱』の「序説」の「4」にあった国家，意識，法の諸関係がここで問題になってくる．藤田勇氏が以下の視点を重視されるのをわれわれは注目しよう．「法が（は）イデオロギー的形態である」(62)，「イデオロギー形態としての法の発生論」(127) という視点である．国家財政が議会で承認される過程では，各階級，各層の対立・闘争が不可避となるが，それらは「社会的意識」，イデオロギーになって論争される．諸利害，階級的思考を反映した種々の社会的意識，もろもろのイデオロギーの対抗の中で法が成立していくのである．この過程の分析を経て，「序説」の「4」の内容はつかめ，国家によるブルジョア社会全体の総括も把握されるであろう．したがって，社会意識，イデオロギーの形成についての論究が必要になってくる．

(4) 社会的意識と上部構造の諸契機

社会的意識が形成されるのは社会的存在＝国民経済のなかでの人々の生活に

---

10) 宮本憲一『現代資本主義と国家』岩波書店，1981 年，85 ページ．

11) 同上，87 ページ．

おいてである．人々は様々の資本主義的企業，経営体，諸機関などに雇用され，あるいは経営に携わっており，通常，種々の常識的な社会観から大きく離れることはない．人々は『ドイツ・イデオロギー』で言われた「支配的思想」に大きく影響されており，それが現存の社会・国家を支えているととりあえずいえよう．とはいえ，「支配的思想」を多数の人々が「受容」するといっても，まずは思想というよりも常識的な考えが多くの人々の意識を左右しているといえる[12]．意識にはレヴェルがある．藤田氏は，第1段階は「現実的生活の言語のうちに直接におりこまれている……観念，表象，意識」（28，本章注4の拙稿198），社会的心理であり，感情，習性，性向などの感性的な意識形態の総体（79，同拙稿198）であると言われる．第2段階は，「物質的生産活動から多かれ少なかれ「遠ざかる」「独立的」に行われる精神的生産」（28，拙稿198），一定の体系性をもち，理念・見解等の総体である（79，拙稿199）と把握される．「支配的思想」というのはどの次元のものであろうか，後述しよう．なお，藤田氏は「物質的生産関係の社会的意識への反映過程」は「単純な機械論的決定論を排するきわめて複雑に媒介された多段階的構造をもって」（81，拙稿200）いるとの指摘を忘れられていない．とはいえ，ともかくも社会的存在が社会的意識を形成していく．また，常識的ないろいろな意識は何らかのきっかけ，行動によって，より高次の意識に発展していく．

　上のことを確認したうえで，次のことが言えよう．第1段階の意識，常識的な意識をとりあえずまとめるような，たとえば「資本−利潤・利子，土地所有−地代，労働−賃金」という諸収入を「三位一体的」にとらえる俗流的な「経済学」が社会で幅を利かしている．「支配的思想」を「受容」するといっても，その「思想」はそのような俗流的「経済学」「哲学」などである．

　次に藤田氏は「社会的存在−社会的意識」が「土台−上部構造」とどのような関係にあるか（前拙稿198も参考にされたい）と問われる．氏は2つのことが

---

12)　発達する資本主義生産様式が支配的になる以前の事態——多くの庶民がとらわれている意識はイデオロギー，思想というよりも，広範な常識，素朴な宗教的心情をもとにした諸観念，俗論である．「支配的思想」の受容とは異なる．庶民が保持していた心情，観念が庶民のそばにいる僧侶，「道徳家・思想家」「哲学者」の言に重ねられてそれらの諸観念，心情は膨らむ．常識的な諸観念，素朴な宗教的心情をもとに，「哲学者」，宗教者がややまとまった「論」をつくり，それがその時代の主流的な思潮となっていった．

242

前提されるとしている（31-32）．第1の前提は社会的存在からの社会的意識（社会的心理，イデオロギー）の生成のプロセスであり，これは上述の第1段階の意識の生成である[13]．第2の前提は，「生成する社会的意識が社会関係として客観化されるプロセス」（32），「たとえば，物質的生産関係・階級的存在→階級的心理→階級的イデオロギー・政治意識→政治的関係」のプロセス」（32）が把握されなければならない．これは重要な指摘である．「この社会関係（政治的関係・道徳的関係・法的関係）は，物質的社会関係のイデオロギー的表現形態であるが，しかし，諸個人の頭脳における表象そのものではなく，諸個人の意識から独立した客観的に存在する現実的関係」（32，拙稿198）であって，利害・階級関係をもった上部構造の諸契機となっていく[14]．つまり，「社会的存在」から形成された「社会的意識」は意識にとどまらず，社会的諸関係（政治的関係，道徳的関係，宗教的関係等）として実体化され，それらは諸個人の意識から独立した客観的に存在するイデオロギー的現実関係となる．それらはまた「さまざまの観念・表象を人々に生じせしめる」（32）．その過程において国家は広範囲に強く作用する．国家のブルジョア社会の総括とはここまでの次元を含む．

（5）　イデオロギーの生成過程と顛倒性

さて，「生成される社会的意識が社会関係として客観化されるもの」が上部構造の諸契機であるが，前に述べたように，物質的生産関係の高次の社会的意識への反映過程は，複雑に媒介された多段階的構造をもっており，2つのことが重要であると藤田氏はいう．「第1に，社会的存在の意識化が，それ自体既

---

13) 当然のことながら，その意識は利害，階級的指向を反映したものである．

14) 『経済学批判』の「序言」では，「生産諸関係の総体は，社会の経済的構造を形成する．これが実在的土台であり，その上にひとつの法的かつ政治的な上部構造がそびえ立ち，そしてこの土台に一定の社会的意識形態が照応する」（『資本論草稿集③』205ページ，杉本俊郎訳『経済学批判』国民文庫，15ページ）と記されており，藤田氏が言う「生成される社会的意識が社会関係として客観化されるプロセス」は示されていない．さらに，氏は，経済的関係と社会的意識が社会関係として客観化された諸関係（政治的関係，道徳的・宗教的関係など）とは異なると言われる．前者は意識を経ないで形成されるのに対し，後者は意識を通じて形成される関係であることを強調される（藤田41，拙稿注24も見られたい）．

補章　国家の改革と国民の社会意識の高度化　　　243

存の社会的意識の作用のもとで進行する」(81)，「先行の思考素材，精神的遺産と結びつき，これを加工しつつおこなわれる」(82)．そして，「……一定の社会的主体の実践もそれに制約されておこなわれる」(81，拙稿200)．

　第2に，イデオロギーの生成には「イデオロギーの存在からの相対的な分離・独立化という現象」(82) が不可欠であるという．「人間の意識は，それが「直接性の段階」を脱し，物質的生産から多かれ少なかれ「遠ざかり」，直接的な実践意識から「解放」されるときに，固有の意味でのイデオロギーとして存立する」(82)．その結果，「イデオロギー的諸概念は，すべてあれこれの精神的生産領域（哲学，政治理論，法理論等）の先行の基本概念からみちびきだされたものとしてあらわれる」(同)．

　藤田氏のこれらの2点は，『ドイツ・イデオロギー』を引用しながら抽出される．ともに重要なものであるが，ここでは，「物質的生産と精神的生産との分裂」，「精神的生産の担い手たちの思惟過程と活動領域を独立化せしめる」(82) と言われる事態に注目しよう．「イデオロギーの相対的・外見的な「独立性」からして，社会の物質的生活の変化と社会的意識の変化とのあいだに一定のズレが不可避である」(84) からである．「分業と思惟過程の「独立化」は，観念・表象をその対象からますます疎隔せしめ，そこでの対象的世界の反映は顚倒したものとなる」(85)．

　ところで，ここに藤田氏が言われている「ズレ，疎隔，顚倒」は，「直接的な実践意識から「解放」されるときに，固有の意味でのイデオロギーとして存立する」(82) ところの哲学，政治理論，法理論等について言われているのであるが，多くの人々が「受容」している意識，イデオロギーはそのような哲学，政治理論，法理論等ではないだろう．先に見たように俗論，俗流化理論であろう．常識的な表象に一定の「まとまり」をつける「俗論」，あるいは，藤田氏が言う哲学，政治理論，法理論等が基礎にあるとしても，それらを「俗流化」したものであろう．したがって，多くの人々がそれらを「受容」する過程，諸理論等が「俗流化」される過程が解明される必要があろう．ここでは，マルクスが古典派経済学と区別した俗流経済学[15]，資本主義社会における諸収入に

15)　学者としては，セー，バスティア，マルサス，シーニア，ロッシャーなどが挙げられる．当時は有名な経済学者であったが，今ではほとんど顧みられない．

ついての「三位一体論」について見ておこう.

　マルクスは『資本論』の各所において俗流経済学について記している．いくつかを引用しておこう．「俗流経済学と言うのは，外見上の連関のなかをうろつき回り，いわばもっとも粗暴な現象のもっとももらしい解説とブルジョア的自家需要とのために，科学的経済学によってとうの昔に与えられた材料を絶えずあらためて反芻し，それ以外には，自分たち自身の最善の世界についてのブルジョア的生産当事者たちの平凡でひとりよがりの諸観念を体系づけ，学問めかし，永遠の真理だと宣言するだけにとどまる経済学をさしている」(新日本出版社，新書版① 138 ページ).「俗流経済学は，ブルジョア的生産諸関係にとらわれているこの生産当事者たちの諸観念を教義的に代弁し，体系化し，弁護する以外には実際には何も行なわない」(⑬ 1430 ページ), 「現実の生産当事者たちの日常的諸観念の，教師風な，多かれ少なかれ教義的な翻訳以外のなにものでもなく，これらの観念のあいだに一種の合理的な秩序をもたらす俗流経済学」(⑬ 1453 ページ).

　マルクスは，古典派経済学を「ブルジョア的生産関係の内的連関を探求」(① 138 ページ) していると評価しつつ，その欠陥も指摘し，その欠陥が俗流経済学に利用されていると述べている．次である．「「労働の価値」,「労働の自然価格」などの諸カテゴリーを (古典派経済学が――筆者) 無批判的に採用したことは……古典派経済学を解決しえない混乱と矛盾におとしいれたのであり，他方ではそのことは俗流経済学にたいして，原則として外観のみに忠誠を尽くすその浅薄さのための確実な作戦根拠地を提供したのである」(④ 921-922 ページ). そして，いわゆる収入の源泉についての「資本－利潤・利子，土地所有－地代，労働－賃金」という俗流経済学の「三位一体」的把握について，マルクスはエンゲルス宛ての手紙 (1868 年 4 月 30 日) で次のように述べている.「最後にわれわれはいろいろな現象形態に到達したが，これらの形態が俗流経済学者にとっては出発点として役立つわけだ．すなわち，土地から生ずる地代，資本から生ずる利潤 (利子)，労働から生ずる労賃，というのがそれだ……中略……三つのものはそれぞれ土地所有者，資本家，賃金労働者という三つの階級の収入源泉なのだから……」(全集 32 巻，訳 63-64 ページ).

　以上，俗流経済学についてみてきたが，現実の生産諸関係のなかで自然発生

補章　国家の改革と国民の社会意識の高度化　　245

的に生まれる人々の常識的な経済的な意識を「ひとまず整理」するのが俗流経済学であり，それは藤田氏が言われる「社会的意識」の第1段階の「物質的生産，現実的生活の言語に織り込まれている観念，表象，意識」（28，拙稿198）を代弁するとともに一定程度の「まとまり」のあるものとして「整理」し，弁護するものである．藤田氏の言う第2段階の「一定の体系性をもち，理念・見解等の総体である高次のイデオロギー」（藤田79）ではない．下山三郎氏が強調され，藤田氏も言及された「支配的思想」の受容といっても，その「思想」は必ずしも藤田氏が言われる第2段階のものではなく，より低次元の「俗論」「俗流化論」なのである．

　以上のことから，われわれは社会意識について，3つの区分を行なわなければならない．第1—表象的観念，常識的意識，第2—それらを「とりあえず整理」する俗論，俗流論，第3—「一定の体系性をもち，理念・見解等の総体である高次のイデオロギー」である．ブルジョア社会の全体の意識はそのようなものから構成されており，それぞれの次元の社会意識から社会関係として政治的関係，法的関係，道徳的・宗教的関係などの上部構造の諸契機が客観化され，実体化されていく（藤田32参照）．

　ブルジョア国家はそれらの上部構造の諸契機に対しても作用を及ぼし，社会全体を総括していく．イデオロギーの点で言えば，国家による教育，マスメディアなどへの関与・管理によって俗論，俗流化理論を「支配的思想」として広めていく．そうしたことが進行していきながら，いろいろな法律が制定されていく．藤田氏が言われていたように，法律はイデオロギーの実体的形態であり，諸イデオロギーの対抗を経て制定されてくるのである．法律に転化した時点で法が国家意思の表現形態をとる（藤田122参照）．『経済学批判要綱』「序説」での「ブルジョア社会の国家の形態での総括」とは，この次元まで進んでやっと把握できるものであろう．

　『ドイツ・イデオロギー』に次の文章がある．「支配している諸個人は……彼らの意志に国家意志，法律としての，一般的表現を与えなければならない」（全集第3巻，訳347ページ）．この文章をさらに進め藤田氏の研究を踏まえて，われわれは次のように言おう．利害諸関係，階級・各層の意思・種々のイデオロギーは対抗のなかで法によってまとめられ国家意思となる．これが，国家に

246

よる意識諸関係，法律的諸関係の総括の中心的事態であろう．

(6)　国民の社会意識の高度化と自立的イデオロギーの発生

　われわれの最終の課題は，国民が俗論，「俗流化された支配的思考・思想」
から脱却し，自立的・対抗的思考・思想をどのようにつくり，その思考・思想
を土台にした諸法律の制定によって諸権利を獲得し，国家を国民生活向上のた
めに利用する筋道を大まかであれ示すことである．藤田氏は対抗的思想の発生
が不可避であることについては記されているが，それ以上の詳しいことについ
てはところどころに言及されているだけでまとまった記述はない（拙稿，205-
206参照）．本項では国民の「俗流化された支配的思考・思想」からの脱却と，
自立的・対抗的イデオロギーの発生の諸原因・要素（契機），国民によるその
受入れについて簡単に論じたい．

　まずは，そもそも多くの国民が「俗流化された支配的思考・思想」を受容す
る客観的条件とはどのようなものであるかを明らかにしておかなければならな
い．藤田氏は5点ほど指摘されている（注4の拙稿207では順を変えている）．
第1,「物質的生産関係の社会的意識への反映過程が……複雑に媒介された多
段階的構造をもって」(81) いる．第2，物質的労働と精神的労働との分業と
イデオローグの役割 (83)．第3,「イデオロギーの（存在からの）相対的ない
し外見的独立性」(83)．第4，そのことによる「意識の存在被拘束性の無自覚
および存在と意識の関係の顛倒性」(85)．第5,「階級支配＝従属関係の無限
の循環をその生存条件とする……現存秩序のアプリオリ化」（同）などである．

　本来は，第5点目から論じるべきであろう．筆者は以下のようにこの点を示
したい．日々の生産過程，分配過程，生活過程において資本家と労働者（勤労
者）は種々の対抗関係にあるが，この生産関係の下で労働者はともかくも日常
生活を維持し，家族を再生産しているのであるから，通常はこの生産関係に対
して対抗的意識をもつことはなく，労働者の多くはそれを受容していく[16]．

---

16)　色川大吉氏は『明治精神史』の増補版（岩波書店，2008年）で次のように記している．
　「(勤労民衆は）もちろん，直接生産に従事している勤労民衆である以上，支配者とは本
　源的に対立する性質の「不満－矛盾」は日常的にうみだされる．だが，その不満，矛盾，
　違和感は，決してそのまま階級思想に昇華されることはほとんどない．日常不断の違和
　感は，日常不断の制度的，慣習的，支配イデオロギーの関与によって，そのつど解消さ

補章　国家の改革と国民の社会意識の高度化　　247

とはいえ，この生産関係のもとで不合理な賃下げ，配転・解雇等の不当な雇用条件の変更が行なわれれば，ストライキ等の反抗的行為が発生し，ときには国家による介入もありうる．しかし，通常時には生産関係そのものの改編を求めるには至らず，それを「受容」していく．したがって，国家によって私有財産への不可侵の法的規定が設けられても，自らの利害が犯されたとはみなすことはない．

さらに経済的諸関係がほとんど物象化されていて，その物象化を俗流的な経済学者が増幅させているから本質的な経済諸関係は覆い隠されており，経済的実態がほとんど把握できない状態にあるということが重要である[17]（拙稿207）．先に古典派経済学とは異なる俗流経済学について簡単に振り返った．

しかし，多くの国民が「受容」しているイデオロギーは，藤田氏が言われていたように，「現実からの遊離化」過程をともなっているから「顚倒性」は不可避であり，かつ，俗流化されたものは，偽善性，欺瞞性をもつことが多い．また，藤田氏は以下のように言う．「人間社会の存立が自然との物質代謝によるものであるかぎり，社会的意識のなかに対象的世界の相対的に正確な反映という側面，相対的真実という面があることは当然である」（86）．「ブルジョアジーのイデオロギーが……物質的生産過程の相対的に客観的な反映であることをやめるときに，まさにそのイデオロギー機能が前面におしだされ……欺瞞性が登場する」（86-87）．さらに，藤田氏の次の文章が続く．「諸々のイデオロギーにおいて蓄積され続ける客観的な，正確な認識は……保守的な支配イデオロギーと矛盾しはじめる」（87）．

これら藤田氏の指摘に「俗流化された支配的思想」からの脱却の諸要素，諸契機が内包されているだろう．しかし，氏は脱却の筋道をほとんど示されない．筆者は，以下のように示したい．多くは俗流化されている「支配的思考・思想」の欺瞞性の一般的表面化→諸々のイデオロギーにおいて蓄積され続ける客観的で正確な認識との矛盾→自立的・対抗的イデオロギーの生成→国民の自立

れ，あるいは解決への幻想をあたえられてゆく」（この本の下巻305ページ，この文章は前掲拙稿の注27に引用）．

17)　藤田氏も，物象化された事態の本質的解明は，感性的な認識では不可能，本質的な解明には，抽象，分析，総合の作業が必要という趣旨を言われている（藤田45-46，拙稿注24も参照）．

的・対抗的イデオロギーの「受容」→社会の改革の運動，という筋道である（拙稿 208 参照）．

　この筋道の，「諸々のイデオロギーにおいて蓄積され続ける客観的で正確な認識と「俗流化された支配的思想」の矛盾→自立的・対抗的イデオロギーの生成」過程において，科学の発展とその成果の国民への普及が重視されなければならない．科学（社会科学，人文科学も含め）が未発達な時代ほど常識的俗流論の影響は大きい．資本主義の高度化とともに科学的知識が必要になり，次第に宗教的な自然観は後退していく．俗流化した「支配的思考・思想」を駆逐し破綻させ，常識的な諸観念，思潮を克服していく途は，科学的な知識を身につけていくことに加えて，物象化された見方を克服していく思考，現象から本質を導き出していく抽象的な思考の鍛錬，そのための教育が必要であろう．それらが，国民の意識の向上をもたらし，ひいては諸権利の拡大につながっていく．とはいえ，新たな分野で，新たな次元・水準において，科学の「俗流化」は日常的にいつも行なわれる．科学の成果が不十分な状態にとどまっている場合には，俗流化のスキを与えることが多い．先に記したが，古典派経済学が俗流化の材料を提供したように，諸科学の俗流化，俗流経済学，俗流文化論，俗流歴史学，俗流政治学などの出現は絶えない．俗流文化論，俗流歴史学，俗流政治学は，偏狭なナショナリズムと結びついていることが多い．イデオロギーの対抗はさらに続くものである[18]．それ故，それらの分野への国家の干渉・関与も強くなってくる．科学者・研究者，教育者，マスメディア関係者の果たす役割は大きい[19]．また，IT 関連技術，AI を利用したフェイク情報に対する対応も重要な課題となってきている．

　以上，第 7 章とともに，国家についての一試論を展開してきたが，具体的に，どのような階級，どのような階層が国家権力を掌握するのか，その過程とその

---

18) 国家，政府の「水準」は国民の「水準」でもある．エンゲルスはかつてのプロイセン「政府の悪さは，それに対応する臣民たちの悪さのうちにその当然の理由と説明を見出す．つまり，当時のプロイセン人は，かれらにふさわしい政府をもっていた」（『ルートヴィヒ・フォイエルバッハとドイツ古典哲学の終結』全集訳，第 21 巻 270 ページ，岩波版『フォイエルバッハ論』15 ページ，訳文は後者）と記していた．

19) テレビ，SNS 等のメディアにおける「解説者」の俗流的な見方の流布はいつも見られることである．

ことによって国家の形態がどのような形をとっていくのかについては政治学の
課題であろう.

第9章
「外側にむかっての国家」と国民所得，外国貿易，国際通貨

はじめに

　本書「序論」で記したように，本章以下は「現代の経済学批判体系」の後半部分である．「序論」で示したようにマルクスは『経済学批判要綱』の「序説」に経済学批判体系プランを記載したが，その後，『要綱』のⅢ「資本に関する章」に少し改定されたプランを記述している．ここで注目したいのは，「三つの階級．次には国家．（国家とブルジョア社会．──租税，または不生産的諸階級の存在．──国債．──人口．──外側にむかっての国家，すなわち，植民地．外国貿易．為替相場．国際的鋳貨としての貨幣．──最後に世界市場．ブルジョア社会が国家をのりこえて押しひろがること．恐慌……）」（『マルクス資本論草稿集①』大月書店，310-311 ページ）という記述にある「外側にむかっての国家」という項目である．「序説」のプランではなかったものである．しかも，国債，人口のあとに置かれ，それに続いて，植民地，外国貿易，為替相場，国際的鋳貨などになっている．本章では，まず「外側にむかっての国家」という範疇について検討しよう．

　そのあと，諸国家の存在を前提に外国貿易を論じ，次に第4章で論じた再生産表式論に外国貿易を導入したことを受けて，外国貿易を国民所得との関連で論じよう．この関連を示すことで，のちの章で論じる巨額のアメリカ経常赤字の発生とリーマン・ショック型の金融危機の発生の可能性，日本等の財政赤字の持続が可能なのかの検討も可能になろう．最後に，これらの事象を前提に国際通貨の登場，国際通貨範疇を定立させたい．もちろん，外国貿易，国際通貨の議論には「外側にむかっての国家」が前提である．

1. 多様な国家の並存と外国貿易

「外側にむかっての国家」について，早期に重要な諸論点を論じられたのは吉信粛氏である[1]．以下では，吉信氏の議論を参考に少し論じたい．

吉信氏は，「生産の国際的関係が，多数の国家を実在的なものとして前提することはいうまでもない」[2]と言われる．それらの多数の国家が資本主義的国家であれば，それぞれのブルジョア社会が国家形態で総括され，そのうえでそれぞれの国家が「外側にむかって」他の諸国家と対峙しているのである．そうすると，資本主義的諸国民経済はそれぞれ独自性と特殊性をもつようになる．「ブルジョア社会の国家の形態での総括」にとどまっていては，諸国民経済の独自性，特性，相互の対峙関係は把握できない．「外側にむかっての国家」，多数の資本主義国家の存在を踏まえなければ，植民地，外国貿易，為替相場，国際通貨等は理論化できないであろう．

吉信氏は「外側にむかっての国家」という範疇を重視され，3点でまとめられる[3]．第1は，各国の経済に「独自の国民的性格」を付与するという指摘である．具体的には，国民的価値，国民的生産性，国民的資本構成，国民的労賃……，それぞれの国の経済的構造などである[4]．「その直接的な表現は，相異なる諸国におけるそれらの相違で……全体としてそれぞれの国の経済的構造に即時的に止揚されている．かかる全体をわれわれは国民経済と名づけてもよい」[5]と記される．つまり，国家，それも「外側にむかっての国家」を踏まえて，「国民経済」が言われているのである．

第2は，他の諸社会に政治的に影響を与え，自国の資本にとっての障害物を

---

1) 吉信粛「経済学批判と『資本論』」宇佐美・宇高・島編『マルクス経済学体系 II』有斐閣，1966 年，所収，吉信粛編『貿易論を学ぶ』有斐閣，1982 年，第 3 章，吉信粛『国際分業と外国貿易』同文舘，1997 年など．

2) 同上，「経済学批判と『資本論』」，『マルクス経済学体系 II』242 ページ．

3) 前掲，『貿易論を学ぶ』54-55 ページ，新版 1994 年，58-59 ページ，以下では旧版から引用．

4) 前掲『マルクス経済学体系 II』244-245 ページ．

5) 同上，244-245 ページ．

第9章 「外側にむかっての国家」と国民所得，外国貿易，国際通貨　253

強制的に排除したりするという指摘である．このような国家の権能を無視すれ
ば，植民地，従属国等は把握できないだろうし，種々の国際的経済協定の締結
過程に現われる諸国間の力関係のさまざまな事態も無視されてしまうだろう．
第3は，逆に他の資本主義国家や他国資本の影響から，自国社会，したがって
自国資本の利益を保護する役割を果たす．

　以上の吉信氏の論述により，「ブルジョア社会の国家の形態での総括」にと
どまることなく，さらに「外側にむかっての国家」へと議論を進め，外国貿易
以下のマルクスのプラン後半体系の分析に進む必要があることがわかるであろ
う．

　国家が「外」にむかうとき，まず当面することは外部に多数の国家が存在し
ているということである．先に記したように諸国家と対峙することになる．そ
の対峙によって，逆に反省的に国民性が現われてくる．諸国家体系の存在を前
提とし，それぞれの国民的な経済構造が異なることにより国際分業もまずは自
然の形で進行し，外国貿易が発生してくる．諸国家と諸国民経済の並存が外国
貿易を生み出し発展させていくのである[6]．そして，外国貿易の進展がそれぞ
れの国の再生産構造を変化させていく．次の節でそのことを述べよう．

　吉信氏がアダム・スミスを引用されている[7]ように，「ある特定部分の生産
物が，その国の需要が必要とする以上になる場合には，この剰余は海外に送ら
れ，国内で需要されるなにものかと交換されなければならない」[8]．もちろん，
「自然発生的な国際分業が大工業の拡張力によって歴史的・社会的産物として
の資本主義国際分業に転化せしめる」[9]．「大工業のみがこれを真に国際分業と
して完成させる」[10]．先進資本主義諸国が世界経済を主導する段階になれば，
主要国の外国貿易が世界経済の構造を変革していくのである．他方で，後進国

---

6)　外国貿易の「必然性」については諸議論があるが，何よりも諸国家，諸国民経済が並
　　存していることが第1に指摘されなければならない．この拙書では論じることはできな
　　いが，諸国家，諸国民経済の並存に言及しない外国貿易の「必然性」の論議は不毛であ
　　ろう．吉信，前掲書『国際分業と外国貿易』第3章を参照されたい．
7)　同上，60ページ．
8)　大内・松川訳『諸国民の富』岩波文庫，2分冊，413ページ．
9)　前掲，吉信「経済学批判と『資本論』」『マルクス経済学体系II』244ページ．
10)　同上．

は外国貿易を使って経済発展を遂げようとする（次節においてそれが把握されるであろう）．このような事態が進んでいく過程において「外側にむかっての国家」の前記した3つの役割がより明確になってくる．

マルクスがプランを書いた時期においては世界の諸国家は3つの型としてあった，と吉信氏は言う．資本主義国家，民族国家，半植民地・植民地である[11]．その時代には商品の輸出が典型であり，もろもろの「国家と国際貿易の統一として世界市場は実在」[12]していた．それが19世紀末の帝国主義の段階になると，氏はレーニンの『帝国主義論ノート』に記載されている諸国家体系のように変容していくと論じられる．α（金融的・政治的に自立した国），β（金融的には独立していないが政治的には自立した国），γ（半植民地），δ（植民地および政治的従属国）という諸国家体系である[13]．それらの諸国家体系と外国貿易，資本輸出からなる国際経済との統一が世界経済である[14]．このような把握から，吉信氏は「世界を一つのブルジョア社会であるかのように見なし，平坦な，いわばのっぺらぼうな何ものにも媒介されない市場として世界市場を把握する見解」[15]を批判される[16]．

2. 国民所得と外国貿易，貿易収支

(1) 貿易を導入した表式の意義と「補正」

前節で諸国家，諸国民経済の並存を前提として国際分業が生まれ，外国貿易が発生することを見たが，本節では，各国の国民所得と関連させて外国貿易を論じよう．そのことにより国民所得における貿易収支の比重も理解できるであろう．

---

11) 前掲『貿易論を学ぶ』58ページ．
12) 同上，62-63ページ．
13) 前掲『国際分業と外国貿易』17-19ページ，18ページに掲載の図表1・1参照．
14) 前掲『貿易論を学ぶ』66-67ページ．
15) 同上，65ページ．
16) 筆者も，吉信氏の指摘を念頭におきながら「のっぺらぼうな」世界経済を前提にし，貯蓄・投資バランス論に基づくグローバル・インバランス論を批判したことがある（拙書『国際通貨体制の動向』日本経済評論社，2017年，75-79ページ参照）．

第9章　「外側にむかっての国家」と国民所得，外国貿易，国際通貨　　255

　第4章において表式論に外国貿易を導入する議論を行なったが，この導入によって国民所得を外国貿易との関連で把握する下地ができた．国民経済計算（SNA）によると，GDP＝内需＋外需，貿易・サービス収支＝貯蓄－投資である．これらの式に類似する式が表式論でも成立するのだろうか．このような問いを発することはこれまではなされてこなかった．表式論をベースに国民所得と外国貿易，貿易収支との関連を把握することは重要であろう．さもないと，われわれは一国の経済構造を全体として把握できないし，表式論の意義は半減する．本節では，第4章で提示した外国貿易を導入した表式の5つの例をもとに，国民経済計算における GDP＝内需＋外需，貿易・サービス収支＝貯蓄－投資と類似する式が，表式論を利用しても成立するのかを検討したい．

　また，この課題を果たすことにより，後発諸国の開発における外国貿易の意義がわかるし，輸入代金の海外借入，可変資本の不足の中での低賃金での労働力の動員などが必然化されることがより明確になろう．以下において5つの例を呈示しながら考察するが，それぞれの例は，先進国と中進国の貿易，先進国と後進国の貿易，中進国と後進国の貿易などの例ともなろう．これらの例を示すことで二国間の貿易だけでなく，それらの例の並存によって全世界の貿易網のモデルにもなりうるであろう．さらに，表式論をベースに，国民所得＝内需＋外需に類似する式が成立すれば，アメリカの経常収支赤字，そのファイナンスと国内信用膨張の関連も把握できるだろうし，貿易・サービス収支＝貯蓄－投資に類似する式が成立すれば，各国の財政収支赤字の維持可能性も明確になろう．

　しかし，以上のことを本格的に考察する前に，次のことを確認しておこう．国民経済計算において貿易・サービス収支＝0であれば，貯蓄＝投資である．一国の閉鎖的再生産の場合をまず考えよう．SNAで言われる貯蓄は所得のうち消費されなかった額のことであり，投資とは最終生産物のうちの投資財の購入のこと，実物投資である[17]．表式論においても貯蓄＝投資，このことは言

---

17)　川上則道『マルクスに立ちケインズを知る』新日本出版社，2009年，57-58ページ．なお，投資は国内総固定資本形成であり，固定資本減耗分を含んでいる．また，GDPのうちには原材料等の流動資本は除外されているが，固定資本減耗は含まれており，マルクスの国民所得論ではそれも除外されている．この差異については忘れられてはならない．

えるのかどうかを見ておこう.

マルクスの理論では，国民所得は I (v+m)+II (v+m) であり，最終消費は II (c+v+m) であり，このうちには生産財の消費は含まれない．生産財の投入は補填されるからである．「貯蓄」を国民所得から最終消費を差し引いた分とすると，S={I (v+m)+II (v+m)}−{II (c+v+m)}=I (v+m)−IIc となる（S=0 であれば蓄積はなく単純再生産となり，この式は均衡的な単純再生産の式となる）．他方，資本蓄積部分は不変資本と可変資本とに分けられるが，その不変資本部分を「投資」とすれば，投資=I 部門における資本蓄積の不変資本部分+II 部門における資本蓄積の不変資本部分，m2+m5 である．

貿易・サービス収支=0 とすれば，あるいは外国貿易を捨象すると SNA では貯蓄−投資=0 であり，この式に，上のマルクスの理論に当てはめた「貯蓄」，「投資」を挿入すると，Im=m1+m2+m3，IIm=m4+m5+m6 と表示されるから，{I (v+m1+m2+m3)−IIc}−(m2+m5)=I (v+m1+m3)−II (c+m5)=0 となる．つまり，I (v+m1+m3)=II (c+m5) となる.

これは均衡的拡大再生産の条件であった（貿易は捨象）．このことから次のようなことがいえよう．表式を前提に「貯蓄」=「投資」が成立すれば，その表式は国内において拡大再生産の均衡的条件を満たしているということである．また，表式の均衡条件が成立していれば，「貯蓄」=「投資」が成立するということである．つまり，マルクスの国民所得の理論においても，均衡的な拡大再生産が進行しているもとでは，「貯蓄」=「投資」なのである．国民所得の一部が残されること，つまり「貯蓄」されることにより，その「貯蓄」分が拡大再生産=資本蓄積のうちの不変資本部分を作るのである.

しかし，SNA とマルクスの理論とでは差異がある．SNA のそれは産業構造を内包せず数的なものであるうえに，投資には固定資本減耗と新規に投資される固定資本を含んでいる．それ故，SNA の貯蓄には固定資本減耗の補填のための貨幣蓄蔵が含まれている[18]．それに対して，マルクスの理論にもとづく「貯蓄」=「投資」では「固定資本減耗」分が取り除かれており，表式（I 部門，

---

18) 廣田精孝氏が，「減価償却基金・蓄積基金の積立額」にこだわられるのは，この部分に関してのものであろう（富塚良三・井村喜代子編『資本論体系④』有斐閣，1990 年に所収の「ケインズ「有効需要」論と再生産（表式）論」391-392 ページ参照).

II 部門という産業構造）に媒介された式であり，「貯蓄」＝「投資」は無規定的なものではない．産業構造を内包している[19]．

　以上を確認して本論に入っていこう．貿易が捨象されない場合，貿易収支がゼロでない場合，外国貿易を表式に導入しながら，国民所得，国内最終消費，資本蓄積（新規投資），貿易収支の諸関連を示そうとすれば2つの問題が生まれる．1つは，輸出入された財の不変資本の補塡・蓄積が二国においてどのように進展していくのかという問題である．この問題のために，以上に記した諸項目の関連において「補正」が必要となる．とりあえず不変資本の補塡・蓄積の「補正」を「補正1」と呼ぼう（「補正」の内容が明確になって名称を改めよう）．もう1つの問題は，輸出される財のうちには不変資本を含んでおり，それは新規の付加価値（国民所得）の構成部分ではないから，その部分を所得から差し引かれなければならない．この差し引きを「補正2」と呼ぼう．この問題は，表式論だけでなく国民経済計算においても実は問題になるものである．というのは，国民経済計算においてはGDP＝内需（国内最終消費＋投資）＋外需（貿易・サービス収支）であるが，左辺のGDPには「流動資本」が除外されているが，右辺の貿易収支のうちには「流動資本」が含まれているからである．国民経済計算においても「補正2」のうちの「流動資本」部分は補正されなければならないものなのである[20]．

　以上のことを念頭に，つまり，「補正1」「補正2」のことを考慮しながら，国民所得，国内最終消費，資本蓄積（新規追加投資），貿易収支の諸関連を，第4章の第1例〜第5例にわたって考察していこう．

（2）　国民所得，国内最終消費，資本蓄積（新規投資），貿易収支の諸関連
①第1例と第2例

　第1例はA国が480の生産財を輸出し，B国が消費財を240輸出するというものであった．二国間で資本の有機的構成は異なっている．Aが輸出する

---

19)　本節のこの部分は，拙稿「再生産表式と外国貿易，需要創出の波及過程」『立命館国際研究』34巻2号，2021年10月のIIIの①より．

20)　ところが，この補正はマクロ経済学のテキスト等において放置されたままで，問題があること自体も気づかれていないようである．

生産財はI部門，II部門の両部門に使われるものから構成されており，輸出生産財の生産に必要な生産財はAに余剰・過剰としてあった．またBが輸出する消費財の生産に使われる生産財もBで余剰・過剰としてあったものである．また，これら二国のそれぞれの余剰生産財を生産に投入する際の可変資本，労働力も余剰・過剰にあったとされている．

以上が第1例であったが，第4章で示されていたAの生産諸部門の表式を再度示そう．A国のI部門（AI）は，AI＝6000c＋1500v＋1500m（750m1＋600m2＋150m3），II部門（AII）はAII＝2250c＋1125v＋1125m（900m4＋150m5＋75m6）であり，輸出生産財部門の生産（480）＝320c＋80v＋80m（40m1＋32m2＋8m3）で，貿易収支は240の黒字であった．

以上から，国民所得は，3000（AI）＋2250（AII）＋160（輸出生産財生産部門）＝5410，消費は4500（BII）＋240（輸入消費財）＝4740，新規投資（蓄積の不変資本部分）は，600m2（AI）＋150m5（AII）＝750，貿易収支黒字は240である．輸出生産財のc部分の補填は輸出代金の一部として回収される．しかし，Aは480の生産財を輸出したが，その中には新規に生み出された価値ではない320cが含まれており，輸出額から引かれなければならない．「補正2」は320である．Aには生産財の輸入がないから生産財の輸入に伴う不変資本の補填，蓄積は問題にならない．つまり，のちのBで問題になる「補正1」はAにはない．

これらの数値から，国民所得（5410）＝最終消費（4740）＋新規投資（750）＋貿易収支黒字（240）－「補正2」（320）が成立している．

第4章から第1例のB国の一連の表式は以下のようであった（I部門をBI，II部門をBIIと表示）．

① BI＝4500c＋1500v＋1500m（750m1＋563m2＋154m6）＝7500

② BII＝2160c＋1200v＋1200m（768m4＋278m5＋154m6）＝4560

③ BIIの追加生産，114c＋63v＋63m（40m4＋15m5＋8m6）＝240

④ BIb＝349c＋87v＋87m（44m1＋35m2＋9m3）＝525

⑤ BIIb＝131c＋66v＋66m（53m4＋8m5＋4m6）＝263

①②は貿易が始まる前の生産部門であり，③はBにおいて余剰・過剰となっていた生産財を使って消費財が生産され輸出される．④⑤はAから輸入

第9章 「外側にむかっての国家」と国民所得，外国貿易，国際通貨　　259

された生産財を使って生産される新たなI部門，II部門である．

　以上から，国民所得は 3000（BI）＋2400（BII）＋126（BII の追加生産）＋174（BIb）＋132（BIIb）＝5832，最終消費は 4560（BII）＋263（BIIb）＝4823，新規投資は 563m2（BI）＋278m5（BII）＋35m2（BIb）＋8m5（BIIb）＝884，貿易収支赤字は 240 である．検討しなければならないのは「補正1」「補正2」である．

　まず，「補正1」であるが，B の輸入業者は B の諸資本家に生産財 480 を販売し，A に支払う．A の資本家はそれによって生産財 480 の不変資本 320c，可変資本 80v を回収する．B の諸資本家は 480 の生産財を購入して諸部門に投入したのであるから，480 が「補正1」＝「追加投資」となる（「補正1」は事実上追加投資なのである）．480 が投資として加えられなければならない．B の諸資本家は B よりも生産性の高い 480 の生産財を I，II 部門に投入し，BIb，BIIb における諸商品を生産して販売する．その販売額のうちから 480 の輸入資金を回収する．また，販売額の中にある剰余価値のうちから不変資本部分の蓄積を行なわなければならない．それが，上の 35m2（BIb）＋8m5（BIIb）であった．しかし，この蓄積は資金としてである．B ではこの生産財を生産できないからである．A における補塡部分は先に記したように A の輸出代金の受取のうちにあって済んでいる．

　一方，B は 240 の消費財を輸出するが，そのうちには 114c の新規の付加価値ではない不変資本分が含まれている．それを差し引かなければならない．これが「補正2」である．

　したがって，国民所得（5832）＝国内最終消費（4823）＋新規投資（884）＋「追加投資」480（＝「補正1」）－貿易収支赤字（240）－「補正2」（114），が成立している（誤差は四捨五入）．

　次に第2例であるが，この例では A が 480 の生産財を追加生産して輸出し，240 の消費財も A で生産される．それらの追加生産のための生産財，資本，労働力が A において過剰として存在していたのである．

　この例においては A には次の生産があった．AI＝6000c＋1500v＋1500m（750m1＋600m2＋150m3）＝9000，　AII＝2250c＋1125v＋1125m（900m4＋150m5＋75m6）＝4500．それらに加えて輸出生産財＝320c＋80v＋80m（40m1＋32m2＋8m3）＝480 の生産があり，それが輸出される．また，480 の生産財の

生産のためには 240 の消費財が必要で，消費財 240＝120c＋60v＋60m（48m4＋8m5＋4m6）が A で生産され国内で消費される．輸出生産財の生産のための生産財，追加消費財生産のための生産財が余剰として残っていたのである．

A の国民所得は，3000＋2250＋160＋120＝5530，国内最終消費は AII の 4500＋追加の消費 240＝4740 である．新規投資についてはすぐのちに考えよう．貿易収支は 480，輸出される 480 の生産財のうちには 320c が含まれており，それは新規に生産されたものではない．「補正 2」は 320 のマイナスである．

検討しなければならないのは，輸出される生産財 480 の不変資本の補填と国内で消費される消費財 240 の不変資本の補填である．480 の生産財の不変資本はもともと余剰としてあったもので輸出代金の一部として回収される．第 1 例とこの点では同じである．また，消費財 240 のための生産財（120）も余剰に存在していたもので，240 の消費財が販売されて，その代金の一部として不変資本部分が回収される．240 の消費財は消費されるだけであとには残らない．第 4 章の第 2 例において「1 回限り」と記したが，それはそのような意味であった．480 の生産財が A から輸出され，240 の消費財が A で消費されると，A では期末には AII の 9000 と輸出生産財の代金＝貿易黒字 480，240 の消費財の販売代金が残るだけである．A では次期には AI と AII の再生産が続いていくのである．消費財 240 の不変資本部分の補填は生じない．それは消費されてしまう．したがって，投資から 120c を差し引かれなければならない．120c は消費財の国内販売代金の一部として回収されている．もちろん上記のことから追加消費財の価値構成の中の 8m5 は考慮外となる．投資は 600m2＋150m5－120c＝630 となる．

上記から，国民所得（5530）＝国内最終消費（4740）＋投資（630）＋貿易収支黒字（480）－「補正 2」（320）が成立する．

B では，BI＝4500c＋1500v＋1500m（750m1＋563m2＋154m6）＝7500，BII＝2160c＋1200v＋1200m（768m4＋278m5＋154m6）＝4560，があったところに 480 の生産財（I 部門で利用される生産財と II 部門で利用される生産財とから構成）が輸入され生産に投入される．その場合，資本の有機的構成は A のものとなるから BI，BII とは異なる BIb，BIIb 部門が作られる．BIb＝349c＋87v＋87m（44m1＋35m2＋9m3）＝525，BIIb＝131c＋66v＋66m（53m4＋

第 9 章 「外側にむかっての国家」と国民所得，外国貿易，国際通貨　　　261

8m5＋4m6）＝263，である．

　これらの諸表式から，国民所得は 3000＋2400＋174＋132＝5706，国内最終消費は BII の 4560＋BIIb の 263＝4823，新規投資は 563m2＋278m5＋35m2＋8m5＝884，貿易収支赤字−480，「追加投資」（＝「補正 1」）480（第 1 例と同様）である．国民所得（5706）＝国内最終消費（4823）＋新規投資（884）＋「追加投資」（＝「補正 1」480）−貿易収支（480）が成り立っている．

②第 3 例

　第 3 例は以下のようなものであった．A が生産財 480 を輸出し，B はその生産財の一部を使って消費財 240 を生産し A へ輸出する．B が輸入した生産財で輸出する消費財を生産する点で第 1 例と異なる．その他は第 1 例と同じである．第 3 例の A の一連の表式を再度確認しておこう．

① AI＝6000c＋1500v＋1500（750m1＋600m2＋150m3）＝9000

② AII＝2250c＋1125v＋1125m（900m4＋150m5＋75m6）＝4500

③ 追加生産財の生産＝320c＋80v＋80m（40m1＋32m2＋8m3）＝480，であった．

　国民所得は①の 3000，②の 2250，③の 160 の計 5410，国内最終消費は AII の 4500＋輸入消費財 240 の計 4740，AI，AII の新規投資は 600m2＋160m5＝750，貿易収支黒字は 240 である．ただし，「補正 2」（−320）がある．というのは，生産財の輸出 480 のうちには新付加価値には入らない 320c が含まれているからである．国民所得（5410）＝国内最終消費（4740）＋投資（750）＋貿易収支（240）−「補正 2」（320）が成立する．A には生産財の輸入はないので「補正 1」はない（のちの B における「補正 1」の箇所で詳述）．他方，B の一連の表式は以下であった．

① BI＝4500c＋1500v＋1500m（750m1＋563m2＋188m3）＝7500

② BII＝2160c＋1200v＋1200m（768m4＋278m5＋154m6）＝4560

③ 輸出消費財生産部門＝120c＋60v＋60m（48m4＋8m5＋4m6）＝240

④ BIb＝235c＋59v＋59m（29m1＋23m2＋6m3）＝353

⑤ BIIb＝88c＋44v＋44m（35m4＋6m5＋4m6）＝176.

　以上から，B の国民所得は BI，BII の v＋m，計で 5400，さらに輸出消費財

生産部門の v＋m（120），BIb，BIIb の v＋m，計で 206，合わせて合計で 5726 である．B の最終消費は BII と BIIb の合計 4736．投資は BI の m2 と BII の m5 の計 841 に，輸出消費財生産部門の m5（8），BIb の m2（23），BIIb の m5（6）が加えられ，合計 878 である．貿易収支はマイナスの 240 である．

重要なのは「補正 1」である．やや複雑である．A が輸出した生産財 480 の不変資本の補填（320c）は，B の輸入業者が輸入した生産財を B の諸資本家に販売し，輸入業者が A に支払った代金の一部として回収される（A にとっての補填の完了）．B の生産財の輸入資金 480 は B の諸資本家から出てこなければならない．

B の諸資本家は輸入資金 480 を供出し，今や現物の生産財を保有しており，それを B にて諸生産に投入する．実際上は「追加投資」である．新たなそれらの生産部門では，上の A への支払の 480 の資金の運動とは別の不変資本の補填，蓄積が行なわれる．今や B では輸入生産財を使って新たな生産部門が形成されており，それらの表式が示される．そして，補填，蓄積の状況がそれらの表式の中に示されている．以下である．

B の資本家は，A から輸入した生産財（480）を諸部門に「投入」したから，それらの不変資本の補填，蓄積を行なわなければならない．第 3 例では新たに形成された部門は，①輸出消費財生産部門，120c＋60v＋60m（48m4＋8m5＋4m6）＝240，②輸入された生産財によって生産される生産財部門（BIb），235c＋59v＋59m（29m1＋23m2＋6m3）＝353，③輸入された生産財によって生産される消費財生産部門（BIIb），89c＋44v＋44m（35m4＋6m5＋3m6）＝177，の諸部門である．不変資本の補填，蓄積部分は，①では 120c＋8m5＝128，②では 235c＋23m2＝258，③では 89c＋6m5＝95，計 480（輸入生産財の額と同じ，誤差は四捨五入）である．それらの補填，蓄積のための資金は，B が輸入した生産財の輸入代金（480）の一部としてではなく，①では消費財の A への輸出代金として，②③ではそれぞれの諸商品の B における販売代金として，貨幣として存在している．

まず，①について，B は 240（120c＋60v＋48m4＋8m5＋4m6）の消費財を A へ輸出している．それは A の資本家，労働者に販売され，A の輸入業者は

第9章 「外側にむかっての国家」と国民所得，外国貿易，国際通貨 263

その代金 240 を B に支払う．B のその消費財生産資本家はその代金の一部（120＋8＝128）で消費財生産のための生産財の不変資本の補填，蓄積の資金を回収する（B にとっての補填，蓄積の完了）．B の資本家は生産財の輸入のために 480 を支払ったのであるが，128 を回収するのである．

　少し敷衍すれば，B の資本家が回収する 128 は，輸入した生産財 480 のうちに含まれていたものである．この 128 は B が支払う 480 の輸入代金の一部から供給されている．B が輸出消費財の生産のための生産財は A から輸入した財であり，その不変資本の補填（120c）と蓄積（8m5）は B が A に支払った480 の中に含まれていたのである．480 のうち 128 が B に「還流」するのである．

　要するに，B が消費財生産のために使った生産財は A から輸入したものであり，120c の補填分，8m5 の蓄積分は B が支払う生産財輸入代金（480）のうちの中にあり，A が消費財の輸入代金を支払うことで 128 の部分が「還流」する（第 1 例ではこの「還流」はなかった）[21]．したがって，B の資本家は生産財輸入のために 480 を供出したのであるが，「還流」分を差し引くと B の諸資本家が「投入」する資金は（352＝480－128）となる．B の資本家が投入する 352 が A，B 間の貿易諸商品（A の B への輸出生産財 480 と B の A への輸出消費財 240）の中に含まれている不変資本の補填，蓄積を完了させるのである．これ（352）が B における「補正 1」（＝「追加投資」）である．

　この例では A には「補正 1」は生まれないことは上の論述で明らかであろう．再度述べれば，B が輸入した消費財の生産のための生産財は A が生産したもので，その不変資本の補填，蓄積のための貨幣は A が生産し輸出した生産財の不変資本の補填，蓄積の 352 の中にあり，最終的には B から供給され，128 は A の新たな資金ではないからである．また，B が輸出する消費財の不変資本は A から輸入したものであり，B で生産されたものではないから B には「補正 2」はない．

21）　第 1 例においても B は A から 480 の生産財を輸入したが，240 の消費財を生産する生産財は B において生産されたもので，第 3 例のように A から輸入した生産財の一部が使われたのではない．したがって，第 3 例においては「還流」があって，その分差し引かれて「補正 1」は 352 となったが，第 1 例では「還流」がなく「補正 1」は 480 なのである．

264

やや複雑であったが，「補正1」（＝「追加投資」352）を考慮すると，国民所得（5726）＝国内最終消費（4736）＋新規投資（878）＋「補正1」（＝「追加投資」352）－貿易赤字（240），が成立する．

③第4例と第5例

第4例は以下のようであった．AはI部門だけに投入できる生産財480を輸出し，その生産に必要な消費財をBから輸入する．この例では，AはI部門だけに投入できる生産財480の生産に必要な消費財がいくらになるかが重要であった．Aが輸出する生産財がI部門，II部門の両部門で利用できる生産財であれば，その消費財は240であるが，輸出される生産財がI部門だけに投入できる生産財であるから，第4章で示したようにそれは128であった．それが輸入される．Aの諸部門と輸出入は以下である．

① $AI = 6000c + 1500v + 1500m \ (750m1 + 600m2 + 150m3) = 9000$

② $AII = 2250c + 1125v + 1125m \ (900m4 + 150m5 + 75m6) = 4500$

③ 追加生産財（I部門だけに利用されうる）の生産，$480 = 320c + 80v + 80m$ $(40m1 + 32m2 + 8m3)$，それが輸出される．

④ 128の消費財が輸入される．I部門用の輸出生産財 $480 = 320c + 80v + 80m$ $(40m1 + 32m2 + 8m3)$ のうちの $(80v + 40m1 + 8m3 = 128)$

Aの所得はAI（3000），AII（2250）に加えて，上の③の160があり，合計5410である．最終消費はAII（4500）に輸入消費財（128）があり，合計4628．貿易収支352（480－128），「補正2」は③の320c．したがって，国民所得（5410）＝国内最終消費（4628）＋投資（750）＋貿易収支（352）－「補正2」（320）が成立する．

Bはどうであろうか．従来のBI，BIIに加えてI部門用の生産財が輸入され，それが生産に投入されてBIα部門が新たにつくられる．また，BIα部門で生産された生産財（これはI部門用とII部門用から構成）を使った新たな2つの部門，BIb，BIIbが生まれる．さらに，BIαを支える消費財部門と輸出消費財生産部門がなくてはならない．Bの一連の諸部門は以下のようであった．

① $BI = 4500c + 1500v + 1500m \ (750m1 + 563m2 + 188m3) = 7500$

② $BII = 2160c + 1200v + 1200m \ (768m4 + 278m5 + 154m6) = 4560$

第9章 「外側にむかっての国家」と国民所得，外国貿易，国際通貨 265

③ BIα＝480c＋120v＋120m（60m1＋48m2＋12m3）＝720

④ BIb＝524c＋131v＋131m（66m1＋52m2＋13m3）＝786

⑤ BIIb＝196c＋98v＋98m（78m4＋13m5＋7m6）＝392

（BIb と BIIb の誤差は四捨五入による）

⑥ BIα を支える消費財部門＝91c＋51v＋51m（32m4＋12m5＋7m6）＝192

⑦ 輸出消費財生産部門＝61c＋34v＋34m（22m4＋8m5＋4m6）＝128

　これらの一連の諸部門の存在するのを確認して，国民所得，国内最終消費，新規投資，貿易収支の関連を考えよう．国民所得は，① 3000＋② 2400＋③ 240＋④ 262＋⑤ 196＋⑥ 102＋⑦ 68＝6268，国内最終消費は，② BII 4560＋⑤ BIIb 392＋⑥ BIα の生産のための消費財 192＝5144，投資は，① 563m2＋② 278m5＋④ 52m2＋⑤ 13m5＝907 がまずある．投資については③⑥の補塡，蓄積をどのように考えるかという問題が残る．

　③BIα における補塡，蓄積は以下のようである．BIα 部門の 480c＋48m2＝528 については，B の諸資本家は輸入した生産財の代金を支払ったのち，輸入生産財を使って BIα 部門を形成したのであるから，この部門の不変資本部分の補塡，蓄積が必要になる．これを「追加投資 1-1」と呼ぼう．

　次に⑥の 91c，12m5 をどのように考えるか．⑥の 91c，⑦の 61c はもともと過剰（余剰）になっていた消費財生産のための生産財であった．それらが生産に投入され，国内で消費されるのであるから，⑥の 91c＋12m5 も補塡，蓄積されなければならない．「追加投資 1-2」と呼ぼう．⑦の消費財は輸出され，輸出代金として回収される．その代金のうちに補塡，蓄積が含まれている．⑦の輸出代金の 61c 相当部分は新規の付加価値ではないから，輸出額から差し引かれなければならない．「補正 2」（－61）である．

　以上から，所得（6268）＝消費（5144）＋投資（907）＋「追加投資 1-1」（528）＋「追加投資 1-2」（103）－貿易赤字（352）－「補正 2」（61）が成立する．

　最後に第 5 例であるが，この例では A が II 部門だけに利用できる生産財を輸出し，その生産に必要な消費財は輸入される．第 4 章より第 5 例における A の一連の諸部門は以下のようであった．

① AI＝6000c＋1500v＋1500m（750m1＋600m2＋150m3）＝9000

② AII＝2250c＋1125v＋1125m（900m4＋150m5＋75m6）＝4500

③ II 部門用の生産財が追加的生産：160c＋40v＋40m（20m1＋16m2＋4m3）＝
240

以上から，A の国民所得は①3000＋②2250＋③80＝5330，国内最終消費は
AII 4500＋輸入消費財 64＝4564，新規投資は 600m2＋150m5＝750，貿易収支
は 240－64＝176，補正 2 はマイナス 160，となり，国民所得（5330）＝国内最
終消費（4564）＋新規投資（750）＋貿易収支（176）＋「補正 2」（－160）が成立
する．

一方，B における一連の生産部門は第 4 章より以下のようであった．

① B1＝3000c＋1000v＋1000m（500m1＋375m2＋125m3）＝5000

② BII＝1500c＋833v＋833m（639m4＋125m5＋69m6）＝3167

③ 輸入した II 部門用の生産財を利用した消費財の生産：240c＋120v＋120m
（96m4＋16m5＋8m6）＝480

③の 480 の消費財のうち 64 は A への輸出となり A で消費される．それに
よって，A での 240 の II 部門用の生産財の生産が可能となる．B に残った
416 は B で販売され消費される．416 の販売額のうちから B の生産財輸入額
（240）が支払われ，II 部門用の生産財の価値に含まれている補塡・蓄積分は
A に回収される．B での補塡・蓄積はない．「補正 1」は B にはない．という
のは，輸入生産財を使って消費財を生産した B の資本家は，輸入代金を支
払ってしまえば，使った生産財の補塡・蓄積は不要なのである．使った生産財
は生産的に消費され素材は消失しており，その価値は消費財の価値の中に移転
しているからである．以下のようになる．

国民所得は，①2000＋②1666＋③240＝3906，国内最終消費は，②3167＋
残りの消費（480－64＝416）＝3583，新規投資は，①375m2＋②125m5＝500，
「補正 1」はなし，貿易収支は，64－240＝－176．補正 2 はない．というのは，
B が輸出した 64 の消費財を生産した生産財は A で生産されたものであり，B
の所得ではないから「補正 2」を考える必要がない．以上から国民所得
（3906）＝国内最終消費（3583）＋新規投資（500）＋貿易収支（－176），が成立
する．

以上，5 つの例を挙げて，国民所得＝国内最終消費＋新規投資＋「追加投資」
（＝「補正 1」）＋貿易収支－「補正 2」が成立することが明らかになった．ここで

第 9 章 「外側にむかっての国家」と国民所得，外国貿易，国際通貨　　267

2つのことを指摘しておきたい．1つは，前節で論じた全世界においては諸国家の諸型が並存することを記した（このことによって国際分業と国際交換＝外国貿易が自然的に発生する）が，5つのそれぞれの例の貿易は，先進国と中進国，後発国，相互の貿易をモデル的に表わしているであろう．あるいは2つの例が合わさることにより複雑な諸国家どうしの貿易も表現できるであろう．つまり，1つ1つの例は二国間の貿易を表現していても，それら全体は世界のいろいろな経済発展の諸国間の貿易構造の全体をモデル的に表示しうるのである．

④貿易収支＝貯蓄－新規投資－「補正1」＋「補正2」

　もう1つは，国民所得＝国内最終消費＋新規投資＋貿易収支＋「補正1」－「補正2」をもとに，国民経済計算における貿易収支＝貯蓄－投資と類似の式が作れるということである．一般的に貯蓄＝所得－消費であるから，貯蓄＝国民所得－国内最終消費であり，国民所得＝貯蓄＋国内最終消費となる．この式を上の式に代入すると，貯蓄＋国内最終消費＝国内最終消費＋新規投資＋貿易収支＋「補正1」あるいは「補正2」となる．整理すると，貿易収支＝貯蓄－新規投資－「補正1」＋「補正2」となる．

　これまでみてきた5つの例を，この式に当てはめてみよう．第1例でのAは，国民所得（5410）＝最終消費（4740）＋新規投資（750）＋貿易収支黒字（240）－「補正2」（320）であった（「補正1」はない）から，貯蓄＝国民所得（5410）－最終消費（4740）＝670であり，貿易収支黒字（240）＝670（貯蓄）－750（投資）＋320（「補正2」）が成立している．

　Bでは，国民所得（5832）＝最終消費（4823）＋新規投資（884）－貿易収支赤字（240）＋「補正1」（＝「追加投資」480）－「補正2」（114），が成立していた．貿易収支赤字（－240）＝{国民所得（5832）－最終消費（4823）＝貯蓄（1009）}－新規投資（884）－「補正1」（＝「追加投資」480）＋「補正2」（114）が成立する．

　次に第2例のAでは，国民所得（5530）＝国内最終消費（4740）＋投資（630）＋貿易収支黒字（480）－「補正2」（320）が成立していたから，貿易収支（480）＝{国民所得（5530）－国内最終消費（4740）＝貯蓄（790）}－投資（630）＋「補正2」（320）が成立する．

Bでは，国民所得（5706）＝国内最終消費（4823）＋新規投資（884）＋「追加投資」（＝「補正1」480）－貿易収支（480）が成り立っていた．貿易収支赤字（－480）＝{国民所得（5706）－国内最終消費（4823）＝貯蓄（883）}－新規投資（884）－追加投資（480）が成り立っている．

第3例のAでは，国民所得（5410）＝最終消費（4740）＋投資（750）＋貿易収支（240）－「補正2」（320）が成立する．Aでは「補正1」はない．貿易収支（240）＝貯蓄{国民所得（5410）－最終消費（4740）＝670}－新規投資（750）＋「補正2」（320）が成立している．Bでは国民所得（5726）＝国内最終消費（4736）＋新規投資（878）＋「補正1」（352）－貿易赤字（240）であった．貿易赤字（－240）＝{国民所得（5726）－国内最終消費（4736）＝貯蓄（990）}－新規投資（878）－「補正1」（352）が成立している．

第4例のAでは，所得（5410）＝消費（4628）＋投資（750）＋貿易収支（352）－「補正2」（320）であった．貿易収支（352）＝{所得（5410）－消費（4628）＝貯蓄（782）}－投資（750）＋「補正2（320）が成立する．Bでは，所得（6268）＝消費（5144）＋投資（907）＋「追加投資1-1」（528）＋「追加投資1-2」（103）－貿易赤字（352）－「補正2」（61）が成立していた．貿易収支（－352）＝{所得（6268）－消費（5144）＝貯蓄（1124）}－投資（907）－「追加投資1-1」（528）－「追加投資1-2」（103）＋「補正2」（61）が成立する．

第5例のAでは貿易収支（176）＝{所得（5330）－消費（4564）＝貯蓄（766）}－投資（750）＋「補正2」（160），が成立する．Bでは，貿易収支（－176）＝{所得（3906）－消費（3583）＝貯蓄（323）}－投資（500），が成立する．

以上，5つの例で，貿易収支＝貯蓄－新規投資－「補正1」＋「補正2」が成立することを確認した．国民経済計算においても厳密には「補正2」が必要であることは前記したが，表式論をベースにすると「補正1」，「補正2」が必要である．

国民経済計算をもとに一国の経済部門を家計部門，企業部門，政府部門に区分すると，貿易・サービス収支＝貯蓄－新規投資＝家計部門の（貯蓄－投資）＋企業部門の（貯蓄－投資）＋政府部門の（貯蓄－投資＝財政収支）となる．表式論ベースで考えてもほぼ同様である．貿易収支＝家計部門の（貯蓄－投資）＋{企業部門の（貯蓄－投資）－「補正1」＋「補正2」}＋政府部門の（貯蓄－

投資＝財政収支）となろう．「補正1」「補正2」は企業部門で発生しているから，それらの「補正」は企業部門のなかに含めるのが適当であろう．貿易赤字が生まれるということは，家計部門の黒字，企業部門の黒字で財政赤字を埋め合わせることができなくなっているということである．

以上のようであるから，日本の貿易・サービス収支が2020年に4900億ドルの赤字，21年に2兆6000億ドル弱の赤字，22年に21兆4000億ドル弱の赤字になっているということは，日本の巨額の財政赤字の維持が極めて困難になってきているということを示すものである．近代的金融理論（MMT）の議論展開には大きな疑問が残る．財政赤字が維持かどうかの指標として貿易・サービス収支の動向をみるのが適切であろう．日本の貿易・サービス収支赤字と財政赤字の2つの赤字が継続する事態になれば，今後，日本経済は厳しい局面を迎えることになろう．

3. 国際通貨の登場

(1) 船荷証券，取立手形

前節で国民所得，外国貿易，貿易収支の諸関連が把握でき，国際通貨の議論ができるようになった．国際通貨は，『経済学批判要綱』のIII「資本に関する章」のプランに記されていた「国際的鋳貨としての貨幣」（前掲『資本論草稿集①』311ページ）とは異なる範疇である．「国際的鋳貨としての貨幣」は金が鋳造されて「世界貨幣」として機能するということである．しかし，これから論述していくように「国際通貨とは世界貨幣＝金とは異なる独自的範疇」[22]なのである．また，国際通貨は国内の信用制度から直接生まれたものではない．外国貿易とその支払・決済方法の発展を受けて成立したものである．したがって，外国貿易とその代金支払方法の発展を論じなければならない．しかし，歴史的というよりも論理的に．

マルクスは『経済学批判』（1858年），『資本論』第1巻（1867年）において

---

22) 木下悦二『国際経済の理論』有斐閣，1979年，230ページ．筆者はこの文章を手掛かりに，1980年代初期からドル体制の研究を行なってきた（拙書『多国籍銀行とユーロカレンシー市場』同文館，1988年，3ページ参照）．

「世界貨幣」論を展開している[23]．ところが，『経済学批判』と『資本論』第1巻とでは世界貨幣の機能において，重点の置き方が若干異なる．『経済学批判』においては世界貨幣の「購買手段」機能に重点があったが，『資本論』では「世界貨幣の支払手段」機能が重視されるようになる．それは時代が下がるにつれて，外国貿易の発展につれて，外国貿易の個々の取引における支払に金が購買手段として利用されることから，外国貿易の諸取引の「国際差額」がまとめられたうえでの差額の金での支払となっていったという事情があろう．したがって，マルクスは記していないが，「国際差額」がまとめられる経緯を明らかにする必要がある．それは，外国貿易の発展とそれを受けての為替取引の進展が解明されることによって果たされる．

「1815年頃まで輸出分野はいわゆる冒険取引であり，商人は自己勘定で製造業者から商品を購入し，自己の海外販売代理店宛に，注文に応じてあるいは市場の予備需要を満たすために送るのが一般的であった」[24]．ここで言われるように，19世紀初めまで輸出は冒険取引であり，商人は自己の商船を帆船で保有していた．1810年代以降もイギリスの外国貿易は「委託販売制」と言われる前近代的なものであった[25]．マルクスは『資本論』第3巻第25章に当たる草稿において「委託販売」とそれにまつわる架空資本の形成に関するいくつかの抜書を記している[26]．エンゲルスは『資本論』に文章を挿入し，以下のように記している．「このいかさまなやり方（委託販売による架空資本の作り方──奥田）は，インドからの諸商品もインドへのそれらも〔帆船で〕喜望峰を迂回しなければならなかった限り，さかんに行なわれ続けた．それらの商品が，スエズ運河〔1869年開通〕をしかも汽船で通過するようになって以来，架空資本を製造するこの方法は，諸商品の長い旅行時間という基礎を奪われた．そして，通信がインドの市況をイギリスの事業家に，イギリスの市況をインドの商

---

23) 筆者は『ドル体制とユーロ，円』（日本経済評論社，2002年）の第1章第1節において「マルクスの世界貨幣論」を論じた．詳しくはそちらを見られたい．

24) 徳永正二郎『為替と信用』新評論，1976年，195ページ．

25) 同上，191-192ページ．

26) 大谷禎之介『マルクスの利子生み資本論』桜井書店，2016年，第2巻，174-177，193-196，198-201ページなど（『資本論』新書版訳，⑩697，700-703，706-713ページなど）．前掲拙書『ドル体制とユーロ，円』第1章，29-32ページを参照されたい．

出所：安東盛人『外国為替概論』有斐閣，1957年，51ページ，岡垣憲尚『新版 外国為替の基礎知識』金融図書コンサルタント社，1994年，5ページなどより筆者作成．

図 9-1 逆為替による貿易決済

人に，その日のうちに知らせるようになって以来，この方法はまったく不可能になった」[27]．

委託販売制度においては外国貿易の支払決済が前近代的なものであったことがこの文章からわかるであろう．近代的な外国貿易とその支払決済が進むのは1860年代以降のことである．エンゲルスは，もう1つ『資本論』に次のような文章を記している．「1867年の最近の一般的恐慌以来，大きな変化が現れている．交通諸手段の巨大な拡張──大洋汽船，鉄道，スエズ運河──は世界市場をはじめて現実につくりだした」[28]．

交通手段の大きな進展とともに，貿易取引の支払決済の方法，為替取引はどのように進展してきたのだろうか[29]．貿易取引の決済は19世紀末から第1次大戦直前の頃になってくると，最終的に図9-1に示されたような手順で行なわれるようになる．しかし，その決済方法が確立するまでには多くの歴史的経緯があった．その経緯を以下では「理論的」に示していこう．

船荷証券，逆為替についてまず述べよう．商会などが自己勘定で製造業者か

---

27) 『資本論』⑩ 702 ページ，⑨ 717 ページ．
28) 『資本論』⑪ 846 ページ，⑩ 869 ページの注 8．マルクスは，『資本論』第 3 巻第 5 篇草稿執筆時には，まだこのような事態を十分に把握できておらず，近代的な為替取引も把握できていない．
29) 詳しくは拙書『国際通貨体制の論理と体系』第 2 章参照．

272

ら商品を購入し輸出する外国貿易から，輸出業者が主体となる貿易になってくると，外国貿易には2つのことが重要になってくる．1つは運送証券（船荷証券など）である．輸出業者は取引荷の輸送によって資産を失うリスクを回避する手段を求める．それが船荷証券などである．船荷証券などの運送証券は貨物を化体した有価証券であり，「物的担保」を示す．次に，輸出代金の回収＝貿易決済にどのような手形を利用するかである．船荷が輸入業者に届く前に支払決済を行なうのか，支払後に支払決済を行なうのかによって輸出業者，輸入業者によってリスクが異なる．並為替（小切手，約束手形）ではそのリスクを回避することができない．そこで，逆為替（取立手形）が利用されるようになってくる．

輸出業者が輸入業者宛に為替手形を振り出し，資金の取立を商会，マーチャントバンカー，その他の金融機関等に委託する．委託された商会，マーチャントバンカー，その他の金融機関等は海外に拠点ないし提携機関を保有しており，それらの海外の諸機関が輸入業者から輸出代金を取り立てる．その際，船荷証券が需要な役割を果たす．輸出業者は船荷を送る際，船会社から船荷の担保となる船荷証券を受け取り，それを為替手形に付与し（荷為替手形），代金取立を委託した商会，マーチャントバンカー，その他の金融機関等に手渡す．商会，マーチャントバンカー，その他の金融機関等は海外の拠点に荷為替手形を送り，海外の拠点はそれを輸入業者に呈示する．輸入業者は，呈示にたいして代金を支払うか，支払の引受けを行なうことにより船荷証券を受け取り，それを船会社に呈示して船荷を受け取る．

以上のように，外国貿易とその支払決済が進展してくるには，海外に拠点，提携機関等をもつ商会，マーチャントバンカー，その他の金融機関が重要な役割を担うようになることが必要であった[30]．さらに，これらの機関が外国貿易の支払決済に関わってくると，為替の「振替」が進み，「国際差額」，為替市場，為替相場が現われてくる[31]．図9-2を見られたい．なお，「手順」の説明

---

30) 19世紀中期までに商事機能と決済業務をもっていた商会などの委託代理商のうち有力な商会などは荷為替手形の引受けなどの金融業務，決済業務に専門化していき，マーチャントバンカーになっていった（前掲，徳永正二郎『為替と信用』，238-239ページ）．

31) マルクスが「世界貨幣の支払手段」機能を重視するようになる背景にはこのような事態が現実に進行していることがある．

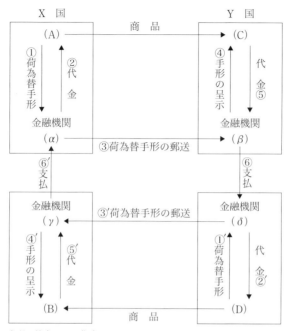

出所:筆者による作成.

図 9-2 金融機関を介した逆為替による決済

注:1) 実質的な貨幣の流れ.
　　2) 振替による貨幣の流れ.
出所:筆者による作成.

補図 為替振替による決済

の順と図の番号は一致していないことに注意されたい.

(2) 為替の「振替」と為替市場

　この図の上段において,X 国の輸出業者 (A) は荷為替手形を振り出し,輸出代金の取立を自国に所在する金融機関 (α) に依頼する (①).金融機関 (α) がその手形を Y 国の金融機関 (β)——それらの金融機関は同系列の機関もしくは連携をもっている機関に送り (③),代金の取立を依頼し,それが

実行され（④，⑤）．(A) は X 国の金融機関 (α) から代金を受け取る（②）．最後に取立を完了させた Y 国の機関 (β) にはその代金を X 国に所在する機関 (α) に送金する業務が残っている．

他方，この図の下段には逆の経緯が示されている．Y 国の輸出業者 (D) は荷為替手形を振り出し，取立を金融機関 (δ) に依頼する（①′）．X 国の輸入業者 (B) は (D) が振り出した荷為替手形の呈示を X 国の金融機関 (γ) から行なわれ支払を済ませ（④′，⑤′），船荷証券を受けとる．(D) は金融機関 (δ) から代金を受け取る（②′）．金融機関 (γ) には金融機関 (δ) に輸入代金を送る業務が残る．

以上の 2 つの残った業務，つまり金融機関 (β) の金融機関 (α) への支払，金融機関 (γ) の金融機関 (δ) への支払，これらの 2 つの支払は，(γ) の (α) への支払（⑥′）と (β) の (δ) への支払（⑥）に切り替えられ（為替の振替——補図参照），そのことで貨幣の現送が大きく節約されるのである．

X 国と Y 国の間で実際に行なわれる国際決済は X 国と Y 国の貿易差額のみとなり大部分は相殺される．X 国では (γ) が (α) に支払い，Y 国では (β) が (δ) に支払うが，貿易差額があり X 国の赤字だとすると，⑥′の金額と⑥の金額は完全には相殺されず，(γ) が (δ) に差額の貨幣金の現送を行なうか，(γ) が (δ) から融資を受けることで貨幣金の現送を回避することになる．

また，ここで X 国が周辺国，Y 国が中心国だとし，いずれの輸出，輸入も Y 国通貨建で行なわれているとすれば，X 国に外国為替市場が生まれ，為替相場が成立してくる．しかも，外為市場は顧客市場と金融機関間市場の 2 つの市場である．(A) が金融機関 (α) と行なう為替取引，(B) が金融機関 (γ) と行なう為替取引（＝顧客為替市場）と顧客為替相場，それに金融機関 (α) と金融機関 (γ) が行なう金融機関相互の為替市場と為替相場がそれぞれ成立してくる．支払の⑥′は金融機関相互の為替取引となるのである．Y 国通貨建の貿易（手形は Y 国通貨表示）であるから，(α) が (γ) から支払を受け取る（⑥′）通貨は Y 国通貨であり，(A) が受け取る通貨も Y 国通貨である．(A) は X 国通貨に転換する（顧客外為市場，顧客相場）．(α) は為替資金と為替持高の調整が必要である．他方，支払⑥の方は，貿易取引が Y 国通貨建であるから，(β)，(δ) が受け取り，支払う（⑤，②′，⑥）通貨はすべて自国通

貨である.

さて，X国の諸金融機関は個々の取引では（α）の位置になる場合もあり，（γ）の位置になる場合もある．そのことで為替資金と為替持高の多くは調整されるが，やはり一定額の為替資金，為替持高の過不足は残り，X国の諸金融機関の間で為替取引が行なわれるだろう．諸金融機関の間での為替市場と為替相場が成立する.

今，X国の貿易赤字が大きくなればX国におけるY国通貨の需要が高まり，X国の通貨が下落していき（為替相場が下落していき），X国の金融機関（γ）がY国の金融機関（δ）から融資を受けるよりも貨幣現送が有利になれば貨幣の現送が行なわれることになる．したがって，金融機関間の為替相場は貿易差額とX国の金融機関（γ）がY国の金融機関（δ）から融資を受ける際の利子率から規定を受け[32]，その為替相場と貨幣現送費が実際に貨幣現送が実行されるかを決める．また，金融機関間の相場が顧客相場を規定する．（γ）が（δ）から受ける融資こそが貨幣現送を回避させているからである.

逆にX国の貿易黒字が生まれれば，金による決済がないとは言えないが，（α）は黒字の大部分をY国の諸金融機関に資産としてもつことになろう．それはとりあえず（α）のY国の諸金融機関に対する「預け金」となるが，その「預け金」は状況によっては，Y国への短期投資，証券投資など種々の資産に転換されるであろう．利子が得られるから，（α）と（γ）のあいだの金融機関間の為替相場に，次いでそれらの金融機関の（A），（B）への顧客相場に利子が反映される.

(3) マーチャントバンカー，植民地銀行・海外銀行

図9-2に見られたように，為替手形の取引には海外における拠点ないし提携機関が必要であり，商会，マーチャントバンカー，その他の金融機関などの存在がなくてはならない．19世紀中期から後期にかけてイギリスなどの列強諸国は政府の後ろ盾を得て植民地銀行・海外銀行を設立していく[33]．初期の外

---

32) 前掲，吉信編『貿易論を学ぶ』143-146ページ（奥田の稿），『多国籍銀行とユーロカレンシー市場』同文舘，1988年，6-12ページ参照.

33) 日本の横浜正金銀行もしかりである.

国為替銀行とは，マーチャントバンカー，植民地銀行・海外銀行であった．しかし，有力な商会，マーチャントバンカー，植民地銀行・海外銀行はイギリスのそれであり，割引市場が十分に発達しているのもロンドン市場であったから，かれらが引き受けるのはポンド建の手形であった[34]．図9-2における①'の手形はもちろん，①の手形もポンド建である．第三国間の貿易取引でもポンド建手形が利用され，したがって，19世紀中ごろから後半期にかけて，ロンドン宛の手形の売買によるポンド中心の国際決済が成立することになる．ロンドン宛の手形が「国際通貨」の役割を果たしていた．まだ，今日のような国際通貨範疇は成立していない．それは19世紀も末になってからである．貿易規模の世界的拡大と，イギリスのマーチャントバンカー，植民地銀行・海外銀行の業務量はもちろん，世界の各地におけるマーチャントバンカーに類似する機関，植民地銀行・海外銀行の業務が増加してこなくてはならない．

ヨーロッパ大陸，北米の主要都市にも，19世紀後半になるとロンドンのマーチャントバンカーと類似の銀行が設立されてくる．そしてイギリスのマーチャントバンカーに加えて，互いにコルレス関係をもつようになった[35]．さらに，前述のようにイギリスにおいては植民地銀行・海外銀行が設立されていたが，イギリス以外の諸国も海外銀行を設立し，外国為替業務を行なうようになっていった[36]．イギリスなどの本国と植民地・海外との間に銀行の本店・支店網，コルレス網が整備されていく[37]．

(4)　国際通貨

これらの事態を受けて，イギリスではマーチャントバンカーは19世紀末から第1次世界大戦直前になると，外国政府，外国中央銀行，外国大銀行，外国

---

34)　A.I. ブルームフィールドは次のように記している．「輸出業者は，外国人であろうとイギリス人であろうと，ロンドン引受業者宛，あるいはロンドンにある外国銀行および植民地銀行の支店宛にかれらの船積みにたいして手形を振り出す」(A.I. ブルームフィールド，小野一一郎・小林龍馬訳『金本位制と国際金融』日本評論社，1975年，118ページ).

35)　酒井一夫・西村閑也編著『比較金融史研究』ミネルヴァ書房，1992年，第1章，45-46ページ（西村稿).

36)　同上第2章，57ページ（横内正雄氏の稿).

37)　『岩波経済学辞典』(第3版，1992年)，716ページ（濱下武志氏の稿）参照.

大手商社，ヨーロッパ大陸主要都市の一流銀行などから預金（その中にはコルレス預金がかなり含まれていた）を受け入れ，貸出先もコルレス先への貸付が主たるものになっていく[38]．しかし，イギリスの植民地銀行・海外銀行は1909年まではロンドンで預金・貸付業務が許可されず，商業銀行に預金口座を開設していた[39]．イギリスの植民地銀行・海外銀行がロンドンで預金を受け入れ貸出を行なうのはそれ以後である．

　植民地銀行・海外銀行のロンドンでの預金受入れ，貸出は少し遅れるとはいえ，19世紀末から20世紀はじめに，マーチャントバンカー，イギリスの植民地銀行・海外銀行は，外国大銀行，外国大手商社，ヨーロッパ大陸主要都市の一流銀行などから預金を受け入れ，この預金の振替によって貿易決済を行なうようになってくる．図9-2で言えば，(α)が(β)に，(γ)が(δ)に預金残高を保有しており，その残高の引き落し，残高の増加によって貿易決済を完了させるのである．かくして，世界各地の諸金融機関が在英・諸金融機関に保有するポンド預金の残高が国際通貨としての機能を果たすようになる[40]．

　また，貿易決済には貿易金融が付随していることが大半であり，貿易金融の在り方も変化していく．従来の手形の引受けと割引市場での割引とともに，銀行等の金融機関による輸出手形の買い取り，輸入業者に代わっての輸入決済の実行と輸入業者への為替金融の供与等である．貿易金融が重要になり，このように貿易金融が多様化してくると，信用創造を行なえる商業銀行が有利になってくる．かくして，大手商業銀行が外国為替銀行としての役割を果たすようになってくるが，株式銀行が引受業務に積極的に参入しはじめ，マーチャントバンカーによる引受業務の独占が崩れるのは第1次大戦直前になってからである[41]．

　A.I. ブルームフィールドは次のように記している．「商業銀行はつねに一か所またはそれ以上の金融中心地に最低限の預金残高を維持しておく必要があった．それは外国為替に対する顧客の日常の需要にこたえ，海外預金勘定を活用

---

38)　前掲『比較金融史研究』第1章，44ページ（西村氏の稿）．
39)　『岩波経済学辞典』94ページ（徳永正二郎氏の稿）．
40)　詳細は前掲拙書『国際通貨体制の論理と体系』第2章参照．
41)　前掲『比較金融史研究』79-81ページ（横内氏の稿）．

し，そして外国銀行や引受業者によって商業銀行に与えられた信用に対する『補償的』残高の必要に対応するためであった．このような勘定の残高は，日々外国為替の需給にもとづく調整にしたがって変動する傾向があった．もしこれらの残高が運転必要額以下に下がる傾向があるならば，各銀行は急速にそれらを補充するであろう．そして，最低必要額をこえた残高は，金利や為替相場あるいはそれらに関連する諸配慮にもとづいて，外国金融市場に短期で投資されるか，あるいは本国へ送還されるであろう」[42]．また次のように記している．「国際収支の変化は主として商業銀行の海外における残高量の変化に対応し，それは対応的に国際収支の黒字の場合には増大し，赤字の場合には減少した．……為替相場はそれぞれの場合に，各通貨単位の金含有量によって規定されたので，平価の狭い範囲内で維持されたが，それは金移動によったのではなく，商業銀行による外国為替の売買によったのである」[43]．

以上によって，近代的な国際通貨の概念を把握できたであろう．国際通貨とは，世界各国の銀行等が中心国の銀行等に保有している一覧払預金残高である．国際金本位制下にあっても，恐慌，戦争などの異常時以外は金＝世界貨幣によって国際決済が行なわれることはほとんどなく，第1次大戦まではポンド体制の下において国際決済の大部分が世界の諸銀行等の在英銀行等にもつ預金残高の振替によってなされていたのである[44]．

以上の国際通貨の範疇が定立されて近代的な外国為替も把握される．各国の銀行等が主要国に所在している銀行等に置いている一覧払預金の振替を指図する諸手形・証書，あるいは振替に帰結する諸手形・証書が外国為替であると言えよう[45]．なお，外国為替相場の本質的規定については本節の(2)「為替の

---

42)　前掲，小野・小林訳『金本位制と国際金融』129 ページ．

43)　同上，130 ページ．

44)　第1次大戦後の両大戦間期の「再建金本位制」とその崩壊後の国際通貨体制をめぐる主要国間の「角逐」については，拙書『両大戦間期のポンドとドル』法律文化社，1997年を見られたい．また，その要約を前掲拙書『国際通貨体制の論理と体系』補章2に記している．

45)　本章では，マルクスのプランにあった（『要綱』の「資本にかんする章・ノート」）外国貿易，為替相場，国際的鋳貨に加えて，マルクスのプランになかった「外国為替」について論究した．近代的な外国為替の把握には国際通貨の範疇が明確になる必要があった．

「振替」と為替市場」において記している．「平価」以外には主要通貨国の利子率が為替相場を規定する．各国の銀行が中心国の銀行に置いている一覧払預金残高が国際通貨として把握されるようになっても，その残高が不足すれば補充されなければならないし，余剰になれば運用されるからである．

第**10**章
現代世界経済と多国籍企業

はじめに

19世紀も1870年代を過ぎると，資本主義の主要諸国も世界市場も様相を異にしてくる．主要各国における資本蓄積と集中の急速な進展は，独占的企業，寡占的企業を生み出し，これまでの外国貿易が主流であった世界市場が変化し，次第に貿易に代わって資本輸出が主流になる「帝国主義」の時代に突入していった．それ以前に世界の多くの地域が主要諸国によって領土的に分割されていたが，貿易とともにより重要な役割を果たす資本輸出によって世界は経済的にも分割されていった．このような領土的分割，経済的分割が行なわれていたことのうえに主要国間の不均等発展が重なって，植民地，半植民地，従属国の再分割をめぐっての闘いの諸要因が増え，第1次世界大戦と第2次世界大戦を引き起こしていった[1]．

第2次大戦後においては，世界の主要企業の資本輸出はさらに形態を変えていく．以前の証券投資が主流だったかたちから直接投資への変化である．本章では，第2次大戦後の直接投資が主要な資本輸出となって「多国籍企業」と呼ばれる企業が出現し，それによって世界経済が大きく変わっていく経緯，各国の外国貿易，国際収支も多国籍企業のグローバルな展開によって激変し，多国籍企業の展開によって被投資国はもちろんのこと，投資国の国内経済にも大きな変化をもたらしていることを論じたい．現代世界経済の概要を把握するには欠かせない．

---

1) 『帝国主義論と現代世界経済』──島恭彦監修講座『現代経済学』のIV，青木書店，1979年の第4章，奥田宏司・池上惇「帝国主義と世界分割」参照．

しかし，筆者は直接投資，多国籍企業を直接的に扱った論稿を記したことがない．幾人かの研究者の業績を頼りに本章を執筆したい．したがって，本章の記述は直接投資，多国籍企業についてのとりあえずの概論にすぎない．とはいえ直接投資，多国籍企業の議論を踏まえなければ，そのあとの諸章も意味づけが曖昧になってしまう．不十分さが残ろうが，これまでの諸家の業績における重要な論点を摘要しながら簡潔に整理したい[2]．

1. 直接投資と多国籍企業

(1) 多国籍企業の概要

多国籍企業とは，対外直接投資によって多くの諸国に子会社を設立して生産と販売の全世界的な展開を行なう企業である．子会社は新規に設立されることもあるが，親会社による既存の外国企業の買収あるいは合併により子会社化される場合もある．したがって，多国籍企業と言っても，親会社，子会社網が構築され，親会社の統合管理のもとでのグローバルな視点で経営が行なわれ，利潤の極大化が図られている企業である．

このような直接投資による多国籍企業の誕生は，製造業の分野においては，第2次大戦後の復興期を経てIMF・GATT体制が1960年代に現実のものになって以後のことである．この時期からアメリカの大手企業のヨーロッパへの直接投資が本格的に始まっていく．表10-1を見られたい．アメリカの対外投資のうち直接投資が占める比率は1960年代前半期に50%前後，後半期には70%近くになって対外投資の主流になっていく．アメリカの企業がまず多国籍化していき，そして西欧，日本の企業がアメリカ企業を追っていく．表10-2には1967年と73年の直接投資残高が示されているが，これによると，67年時点でアメリカの地位が極めて高く，次いでイギリス，フランスであっ

---

2) 関下稔『21世紀の多国籍企業』文眞堂，2012年は，これまでの氏の諸著書を受けて21世紀の多国籍企業の動向をみとおすことを課題とされているが，私の能力不足により全体を検討することはとてもできない．多国籍企業を専門とされる研究者によるコメントを期待している．ただ，次の文章は，この本よりももっと以前の氏の著書において指摘されるべきものであったのではないかと思われる．「もはや，多国籍企業に頼っていても，アメリカの貿易収支の改善は果たせない」（同書，ivページ）．のちに論じよう．

表 10-1　アメリカの対外投資

(100 万ドル)

	1960	1964	1968	1972
直接投資	−2,940	−3,760	−5,295	−7,747
証券投資	−663	−677	−1,569	−618
非銀行企業の系列外海外企業に対する債権	−394	−1,108	−1,203	−1,054
銀行の対外債権	−1,148	−2,505	233	−3,506
計	−5,144	−8,050	−7,833	−12,925

注：−は対外投資．＋はアメリカへの投資．
出所：Department of Commerce, *Survey of Current Buisiness*, June 1987, pp. 54-55 より．

表 10-2　主要国の直接投資残高

(100 万ドル)

	1967 年	1973 年	1967-73 年平均増加率 (%)
日本	1,458	10,270	38.5
アメリカ	59,486	107,268	10.3
イギリス	17,521	29,183	8.9
西ドイツ	3,005	11,926	25.8
フランス	6,000	10,934	10.5
カナダ	3,728	6,911	10.8

出所：通産省『通商白書』1975 年版，412-413 ページ．

たが，73 年になると，依然としてアメリカの地位が際立って高いことには変化がないが，西欧諸国，日本，カナダも投資を伸ばしている．

　先に記したように，多国籍企業は親会社の統合管理のもとで親会社，子会社網が構築され，グローバルな展開を行なっている企業であるが，その概観は図10-1 のようである．多国籍企業の親会社，子会社の間で貿易が行なわれ，各国にまたがる企業内部において分業による生産工程・販売工程が進んでいる．これが「企業内国際分業」である[3]．多国籍企業が生まれる以前には商品の生産工程のほとんどが一国内で行なわれていたが，生産工程のいくつかが多国間

3)　企業内国際分業について，早期に重要な分析が行なわれたのは杉本昭七氏である（『現代帝国主義の基本構造』大月書店，1978 年，第 1 章「アメリカ製造業における生産の世界的集積」．これは京都大学経済研究所ディスカッションペーパー，1974 年 6 月をもとにしている）．なお，氏は「企業内国際分業」ではなく，「企業内世界分業」という言葉を使われているが，本書では一般的に使われている「企業内国際分業」という用語を用いる．

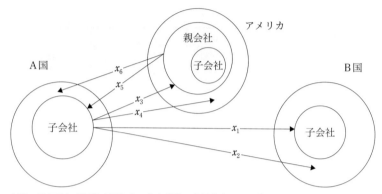

出所:杉本昭七『現代帝国主義の基本構造』大月書店,1978年,5ページ.

図 10-1 企業内世界分業概念図

にまたがっていく.そうすると,図 10-1 の x_1, x_3, x_5 が親・子間,子・子間の企業内貿易となる.杉本氏は 1966 年時点で企業内貿易(106 億ドル)は親会社,子会社の全輸出額(222 億ドル)のうち 47.7% を占めていると計算されている[4].このように多国籍企業の内部で分業が行なわれ,しかも,その分業が貿易を伴うものとなっていく.また,それらの貿易は部品,中間財が大部分となり,各国の貿易において完成品の地位が低下していく(詳しくは後述).

さらに,直接投資により,本国の親会社は国内での生産拠点を拡大することに換えて海外で子会社を設置することから,国内の産業構造に変化を及ぼすだけでなく,国内雇用の伸びが抑制され海外での雇用が増加していく.このように,直接投資による海外での子会社設置は,投資の受入国の経済構造だけでなく投資国の経済構造をも変化させていく.各国の経済構造が変容していくことによって,受入国,投資国の双方の国際収支に変化が生まれる.直接投資が伸び,多国籍企業が成長していくにつれ,これまでの国民経済と世界経済は大きな変容をこうむっていくのである[5].

さて,ここで全世界の直接投資,多国籍企業の基本的統計を示しておこう.

---

4) 杉本,同上書,5ページ.
5) 多国籍企業のグローバルな展開だけでなく,その展開による国民経済,世界経済の変容をも追っていかなくてはならない.

285

表 10-3　直接投資と多国籍企業に関する基本統計（1982-2007 年）

(10 億ドル)

	金額			
	1982 年	1990 年	2006 年	2007 年
対内直接投資	58	207	1,411	1,833
対外直接投資	27	239	1,323	1,997
対内直接投資残高	789	1,941	12,470	15,211
対外直接投資残高	579	1,785	12,756	15,602
対内直接投資所得	44	74	950	1,128
対外直接投資所得	46	120	1,038	1,220
国際的合併買収（M&A）		200	1,118	1,637
外国子会社・関連会社の販売額	2,741	6,126	25,844	31,197
外国子会社・関連会社の粗付加価値額	676	1,501	5,049	6,029
外国子会社・関連会社の総資産額	2,206	6,036	55,818	68,716
外国子会社・関連会社の輸出額	688	1,523	4,950	5,714
外国子会社・関連会社の雇用数（千人）	21,524	25,103	70,003	81,615

出所：石田・板木・櫻井・中本編『現代世界経済をとらえる』Ver.5, 東洋経済新報社, 2010 年, 91
　　ページ（板木雅彦氏の稿）より. 原資料は UNCTAD, *World Investment Report*, 2008, p.10.

　表 10-3 である. 一見して全世界の対内・対外直接投資が 1982 年以降急速に増
大していることがわかる. この表は UNCTAD からのものであるが, 82 年か
ら 90 年にかけて 9 倍近く, 90 年から 07 年の間に 8 倍以上である. それに応
じて, 海外子会社・関連会社の総資産額が 82 年から 90 年にかけて 2.7 倍, 90
年から 07 年の間に 11 倍以上の増加, 海外子会社・関連会社の輸出額は 82 年
から 90 年にかけては 2.2 倍, 90 年から 07 年には 4 倍近くに増加, 海外子会
社・関連会社の雇用数は 90 年から 07 年にかけては 3 倍以上になっている. な
お, この表には親会社の輸出, 販売額等は含まれていないし, 07 年時点で
「総資産額」が「対外直接投資残高」の 4.4 倍になっているのは, 直接的な投
資だけでなく, 利潤の再投資, 海外での資金調達等が行なわれているからであ
る.

　また, 表 10-4 から世界の大手多国籍企業が圧倒的な地位を占めていること
がわかろう. 100 の大手多国籍企業の資産, 販売, 雇用でいずれも海外比率が
50% を超え 60% 近くになっている. ということは, 多国籍企業の親会社が所
在している本国での生産が伸びないこと, 本国の経済が多国籍企業の恩恵を受
けていないこと, 「空洞化」していることを示してもいるだろう.

表 **10-4**　世界の 100 大多国籍企業

	2005 年	2006 年
資産（10 億ドル）		
海外	4,732	5,245
総額	8,683	9,239
海外比率（%）	54	57
販売（10 億ドル）		
海外	3,742	4,078
総額	6,623	7,088
海外比率（%）	56	58
雇用（千人）		
海外	8,025	8,582
総額	15,107	15,388
海外比率（%）	53	56

出所：同上，92 ページ（板木氏の稿）より．UNCTAD,
World Investment Report, 2008, p. 27.

(2)　多国籍企業の種々のグローバルな展開

　前項で簡単に見た多国籍企業の種々のグローバルな展開を，以下では親会社，子会社のネットワークとして，さらに，地場の企業との連携として少し詳しく見てみよう．まず前者から．

　関下稔氏は図 10-2 を示されて，多国籍企業の親会社，子会社のネットワークを示されている．氏のこの図も参考にしながら筆者なりに論じてみよう．最も重要なのが生産子会社である．この図からはわかりにくいが，生産工程がいくつかの工程に分割され，部品を中間財に加工し，中間財を完成品に仕上げる等の生産工程があり，それらの工程を親会社の統括のもと，親会社，A 国子会社，B 国子会社等が担っていく．これが企業内国際分業の中心的内容である．それをわかりやすく示したのが図 10-3 である．例えば，①の工程を親会社が，②の工程を A 国の子会社が，③の工程を B 国の子会社が担当し，B 国の子会社が完成品に仕上げるのである．この場合，部品・中間財の輸出・輸入によってそれぞれの工程が引き継がれる．親会社から A 国の子会社へ部品・中間財の輸出，A 国の子会社から B 国の子会社へ部品・中間財の輸出である．しかし，上の例と異なり，企業内国際分業の状況あるいは販売・輸出戦略から，本国で完成品が仕上げられる場合もあろう．その場合には，親会社が子会社から

287

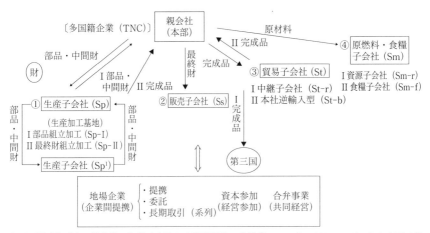

出所：関下稔『多国籍企業の海外子会社と企業間提携』文眞堂，2006年，220ページ．なお本図は簡略化したものである．

図 10-2　多国籍企業の海外子会社網：形態と性格

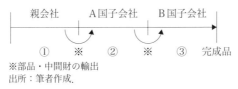

※部品・中間財の輸出
出所：筆者作成．

図 10-3　企業内国際分業の下での生産工程

部品・中間財を輸入することになる．

　仕上げられた完成品は，親会社の統括の下で販売子会社，貿易子会社によって販売，輸出されていく．上の例では，それらの子会社はB国にあることが便利であろう．しかし，図10-2にあるように，完成品が親会社の本国に輸出される場合もあろう．したがって，多国籍企業の完成品の販売・輸出活動も企業内国際分業の状況や親企業の販売・輸出戦略によって多様なものとなる．B国の子会社が完成品を生産した場合，完成品はB国で現地販売されるし，本国，A国，第三国へ輸出されていくだろう．そして，それらの販売，輸出も販売子会社，貿易子会社によって担われるだろう．さらに，多国籍企業の業種によっては原燃料等が重要なウェイトを占める場合，図10-2にあるように原燃料・食糧子会社も傘下に置かれるだろう．

以上のような，多国籍企業による生産工程の分割化とそれによって引き起こされる部品・中間財貿易の活発化，完成品の多様な販売・輸出は本国，子会社所在国の双方の貿易構造に大きな変化をもたらす．まず，各国，世界の貿易における完成品貿易のウェイトが低くなり，部品・中間財貿易のウェイトが高くなっていく．次に，完成品の販売，輸出がB国から行なわれていくと，本国からの部品・中間財輸出は増加するが，完成品輸出は抑えられ，本国の貿易収支は悪化していくだろう[6]．逆輸入が盛んになればその影響は大きくなり，逆にB国の貿易収支は黒字額が増加していくだろう．

さらに，企業内国際分業は貿易構造だけでなく，本国，子会社所在国の経済構造，国民経済の有り様にまで大きな変容を引き起こしていく．A国，B国における生産は増加していくだろう．雇用も増加していく．直接投資の受入国，とくに中国，NIEsと言われた諸国はこのようにして成長してきたのである．途上国の成長戦略は「輸出志向型」として大きく変わっていく．このことについてはすでに多く論じられてきたテーマである．

しかし，以下のことはあまり論じられることが少なかったのではないだろうか．上記のいくつかの工程のうち，これまでは親会社内で生産されていたか，あるいは自国内の企業からの部品・中間財の購買で済ませていたのを海外子会社で行なうようになるから，その工程の部分が本国の経済から抜け落ちていく．もちろん，抜け落ちていく工程，産業は親企業からすればコストが高い，あるいは生産性の低い分野であろう．とはいえ，企業内国際分業は本国経済の「空洞化」を進めていく面がある．

また，これまでいくつかの工程を担っていた本国の企業は，多国籍企業の親会社へ納品するだけでなく他の諸商品を生産している可能性もある．それらの

---

6) 関下氏は，これらの企業内国際分業に伴う貿易収支について記されている．多国籍企業はグローバル化を進め，貿易と投資を拡大していき，資本主義的な生産原理と利潤動機を行き渡らせ，「全体として示しているものは，親会社の輸出促進効果的行動と，その母国の貿易出超傾向の突出である」（『現代多国籍企業のグローバル構造』文眞堂，2002年，344-345ページ）と言われつつ，親会社の輸出性向，海外子会社の輸入性向等を勘案され（同345-347ページ），「これらを全体として考えると，親会社の輸出促進効果は一時的であり，母国の出超構造も一時的で，逆輸入がふえると，むしろ次第に貿易収支は減少し，場合によっては入超に変わることもありうる」（同347ページ）と主張される．のちに詳しく論じよう．

商品は，親企業の生産する諸商品とは無関係であるかもしれないが，国民の生活にとっては必要なものであったかもしれない．そうすると，以前，親企業と取引していた本国の企業の成長が抑制され，国民の生活にとっては必要なものも輸入に依存するようになっていく可能性がある．先に見た貿易への影響は企業内国際分業によるものであったが，国民経済全体の変容によって貿易収支が影響を受ける．企業内国際分業の影響だけでなく，国民経済の変容とを合わせて貿易収支の変容を論じなければならない（のちにもう少し詳しく論述）．1980年代以降のアメリカの貿易収支の悪化は，多国籍企業の企業内国際分業によるものだけでなく，このようにしてアメリカ国民経済の変容によっても引き起こされている．

(3) 企業間提携──国際的委託

多国籍企業のグローバルな展開は子会社網の設置だけではない．関下氏が議論されているように，外部化と言われる企業間提携もある（図10-2にも示されていた，関下稔『多国籍企業の海外子会社と企業間提携』文眞堂，2006年，第7章参照）．進出先の現地企業との種々の提携，委託などである．とくにアメリカの貿易収支との関連で重視したいのは，委託生産あるいは国際的下請生産である．以前から繊維類，運動用具，玩具・雑貨などに見られたものであるが，1990年代の後半になってくると，IT関連の重要な分野にまで進んでくる．委託する企業は設計，企画，意匠などを担うが，生産はほとんどが途上国の企業によって行なわれ，ブランドは先進国企業の商品として販売される．

多国籍企業にとっての国際的下請生産のメリットは何よりも賃金コストにある．繊維，雑貨等の産業分野，また電子産業のいくつかの労働集約的な作業工程においては国際的な下請生産が一般化していく．その際，多国籍企業の現地子会社が下請企業を組織していくこともある．

国際的委託生産（下請生産）の典型例はアップル社であるが，同社は台湾の会社（ホンファイ）に生産を委託し，台湾の企業は中国等に所在している子会社，あるいは中国の地場企業がアップル製品を生産している．同様の下請生産が行なわれているのはナイキ，ユニクロなどである．ユニクロなども日本国内ではほとんど生産しておらず，ほとんどは東南アジアの企業に生産を委託して

いる.

　下請を受注する途上国への影響はいろいろに指摘されている．関下氏は国際下請生産を論じてきた幾人かの論者，UNCTAD などの主張をまとめながら，国際下請生産のメリットとされる事態を次のように言われている．「先進国多国籍企業との結合による国際下請生産は途上国における失業救済，雇用促進，技術の習得，市場・販路の保証，貿易促進，外貨獲得，資本蓄積，そして経済発展を経て工業化と自立化を達成することができる」[7].

　しかし，国際下請生産の先進国への影響については，あまり論じられていない．国際下請生産は，多国籍企業の子会社からの「逆輸入」とともに，先進国の貿易収支に大きな影響を与えている．下請生産された諸商品は現地販売がなされるし，第三国への輸出だけでなく本国へ輸出される（それらの販売・輸出には販売子会社，貿易子会社が関与している場合が多いであろう）．しかも，その諸商品は本国の国民にとって必需品なのである．輸入が増加し，アメリカの貿易収支は急速に悪化していく．

　また，国際下請（委託）生産は，委託企業が所在する国の経済構造にも大きな影響を及ぼす．委託商品は場合によっては国内でも生産されうるものであるが，労働コスト等の考慮から海外へ委託されるのであるから，その分野の産業，生産の急激な衰退，消滅をもたらす[8]．委託された諸商品の国内自給はもはや不可能な事態にまでなっている．アメリカにおける「ラストベルト」地域の出現もその一部は国際下請（委託）生産によるものであろう[9]（後述）.

　以上に見てきた，多国籍企業，親企業と子会社との企業内国際分業，国際下請生産の有り様は，1990 年代の中期以降の「IT 革命」によって大きく変わっていく．節を代えて論じよう.

---

　7)　関下稔『現代世界経済論』有斐閣，1986 年，294 ページ.

　8)　日本の身近なことに，海外に生産を委託している企業は別として，日本国内の繊維産業は大きく衰退し，国内の縫製工場はほとんどなくなった.

　9)　関下氏は次のように記されている．「従来から進行していたアメリカ企業の多国籍化と海外生産の拡大，つまりは国内の「空洞化」と相まって，肝心の製造業の国内における生産能力の後退と競争力の低下を否応なく刻印することになり，貿易収支の赤字累積，ひいては国際収支の入超に悩まされることになった」（前掲『21 世紀の多国籍企業』，140 ページ）．しかし，氏は「空洞化」の具体的内容についてはほとんど論じられていない．指摘だけにとどまっているのではないだろうか.

2. 「IT 革命」後の多国籍企業の展開

(1) 「IT 革命」とアメリカ多国籍企業

1990 年代中期以後の「IT 革命」はアメリカ経済，多国籍企業，そして世界経済の有り様を大きく変えていく．「IT 革命」前の多国籍企業論では，もはや分析は十分ではない．

各時代の多国籍企業は技術的優位のうえに成立し，地位を確保してきた．アメリカ多国籍企業と言っても基盤となっている技術は変容している．1960 年代〜80 年代はアメリカの新鋭の第 I 部門＝IB 部門（冷戦時代の軍事技術の転用）に依拠しており，1990 年代後半期以降は「IT 革命」の技術に依拠するようになってくる．「IT 革命」は世界各国の産業構造を変容させ，従来の「20世紀型製造業」の衰退も見られる．諸国民経済の変容が進んだのである．

まず，「IT 革命」と言われている事態とはどのような事態であろうか．簡単に見ておこう．「IT 革命とは，コンピューターに代表されるハードウェアとそれを制御するソフトウェアという情報産業における技術革新，そして，コンピューター間を結びつける光ファイバーやインターネットという通信産業における技術革新とかが相互に結びついたもの」[10] と言われ，「IT 革命という技術的条件の変化が，多国籍企業の活動に伴って生まれる国際貿易の姿も大きく変え，いわば貿易のグローバリゼーションと呼ぶべき変化を生み出している」[11]．

ここで指摘されているように，「IT 革命」が 1990 年代初めまでの多国籍企業の有り様を大きく変えていく．その典型が IBM であった．「IBM という巨大企業がハードウェアからソフトウェアまで一連のすべての段階を社内で生産・調達する垂直的統合から，ハードウェアとソフトウェアの生産という各階層に企業が特化していく脱垂直化（機能特化した業務の企業化プロセス）が進展した」[12]．1990 年代におけるパーソナル・コンピューターの普及とインター

---

10)　石田・板木・櫻井・中本篇『現代世界経済をとらえる』Ver. 5，東洋経済新報社，2010 年，7 ページ．

11)　同，7 ページ．

12)　同，8 ページ．

ネットの利用の急速な進展を基礎にして，後述のように IT 革命は知識情報を
デジタル化し，他方で生産過程をモジュール化していった．

　関下稔氏も同様に，「IBM に，生き残りをかけた新たな戦略の展開を促迫す
る……ハードとソフトとそしてサービスが結合されるトータルソリューション
型のビジネスが採用されるようになり，……基本となる標準的なプラットフォ
ームを握り，その上でオープン化と互換機の採用を大々的に進めて，その周囲
に補完的な多くのメーカーを群生させる一大ファミリーの形成」[13]が進行し，
「事業の再編が，機器やソフトやサービスを統合したソリューション型を中心
にしてなされる……モノ作り主導の IBM の企業風土を一変させる」[14]と記さ
れる．

(2) 「IT 革命」と「サービス経済化」

　このような IT 革命に伴う製造業の変容の軸点として，関下氏は「サービス
経済化」という用語を使用される．次の文章である．「IT（情報・通信）革命
に始まるサービス経済化の流れは知財化の一大潮流となって世界を席巻」[15]す
るというのである[16]．関下氏の言う「サービス経済化」は氏の多国籍企業論
を論じる際に使われる「独自」のもので，注 16 に記したように，その使用の
仕方は OTA の報告書の文章を参考にされつつ一部改変されたものであろう．
氏が使われる「サービス経済化」という意味内容はのちに吟味する必要があろ
う．

　さて，氏は「IT 機器は無論のこと，製造業全体でも<u>ソフトウェアを中心と
するサービス産業</u>なしには，今日，モノ作りができない状態である．こうした
製造業とサービス業の相互作用と相乗効果」[17]を重視され，諸機器の生産以外
のソフトウェア，情報・通信などに関連する，あるいは付随する多くの諸業務
を「サービス産業」とされている．つまり，諸機器を生産していた製造業企業

---

13)　前掲『21 世紀の多国籍企業』142 ページ．
14)　同，164 ページ．
15)　同，317 ページ．
16)　製造業とサービス業の相互作用と相乗効果の指摘は，もともとはアメリカ議会（OTA,
　　議会技術評価局）の報告書にあったもののようである（同，145-146 ページ）．
17)　同，146 ページ．下線は奥田．

が，IT 革命によってそうした諸業務をも取り込む過程を「サービス経済化」と言われ，「サービス経済化」の流れは知財化の一大潮流となって世界を席巻すると言われるのである．

　そのようなアメリカの「サービス経済化」，知財化した多国籍企業は，オフショアアウトソーシングを展開して，世界的に支配的な地位を確保していくと論じられる．「これまでの製造業多国籍企業（世界的集積体）から知識中心の多国籍企業（知識集積体）への一大旋回が起こる」[18]，「製造業のサービス化に焦点を当てて，そのもつ意味合いを探ってみたい」[19]と言われる．

　そして，関下氏が強調されるサービス化の帰結がオフショアアウトソーシングなのであろう．IT 革命以前の子会社の展開，国際委託生産の枠内では多国籍企業は捉えられず，新たなグローバルな展開が進められるとされる．従来の海外子会社を通じる展開の基礎上で現地企業との種々の連携，委託等が大規模に展開される．図 10-4 でもってそれが示される．オフショアリング（海外展開）とアウトソーシング（外部化）が重なるオフショアアウトソーシング（海外での外部化の展開），より厳密にはサービスオフショアアウトソーシング（サービス活動の海外での外部化の展開）であるとされる．親会社が直接的に，あるいは海外子会社を通じて現地地場企業にサービス分野（業務）を，委託によりあるいは提携により「外部化」していくのである．他方，サービス分野（業務）において国内でのリストラが進行していく[20]．この結果，アメリカ等の先進国においてサービス化への転換と途上国でのモノ作りやサービス活動の一部分が下請化されて進行して，両者の混合物としての世界経済が形成されるという[21]．

　このように，確かに「IT 革命」により従来の多国籍企業の展開とは異なる展開が国際的に進行し，その結果，アメリカ経済の変容とともに中国，途上国等の経済構造の変容が進んでいったことは確かであろう．しかし，関下氏が言われる「サービス経済化」の内容については少し吟味しておく必要があろう．

18）　同，143 ページ．
19）　同，143 ページ．
20）　同，359-360 ページ参照．
21）　同，374 ページ参照．

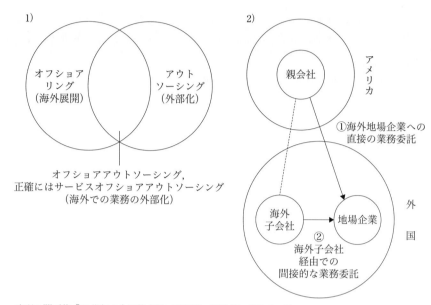

出所：関下稔『21世紀の多国籍企業』文眞堂，2012年，360ページ．

図 10-4 オフショアリング・アウトソーシング・オフショアアウトソーシングの相関関係

いきなり「サービス経済化」という表現が使われ戸惑うものである．

　「サービス経済化」と言われる事態が，諸機器の生産，つまりハードウェアの生産に加えて，ソフトウェアの生産，通信・情報の分野での産業，業務が重要になり，それらの拡大なしには諸機器の生産，販売はもちろん，多くの産業も進んでいかない状況のことを言われているのであろう．そうすると，ここで「サービス」と言われる分野，産業は，従来の「サービス業」ではないことははっきりしている．「IT 革命」がソフトウェア，情報，通信などの分野で新たな生産・流通の業務を生み出し，それらの分野においては生産，流通の新たな諸形態が発生したということではないだろうか．諸機器は種々のソフトウェアなしには十分に機能せず，ソフトウェア（「無形固定資産」と言われるものの一部）の生産が，そして，迅速で大量の情報を安価に伝える通信・情報産業が，決定的に重要になるということの，とりあえずの「表現」として「サービス経済化」と言われているのであろう．

第 10 章　現代世界経済と多国籍企業　　　295

　再確認しておこう．ここで言われている「サービス業」は生産・流通の新た
な「分枝」である．「社会的生産過程または流通過程および社会的分業の発達
によるそれらの分化した形態」[22]の，IT 革命によってもたらされた，より発達
した「形態」なのである．人に直接かかわる「本来のサービス業」ではない．
アメリカ多国籍企業は製造業の業態だけでなく，関連する多くの諸業態を取り
込み，トータルソリューション型のビジネスモデルを採用するようになっ
た[23]，ということを「サービス経済化」と言われているのであろう．

　さらに，「言わずもがな」とされたのか，関下氏があまり言及されなかった
モジュール化，バリューチェーンと貿易[24]について簡単に記しておきたい．
「IT 革命」は生産工程において「モジュール化」を大きく前進させた．そのこ
とにより完成品を生産するよりも部品生産に特化することで優位性を占める企
業が続出するようになってきた．半導体の生産がその典型例であるが，この事
態は多国籍企業の生産のオフショアアウトソーシング（海外への「外部化」）
を促進させたであろうし，本国の経済構造，貿易構造を変容させる要因にも
なった．そして，この過程の進行はサプライチェーン，バリューチェーンの問
題にもつながっていった．サプライチェーン，バリューチェーンと貿易構造に
ついては図 10-5 がわかりやすい．この図の③が今日の段階であろう．アメリ
カ，先進国等の企業は，自らは設計，意匠等の「サービス」的な業務だけを担
い，設計，意匠等に沿った生産を行なう外部企業を選定し委託生産が行なわれ
ていく．その生産において，諸部品はモジュール化されて多くの諸国で生産さ
れたものであり，受託企業が諸部品，中間財を全世界から調達して完成品に仕
上げられ，委託企業のブランドで自国はもちろん全世界に販売されていく．

　このようなアメリカ，先進国の企業によるオフショアアウトソーシングが極
端にまで進んだトータルソリューション型のビジネスモデルの展開が進んでい
くと世界経済は大きく変化していく．今世紀に入って以後の世界経済の変化は
そうした結果である．変化は受託企業の諸国だけでなく委託企業の国において

---

22)　金子ハルオ『サービス論研究』創風社，1998 年，225 ページ，拙書『『資本論』諸草稿
　　の検討』日本経済評論社，2021 年，172 ページ．

23)　前掲『21 世紀の多国籍企業』142 ページ参照．

24)　モジュール化，バリューチェーンと貿易については，前掲の石田・板木・櫻井・中本
　　編『現代世界経済をとらえる』Ver. 5, 8, 83-85 ページ（石田修氏の稿）参照．

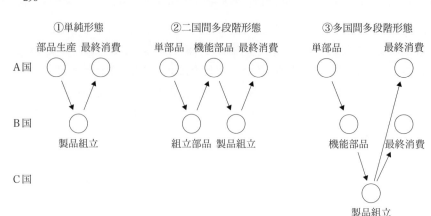

出所：前掲，石田・板木・櫻井・中本編『現代世界経済をとらえる』Ver. 5, 83 ページ（石田修氏の稿）．

図 10-5　バリューチェーンのグローバリゼーションと貿易構造

も大きくなっている．前者の変容についてはこれまで多くのことが論じられた．アメリカにおける経済構造の変容については，のちに詳しく論じよう．

さて，関下稔氏は，以上のような「IT 革命」を土台にしたアメリカ多国籍企業の展開について 3 点にわたってまとめられている[25]．氏の論述の趣旨を以下に記そう．

第 1 点．アメリカ本社は司令部として，海外子会社は利益獲得拠点として，第三国への進出の先兵の役割までも担っている．次の第 2 点がとくに重要であろう．第 2 点．グローバリゼーションの進展によって平準化が進み，現地の地場企業によるモノ作りが発展し競争力が強化され，アメリカ企業のライバルとして登場してくる．それは企業内貿易の逆転，貿易収支の赤字化に現われている．しかも海外子会社までも対米輸出（アメリカにとっては逆輸入）を重視することで，国内製造業の消滅＝アメリカ国内経済の空洞化と貿易収支の赤字が増大していく．第 3 点．多国籍企業の分析を深めるためには，会計学に準拠した財務分析が多国籍企業の分析にも有力である．

---

[25]　前掲『21 世紀の多国籍企業』274-275 ページ．

(3) 「空洞化」とラストベルト

上の第2点目について，項を変えて次に多国籍企業の本国経済の「空洞化」，貿易収支の悪化について少し論じよう．関下氏は「空洞化」について意識され指摘されているが，詳しくは論述されていないからである．

多国籍企業のグローバルな展開は進出先の国民経済の有り様を大きく変えていくとともに，親企業が所在する国の国民経済の有り様をも大きく変えていく．後者の面も重要である．

アメリカ企業の海外進出と裏腹に衰退していく国内企業，産業もあり産業構造が変化していく．それによって社会の各層の雇用，所得も変わる．親企業が所在する国の国民経済の有り様の変化についてはこれまであまり論じられなかったのではないか．現在のアメリカ経済を見る際，重要な視点にならないか．アメリカ経済の相対的低下，米中対立などもこの視点が必要であろう．この面の変化を分析する視点と方法が必要であるが，それとともに諸資料・統計の把握が必要である．

1990年代後半期以降のアメリカ国内経済構造の大変化にはIT技術の進展があろう．また，中国等への委託生産などもITを基礎にしている．アメリカ多国籍企業のITの先進的活用がアメリカ多国籍企業の繁栄とアメリカ中西部の停滞をもたらした．アメリカ貿易赤字の急増もこうしたことを背景としている．先進技術の開発と応用をどこの国の企業が行なうのかが，諸国間の競争，対立を生む．

対外直接投資，国際的委託生産などは，長期的にはいろいろな経緯をたどりながら，投資国よりも受入国の経済成長を早めるだろう．投資国経済の「空洞化」もありうるだろう．多国籍企業の成長と各国経済の成長は同一の歩調をたどらないのである．GDPなどの指標からしても世界経済におけるアメリカ経済の相対的低下もこうしたことを反映しているだろうし，1990年代末以降の米中の経済関係にもこうしたことを反映していると思われる．

まず，基本的なことを簡単に記そう．海外子会社の生産であれ，委託生産であれ，海外で生産された生産額はもちろん本国のGDPには加えられない．この当たり前のことが軽視されてきたのではないだろうか．子会社が設置され生産工程の一部が海外に移されると，当然，その生産工程が国内から消えていく

だろう．雇用も減少する．確かに，その工程に投じられていた資本，雇用が他の分野に投じられると国内生産が増加しうる．しかし，それにはそのための種々の条件が伴っていなくてはならない．何よりも新たな産業が創出されなくてはならない．

　以下では，アメリカにおいてラストベルトと言われる地域が生まれてきたことを山縣宏之氏の論稿により簡単に示そう．氏は，「米国では2000年以降多くの地域で事業所・就業者ともに増加しており，低賃金産業の従業者がより増加し中程度の賃金産業のウェイトが下がるという形で「産業構造高度化」が進んできた」[26]と言われる．ここで言われている「産業構造高度化」とはこれまでに見てきた「IT革命」による産業構造の変容を意味していよう[27]．アメリカにおいてはIT関連の新たな産業も生まれた（それが山縣氏の「産業構造高度化」である）が，同時に「20世紀型製造業」と言われる産業は深刻なほど衰退していった．

　図10-6のアメリカ就業者構成からアメリカの産業構造を見ると，1950年代から2017年にかけて製造業における就業者の低下が著しい．就業者全体に占める製造業就業者は1980年には20％強から2000年には15％程度，2010年には10％程度にまで低下し，サービス業における就業者の大きな増加がみられる．山縣宏之氏はサービス業の内訳を高技能・高賃金の分野である「知識集約型ビジネスサービス」および金融業と「低技能・低賃金職業・職種」に区分され，後者の就業者の増加ペースが速かったと言われる．商業における就業者は微増である．こうした，就業者構造の変化は技術要因とグローバル化によるものとされ，ルーチン的な中程度技術の産業分野では雇用が機械に置き換えられ，海外雇用への転換が進んだと言われる[28]．

　就業者構造の変化は地域的な格差を生みながら進み，ラストベルトと言われ

---

26)　山縣宏之「米国ラストベルトにおける地域経済再編・産業政策の限界」『立教経済学研究』第75巻第1号，2021年7月，41ページ．

27)　山縣氏は，ラストベルト地域の産業構造，就業構造を丹念に追われるが，それらの多国籍企業の展開，「IT革命」との関連についてはほとんど記されない．この関連がわれわれにとっては重要なのであるが．

28)　山縣宏之「ラストベルトの経済状態分析：産業構造動態・就業構造の分極化・製造業労働者・州産業政策」国際経済学会『国際経済』(71)，2020年，100-102ページ．

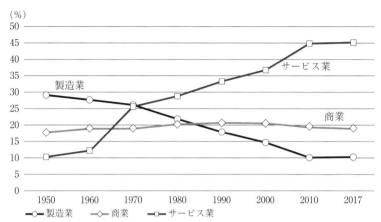

出所：山縣宏之「ラストベルトの経済状態分析」国際経済学会『国際経済』(71) 2020 年，101 ページ．山縣氏が，U.S. Department of Labor, BLS (annually) および U.S. Bureau of the Census (annually) より作成．氏は年を記されていないが，補って記している．また氏作成の図を簡略している．

図 10-6　アメリカ就業者構成の推移 (1950-2017 年)

る地域が生まれてきたのである．産業間，地域間の労働力移動がスムーズに進まないからである．山縣氏は，ラストベルトにおいて 2007 年に失業した製造業労働者のうち，「全体のほぼ 70％ が生産職業・職種と同等か，より賃金の低い職業・職種へ再就職して」おり，「労働市場退出」が 12.8％ を占めていると言われる[29]．

ラストベルトの 1 州であるミシガン州について，山縣氏は「産業構造高度化の進展で遅れており，個人消費拡大といった米国経済が向かってきた発展方向からすると，「取り残された地域」であった」[30] と記される．先に記したように，ここで言われる「産業構造高度化」とは「IT 革命」によるアメリカ産業の変容のことであり，「都市オフィス型産業である知識集約型ビジネスサービス (KIBS) および金融業は主として大都市圏に集中し……メリットはより大都市圏へ，デメリットはより大都市圏外へ集中し」[31]，ミシガン州は「取り残

---

29) 同上，110 ページ．
30) 山縣，前掲「米国ラストベルトにおける地域経済再編・産業政策の限界」56 ページ．
31) 山縣，前掲「ラストベルトの経済状態分析」112 ページ．このような地域における格差が，「トランプ現象」を生み出していると氏は強調される．そのとおりであろう．多国籍企業の多くの論者は米中対立については多くに論じられるが，多国籍企業と「トラン

された」のである.

　以上のように，多国籍企業の展開，「IT 革命」は，ラストベルト地域における「20 世紀型製造業」を衰退させ，「IT 革命」からの恩恵も受けられないまま，その地域の貧困化を進行させたのである.

(4)　アメリカ多国籍企業と貿易収支

　アメリカ貿易収支赤字は，1980 年代初めには 300 億ドル前後であったのが 83 年に 670 億ドルに増加し，以後赤字幅が大きくなっていき 87 年には 1600 億ドル近くに増加した．90 年代前半期に赤字が少し減少したあと，後半期に再び増加し 97 年には 2000 億ドル弱，99 年に 3500 億ドル弱に増加した．2000 年代の赤字はかつてないテンポで増加していく．2000 年に 4500 億ドル弱，2004 年には 6600 億ドル強，そしてプライムローン問題が顕在化してくる 06，07 年には 8300 億ドル前後にまでに大きくなった．リーマン・ショック時に一時赤字幅がやや縮小したのち，11 年から 7000 億ドルを超え，18 年には 8900 億ドルにまで増加している[32].

　このようなアメリカ貿易収支赤字の増加に多国籍企業がどのように関わっているのか．関下氏は「親会社の輸出促進効果的行動と，その母国の貿易出超傾向の突出」[33]があると言われ，少しのちのページでは「親会社の輸出促進効果は一時的であり，母国の出超構造も一時的で，逆輸入がふえると，むしろ，次第に貿易収支は減少し，場合によっては入超に変わることもありうる」[34]と記述される．そして，21 世紀なると，「アメリカ多国籍企業の輸出促進効果が崩れ，企業内貿易も多国籍企業関連貿易もともに 21 世紀に入って入超に転じた．……もはや多国籍企業に頼っていても，アメリカの貿易収支の改善は果たせない」[35]と言われるようになる．しかし，アメリカ多国籍企業とアメリカ貿易収支との関連についての詳しい，あるいは明確な記述はない.

　もちろん，統計的・実証的に多国籍企業が貿易赤字を生み出すことを示すこ

　　プ現象」の現出の関連について論じられることが少ないように思われる.

32)　*Survey of Current Business*（*SCB*）の各号より．また，次章の第 3 節参照.

33)　関下，前掲『現代多国籍企業のグローバル構造』345 ページ.

34)　同上，347 ページ.

35)　前掲，『21 世紀の多国籍企業』iv ページ.

第 10 章　現代世界経済と多国籍企業　　　301

とは困難である．とはいえ，1980 年代からアメリカ貿易収支赤字はずっと続
いてきたことから，また 1990 年代後半から赤字が急膨張したことから，多国
籍企業の企業内国際分業，国際的委託生産等によって，さらに「IT 革命」後
のアメリカ企業のグローバルな展開によって，貿易収支の巨額の赤字が生み出
されてきたと考えるのは不自然ではない．企業内国際分業，国際的委託生産に
加えて，さらに，多国籍企業のグローバルな展開による海外への技術移転，国
内産業構造の変容を赤字要因に加えなければならない．多国籍企業の展開は，
種々の程度の差はあれ，海外への技術移転を進め，海外諸国の競争力を漸次高
めていったであろう．とくに，「IT 革命」後は生産のモジュール化が進み，途
上国への IT 関連の重要な産業分野における技術移転が進み，途上国が生産工
程のうちの重要な工程を担うことが可能となり，その分野のサプライチェーン
において重要なウェイトを占めることになったであろう．

　アメリカ貿易収支の点から言えば，企業内国際分業とともに電子産業，繊維
産業，スポーツ用品，雑貨等に見られる海外委託生産，および，それらの産業
からのアメリカ企業の撤退は重要であろう．アメリカ国内にはそれらの生産拠
点が減少し，それらの商品はほとんどが輸入になっている．アメリカの貿易収
支の悪化の重要な一面である．しかも，アメリカ国民の生活には，それらは必
需品である．

　このように，多国籍企業による直接的影響だけでなく，アメリカ国内の産業
構造の変容（＝「空洞化」）も貿易収支悪化をもたらしていよう．輸入依存は雑
貨，繊維製品，従来の電気製品などから始まり「IT 革命」後はパソコン，ス
マホ等の IT 関連商品の国際的委託（下請）生産が大きな貿易赤字を生み出し
ている．アメリカ経済の相対的地位の低下と言われる事態もこれらのことに関
連している．

　アメリカの貿易収支悪化の諸要因は改めて列挙すれば，以下のようであろう．
アメリカ多国籍企業のグローバルな展開による「直接」的な影響と多国籍企業
の展開によって引き起こされたアメリカ産業構造の変容，「空洞化」によるも
のとがある[36]．

36）　従来，多国籍企業の貿易収支への影響では，アメリカ多国籍企業のグローバルな展開
　　　による「直接」的な影響が主に議論されてきたようである．多国籍企業の展開によって

イ）企業内国際分業と貿易収支，i）本国からの輸出の伸び悩み，ii）逆輸入．

ロ）繊維，雑貨，玩具等の生活必需品の生産の海外依存．

ハ）20世紀型製造業の衰退とそれらの諸商品の輸入（鉄鋼，電気製品など）．

ニ）先進諸国との競争およびアメリカへ進出してきた先進国の子会社の活動（自動車など）．

ホ）技術の海外移転と途上国等との競争．

ヘ）IT革命によるモジュール化，IT諸商品の海外委託生産，海外企業の部品生産，サプライチェーンの海外依存．

　「多国籍企業に頼っていてもアメリカの貿易収支の改善は果たせない」ことは明らかであるが，そのことについてもう1点，補足しておかなければならない．それは海外投資収益収支＝所得収支の動向についてである．アメリカ多国籍企業の親会社は海外直接投資によって海外子会社，提携，関連会社から種々の収益を受けている．

　直接投資収益収支黒字は1983年に277億ドル，89年に550億ドル，95年に650億ドル，2000年に949億ドル，05年1732億ドル，08年2498億ドル（*SCB*, July 2009），11年3216億ドル（July 2012），19年3342億ドル（April 2020）などとなっている．貿易赤字を到底埋め合わせる事態にはなっていない．2011年には貿易赤字の40％強にとどまっており，19年にはその比率は38％である．

　以上のような次第で，アメリカ経常収支は1980年に23億ドルの黒字であったのが，83年に400億ドル弱の赤字，90年の800億ドル弱の赤字，95年1100億ドル強，2000年4200億ドル弱，05年7500億ドル弱，リーマン・ショック後の10年に4400億ドル強，20年に6500億ドル弱の赤字と推移している（*SCB*より）．「IT革命」後の90年代後半から今世紀に入ってからの赤字の増大が目につく．

(5)　多国籍企業と振替価格，タックス・ヘイブン

　多国籍企業の各国経済への影響を見る最後に簡単に税への影響，国際課税に

引き起こされたアメリカ産業構造の変容，「空洞化」による影響はあまり顧みられなかったのではないだろうか．

第 10 章 現代世界経済と多国籍企業 303

ついて触れ，タックス・ヘイブンにも触れておこう．

図 10-3 の企業内国際分業において親会社から A 国の子会社への，A 国の子会社から B 国の子会社への部品・中間財の「移転」は外国貿易となるが，実際は多国籍企業内の「移転」である．したがって，企業内において任意で価格設定ができる（トランスファー価格，振替価格）．今，A 国の企業課税率が本国，B 国よりも低率だとすれば，A 国の子会社の利益が大きくなるように，本国から A の子会社への「移転」において低く価格設定し，A 国の子会社から B 国の子会社への「移転」においては価格を高く設定すれば，多国籍企業全体の税支払が少なくなる．A 国で子会社を設置する動きが強くなる．かくして各国間で税率をめぐる競争が生じるし，各国の税制の主権が侵害されていると言えよう．国際課税のあり方，国際税制の問題として論議されてきたところである[37]．先進諸国は法人税の引き下げ競争を行なってきたが，最近，コロナ危機を受けて各国とも財政支出が増加したことが一因ともなって，各国が続けてきた法人税の引き下げに歯止めをかけ，多国籍企業に最低限の税を課す動きが出てきた（21 年 4 月の主要国 20 か国の財務相・中央銀行総裁会議）．

さらに，タックス・ヘイブン問題がクローズアップされている．志賀櫻氏によると[38]，タックス・ヘイブンには 3 つの特徴がある．①まともな税制がない，②固い秘密保持法制がある，③金融規制やその他の法規制が欠如している．タックス・ヘイブンとなっている地域・国は具体的にはケイマン諸島，バハマ，バミューダなどのカリブ海の諸島が典型であるが，香港，シンガポール，ベルギー，オランダ，ルクセンブルク，ブリテン島近辺のジャージー，ガーンジー，マン島などもタックス・ヘイブンの地域である．

世界のほとんどの多国籍企業，大手諸銀行，諸金融機関はこれらの地域に子会社・支店を設置している．これらの地域は上の 3 つの特徴があるうえにユーロダラー市場でもあり，「タックス・ヘイブン全体ではそれ自体が巨大なオフショア金融市場の存在を示唆して余りある」[39]と言われる．しかし，秘密保持

---

37) 詳しくは，中村雅秀『多国籍企業と国際税制』東洋経済新報社，1995 年，第 II 部参照．また，最近次の本が刊行された．鶴田廣巳『グローバル時代の法人課税と金融課税』有斐閣，2023 年．しかし本書では検討できていない．
38) 志賀櫻『タックス・ヘイブン』岩波新書，2013 年，5 ページ．
39) 中村雅秀『タックス・ヘイブンの経済学』京都大学学術出版会，2021 年，24-25 ペー

法制，金融規制やその他の法規制が欠如しているため，なかなかタックス・ヘイブンにおける多国籍企業，大手銀行・金融機関の活動，実態が把握できないのが実情である．

ジ．中村氏のこの著書は多国籍企業によるタックス・ヘイブンの利用についての数少ない分析である．しかし，残念ながらオフショア金融市場の分析はみられない．

305

第**11**章
ドル体制

はじめに[1]

　第9章において国際通貨の規定について論じた．国際通貨とは，世界各国の銀行等が中心国の銀行等に保有している一覧払預金残高である．国際金本位制下にあっても，恐慌，戦争などの異常時以外は金＝世界貨幣によって国際決済が行なわれることはほとんどなく，19世紀末に近づいてくると，海外の諸金融機関が在英銀行等に保有するポンド建一覧払預金が国際通貨として利用されるようになってくる．ポンド預金の振替によって国際決済が進むのである．第1次大戦まではポンド体制の下，国際決済の大部分が世界の諸銀行等の在英銀行等にもつ預金残高の振替によってなされていたのである．

　このような事態の進行下において外国為替市場が出現し，第三国間の為替取引（当該国以外の二国の銀行どうしの当該通貨の取引）も自由に行なわれる．

---

　1)　本書の第11章から第14章までは，新たに執筆した部分とこれまでの拙書，拙稿を織り交ぜて簡潔に記している．本書において利用した主要な拙書一覧は以下の通りである．
　　①『多国籍銀行とユーロカレンシー市場』同文館，1988年
　　②『途上国債務危機とIMF，世界銀行』同文館，1989年
　　③『ドル体制と国際通貨』ミネルヴァ書房，1996年
　　④『ドル体制とユーロ，円』日本経済評論社，2002年
　　⑤『円とドルの国際金融』ミネルヴァ書房，2007年
　　⑥『現代国際通貨体制』日本経済評論社，2012年
　　⑦『国際通貨体制の動向』日本経済評論社，2017年
　　⑧『国際通貨体制の論理と体系』法律文化社，2020年
　　　例えば，『国際通貨体制の論理と体系』の115ページからの引用は拙書⑧115ページと記す．また，第11章から第14章では紙幅の関係で図表の呈示は最低限にとどめ，これまでの拙書の図表の番号を示すことで済ませている．例えば，拙書⑧の表4-Aなどと．

為替相場は諸通貨の需給によって変動するようになる．国際金本位制下においては為替相場の変動は金送金により一定幅になる．

国際金本位制は第1次大戦によって一旦崩壊し1920年代に再建されるが，それも1930年代初頭以降の世界恐慌によって崩壊する[2]．アメリカ以外の諸国はイギリスも含め第2次大戦中に大量の金を失い，第2次大戦後に金本位制への復帰はとうてい不可能になった．第2次大戦後の国際通貨体制はIMF体制として構築されてくる．1944年に連合諸国が参加するブレトン・ウッズ会議が開催されIMF協定が締結された．しかし，それによってIMF体制がただちに構築されたわけではなく，1950年代末から60年代初めにかけて西欧や日本等の主要国諸通貨の交換性が回復されて，IMF体制が構築されてくる．そのようなIMF体制も71年にアメリカ当局のドルの金交換停止措置により崩壊し，その後，ドル体制として，より大規模なドル中心の国際通貨体制が構築され，今日まで続いている．

なお，1960年代以降，アメリカ企業，主要先進諸国の企業が多国籍化してくるが，多国籍企業はこのようなIMF体制，ドル体制の下においてこそ誕生でき，グローバルな展開が可能であったのである．第2次大戦後の多国籍企業の展開とこのような国際通貨体制が第2次大戦後の世界経済の二大構成要素をかたちづくっている．

1. ドル体制の前史としてのIMF体制[3]

本節では，1970年代以降のドル体制についての本格的な論述に入る前に

---

2) 両大戦間期の国際金本位制の再建と崩壊については，拙書『両大戦間期のポンドとドル』法律文化社，1997年を見られたい．

3) 本節は拙書⑧第3章「ドル体制の前史としてのIMF体制」をもとにしている．筆者によるIMF体制成立過程のいくつかの研究については拙書⑧第3章の注1に記している．なお，これまでの多くの著書において，1971年までの国際通貨体制をIMF体制と「体制」という用語を利用されながら，それ以後の国際通貨体制を「ドル本位制」という用語が用いられている．なぜ，ドル体制という用語を忌避されるのであろうか．本書の「序論」を参照されたい．また「本位」の意味，なぜ「ドル本位制」では不十分，誤りになるか，ドル体制と言われなければならないかについては，拙書③の1-2ページ，④の「序章」をも参照されたい．

IMF 体制について簡単に振り返っておきたい．ドル体制は，IMF 体制下において展開していた諸事態がドルの金交換停止によって大規模に展開することで構築されてくる．ドル体制の前史としての IMF 体制をまずとらえる必要がある．

IMF 体制は，為替取引の制限の否定のうえに自由・多角・無差別を大原則としている．各国は，大戦中から 1950 年代末まで何らかの為替管理を行なっており，自由な外国為替市場は存在しなかった．西欧においては EPU（欧州決済同盟）を経て，1958 年の西欧 14 か国の交換性回復によって徐々に自由な外国為替市場が生まれ，外為市場において諸通貨の交換が行なわれ始めて次第に IMF 体制が構築されていく．しかし，本節ではその構築過程を詳細に論じることはしない．本節では IMF 体制の諸特徴と論理を略記したい．

(1) ドルの優位化と固定相場制

第 2 次大戦終了直後のイギリス当局はスターリング地域が取得した金・ドルをイギリス本国に集中する（ドル・プール，ポンド残高の形成）．一方，全世界を，1) 指定勘定地域（スターリング地域），2) アメリカ・カナダ勘定地域，3) 振替可能勘定地域，4) 双務勘定地域，に区分し，2)以外の地域ではそれぞれにおいてポンドの交換が制限された．

以上のような為替管理体系の中で，指定地域においてはポンドのみが国際通貨として利用され，振替可能地域においても部分的にポンドが国際通貨として利用されていた．1958 年の交換性回復によって，振替可能地域はアメリカ・カナダ地域と同様の扱いになり，これらの勘定の諸国は国際通貨としてポンドとドルの両方が利用できるようになっていったが，次第にドルがポンドを上回っていく．指定地域（スターリング地域）はそのままである．したがって，指定地域においては，ポンドは国際通貨として利用され続ける．

1958 年の西欧諸国の交換性回復とともに，それらの諸国では自国の他の西欧諸国との貿易においては自国通貨を多く利用する（とくに輸出において──後述）が，原油等の一次産品貿易ではドルを利用するようになっていく．また，日本も 60 年には交換性を回復し，従来は東南アジア等のスターリング地域との貿易取引においてポンドを利用していた[4]が，次第にドルでの貿易に切り替

えていった.

　ドルがポンドを凌駕していくのであるが，その過程において3つの要因が作用している．第1に1950年代から60年代に石油，鉱物資源や穀物等の一次産品のドル建取引が以前のポンド建取引を上回るようになっていったことが重要である．イギリスは1946年にゴム市場を再開し，1950年代にその他の商品市場の再開に及んでいった．スターリング域内で産出される産品はポンドで輸入され為替管理に抵触しないが，スターリング地域外で産出される原油，鉱物資源等の取引については，58年の交換性回復以前から前述したイギリスの為替管理が緩和され，「ドル物資」がポンドで購入され，そのポンドのドルへの交換性が認められるようになっていった．ロンドン金市場においても金取引に関与するポンドは交換性を有するようになっていった[5]．そのように金を含めたロンドンの諸商品市場における取引については，ポンドの交換性が付与されるにつれて，またスターリング域外で産出される一次産品が多くなるにつれて，58年の交換性回復以前から次第にそれらの商品価格はドルで建てられるようになっていった．すでに金市場価格は，アメリカ当局の金交換もあってドルで価格が建てられていた．交換性回復以後は，原油，鉱物資源等の諸商品の価格はアメリカ市場との裁定が完全に可能となりドル建化が進んでいく（それらの商品への投資を行なうのは大部分，スターリング地域外の居住者である）．

　第2に，一次産品のドル建取引が増加していくのには貿易金融が関わっている．第9章で論じたように，第1次大戦前においてはロンドンの引受信用，割引市場がポンド体制の成立を促し支えていた．原油取引等の一次産品の取引には長期で多額の貿易為替金融を必要とするが，1960年代にその多額の金融を供与できるのはポンドではなくドルであったのである．拙書⑧の表3-A，表3-Bをみられたい．ドル・アクセプタンスは額において1955年にすでにロンドン・アクセプタンスを上回っており，60年になると前者が後者の3倍近くになっている．60年代中期には前者がさらに増大していく[6]．

　4）　小野一一郎「ポンド過剰とドル不足」『経済論叢』（京大）70巻5号，1952年11月参照．

　5）　金融制度研究会『イギリスの金融制度』日本評論新社，1959年，417-419ページ参照．

　6）　関下・奥田編『多国籍銀行とドル体制』有斐閣，1985年所収，拙稿「IMF体制の成立と国際銀行業」86-87ページも参照．

第11章　ドル体制　　309

　第3に，ユーロダラー市場の成長がある．この市場は1960年代における種々の貿易金融に利用されていく[7]．ユーロダラー金利がアメリカ国内金利よりも低くなれば，各国の貿易企業と彼らに貿易金融を供与する銀行等はユーロダラーを多く利用することになるだろう[8]．それとともにユーロダラー市場はアメリカ系多国籍企業の資金調達，運用の市場になり[9]，さらに種々の金融取引にユーロダラーが利用され，ドルと諸通貨との裁定取引にもユーロダラー市場が利用されるようになっていった（後述）．

　以上のように，世界の貿易取引と貿易金融，多国籍企業の資金調達・運用の市場としてのユーロダラー市場の成長によって国際的なドル建諸取引が圧倒的になっていき，ドルはポンドを凌駕していきながらドルを中軸としたIMF体制が成立してくるのである[10]．

　アメリカ政府は各国通貨当局の保有するドルについては金1オンス＝35ドルで交換することを表明し，そのうえでIMF協定はドル以外の諸通貨の「平価」をそうしたドルに対して定めることを規定した．アメリカ政府の金・ドル交換の表明とIMF協定による固定相場制により，ドルは基準通貨，介入通貨，準備通貨としての地位を占めることになった．しかし，金の世界貨幣としての機能は，観念的にはともかくも民間レベルではほぼ消失しており，民間の国際決済はもっぱら各国の銀行が主要先進国の銀行（最も多くは米銀）に置いている一覧払預金を国際通貨として利用して行なわれてきた．

---

　7)　西村厚「通貨国際化の歴史と円」『国際金融』1995年9月1日，5ページ参照．

　8)　後述のE.W. クレンデニングの著書を参照（訳，70ページ）．

　9)　アメリカ政府の「ドル防衛政策」がユーロダラー市場の発達を促した面も忘れられてはならない．

10)　IMF体制の終焉の時期まで，スターリング地域は脆弱さをもちながら維持され，域内でポンドが国際通貨として利用されていた．前述のように，第2次大戦後，イギリス本国は為替管理を強化してスターリング地域の結束を強化するような諸政策をとってきた．ところが，1949年の平価切り下げ，1956年のスエズ動乱，60年代には61年，64年，66年，67年と度重なるポンド危機が発生し，スターリング諸国は保有するポンドの域外利用をもとめ，ポンドはスターリング域内においても国際通貨としての地位を次第に失っていった．1967年のポンド危機への対処として68年に成立したバーゼル協定（イギリスに信用供与を与える先進諸国とBISの協定）にもかかわらず，ポンドの地位は守りきれなかった．

(2) IMF 体制下における諸事態の進展

　各国の民間銀行が通貨当局に対して各通貨を金に交換できない状況のなかで，以下の諸事態が IMF 体制下において進行していく．イ）ドルの為替媒介通貨化，ロ）アメリカ国際収支の悪化と金流出，ハ）ユーロダラー市場の成長，である．以下順次見ていこう．

　金と交換されない下で一覧払預金残高を国際決済に利用するとなると，世界の諸銀行はドル等の為替持高を管理することが必要になってくる．国際金本位制の下では諸銀行は諸通貨を金に交換して持高保有に伴うリスクを回避することができた．しかし，IMF 体制の下では民間の銀行はドルも含め各国通貨を金に交換することはできないから，民間の諸銀行は持高のリスクを回避しようとする．IMF 体制下では諸通貨間の為替相場は「平価」の上下 1% の範囲内で変動するからである（円・ドル相場で言えば，変動幅は最大 7.2 円）．銀行は顧客取引でドルの買持になると，直ちに（基本的にはその日のうちに）銀行間為替市場においてドルを売って自国通貨を買い持高を解消する（為替調整取引）．

　ところが，顧客との為替取引でドル以外の通貨で持高をもった場合，銀行の持高の解消は簡単ではない．銀行間為替市場における為替取引はほとんどがドルを一方とする取引であるから．それは以下の事情による．世界の貿易取引，資本取引等においてドルが最も多く利用され，諸銀行はドルでの持高が多くなり銀行間為替市場ではドルの市場規模が大きくなる．他方，ドル以外の諸通貨での世界の貿易取引，資本取引等は相対的に少なく，それらの通貨での持高も相対的に少ない．それらの通貨での銀行間為替市場の規模も相対的に小さいのである[11]．例えば，諸銀行がフランス・フランをドイツ・マルクに換えようとする場合，フランをいったんドルに換え，そのドルをマルクに交換するのである．銀行の顧客取引ではフランとマルクが直接に交換されるが，銀行間為替市場ではドルが為替媒介機能を果たすのである．ニューヨーク連銀は次のように記していた．「理論的には，どの二種類の通貨でも為替取引ができる．スイス・フランをフランス・フランで，ドイツ・マルクを英ポンドの対価で買うこ

11）　各国の貿易通貨については，拙書①第 1 章，⑧第 3 章，第 4 章等を見られたい．

とができる．実際にはそのような取引は，銀行と一般顧客との間でのみ行われている．国の内外を問わずすべての銀行間取引において，外国通貨はそれに対応するドルの売買により行われている．たとえ銀行の狙いが，ポンドあるいはフランス・フラン対価のマルク買いであっても，やはりドルを介在させるのである」[12]．

上の記述は 1980 年代はじめのものであるが，60 年代はじめに先進諸国での自由な為替市場が復活して間もなくドルの為替媒介通貨化が進展し，以後ずっと今日まで続いている事態である．ドルの為替媒介通貨化はアメリカ政府の外国当局に対するドルの金交換とは無関係である．民間銀行が通貨当局に対してドル等の諸通貨を金に交換できないから生じるものである．かくして，ドルは 60 年代に為替媒介通貨，基準通貨，介入通貨，準備通貨の諸機能を併せ持って基軸通貨であったのである．とはいえ，60 年代にはドルの基準通貨，介入通貨，準備通貨の諸機能は IMF 協定によって主に保障されているものである．

次に，1960 年代におけるアメリカ国際収支と金の流出について簡単に記そう．表 11-1 に 60 年代のアメリカ国際収支表が示されているが，60-69 年の経常収支は累計で 200 億ドル弱の黒字であるが，民間資本収支，政府資本収支の赤字が経常収支黒字を上回り[13]，「在米外国公的資産」（ドル準備）では赤字を埋め合わせることができず，準備資産（主に金）が 50 億ドル弱も減少している．

IMF 協定は為替相場が「平価」の上下 1% 以内で変動することを定め，1% を超える場合，アメリカ以外の諸国の通貨当局は為替市場に介入しなければならなかった．アメリカ国際収支は上記のような状況であるから 60 年代にドルの諸通貨に対する相場は弱含みで推移し，先進諸国の各当局は対ドル相場を維持するために自国通貨売・ドル買の為替市場介入を頻繁に行なうことになった．そのドル買がドル準備（「在米外国公的資産」）の増加に帰結する．欧州諸国はドル準備の一部を金に交換し，アメリカは金を失っていく．63 年にアメリカ

---

12)　ロジャー・M・クバリッチ『アメリカの外国為替市場』東銀ニューヨーク支店訳，33 ページ（原書はニューヨーク連銀により 1983 年刊）．

13)　民間資本収支赤字の最大項目は直接投資であるが，この時代にアメリカ企業の多国籍化が進んでいるのである．また，政府資本収支は冷戦の深まりのなかで，戦略的な「援助」が増加していることを示している．

表 11-1 アメリカの国際収支[1)](60年代，70年代)
(億ドル)

	1960-69年の累計	1970-79年の累計
経常収支	198	−31
貿易収支	408	−763
民間資本収支	−105	−1,407
直接投資収支	−235	−819
証券投資収支	−12	136
銀行収支	151	−598
その他	−9	−125
政府資本収支	−148	−167
統計上の不一致	−55	258
在米外国公的資産	64	1,320
うち財務省証券	10	929
アメリカの準備資産[2)]	46	−7

注：1)　四捨五入のため誤差がある．
　　2)　(＋) は減少．
出所：*Survey of Current Business*, June 1977, p. 32, June 1997, pp. 64-65 より作成．

の金保有は 156 億ドルにのぼっていたが，71 年には 111 億ドルに減少している[14)]．諸外国が保有するドル準備額がアメリカの金保有額が上回ってくると，アメリカ政府の前述の「金交換」の表明は意味を失ってくる．IMF 協定の「平価」規定，「固定相場」規定が揺らいでくる．1960 年代から 71 年までのドル危機＝IMF 体制危機というのは，そうした事態によって生じていたのである．

　他方，国際金融市場においては 1960 年代初めから西欧諸通貨の交換性回復とともにユーロダラー市場が成長してくる（図 11-1）．ユーロダラー預金は，在米銀行に置かれていたドルの一覧払預金（当座預金等）が海外に所在する銀行（米銀の海外支店も含む）に定期性預金（数日の短期のものもある）として預け換えられることによって生まれる．ドルの当座預金等の一覧払預金を過剰に保有している諸企業，諸金融機関等（アメリカ居住者も含む）は，金利，運用等，種々の要因によって，その預金を海外の銀行に定期性預金に切り替える．そうすると，ドル資金の移動に伴う在米銀行にあった一覧払預金の口座間で移

---

14)　拙書⑧表 3-E 参照．

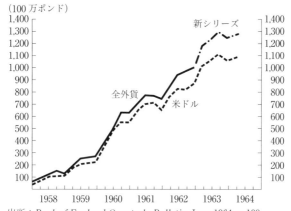

図 11-1　在英銀行の対外・外貨建債務

動が生じる．それを示したのが図 11-2 である．最初の一覧払預金者（A）の在米銀行 XI にあった一覧払口座から預金が引き落とされ，海外の銀行（YI）への定期性預金が入金される．同時に，YI が在米銀行（XII）に保有している一

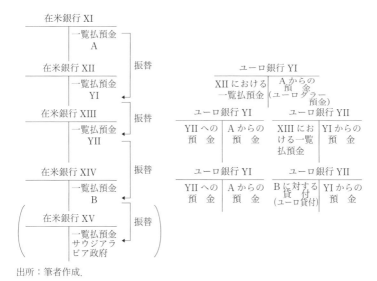

図 11-2　ユーロダラー取引の実例

覧払預金口座に同額が振り込まれる．YI は債権として XII における一覧払預金を保有し，債務として A からの定期性預金が記帳される．YI に預けられた定期性預金がユーロダラー預金である．YI が差し当たって貸付先が見いだせないとすれば，そのユーロダラーを YII 銀行に資金を回す．それにより，YIが XII に保有していた一覧払預金は引き落とされ，YII とコルレス関係がある在米銀行 XIII に振り込まれる．ユーロ銀行 YII はインターバンク市場で調達したユーロダラーを B に貸し付けると，ユーロ銀行 YII の在米銀行 XIII にあった一覧払預金は引き落とされ，B の在米取引銀行 XIV に振り込まれる．YII は B に対してユーロダラー貸付を行なったのである．貸付を受けた B が原油代金としてサウジアラビア政府に支払えば，在米銀行 XIV にある B の一覧払預金が引き落とされ在米銀行 XV におけるサウジアラビア政府の一覧払預金が増加する．しかし，これはユーロダラー取引ではない．通常の貿易決済である．ドル建原油取引の決済が米銀行組織を使って行なわれたのである．

　以上がユーロダラー取引の決済であるが，海外に所在する銀行へ預金が移されるといってもアメリカから資金が流出するわけではない．在米諸銀行の一覧払口座の間で名義が変更しているだけである．アメリカ国際収支の悪化によりユーロダラー市場が拡大したという見解が一部で見られたが，黒字国の諸企業，金融機関がドル資金をアメリカ国内で保有するか，ユーロダラー市場で保有するかは金利，運用等の選択の問題である．アメリカの赤字が自動的にユーロダラー預金になるのではない．ユーロダラー市場で保有された場合は，海外の銀行（米銀支店を含む）が在米銀行に保有する一覧払預金が増加し，ユーロダラーとして運用する企業，金融機関の在米銀行における一覧払預金が減少するのである．

　それでは，なぜ，第 2 次大戦後の 60 年代以降ユーロダラー市場規模が増大してきたのであろうか．先進国諸通貨の交換性回復後，資金移動の自由化が進み，大口取引であるユーロダラー預金は受入れ，貸出の両面で金利の優位性が生まれた．そして，アメリカ等の企業が多国籍化してきたことが挙げられなければならない．アメリカ多国籍企業の展開により，海外の子会社は現地での資金調達，運用の必要に迫られ，多国籍企業の国際金融市場としてユーロダラー市場が成長することになった．それを加速させたのがアメリカの銀行の海外進

出＝海外支店網の整備，多国籍化である．企業の多国籍化に伴って銀行の多国籍化も 60 年代後半から進行していき，それにつれてユーロダラー市場を利用した種々の裁定取引，為替スワップ取引などが次第に増加していく[15]．

それは同時に，国際的な資金移動を活発化させ，IMF 体制の崩壊へと導く．アメリカ関税委員会の文書は次のように記している．「（表 11-2 の）これら 7 つのグループの機関は，諸国間の正常な決済を混乱せしめ，国際通貨危機を起こさせているという疑いをかけられても仕方がないであろう．1971 年末で推計資産額は 2680 億ドルにのぼり，その 1% すなわち 27 億ドルが，為替相場の弱含み，強含みに対応して移動するだけで十分に最大級の通貨危機を引き起こすことができるからである」[16]．7 つのグループが保有する国際金融市場における短期資産が 1971 年末で推計資産額は 2680 億ドルに達しており，そのうちのごくわずかの額の資金移動でも国際通貨危機が発生すると言っているのである．

しかも，7 つのグループの資産額 2680 億ドルのうち「アメリカの非銀行企業の在外子会社」の資産が 1100 億ドル，「アメリカの銀行の在外支店」が 614 億ドル，「外国銀行」が 527 億ドルである．アメリカ多国籍企業の在外子会社，米銀の在外支店の合計で 1714 億ドル，全体の 64%，それにアメリカ以外の銀行の資産を加えると合計で 2241 億ドル，全体の 84% にもなっている．IMF 体制の崩壊へと直接的に導いたのはアメリカ多国籍企業，アメリカ多国籍銀行の展開に伴う資金移動，ヘッジ，投機であったのである．

2. ドル体制の形成

(1) IMF 体制とドル体制の異同

前節で論じたように，IMF 体制はアメリカ国際収支の悪化が進行しているなかで，多国籍企業，多国籍銀行などの資金移動，ヘッジ，投機によって崩壊

---

15) E.W. クレンデニング（1970）『ユーロダラー・マーケット』坂田真太郎訳，日本経済新聞社，1971 年，IV 章（国内金利とユーロ・ダラー金利），V 章（裁定取引・ヘッジ・投機）参照．

16) U.S. Tariff Commission, *Implications of Multinational Firms for World Trade and Investment and for U.S. Trade and Labor*, 1973, p. 539.

316

表 11-2　国際金融市場における主要機関の短期資産・負債残高推計（1969-71 年）

(億ドル)

	ドル建		外貨建		合計	
	資産	負債	資産	負債	資産	負債
ア　メ　リ　カ　の　銀　行[1]						
1969	89	281	5	2	94	283
70	101	218	6	2	107	220
71	121	158	9	2	130	160
ア　メ　リ　カ　の　非　銀　行　企　業						
1969	35	17	7	4	42	21
70	36	22	6	5	42	27
71	47	22	5	4	52	26
外　　国　　銀　　行[2]						
1969[3]	649	523	107	106	756	630
70	430	317	58	58	488	375
71	443	383	84	82	527	465
外国の政府，中央銀行，国際機関[4]						
1969	49	na	4	na	53	na
70	100	na	28	na	128	na
71	107	na	80	na	187	na
外　国　の　非　銀　行　企　業[5]						
1969	73	62	na	na	73	62
70	76	94	na	na	76	94
71	68	114	na	na	68	114
アメリカの非銀行企業の在外子会社[6]						
1969	na	na	na	na	599	349
70	na	na	na	na	806	469
71	na	na	na	na	1,100	630
ア　メ　リ　カ　の　銀　行　の　在　外　支　店[8]						
1969	7)	7)	7)	7)	7)	7)
70	346	361	127	113	473	474
71	402	421	212	194	614	615
合　　　　　　　計						
1969	895	883	123	112	1,617	1,345
70	1,089	1,012	225	178	2,120	1,659
71	1,188	1,098	390	282	2,678	2,010

注：1)　アメリカの資料による在外短期資産・負債の合計．公的機関に対する債権と債務は除く．
　2)　欧州 8 か国（ベルギー・ルクセンブルク，フランス，西ドイツ，イタリア，オランダ，スウェーデン，スイス，イギリス）およびカナダ，日本の銀行の BIS への報告にもとづく，1970 年，71 年についてはアメリカの銀行の在外支店に関する数字は除いてあり，下段に別掲，また欧州 8 か国のアメリカに対するドル建の資産・負債は合計額から除いており，アメリカの資料による外国人に対する債権・債務を加えてある．
　3)　アメリカの銀行の在外支店を含む．
　4)　次のものを含む．①ユーロダラーの確認された公的保有，②ユーロカレンシーの未確認の保存分プラス余剰準備（ともに IMF の推定），③IBRD（世銀）や IADB（米州開銀）のような非通貨的公的機関のアメリカの銀行に対する債権．na は不詳．
　5)　利用したデータはアメリカおよび外国の銀行の全外国非銀行企業（アメリカの非銀行企業の在外支店・子会社を含む）に対する債権・債務．アメリカ系非銀行企業子会社の残高は別に示してあるので，重複計算をなくすため 50% 減額してある．つまり，アメリカおよび外国の銀行の報告による外国非銀行企業に対する資産・負債の半分は，実際にはアメリカの非銀行企業の在外子会社の負債・資産だと仮定した．
　6)　アメリカ企業の非金融子会社の推定流動資産・負債．
　7)　外国銀行の項に含まれる．
　8)　アメリカの資料による支店の総資産・負債で，したがって，若干の長期のものも含む．
出所：U.S. Tariff Commission, *Implications of Multinational Firms for World Trade and Investment and for U.S. Trade and Labor*, 1973, p. 537.

を余儀なくされた．そして，国際通貨体制，国際金融体制は1970年代に再編
されていき，本格的にドルが中心となった国際通貨体制，国際金融体制がドル
体制として構築されてくる．

　先取りして言えば，ドル体制とは，金への交換が完全になくなったドルが為
替媒介通貨，基準通貨，介入通貨，準備通貨としての国際通貨の諸機能を併せ
持って基軸通貨としての地位を確保し，そのドルでもって短期・中長期の国際
信用連鎖が形成する国際金融構造の全体系である．ドルの国際信用連鎖は，ド
ルが金交換から解放されることによって，飛躍的にIMF体制下とは比較でき
ないほどの規模で展開されることになっていく．ドル体制をこのように把握し
たうえで，IMF体制とドル体制の異同をまず示しておこう．以下の4点が重
要である．簡単に記そう[17]．

　i) 71年までは金による決済が一部行なわれた．しかし，民間部門による決
済ではなく，政府間の決済である．

　ii) 為替媒介通貨としてのドル．60年代の為替媒介通貨としてのドルは，
IMF協定によって規定されたものではない．為替媒介通貨としてのドルの成
長は金・ドル交換とは直接的には関係がない．それはインターバンク外国為替
市場の事情による．60年代前半における外国為替市場におけるドルの為替媒
介通貨化によってドルは名実ともに基軸通貨になったのである．このように為
替媒介通貨機能は金・ドル交換と直接的な関係がないために，71年以後もド
ルは為替媒介通貨として機能し，71年以後はドルが為替媒介通貨であるため
にドルは基準通貨，介入通貨，準備通貨としての機能をもち，国際通貨の諸機
能を併せもって基軸通貨の地位を保持しえたのである．ただし，ドルの基準通
貨，介入通貨，準備通貨としての機能はのちに見るように，「逆説」的である
がドル相場の下落が続く中で現われてくる．

　iii) ドル信用連鎖形成様式の異同．ドルの基軸通貨化を土台にドルでの国際
信用連鎖が全面的に展開していった．しかし，その国際信用連鎖の形成の在り
方が60年代と金・ドル交換停止後の70年代とは異なるのである．60年代に
はアメリカが最大の対外投資国であり（民間資本，政府資本──種々の援助），

---

17) 詳しくは拙書⑧第4章のIを参照．

アメリカが中心となって国際信用連鎖を形成していた。しかも、その原資のほとんどがアメリカ経常収支黒字（それは貿易黒字によるもの）であり、一部が在米外国公的資産（在米ドル準備）である（前掲表11-1）。

70年代には経常収支黒字はなくなり、若干の赤字になっている。したがって、アメリカの対外投資の原資はほとんどが在米外国公的資産（在米ドル準備，70年代の累積で1320億ドル）となり、次に「統計上の不一致」となっている（前掲表11-1参照）。つまり、ドル相場の大きな下落のために各国通貨当局がドル買介入を行ない、それによって獲得されたドルが、そのままアメリカにドル準備として積まれ、その資金が結局はアメリカの民間対外投資の原資になっているのである。金・ドル交換停止と基軸通貨ドルの下落のもとでの各国に半ば強制されたドル準備が70年代におけるアメリカによる国際信用連鎖形成の条件であった。

iv）ドル体制と自由・多角・無差別の原則。71年の金・ドル交換停止によってIMF固定相場制は崩壊したが、IMFが原則とした「自由・多角・無差別」の原則は71年以後、後退するどころか途上国までもIMF融資を受ける際、この原則に巻き込まれ、IMFのConditionalityの強制によって強化されていく（後述）。

以上4点にわたってIMF体制とドル体制の異同について述べてきた。以下では、それぞれの主要点を補う視点でもう少し論じていこう。

(2)　70年代以降の貿易通貨，為替媒介通貨，基軸通貨

まず検討しなければならないことは、ドルが金との交換を完全に失うことにより世界の貿易取引、資本取引においてドルの利用が大きく低下したかどうかである。全世界の貿易取引、資本取引におけるドル、その他の通貨の利用を示す統計はない。60年代には68年のスウェーデン貿易の通貨別区分のみが知られ（表11-3）、その他の西欧諸国（表11-4）と日本の貿易における通貨別の統計が70年代に部分的に知られるだけである（拙書①第1-11表）。

スウェーデンの68年の輸出においては自国通貨（スウェーデン・クローナ）が最も多く利用され（66%）、輸入では相手国通貨が最も多く利用される（59%——拙書①第1-6表）。アメリカへの輸出は全輸出の7.7%で、全輸出に占

表11-3 スウェーデン貿易における決済通貨 (1968年)
(%)

	輸出	輸入
スウェーデン・クローナ	66.1	25.8
米ドル	12.3 (7.7)	22.0 (9.3)
ポンド	11.2 (14.8)	17.3 (13.6)
ドイツ・マルク	3.8 (11.6)	17.4 (18.7)
デンマーク・クローネ	1.8 (9.5)	3.9 (7.2)
フランス・フラン	0.8 (4.7)	2.5 (4.5)
ノルウェー・クローネ	0.7 (10.5)	2.2 (5.8)
スイス・フラン	0.5 (2.4)	2.4 (2.6)
リラ	0.3 (3.1)	1.8 (3.6)
その他	2.5 (35.7)	4.7 (34.7)

注：( ) はスウェーデンの貿易において各国の占めるシェア.
出所：S. Grassman, *Exchange Reserves and the Financial Structure of Foreign Trade*, 1973. p. 23.

表11-4 西欧各国の貿易契約通貨
(%)

	年	輸出国通貨	輸入国通貨	米ドル	輸出入におけるアメリカの地位
輸出国					
オーストリア	1975	54.7		10.1	2.5
ベルギー	1976	47.7		11.4	4.1
デンマーク	1976	54		12	5.8
フィンランド	1976	15.5		21.9	3.2
フランス	1976	68.3	24.1	9.4	3.9
オランダ	1976	50.2		13.0	2.8
スウェーデン	1968	66.1	24.9	12.3	7.7
イギリス	1976	73	15	18	9.0
西ドイツ	1976	86.9		5.0	5.9
輸入国					
オーストリア	1975		24.7	16.4	2.9
ベルギー	1976		25.4	25.2	6.4
デンマーク	1976		23	23	5.2
フランス	1976	40.1	31.5	29.1(22.6)	7.6
オランダ	1976		31.4	22.7	9.8
スウェーデン	1968	58.8	25.8	22.0(13.2)	9.3
西ドイツ	1976		42.0	31.3	7.7

注：( ) はアメリカとの貿易を含まない数値.
出所：Mrs S.A.B. Page, 'Currency of Invoice in Merchandise Trade', in *National Institute Economic Review*, Aug. 1977, p. 77.

めるドル建輸出は 12.3% となっている．アメリカからの輸入は全輸入の 9.3%
であるが，全輸入に占めるドル建は 22.0% となっている（表 11-3）．これらの
ことからわかることは，スウェーデンの貿易はアメリカとよりも西欧諸国との
貿易が多くを占め，対米貿易はそれほど多くはないという状況において，輸出
において自国通貨，輸入においては西側先進諸国の諸通貨が多く利用されてい
る．ドルの利用はアメリカとの貿易と第一次産品の輸入において利用されてい
るということである．スウェーデンについては 73 年も把握できるが，大きく
は変化していない（拙書①第 1-7 表）．

　以上のスウェーデンの貿易の通貨区分から，全世界の貿易におけるドルの利
用について一般的なことを言うには限界があろう．70 年代には欧州の多くの
先進諸国の通貨区分が知られる（表 11-4，定期的には公表されていないが）．
スウェーデンの状況と多くの点で似ている．輸出国通貨がもっと高い比率が出
ている．欧州の多くの先進諸国の輸出相手国は欧州先進諸国がほとんどなので
ある．輸入においては輸入国通貨は 25〜30%（西ドイツは 42%）で，ドルの
比率は対米輸入がかなり低いにもかかわらず，20% 以上の国が多く，西ドイ
ツは 30% を超えている．原油，諸鉱石，小麦等の一次産品の輸入においてド
ル建比率が高くなっているのであろう．しかし，重要なことは自国通貨が利用
されるのは自国の輸出，輸入においてだけであり，「第三国間」で利用されて
いるのではない．このことを忘れてはならない．西欧全体で見れば，やはりド
ル建の貿易が最大の比率になっているだろう．対米貿易が一定の高さの比率を
もっていることに加えて，原油，諸鉱石，小麦等の一次産品の取引が全世界的
にドル建で行なわれていることが，西欧全体でドル建貿易が最大になっている
理由である．

　日本の貿易における通貨の比率は，70 年においてドルは輸出で 90%，輸入
で 80%，円は輸出で 0.9%，輸入で 0.3% であった．75 年にはドルが輸出で
78%，輸入で 90%，円の比率は輸出で 18% に高まったが，輸入では 0.9% にと
どまっている[18]．西欧，日本以外の諸国の統計は 70 年代にはまったく得られ

18）　拙書『日本の国際金融とドル・円』青木書店，1992 年，表 3-10．日本の貿易における
　　円の比率は 80 年代に輸出で 40% 弱，輸入で 20% 程度に高まるが，70 年代にはそこまで
　　の高まりはない．

ない．おそらく，日本以上にドル建貿易がほとんどであったろう[19]．

以上の限られた諸統計から，1971年のドルの金交換停止によって世界の貿易におけるドル，諸通貨の利用は大きくは変化しなかったと思われる．60年代，70年代の各国の対外証券投資の通貨区分の統計はまったく得られない．85年のドイツの非銀行部門の外貨建対外証券投資の通貨区分はドル建が71%で，27%が欧州の諸通貨（ソ連，東欧の諸通貨を除く）である[20]．70年代においては，西欧，日本等の先進各国のほとんどの対外証券投資がドル建であったろう．

さて，71年に金決済がまったくなくなり，固定相場制が崩壊していき73年から変動相場制が常態となっていった．変動相場制下においてアメリカは拡張的な財政・金融政策を実施していく．アメリカは60年代にはときに「ドル防衛政策」の実施を余儀なくされたが，金交換停止によってそうした政策から解放され，70年代に拡張的財政・金融政策が実施されていき，ドル相場は70年代に大きく下落していく．73年に1ドル＝300円前後であったのが70年代末には1ドル＝200円を割るようになる．

そうすると，貿易，資本取引のための外国為替市場にも変化が現われてくる．為替取引全体は増加していくが，先物取引，為替スワップの諸取引が急速に増加していく．とくに，70年代末のスワップ取引の増加が目立つ（拙書①第1-18表）．また，西欧諸国，日本などの外国為替銀行の持高管理はより厳格に行なわれるようになっていく．ドルの持高調整は比較的容易であるが，上にみたように西欧ではドル以外の諸通貨で多くの貿易が行なわれることから，西欧の諸銀行は種々の通貨で持高をもち，しかも，それぞれの通貨での持高はそれほど大きくはない．持高調整は困難で複雑である．それぞれの通貨での持高が大きくないから，外為市場における諸通貨の規模も小さい．したがって，銀行間為替市場における西欧諸通貨どうしの取引は容易ではない．他方，世界の貿易，対外証券投資においてはドル建取引が非常に大きいから，銀行間為替市場にお

19）韓国の貿易の通貨比率は2000年代初頭においてもドルが輸出，輸入で80%を超えている（拙書⑥表9-5）．

20）85年の西ドイツの非銀行部門の外貨建対外証券投資の通貨区分が初めての統計であろうと思われる（拙書④第2-4表）．

いても一方がドルになる取引が極めて大きい.

世界の外国為替市場においてドルが一方とする外国為替取引が70年代，80年代にはほとんどである（拙書①第1-9表，第1-5図）．フランス・フランからドイツ・マルクに換える際，フランをドルに換え，そのドルをマルクに換えるのである．かくして，IMF体制の崩壊後，ドルの為替媒介通貨としての機能はより顕著になってくる．

また，西欧，日本も含めほぼすべての諸国の通貨当局は，ドル相場自身は70年代に不安定で下落傾向をたどってきたのであるが，自国通貨の相場基準を対ドルで維持しようと努めてきた．日本，先進各国等は，自国通貨がドルに対して大きく上昇すれば輸出にとって不利になることから自国通貨を売り，ドルを買う為替介入を頻繁に行なってきたのである．西欧諸国の通貨がドルに対して上昇すれば裁定的に他の西欧諸通貨に対しても上昇する．しかもドル建貿易取引，ドル建対外投資が世界最大であり，にもかかわらずドルは不安定であるからこそ，各国通貨当局はドル相場を注視せざるを得ず，為替介入も不可避となってドルは「基準通貨」「介入通貨」になり，「準備通貨」になっていく[21]．ドルの金交換停止下において70年代に世界の貿易，投資においてドル建取引が圧倒的である中で，アメリカの経常黒字がなくなり，直接投資，銀行

---

21) 西ドイツ通貨当局は，次のように記してマルクの準備通貨化を警戒している．「外国通貨当局によるマルク資産の保有はドイツの金融政策にとって重要な意味をもっている．それによって外国当局は為替市場へ介入することができ，『策略をめぐらす余地』を与えるからである」(*Monthly Report Deutsche Bundesbank,* Nov. 1979, p. 27)．確かに，マルクの準備通貨化はマルク相場が外国通貨当局によって左右される余地を作るものであろう．しかし，ドルの場合もそうであり，アメリカ当局は今世紀には外国当局のドルの為替市場介入に異議を唱えるようなってきたが，70年代，80年代にはそのような異議を述べることはあまりなかった．ドイツ当局はマルクによる為替市場介入を警戒しながら，次のように79年にEC諸国の「取決め」について記している．「これらの諸国は，外貨準備のほとんどを依然としてドルで保有しており，主としてそれをユーロダラー市場にではなく米国に投資している（OPEC諸国の外貨準備の大部分についても現在までこれと同様である）．米国の国際収支赤字が直接又は第3国を経由してそれら大工業国の外貨準備となる限り，こうした行動は世界の外貨準備総額に占めるドルの比率の安定化に貢献してきた．EC加盟国の中央銀行の間には1972年以来，それら諸国の通貨での準備は，それぞれの中央銀行にはっきりとした承諾がない場合，支払い取引の清算を目的としてのみ比較的小さい額を限度として保有することが許される」(*Ibid.,* pp. 31-32)．——拙書③ 126-127，140ページの注17参照.

の対外貸付が大きくなってドル安傾向が続き，西欧諸国，日本の為替市場介入が頻繁に行なわれ，そのことが逆説的にドルの基準通貨，介入通貨，準備通貨としての地位を明確にしていく．先ほどの為替媒介通貨としての機能も併せてもち基軸通貨になっていくのである．

そのような時期に60年代から成長していたユーロダラー市場が70年代に飛躍的な伸びを示す．欧州8か国のBIS報告銀行の外貨建対外債務は69年末に500億ドル程度であったのが，74年末には2000億ドルを上回る（拙書①第3-2図）．このころにアメリカ，西ドイツの資金流出入に対する諸規制が解除されていく[22]．ユーロダラーなどのユーロカレンシー市場の成長と資金流出入の諸規制の解除は，国際的な短資移動に変化を与え，従来のアメリカ国内資産と西欧諸国内の資産の間の短資移動（裁定取引）とともに，アメリカ国内市場とユーロカレンシー市場との移動（裁定取引）も活発になってきた．70年代中期以後の国際短資移動の主要経路は，①国内ドルとユーロダラー，②アメリカ国内ドルと西ドイツ国内マルク，③ユーロダラーと西ドイツ国内マルクとなっていき，アメリカ国内金利，ユーロダラー金利，西ドイツ国内金利，ドル・マルクの先物相場に諸体系が形成されていく（拙書①第4-6図）．

以上がドル体制の基本的諸事項の把握であるが，それでは，本節の最後にアメリカ経常黒字がなくなり，資本収支赤字が増大しているにもかかわらずドル体制が維持されるのは何故かという根本的な問題について記しておかなければならない．その理由の1番目は，ドルであれば多種多様な商品の購入が可能である．アメリカ国内において，また海外の子会社も含めアメリカ企業によって先端工業製品，医薬品などの多様な製品が生産されているばかりでなく，原油，諸鉱石，小麦等の一次産品の商品市場があり，ドル建でもって取引が行なわれている．その取引額が大きいから，世界の他の市場で行なわれているそれらの商品取引もドル建が基本となり，世界のドル建貿易が最大になっていく．

第2番目の理由は，ドル建貿易であれば貿易金融が容易に供与される．工業

---

22) アメリカの対外投融資自主規制計画（V.F.C.R.），最高預金金利規制（レギュレーションQ）が74年1月までに廃止され，西ドイツも71年に導入された非居住者預金に対する「追加預金準備」（バール・デポ）も75年8月に完全に撤廃された（拙書① 129，135ページ）．

製品の貿易はもちろん，プラントの貿易，一次産品の貿易には多額で長期の貿易金融が必須である．ドル建であれば，アメリカ国内金融市場，ユーロダラー市場において，それらの貿易金融が種々の形態で供与される（アメリカでの貿易手形の引受け・割引，自国銀行のアメリカ金融市場，ユーロダラー市場からの資金調達による貿易金融の供与）．第2次大戦後にドルがポンドを凌駕していく1つの理由もこのことであった[23]．

　第3番目は以下である．ドルも含め諸通貨の金との交換が行なわれない不喚の国際通貨体制の下では，経常収支黒字諸国はその黒字額を金以外の何らかの対外資産として，直接投資を除けば金融諸資産として保有せざるを得ない[24]．ドルの金融市場は国内市場，ユーロダラー市場から構成される世界最大の，突出した規模をもっている．したがって，金融諸商品が多様で資金運用，資金調達が容易である．現在でも統合通貨ユーロの金融市場規模はそれほどの規模を保持していないし，円市場，ポンド市場とは隔絶した状況である．ましてや人民元金融市場には諸規制が多くあり，人民元での運用はかなり困難である．現在，経常黒字諸国は，黒字の大部分をドルで対外資産をもつことになり，対米ファイナンスになっていく．1970年代には西欧諸国，日本のドル準備，2000年代には民間の対米資産となっている（西欧諸国の黒字もかなりの部分はドル資産で保有されている──第12, 13章参照）．

　第4番目の理由は，以上のドル建諸取引の決済が，コルレス銀行網，各国銀行のアメリカ支店網の整備によって容易である．アメリカ当局の諸規制は60年代に「ドル防衛」政策が採用されたことがあるが，イランやウクライナ侵攻等に伴うロシアへの「制裁」以外には緩やかで，各国の銀行は，在米銀行に一

---

23) 貿易が論じられる際，貿易金融について論じられることはほとんどない．しかし，貿易にはほとんどの場合，貿易為替金融が伴っている．戦後日本の貿易金融については，前掲拙書『日本の国際金融とドル・円』で詳しく論じている．また，アベノミクスと円安に関連しての貿易金融については，以下で論じている．拙書⑦第11章第2節，とくに347–355ページ．日本の1960年代，70年代のような制度的な貿易金融が存在していた時期には，貿易金融についても把握が比較的可能であった．しかし，制度金融がなくなってからの貿易金融は銀行の一般的な貸出の中に含まれ把握が困難になっている．

24) ドル建経常黒字をもっている諸国を例にすれば，「逆為替」を思い浮かべればよいだろう．黒字はまずはその国の銀行がもつ在米銀行にある口座の残高増として現われ，それからドル残高は種々の投資，証券投資，一部は直接投資に転換していく．

覧払預金口座をもつことができ，香港はもちろん中国等の銀行も含め，在米支店を設置しドルでの一覧払預金残高・本支店残高を使った国際決済が容易に行なわれる．中国当局が本土内の銀行に外国の銀行による一覧払預金口座の設置を認めていないのと対照的である．

　このような諸理由によってアメリカ経常赤字が巨額にのぼっても対米ファイナンスが進み，ドル体制が維持されていく．

3.　ドルによる国際信用連鎖の形成

　次に論じなければならないのは，ドルによる国際信用連鎖の形成である．ドルによる国際信用連鎖は主に2つである．1つは各国の対米投資，アメリカの経常赤字ファイナンスの資金フロー[25]，もう1つは途上国等の赤字国，資金需要国への資金フローである．この両者が合わさり，国際信用連鎖の全体が形成されていく[26]．以下では，それぞれの時期における国際信用連鎖を見ていくが，その前に次のことを記しておきたい．

　それは，西欧諸国，日本の貿易黒字はドルではなくそれらの国の通貨で形成されているということについてである．西欧諸国，日本の貿易における通貨別を先に見たが，それらの比率からそのように言えるのである（日本は80年代から──注18を見よ）．西ドイツを中心とする西欧諸国は相互間で自国通貨での対外投資と自国通貨を相手国通貨へ転換しての投資，および自国通貨をドルに換えての対外投資を行なっている[27]．日本の対外投資はほとんどがドル建であるから円をドルに換えなければならない．ドル安・円高の時に民間のドル建投資は為替損失が生まれるから投資が減少し，当局の為替市場介入が90年

---

25)　1960年代以降，今世紀の10年代末までのアメリカ国際収支の各項目の年平均額が以下の拙稿に示されている．奥田・代田・櫻井編『深く学べる国際金融』法律文化社，2020年，表4-1.

26)　70年代初頭におけるアメリカ，西ドイツ等の主要諸国の金融・資本取引の諸規制緩和（拙書①第2章参照）と短資移動，諸金利体系の成立については本書では割愛したい（同第4章，拙書⑧第4章のIII節参照）.

27)　西ドイツの対米ファイナンスについては，拙書③第3章の補論，拙書⑤第2章第5節を見られたい．この西欧諸国の貿易と投資の実態が，のちにマルクの地位を高めユーロの登場へつながっていく.

代末まで頻繁に行なわれることになる。他方，西欧諸国と日本を除く世界の多くの諸国の貿易黒字はほとんどがドル建であり，それら地域のドル建黒字がそのまま対米投資となる（アメリカからみれば「債務決済」）．これらの3つの地域（西欧諸国，日本，その他地域）の差異は対米ファイナンスにおける差異となっていくであろう（後掲の表13-2も参照）．

(1) 70年代の国際信用連鎖

まず1970年代におけるアメリカ国際収支の状況を概説しよう．その悪化の主要因は，貿易収支の赤字の増大とともに民間資本収支赤字，とくに直接投資収支と銀行収支の赤字である（前掲表11-1）．経常収支の赤字は投資収益等の黒字によってわずかにとどまっている．貿易赤字に加えてアメリカ企業の直接投資＝多国籍化が急速に進展し，他方で，73年の石油危機後の途上国への銀行融資が多額にのぼって，その赤字分を在米外国公的資産（西欧諸国，日本等のドル準備，産油国のドル準備）がもっぱらファイナンスしている．西ドイツ，日本等のドル準備は70年代にドル安が急激に進行したからである．対米ファイナンスを主要に行なったのは日本，西ドイツ等と産油国である．

さらに，70年代の国際信用連鎖の動向に大きな影響を与えたのは二度にわたる石油危機（第4次中東戦争とイラン革命を発端とする原油価格の急上昇）であった．石油危機後の国際マネーフローは以下のごとくである．原油価格（ほとんどすべてがドル建）の上昇により産油国には巨額のオイルダラーが形成され（拙書①第2-29表），その大部分はユーロダラー市場とアメリカ金融市場へ流入している（同第2-30表）．そもそもオイルダラーはアメリカの原油輸入の支払額（アメリカ居住者の保有の一覧払預金から産油国の一覧払預金へ）とアメリカ以外の非産油国の支払額の合計である．前者は産油国のドル市場（ユーロダラー市場を含む）への運用によりアメリカへ還流し（アメリカの「債務決済」の進展），後者は原油輸入各国が保有していたドル残高（一覧払預金）により支払われたもので，アメリカにおけるドル残高の額には変化がな

---

28) ただ，西欧諸国は自国通貨での黒字の一部をドルに換えて，つまり西欧諸通貨が替えられ「ドル残高」（一覧払預金残高）がいったん形成されて，それが引き落とされ，産油国の一覧払口座に振り込まれる形で原油代金が支払われるので，原油価格の上昇により

い[28]．ドル残高の名義が原油輸入国から産油国に変更するだけである（拙書⑥ 92-96 ページ，拙書⑦ 138-139 ページ）．にもかかわらず，次に記すようにオイルダラーを原資とする国際マネーフローの変化は大きい．

産油国はオイルダラーのかなりの額をユーロダラー市場に移しているのであるが[29]，今度はユーロダラー市場に所在する銀行が在米銀行にドル残高を保有している．ドル残高の名義は海外の銀行へ変更した．ドル残高の名義変更はこのような次第であるが，オイルダラーのかなりの額はユーロダラー市場とアメリカ市場から非産油途上国へ，米銀が主幹事なったシンジケートローンという形でほとんどが貸し付けられた（拙書①第 6-2 表）[30]．非産油途上国は石油危機により大きな経常赤字を抱えていた．しかし，銀行ローンの大半を受けたのは途上国のなかでものちに NICs，NIEs と呼ばれた諸国であり，それらの途上国は経常赤字のファイナンス資金と開発資金を求めていたのである．後進途上国は石油危機のなかでも少ない援助資金しか得られなかった．

しかし，70 年代の石油危機の際における途上国への資金フロー，途上国の債務増大は 70 年代末から次第に債務返済の困難をきたし，80 年代に国際信用連鎖の危機の発現となっていく．

(2)　80 年代の国際信用連鎖

80 年代のドル体制はアメリカ経常赤字の急増大と途上国の債務危機によって動揺の時期を迎える．70 年代にアメリカ経常収支はほぼ均衡していたが，80 年代に大きな赤字を記録することになる．アメリカ貿易収支赤字は「レーガノミクス」の影響を受けて 83 年から急増し，82 の 365 億ドルから 83 年に 671 億ドルに増加し，87 年には 1596 億ドルにのぼった（拙書③表 2-4)．そのファイナンスは，80 年代前半期には「レーガノミクス」による金利高のた

ドル市場の規模が拡大する．

29)　アメリカ政府は，産油国がアメリカ政府に対抗するためにユーロダラー市場から急激に資金を引き揚げ，金融市場を混乱させることを危惧し，それを防ぐ措置として「国際緊急経済権限法」（IEEPA）を作り，それをイランに対して発動した（関下・鶴田・奥田・向『多国籍銀行』有斐閣，1984 年の第 8 章（奥田）「アメリカによるイラン資産凍結と多国籍銀行」）．

30)　拙書①第 2，6 章，⑧第 4 章 125-127 ページ参照．

表 11-5　アメリカの国際収支（1980-99 年）

(億ドル)

	経常収支[1]	民間対米投資[2]	在米外国公的資産[3]	米の民間対外投資[4]	統計上の不一致[5]
1980	23	471	155	−737	209
81	50	813	50	−1,039	218
82	−55	930	36	−1,168	366
83	−387	828	58	−602	162
84	−943	1,146	31	−318	167
85	−1,182	1,472	−11	−381	165
86	−1,472	1,944	356	−1,100	286
87	−1,607	2,032	454	−895	−90
88	−1,212	2,068	398	−1,056	−193
89	−995	2,164	85	−1,513	496
90	−790	1,077	339	−814	252
91	37	934	174	−731	−457
92	−485	1,302	405	−766	−484
93	−825	2,103	718	−1,988	11
94	−1,182	2,664	396	−1,810	−112
95	−1,099	3,558	1,099	−3,417	−38
96	−1,209	4,593	1,267	−4,196	−519
97	−1,398	7,403	190	−4,867	−1,322
98	−2,175	5,244	−199	−3,524	719
99	−3,244	7,702	436	−4,486	−488

注：1) SCB ライン 76. 2) SCB ライン 63. 3) SCB ライン 56. 4) SCB ライン 50. 5) SCB ライン 70.
出所：*Survey of Current Business,* July 2001, pp. 46-47.

めにアメリカへの流動資金の流入（「統計上の不一致」）が主であるが，後半期にはアメリカ経常赤字の増大と裏腹に日本，西ドイツ等の黒字増大を受けて主要国の対米投資の増大（アメリカの民間投資収支黒字）によるものと，「プラザ合意」（85 年）後の急激なドル安の進行に伴う「在米外国公的資産」（ドル準備）の増大によるものとなっている（表 11-5）.

　ただ，軽視してはならないことは，多額の対米民間投資とともにアメリカからの対外投資も増大しているということである．アメリカに巨額の資金が流入し，その資金がアメリカ経常赤字をファイナンスしても余剰があり，しかもドル準備の増加があるから，それらの資金でもってアメリカは対外投資を伸ばしている．87 年でみると経常赤字は 1607 億ドル，対米投資は 2032 億ドル，ドル準備は 454 億ドルにのぼっている．対米投資は経常赤字を上回っており，ま

たドル準備があるから,「余剰」資金がアメリカの民間対外投資になっていく(895 億ドル).対外直接投資,対外証券投資,銀行の対外貸付等(アメリカからの途上国へのマネーフローなど)である.対米投資の一部はドルでのアメリカの対外投資によるものでもある.世界のマネーはアメリカを中心に循環しているのである.これが基軸通貨ドルによる国際信用連鎖が形成する国際金融の全構造(=ドル体制)である.

　次のことも補足的に記しておきたい.西ドイツは 80 年代に経常黒字の大半を西欧諸国への投資に回していたが[31],日本の経常黒字の大半は対米投資,ドル準備に帰結していった.日本の 80 年代における貿易通貨比率は大きく変化し,輸出では円建が 35% 前後になってきた.そのためドル建黒字は大きく減少し,黒字のほとんどは円建になっていった[32].その大半がドル建・対外投資にあてられてきた.そうすると円をドルに転換しなければならないが,円高になれば為替損失が生まれるから,円高時には投資が減少しさらなる円高が生じる.80 年代,90 年代には当局の為替市場介入が行なわれ,日本のドル準備が増加し,日本が最大のファイナンス国であったことを忘れてはならない[33].

　他方,前項の末尾で記したように,70 年代末から 80 年代にかけて途上国の債務危機が進行していく[34].70 年代の石油危機後に NICs,NIEs と呼ばれた諸国は米銀を中心とする世界の主要銀行から多額のシンジケートローンを受けていたが,70 年代末から返済,利払いが次第に困難になり,82-83 年以後多くの国がデフォルトに陥っていく.80 年代にかけての途上国債務危機であり[35],ドル国際信用連鎖の「破綻」である.

　デフォルトの諸要因は,i) 80 年代初めの世界的な成長率の低下,ii) 返済時期の 70 年代末からの集中的到来,iii) アメリカの高金利,などである.先進工業国の成長率は 78 年に 4.2% であったのが,80 年に 1.2%,82 年にマイナス 0.5% に落ち込み,非産油途上国の成長率もそれぞれ 6.0%,4.5%,2.5% に落ち

---

31)　拙書⑤第 2 章第 5 節,とくに 59-64 ページ参照.
32)　同上,表 2-4,表 2-5.
33)　同上,図 2-4,表 2-21,拙書⑧表 6-E 参照.
34)　詳しくは拙書①の第 6 章,第 8 章,拙書②を見られたい.
35)　詳細は,拙書②を見られたい.

込んでいる（拙書①第 8-8 表）．返済時期の集中的到来は途上国のデットサービス（元金返済と利子支払）に見られる．77 年に全途上国の債務の元金返済は 220 億ドルであったのが，80 年に 404 億ドル，82 年に 453 億ドルと 80 年から高水準なっている．それに追い打ちをかけたのが「レーガノミクス」による金利高である（シンジケートローンは変動金利）．利子支払は 77 年に 111 億ドル，80 年 307 億ドル，82 年 458 億ドルと増加している（82 年にはわずかであるが利払いが元金返済を上回っている——拙書①第 6-18 表）．

　債務危機に見舞われ，途上国は IMF からの融資を受ける．IMF の資金利用額（ほとんどは途上国による）は，80 年の 29 億 SDR であったのが 82 年に 115 億 SDR，83 年には 161 億 SDR に達するようになる（拙書②第 2-1 表，L.A. 諸国への融資状況は第 3-1 表，第 3-2 表）．そして，IMF 融資のほとんどに付随しているのが融資条件（Conditionality）である[36]．IMF Conditionality 下の途上国の状況を国連貿易開発会議（UNCTAD）は次のように記している．「最近の IMF の政策は，総需要の減退を第 1 とするコンディショナリティへの復帰をめざしているように思える．このようなラインに沿って作成された安定計画の基準を途上国が完遂しようとしても多くの困難を伴うため，この数か月の間に多くの安定計画は実施されなくなった」（拙書① 287 ページ）．

　ここにあるように IMF コンディショナリティの中心は，財政，金融等のマクロ的な引き締め政策でもって総需要の減退を目指すものであり，総需要の減退により輸入を削減して貿易黒字を生み出し，債務返済を実行させようとするものである．途上国の生活水準の低下は避けられない．UNCTAD は IMF コンディショナリティをこのように把握したうえで，その変更を迫り，SDR の割当額の増加，世界銀行の融資計画の増額，先進諸国の公的援助の増大，債務返済のリスケジュール等を求める（拙書① 287-288 ページ）．

　他方，当時のリーガン・アメリカ財務長官は議会で次のように証言している．「IMF は……現在の経済・金融問題に関する国際的対処の中心に位置している．IMF 資金は国際収支改善のために一時的に利用されうるものであり，IMF はこの資金供与によって対外ポジションの回復をはかるために必要な調整計画実

36）　詳しくは②第 2 章，第 3 章を見られたい．

施の努力を支持しようとするものである．IMF 資金の利用に付随する経済政策についての条件は，その調整が効果的であり，国際的責任をもちうるものとして確認され，中期的に IMF への返済を可能にするためのものである」（① 289 ページ）．アメリカ財務長官は，IMF 融資とそれに付随するコンディショナリティをそのように捉え，そのうえで民間銀行の融資の継続と緊急時における政府，中央銀行等の公的機関による「つなぎ融資」などを提案する（① 289-291 ページ）．アメリカ財務長官の債務危機に対する対応策は，途上国の経済調整政策の実行が主眼であり，それを途上国に実行させる機関として IMF が把握され，民間商業銀行は調整政策の実現のための資金的支柱，さらにアメリカ政府，BIS，各国中央銀行は緊急融資機関として位置づけられている．

以上のように，債務危機に伴う戦略に 2 つの対抗があったのであるが，実際は後者の財務長官の戦略が進められていく．82 年のメキシコのデフォルトに対して，アメリカ政府は種々の緊急策を講じ，また BIS を通じての西側中銀による「つなぎ融資」の合意をとりつけ，さらに，民間銀行に対してリスケジュール，新規融資を求めるなどの行動に出ている（① 291-293 ページ）．

しかし，財務長官の戦略の中心が途上国による経済調整政策＝総需要抑制政策の実施であるから，80 年代における途上国の経済状況は不況状態が続いていく．国連ラテン・アメリカ経済委員会（CEPAL，ECLA）は 83 年の L.A. 経済を次のように述べている．「1930 年代の大不況以来最も深刻な様相を呈した危機の悪化であった」（拙書② 112 ページ）．実際，83 年の L.A. の経済成長率はマイナス 3.1%，輸出額は前年のマイナス 0.2%，輸入額はマイナス 28.6% で貿易収支は 81 年の 20 億ドルの赤字から 83 年には 314 億ドルの黒字に転化している（拙書②第 3-8 表）．

このような状況の中で，L.A. 諸国は 84 年 1 月に「キト宣言」をまとめ，さらに同年 6 月の「第 1 回中南米債務国会議」において「カルタヘナ合意」が結ばれた[37]．元利払いを輸出所得の一定枠にとどめる，利子等の削減，短期債務の中長期債務への切り替え，コンディショナリティの見直し等が主張されているが，以下の指摘が重要であろう．債務問題は市場メカニズムの枠内では解

---

37) これらの「宣言」「合意」の内容は拙書②第 6-4 表参照．

決できるものではない，債務国，債権国，国際銀行団，国際金融機関は共同責任を負うべきものである[38]．これらの「宣言」「合意」を指導したのは国連ラテン・アメリカ経済委員会（CEPAL, ECLA）であった[39]．

　84年以後もアメリカから「ベーカー提案」（85年）等の債務戦略が出てくるが，80年代後半になっても L.A. 諸国の経済状況は改善せず（拙書②第9-4表），債務削減，債務の債券化を含む「ブレイディ提案」（89年）に至る[40]．

(3)　90年代の国際信用連鎖

　90年代にはアメリカ経常赤字の推移は小康状態を保ち97年までは経常赤字額は80年代の最高額（87年の1607億ドル）を下回っている（本章表11-5）．しかも民間対米投資が97年には経常赤字の5.3倍（87年は1.3倍）にも達している．にもかかわらず「在米外国公的資産」（ドル準備）も年によって若干異なるが，比較的大きな額で推移している．ドル相場は90年代にも低下しているからである．それらに対応してアメリカからの対外投資も増大している．アメリカを軸とする国際マネーフローが80年代よりも大きな規模で進行している．97年に経常赤字の1398億ドルに対して民間対米投資は7403億ドル，アメリカの民間対外投資は4867億ドルにのぼっている．この年が90年代の典型的なパターンを示している（表11-5）．80年代とうって変わり，アメリカは経常赤字を「優雅に無視」できる状況が生まれ，ドル体制は安定を「回復」している．民間対米投資の増加は，90年代前半期からアメリカにおいて進行を始めたパーソナル・コンピューターをはじめとする IT 関連の技術開発＝「IT革命」によるアメリカ経済の活況によるものである．海外からの資金による投資だけでなく，IT 関連産業の発展に魅せられた海外民間部門がアメリカ金融機関から資金を調達し，それでもって対米投資を伸ばしてもいる．

　このようなアメリカを軸とするより大規模な国際マネーフローに対応して，アメリカを中心として主要国の金融機関の機関投資家化が進行した．90年代

---

38)　拙書② 205-212 ページ．
39)　同上参照．
40)　同上書，第6章～第9章参照．2020年代の今日，アメリカが L.A. 諸国をはじめ多くの途上国からの支持を得られないのも，以上の途上国債務危機などの過去の経験があるからである．

333

表 11-6 主要各国の機関投資家保有の金融資産

(10億ドル)

	1985[1]			1996[3]		
	投資会社	年金基金	保険	投資会社	年金基金	保険
アメリカ	770	1,606	1,095	3,539	4,752	3,052
日本	305	…	271[2]	420	442[4]	1,956
ドイツ	42	22	155	134	65	692
フランス	204	−	74	529	−	582
イギリス	68	224	190	188	897	792
カナダ	16	75	68	155	241	175

注：1) 投資会社は 1987 年, 2) 生保のみ, 3) フランス, イギリスの保険は
1995 年, 4) 推定.
出所：BIS, *68th Annual Report*. pp. 85-88 より作成.

にヘッジファンド等の新たな機関も登場してくるし, デリバティブのような金融商品も開発されてくる. IT 技術の開発によるものである. これらの事情を受けて国際マネーフローは規模が大きくなるだけでなく, ハイリスク・ハイリターンの性格を強くし, より流動的・投機的性格を強くしていく. BIS は 68 回年報においてその分析を行なっている. BIS の統計を簡略化して表 11-6 を示しておこう. 85 年から 96 年にかけてアメリカの投資会社は 4.6 倍, 年金基金が 3.0 倍, 保険が 2.8 倍に金融資産を増加させ, これらの機関投資家が保有する金融資産は 85 年の 3 兆 5000 億ドル弱から 96 年には 11 兆 3000 億ドル強に増加している[41].

90 年代後半, とくに 98 年以後経常赤字額が増加していき, 99 年には 3200 億ドルを上まわるようになってくる[42]. 再び, アメリカ経常赤字とそのファイナンス問題が浮上してくる.

同時に, 90 年代後半にアジア通貨危機が勃発する. それは 80 年代末, L. A. 諸国を中心とする途上国債務危機の最終段階の時期から進んでいた世界銀行等の途上国に対する「金融自由化推進」が前史となる[43]. 世界銀行の 88 年次報告 (87 年 6 月～88 年 6 月) は次のように記している.「過去数年間, 世銀

41) 詳しくは拙書④ 93-99 ページ, 280 ページの第 9-7 図 (世銀の資料) によるとアメリカの貯蓄の機関投資家への集中度は 85 年に年金で約 40% であったのが 94 年に約 60% に, 保険は 30% 弱から 40% 強へ, 信託は約 18% から約 38% へ高まっている.
42) 表 11-5, 拙書⑥表 1-9. ただし統計値が改定されている.
43) 詳しくは拙書⑤第 9 章, とくに 231-240 ページ, ⑥第 9 章, とくに 264-268 ページ.

は，途上国が開発を促進するうえで，民間イニシアティブと市場秩序の利点の獲得を助ける努力を強化してきた」（邦訳43ページ）．次のようにも記している．「世銀及びIFCは，資本の効率的配分を通じて成長を促進しえる，活発で競争的な金融市場の開発に対する援助を増加させた」（同45ページ）．70-80年代における途上国の債務の大部分は途上国政府の債務であったが，途上国の民間部門への資金供与ができるように規制の撤廃を促すとともに途上国の金融市場の改革を行なおうとするものである．

　世界銀行の「自由化推進」政策の確立は90年度に一挙に進む．90年次報告には，「世銀グループは，調整融資を通じて，また包括的な金融部門調整融資及び貸付を増大させながら，『良く機能する市場志向の金融システムの発達』を支援している」（74ページ）と記されている．この指摘以上に，この年度に世銀は重要な報告書をまとめている．89年9月の「金融部門業務に関するタスク・フォース」の報告である．世銀90年次報告からその内容をみると，「世銀は，歪みや非効率のない，健全な市場ベースの金融部門の開発をよりいっそう重視するべき」（世銀90年次報告，訳65ページ）とされ，途上国と世銀双方はこれまで「実物」部門の開発を優先し，金融部門は実物部門の短期的目的を追求するために利用されてきたにすぎず，金融部門の開発の重要性を見落としてきた（同，73ページ）．そのうえで，報告は「競争的で市場志向の金融制度と組織を奨励する」（同）と記している．そして，世銀は89年9月にこの報告が作成されて以後，世銀の融資案件はこの報告に盛られた勧告を遵守しているかの審査を受けるようになった，と記している（92年次報告，67ページ）[44]．

　このような世銀の政策変更を受けて，90年代にエマージング市場と言われる諸途上国の金融市場が形成されてきた．世銀は97年に文書（*Private Capital Flows to Developing Countries:The Road to Financial Integration*）を作成し，途上国への民間資金のネットフローが，従来の銀行貸付（シンジケートローン）から債券，株式，直接投資などでの形で資金が90年代になって大量に進んでいることを示し（p. 10 and 14），94年までにタイ，トルコ，ブラジル，アルゼンチン，韓国，インドネシア，マレーシア，メキシコなど13か国がFinancial

---

44）日本政府はこの「タスク・フォース」の文書については批判的であった（拙書⑤第9章，とくに236-240ページ参照）．

Integration の度合いが高い国になったと記している（p. 18）[45]．世銀が「アジアの奇跡」[46]と呼んだ事態も，こうしたエマージング市場への資金流入によるものである．

　もう1点，指摘しておかなければならないのは，この途上国へのマネーフローを担っているのが先進諸国の主に機関投資家へ変わっているということである．マネーフローの形態が従来のシンジケートローンから債券，株式へ大きく変わっているのがそれを示している．先に，BIS の資料によって90年代にアメリカを中心として主要国の金融機関の機関投資家化が進行していることを記したが，世銀の97年の文書は途上国へのマネーフローにおいても機関投資家が大きな役割を担っていることを示しているのである（97年の文書，拙書④の第9章の280-282ページにおける諸図参照）．したがって，それらの諸投資はハイリスク・ハイリターンの性格を強くし，より流動的・投機的になっていく．

　そして，現実に94年末にメキシコで，97年からアジア地域で通貨危機が発生していく．80年代末から90年代初めにかけて，メキシコ，アジア諸国は自らの開発戦略に加えて，世界銀行等の「奨励」（＝「圧力」）を受けて10数か国の途上国は資本規制，為替管理の多くの部分を撤廃し資金流入・流出が「自由」な国になっていった．

　90年代のエマージング市場諸国の通貨危機は80年代の途上国債務危機とは異なる性格をもっていた．経常収支危機を基本要因としてはいない．赤字はそれほど大きな額ではなかった．またいくつかの国では多額の外貨準備を保有していた．95年のタイの国際収支は以下のようであった．経常赤字は136億ドルの赤字，直接投資，証券投資，銀行信用による資金流入は194億ドル，外貨準備保有残高は361億ドルである[47]．しかし，外貨準備保有は海外からの大量の資金流入によって形成されたものである．したがって，何らかの要因によって海外への資金流出が生じると，一挙に外貨準備が減少し危機が発生する．97年のタイを出発点とするアジアを中心とする通貨危機は大量の資金流入とその資金の突然の流出によるものである[48]．80年代においては途上国のほと

---

45)　④第9章，とくに256-260ページ参照．
46)　⑤240-241ページ参照．
47)　同上，205ページ参照．

んどが資本規制と為替管理を実施しており，大量の資金流出は生じなかったが，90年代初めにエマージング市場と言われる諸国はそれらの多くを解除していたのである．エマージング各国のほとんどはドルペッグ制を採用していたが，資金流出がもとでそれを維持しようとすれば大量の外貨準備を喪失していく．海外の投資家はドルペッグ制の崩壊が生じれば，資金引揚げの際，損失が発生するから資金引揚げを早め，資金流出から一挙に危機が発生する．そのような状況はタイだけではないから，危機が各国に広がっていく．アジア通貨危機というのは，そうしたエマージング市場国の脆弱性をもとにした危機であった[49]．

(4) 今世紀の国際信用連鎖──「IT 革命」後のアメリカ経常赤字とファイナンス

1997年以後，アメリカの経常収支赤字が急速に増大していく．97年の1398億ドルから99年に3244億ドル，2003年に5207億ドル，06年に8026億ドルに（表11-5，表11-7）．このような経常赤字の急膨張は90年代中期以後のアメリカにおける「IT 革命」の進展とその後のアメリカ国内経済への影響が顕著になっていく時期と一致している．簡単に論じよう．

アメリカにおいては IT 関連の新たな産業も生まれたが，前章で論じたように，同時に「20世紀型製造業」と言われる産業は深刻なほど衰退していった．アメリカにおいてラストベルトと言われる地域が生まれてきたのである．このように，「IT 革命」後の多国籍企業の展開は，ラストベルト地域における「20世紀型製造業」を衰退させ，「IT 革命」からの恩恵も十分受けられないまま，その地域の貧困化を進行させたのである．多国籍企業による直接的影響だけでなく，アメリカの産業構造の変容（＝「空洞化」）も貿易収支悪化をもたらしていよう．国内生産が相対的に低下していけば，輸入が増加していく．輸入依存は雑貨，繊維製品，従来の電気製品などから始まり「IT 革命」後はパソコン，スマホ等の IT 関連商品の国際的委託（下請）生産が大きな貿易赤字を生み出

---

48) ④第10章，⑤第8章の第2節，第3節参照．

49) アジア通貨危機にいたる時期，またその後の世界銀行と日本政府との意見の差異，論争については⑤第9章，236-248ページを見られたい．

337

表 11-7　アメリカの国際収支（2000-10 年）

(億ドル)

	経常収支[1]	民間対米投資[2]	在米外国公的資産[3]	米の民間対外投資[4]	統計上の不一致[5]
2000	−4,164	9,955	428	−5,593	−613
01	−3,972	7,548	281	−3,772	−163
02	−4,581	6,792	1,159	−2,913	−423
03	−5,207	5,802	2,781	−3,275	−104
04	−6,305	11,354	3,978	−10,054	951
05	−7,476	9,881	2,593	−5,663	338
06	−8,026	15,772	4,879	−12,934	−47
07	−7,181	16,266	4,810	−14,533	796
08	−6,689	−960	5,508	6,905[6]	850
09	−3,706	−1,444	4,802	−6,284[7]	1,308
10	−4,709	8,960	3,498	−10,109	2,168

注：1)　SCB ライン 77. 2)　SCB ライン 63. 3)　SCB ライン 56. 4)　SCB ライン 50. 5)　SCB ライン 71. 6)　米政府の外貨準備を除く外貨保有（−5,298）. 7)　米政府の外貨準備を除く外貨保有（5,433）.

出所：*S.C.B.*, July 2010, p. 63（2000-08）. July 2011, p. 71（2009-10）より.

している.

　このような事態が進行しているなかで，他方，民間対米投資は 1997 年以後 2003 年まで伸び悩んだあと，住宅価格の上昇，サブプライム・ローンが増大していく時期に増えている．97 年の 7403 億ドルから 99 年の 7702 億ドルに推移し（表 11-5），03 年には 5802 億ドルと減少したあと，04 年に 1 兆 1354 億ドルを，06 年，07 年に 1 兆 6000 億ドル前後になっている（表 11-7）．しかし，この時期の大規模な対米投資の原資はアメリカからのドル資金調達によるものである（＝アメリカの対外投資と対米投資の循環）．アメリカの民間対外投資は 06 年に 1 兆 2934 億ドル，07 年に 1 兆 4533 億ドルに達している（表 11-7）．西欧などの諸金融機関はその資金でアメリカの種々の金融商品に投資しているのである．

　また，「在米外国公的資産」（ドル準備）の増加も 02 年以後増加していく．02 年に 1159 億ドル弱，06 年，07 年には 4800 億ドルを超えている（表 11-7）．原油価格の上昇と中国の経常収支黒字の増加がその増大を支えている．原油価格は 03 年には 1 バーレル 40 ドルを下回っていたのが，05 年に 80 ドル近くになり，08 年には 130 ドルを超える（拙書⑦図 5-1）．中国の経常収支黒字も 2000 年の 200 億ドル強から 05 年には 1300 億ドルを超え，08 年には 4000 億ド

ルを超える（本章表11-9）．この時期にも世界のマネーフローはアメリカを中軸に，しかも，かつてない規模で進行している．

「IT革命」によるアメリカ多国籍企業の変容とアメリカ経済の「空洞化」が進展していく状況下でアメリカ経常赤字が急増しても，それがファイナンスされ，国内信用膨張が進んでいき，結局は07年のサブプライム・ローン問題の顕在化となる．

08年のリーマン・ショックによって08年，09年にはアメリカ国際収支構造は一時的に変化する．民間対米投資は08，09年に引揚げに，アメリカの民間対外投資も08年には引揚げになっている（表11-7）．金融危機を受けてアメリカ金融機関は債権の回収を大規模に行なったのである．また，経常収支赤字が09年には06年の半分に減少している．それはショック時の国内消費の減少によるものである．しかし「在米外国公的資産」の大きな減少は08年，09年にはみられない．以上の事態が生じているのであるが，アメリカ発のリーマン・ショックにもかかわらずドル相場の急激な下落は生じず，ドル危機の様相は出現しなかった．それは以下の事情による．

欧州などの諸金融機関はリーマン・ショックの前，アメリカの諸金融機関から多額のドル資金を調達し種々の金融商品へ投資していたが，リーマン・ショックによって大きな損失を出し，アメリカ金融機関への返済ができなくなっていた．ドル信用連鎖の「破綻」の危機であるが，西欧の諸金融機関は返済に追われ，為替相場はドルよりもユーロが逆に下落した．このような事態のなかでFRBは欧州の中央銀行をはじめとする主要中銀との間でスワップ協定を結び，FRBは西欧の中銀等にドル資金を供給し（それは表11-7の注6にあるように08年に5300億ドルにのぼっている——翌年返済，拙書⑥の表1-24も参照），各国中銀は自国の銀行にドル資金を融資し，諸銀行はその資金で返済をおこなった．かくして，ドル信用連鎖の「破綻」が防がれ，ドル危機の様相は出現しなかった．

2010年にもなると，アメリカ政府のかつてない規模の財政資金の散布，FRBの「非伝統的金融政策」の導入をうけて危機の進行が防止され（拙書⑦第4章「アメリカの量的金融緩和政策と国際信用連鎖」参照），民間の対米投資も復活し，アメリカの民間対外投資もリーマン・ショック前の水準近くまでに戻っ

補) 対米ファイナンスにおける日本と中国の違い[50]

これまで，おもにアメリカ国際収支構造の変容を見ながら対米ファイナンスをみてきたが，1980 年代，90 年代において対米ファイナンスを主要に担ったのは日本であり，90 年代末から 2000 年代には中国であった．しかし，両国のファイナンスにはかなりの差異がみられる．日本のファイナンス資金の過半は民間資金であるが，中国の資金はほとんどすべてが外貨準備（ドル準備）であった．

日本の対米ファイナンスが典型的にあらわれた 1980 年代後半の事態を表11-8 で見ると，86 年から 89 年の累計額で日本の経常黒字（3096 億ドル）のうち 3 分の 2（2093 億ドル）が対米黒字であり，日本の民間・長期対米投資は

2801 億ドル（日本の全世界への民間・長期投資は 4881 億ドル），外貨（ドル）準備は 583億ドルである．民間・長期対米投資とドル準備を合わせると，合計額は対米経常黒字額の 1.6倍になっている．また，その合計額はアメリカ経常赤字全体の6 割を超している．この時期における日本の対米ファイナンスが際立っていることがわかろう．しかし，日本の対米ファイナンスの資金は民間資金が大半であり，ドル準備は民間資金の30% 以下である．

また，日本の通貨当局による

表 11-8　日本の経常収支黒字と
　　　　　対米ファイナンス
（億ドル）

1986-89 年の累計額	
(1) 日本の経常収支黒字	3,096
(2) 日本の対米経常黒字	2,093
(3) 日本の長期資本収支赤字	4,881
(4) 日本の対米長期資本収支赤字	2,801
(5) 日本の外貨準備	583
(6) アメリカの経常収支赤字	5,381
(7) (2)／(1)	＝0.676
(8) (4)／(3)	＝0.574
(9) $\dfrac{(4)+(5)}{(1)}$	＝1.093
(10) $\dfrac{(4)+(5)}{(2)}$	＝1.617
(11) $\dfrac{(4)+(5)}{(6)}$	＝0.629

注：1)　(1)欄と(3)欄の差額（1,785 億ドル）は「外貨
　　　　－外貨」取引に近似する（その場合は実質的な円
　　　　建投資をゼロとして）．
　　 2)　アメリカとの短期資本取引，金融勘定の「為銀
　　　　部門」は含まれていない．
出所：拙書⑤表 1-7，表 1-8，拙書⑦表 3-1 より作成．

50)　詳細は拙書⑦第 3 章の II（79-93 ページ），⑧ 183-193 ページを見られたい．

340

表 11-9　中国の国際収支

(億ドル)

	2000	2003	2004	2005	2006	2007	2008
経常収支	205	459	687	1,341	2,327	3,540	4,124
投資収支	20	528	1,107	969	486	920	433
外貨準備	−107	−1,166	−1,898	−2,510	−2,847	−4,607	−4,796

	2009	2010	(2010)	2011	2012	2013	2014
経常収支	2,611	3,054	(2,378)	1,361	2,154	1,482	2,744
投資収支	1,769	2,214	(2,822)	2,600	−360	3,430	−514
外貨準備	−4,005	−4,717	(−4,717)	−3,878	−966	−4,314	−1,179

出所：IMF, *International Financial Statistics*, Yearbook, 2008, p. 220（2000, 2003 年）, Aug. 2011, p. 334（2004-10 年）, Jan. 2015, p. 225（2010-12 年）, Dec. 2016, p. 227（2013-14 年）より.

為替市場介入は拙書⑧の表 6-C，6-D にあるように，日常的に行なわれているのではない．ある時期，ある日に集中的に行なわれている．円高が急激に発生した時期に行なわれている．円高によって対米民間投資が落ち込んでさらなる円高が生じた時期に介入が行なわれてドル準備が増加しているのである．

　日本の対米ファイナンスは 90 年代になると大分少なくなり，とぎれとぎれになってくる．やや大きくなっているのは，93，96-98 年であり，03，04 年には外貨準備がとりわけ大きくなっている（拙書⑦表 3-1，3-2）．

　以上の日本に対して，中国の 2000 年代における対米ファイナンスはほとんどすべてがドル準備であり，中国当局による為替市場介入は日常的に行なわれている．中国の簡単な国際収支表からそのことがわかる（表 11-9）．2000 年代に経常収支黒字が急速に増大し巨額になっている．2000 年に 205 億ドルであったのが，05 年に 1341 億ドル，08 年に 4124 億ドル，10 年に 3054 億ドルである．また，投資収支は 06 年など例外的な年があるが，ほとんど黒字（資金流入）である．このような国際収支であるから，本来は急激な人民元高になっているはずである．しかし，拙書⑧図 7-A にあるように，05 年に人民元改革が実施され，1 ドル＝8.28 元から徐々に高くなっているが，08 年 9 月にも 6.8 元程度にとどまっている．中国当局は日常的に，しかも大規模に為替市場介入を行ない，外貨準備が 2000 年の 107 億ドルから 05 年には 2510 億ドル，10 年には 4717 億ドルにもなっている．2000-14 年まで，中国は黒字額のほとんどを民間資金ではなく外貨準備によって大規模な対米ファイナンスを行

なってきたのである.

　そのことはリーマン・ショックまでのアメリカの国際収支表からもおおよそ把握できる（表11-7）.「在米外国公的資産」（ドル準備）は2000年においては400億ドル強であったのが，04年には4000億ドル弱，06年には5000億ドルを少し下回る額までに増加し，07年にも4800億ドル，リーマン・ショックの時期にも5000億ドル前後になっている．それに対して民間投資収支黒字（黒字は資金流入）は，2000年は4400億ドル弱，05年に4200億ドル強であったのが07年には1600億ドルに減少している．2000年以降リーマン・ショックの時期まで対米ファイナンスの中心になったのは「在米外国公的資産」＝ドル準備であり，中国の外貨（ドル）準備がその大部分となっている．リーマン・ショック時にはFRBとEUなどの先進諸国の中銀とのスワップ協定により，対米投資の状況は一時変わるが，在米外国公的資産は依然として高水準で推移する．それ以後の事態は第13章で論じよう.

おわりに

　「IT革命」以後，アメリカ経常赤字は急速に拡大した．1997年の1300億ドル弱から2000年には4000億ドル強，05年に6300億ドル弱，以後08年まで7000億ドルを超えている（表11-5，表11-7）．サブプライム・ローン問題が顕在化する前年の06年には8000億ドル強にまでになっている．この赤字の急拡大は前章で論じたように，IT関連多国籍企業の国際的展開とアメリカ国内経済の「空洞化」によるものである．「IT革命」以前にはこれほどまでの赤字は生まれなかった.

　しかし，巨額の赤字はファイナンスされ続けてきた．06年でみると，8026億ドルの経常赤字に対して，「在米外国公的資産」（ドル準備）は4879億ドル，民間投資収支黒字は2838億ドルで，海外からの民間・対米投資と中国等の為替市場介入によるドル準備が赤字をファイナンスしている．ドル為替相場は2006年に1ユーロ＝1.2ドル〜1.3ドルで推移し，対円相場は1ドル＝116円ぐらいで推移し（年中の中心相場），ドル安が進んだという事態にはなっていない[51]．また，世界の外国為替市場でもドルの地位は低下していない．世界の

外為取引においてドルが一方になる取引は 07 年に 85.6%, 10 年に 84.9%, 13 年に 87.0% である[52]. 以上のように, アメリカの巨額の経常赤字がファイナンスされ, ドル体制は維持されてきた.

---

51) 『外為年鑑, 2007 年』.

52) 拙稿「2013 年の世界の外為市場における取引」『立命館国際地域研究』第 39 号, 2014 年 3 月, 第 2 表より (16 年の世界の外為市場については拙書⑦の第 1 章, 22 年については奥田・田中「2022 年 4 月の世界の外国為替市場と国際通貨」『立命館国際研究』36 巻 1 号, 2023 年 6 月, 参照).

第**12**章
ユーロ体制の成立

はじめに[1]

　ユーロ登場以前における西欧諸国の相互間貿易での主に自国通貨での輸出と，経済統合による相互投資の進展が，ドイツ・マルクの直物取引での為替媒介通貨化，基軸通貨化を促し，それを踏まえてユーロが登場する．したがって，ユーロの登場にはマルクの研究が前提になる．ユーロの登場後まもなくロシアを除く欧州においてユーロが基軸通貨として機能し，そのユーロでもって欧州においてユーロでの国際信用連鎖が形成されていく．ユーロ体制の形成である．ところが，ユーロ体制はギリシャ危機とその危機の南欧への波及によって大きく動揺し，欧州中央銀行（ECB）は種々の対応を余儀なくされた．その経緯を見ることによりユーロ体制の性格が改めて鮮明になるであろう．筆者はこれらについて詳細に論じている[2]ので，本書ではごく簡単にまとめておきたい．

1.　1980年代〜90年代のマルクの西欧における基軸通貨化

（1）　1980年代にマルクが「基準通貨」「介入通貨」「準備通貨」に[3]
　マルクはEMS（欧州通貨制度，1979年発足）の下で，まず1980年代前半に

---

1)　本章は諸拙書をまとめたものであり，拙書を引用したり，拙書の図表を利用している．拙書の一覧は前章注1を見られたい．例えば，拙書③は『ドル体制と国際通貨』ミネルヴァ書房，1996年である．

2)　拙書③第4，5章，④第2章，第4〜8章，⑥第5〜8章，⑦第6章，⑧第8〜10章をみられたい．

3)　拙書③第4章第2節，123-130ページ，④第2章第2節，57-66ページ．

「基準通貨」になり，後半に「介入通貨」「準備通貨」に成長していく．そうしたマルクの成長は経済統合の進展の下でのEMSがなければあり得ないものであった．

EMSの中の重要な機構であるERM（為替相場機構）において，ERM参加国は相互に各通貨間の相場変動幅を上下2.25%内に維持することが義務付けられた．ERMの協定上，参加国諸通貨は平等に扱われ，IMF協定におけるドルのように特定の通貨に特別の地位を与えているわけではない．しかし，ERMが機能していくにつれて，マルクが特別の地位をもつようになってくる．現実の事態として，ERM創設後，参加諸通貨はマルクに対して弱含みで推移してきた（拙書④第2-9表）．諸通貨はマルクに対して相場維持が図られなければならないし，諸通貨はマルクに対して2.25%の相場を維持しておけば，マルク以外の諸通貨に対しても2.25%の相場を維持できるのである．かくして，各国当局は自国通貨の変動をマルクに対して監視するようになってくる．マルクの事実上の基準通貨化である．

実際に各通貨がマルクに対して大きな相場低下になると，当局は自国通貨を支えるために為替介入を行なわなければならない．例えば，フランス・フランがマルクに対して相場が下落していくと，マルク売・フラン買を行なわなければならないが，1980年代の外国為替市場ではマルクとフランの直接取引はほとんど行なわれていなかった．そこで，ドルを媒介に為替介入が行なわれる．多くの場合，フランス当局がドル売・フラン買を行ない，ドイツ当局がマルク売・ドル買を行なう．ドルについては売りと買いがあり，ドルは均衡する．これによって，フランとマルクの為替相場（裁定相場）が2.25%以内に維持できる．しかも，80年代前半にドルは強くなっていったから，ドルを媒介とするマルク売・フラン買がなくとも，フランス当局によるドル売・フラン買の介入だけでもフラン・マルクの裁定相場は維持できた．フランをドルに対して強化すれば，フランはマルクに対しても強くなっていくからである．したがって，基準通貨はマルクになっているが，介入通貨はドルであったのである（基準通貨と介入通貨の分離──拙書③表4-12, 4-13）．

80年代前半にはマルクではなくドルが介入通貨になっているから，マルクの準備通貨の地位は低位である（拙書④第2-11表）．ところが，85年のプラザ

合意を境にドルは下落していき，ドルを使った介入だけではフラン・マルク相場は維持することが困難になってきた．そこで，フランス当局によるマルク売・ドル買とドル売・フラン買（ドルを媒介としたマルク売・フラン買）に加えて，場合によってはドイツ当局によるマルク売・ドル買の介入が必要になっていった（拙書③表4-12, 4-13）．しかし，80年代には銀行間外為市場ではマルクとフランの直接交換はほとんど不可能であったから，ドルの下落の中でマルクがERM諸通貨に対して強含みで推移してくるとドルを媒介にマルクを使った介入が進展してくる．マルクの介入通貨化である．それにつれて，西欧各国の外貨準備に占めるマルクの比率も高まってくる．マルクの西欧諸国における準備通貨化である（④第2-11表）．

　以上のように，ERMのもとで80年代に，マルクは基準通貨，介入通貨，準備通貨へと成長していった．しかし，80年代におけるマルクの為替媒介通貨化はまだはっきりしない．それは90年代にはっきりと確認できるようになる．

(2)　90年代初めにおけるマルクの為替媒介通貨化[4]

　マルクの西欧諸通貨との直接交換の進展がはっきりと確認できるのは90年代に入ってからである．1992年になるとインターバンク直物取引に限り，ポンド以外のEMS諸通貨はマルクとの取引額がドルとの取引額を上回り，ポンド，スイス・フランでもドルに迫っている（表12-1）．しかし，先物・スワップ取引では対ドル取引がほとんどである．以上の事態はロンドン市場（拙書④表4-2），フランス市場（④第4-3表）でも確認できる．イタリア市場では，ドルとマルクの比重はほぼ同等である（④第4-4表）．

　以上のように，90年代になるとマルクと西欧諸通貨との直物での交換ではドルを為替媒介に使うことなく直接交換が可能となっており，さらに，西欧諸通貨どうしの交換ではマルクが為替媒介通貨として利用されるまでになっている．とはいえ，先物・スワップではドルが一方となる取引が圧倒的であり，また，直物取引でもドルの為替媒介通貨としての機能はなお維持され，90年代

---

　4)　拙書③第5章第1節，第2節，④第4章．

表 12-1 世界[1]の外為市場におけるドル，マルクと各通貨の
取引（ネット）（各年の4月の1日平均）

（億ドル）

	ドルとマルク	円		ポンド		スイス・フラン		EMS通貨[3]		全通貨[4]	
		ドル	マルク	ドル	マルク	ドル	マルク	ドル	マルク	ドル	マルク
(1)直物											
インターバンク取引											
1992	849	442	123	229	157	167	91	108	201	1,128	724
95	949	547	146	172	139	138	120	146	410	1,307	918
98	952	709	133	262	168	135	99	182	217	1,762	689
顧客取引[2]											
1992	280	175	29	103	37	64	24	70	61	532	204
95	443	308	43	83	40	82	39	133	169	816	340
98	487	496	53	122	76	103	57	149	118	1,349	340
(2)先物・スワップ											
インターバンク取引											
1992	524	609	13	309	20	191	8	320	17	1,949	83
95	712	953	26	337	16	247	12	835	67	3,132	149
98	968	932	23	539	27	350	10	1,382	48	4,385	178
顧客取引[2]											
1992	231	319	17	120	20	66	10	115	27	825	99
95	377	576	25	167	17	132	13	440	80	1,731	161
98	497	529	34	254	36	201	18	624	68	2,197	188

注：1)　1992年，95年は26か国市場，98年は43か国市場．
　　2)　顧客取引とは銀行（ディーラー）以外の金融機関との取引と非金融機関との取引の合計．
　　3)　ポンドを除く．
　　4)　ドル，マルクを除く全通貨．
出所：BIS, *Central Bank Survey of Foreign Exchange Market Activity in April 1992*, March 1993,
　　　Table 1-A, 1-B, 1-C, *Central Bank Survey of Foreign Exchange and Derivatives Market Ac-*
　　　tivity 1995, May 1996, Table 1-A, 1-B, 1-C, *Central Bank Survey of Foreign Exchange and*
　　　Derivatives Market Activity 1998, May 1999, Table E-1, E-2, E-3 より作成．

　の西欧では，とくに EMS 諸通貨間の交換ではマルクが，次いでドルが為替媒
介通貨として機能しているのである．
　　それでは，何故，マルクは為替媒介通貨に成長しえたのであろうか．それは，
ドイツをはじめ西欧各国の銀行の顧客との為替取引の結果生まれる持高の状況
に帰結する．ドイツの銀行が西欧諸通貨で多額の持高をもつようになり，逆に，
その他の西欧各国の銀行がマルクでの多額の持高をもつようになることである．
このような諸銀行の持高状況になると，ドルを媒介にせず，マルクと西欧諸通
貨との直接交換により持高解消が実施されるようになってくる（図 12-1）．80

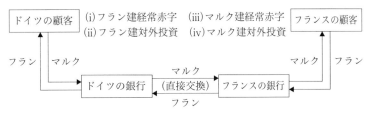

出所：筆者作成，③図5-6，④第4-1図を一部修正．

図 12-1 ドイツ，フランスの銀行の対顧客取引とマルク・フランの直接交換

年代の後半期まではそれらの通貨での持高が少額でドルの持高が多額で，マルクも含め西欧諸通貨とドルとの交換で持高が解消されていた．西欧諸通貨の持高はドルを媒介に解消されざるを得なかったのである．

図12-1のマルク，フランの持高が一定額以上になってくると，ドルを媒介にせずマルクとフランの直接交換で持高解消ができるようになる．このような事態が，ドイツとフランスだけでなく，ドイツと他の西欧諸国との間にも生まれていき，マルクと西欧諸通貨との直接交換が行なわれ，結果的に，西欧諸通貨間の交換でマルクは為替媒介通貨に成長してくるのである．

以上のような持高を発生させる西欧での国際諸取引がマルクの為替媒介通貨の成長をもたらしたのであるから，その国際諸取引はどのようであったのかの確認が必要である．まず80年代から90年代初めにかけてのドイツの通貨別貿易額をみよう（表12-2）．マルクでの輸出・輸入が多額にのぼっており，そのうえでマルク建黒字がある．ドル建では赤字である．ということは，他の西欧諸国はマルク建貿易赤字をもっているということであり，そのことは拙書④第4-9表のフランスの通貨別貿易でも示されている．

次に西欧各国の対外投資であるが，ドイツの通貨別・対外資産負債残高が表12-3に示されている．ドイツは，80年代後半から90年代前半にかけて，マルクでの資産負債残高を増加させつつ，ネットではマルクでは赤字（負債超過）になっている．しかし，外貨建（外貨の通貨区分はわからない）では大きな黒字（資産超過），つまり，外貨で多額の投資を行なっているのである．そして，通貨別を問わない対外資産負債残高の総計はネットで黒字（資産超過）である．拙書④第4-12表では外貨の内訳がわからないが，④第4-13表（地域別・対外

表 12-2　ドイツの通貨別貿易額

(億マルク)

	1980	1988	1989	1990	1992
マルク	1,422	2,184	2,413	1,959	1,604
輸出	2,890	4,496	5,077	4,949	5,168
輸入	1,468	2,312	2,644	2,990	3,564
ドル	−851	−482	−648	−732	−683
輸出	252	454	481	418	490
輸入	1,103	936	1,129	1,150	1,173
EMS 通貨	−168	76	78	119	181
輸出	266	511	615	681	812
輸入	434	435	537	562	631
その他	−314	−497	−498	−424	−765
輸出	95	216	237	380	242
輸入	405	713	735	804	1,007
全体の収支	89	1,281	1,345	922	337
輸出	3,503	5,677	6,410	6,428	6,712
輸入	3,414	4,396	5,065	5,506	6,375

出所：*Monthly Report of the Deutsche Bundesbank*, Nov.
1991, p. 42, Deutsche Bundesbank, *Monthly Report*,
Jan. 1995, p. 34 と同貿易統計より作成.

資産負債残高）をみると，総資産残高のうち EC 向けが 59%，総負債残高のう
ち EC 向けが 63%（それぞれ 94 年）になっており，ドイツの対外投資の過半が
EC 向け，ドイツへの対内投資の 3 分の 2 近くが EC からのものであることが
わかる．したがって，ドイツのマルク以外の西欧諸通貨での対外投資（図 12-1
の ii)，西欧諸国のドイツ向けのマルク建投資（同 iv）が存在していたことが確
認できよう[5]．

　以上のような，ドイツと西欧各国の間の経常取引，対外投資は 80 年代から
90 年代前半にかけての EC による経済統合と EMS による通貨安定の取り決め
をもとに進展していったものであり，経済統合および通貨安定の取り決めがな
ければ実現しなかったであろう．そして，西欧における経済統合がマルクの為
替媒介通貨化をもたらしたのである．

---

5)　図 12-1 の (i)，ドイツのフラン建経常赤字については以下のようである．ドイツは西
　　欧諸通貨では貿易赤字をもっていないがサービス収支赤字が増大し（主には旅行収支赤
　　字)，加えて，EC 向けの経常移転収支赤字（EC の「分担金」など）が大きくなり，経
　　常収支は 92 年から赤字になっている（④第 4-14 表)．

表 12-3　ドイツの通貨別・対外資産
負債残高

(億マルク)

	1985	1987	1990	1993
マルク				
資産	3,935	5,166	8,034	11,360
負債	5,822	6,530	9,070	14,756
ネット	−1,887	−1,365	−1,036	−3,396
外貨				
資産	4,422	5,281	8,424	10,685
負債	1,280	1,303	2,040	3,131
ネット	3,142	3,978	6,384	7,554
合計				
資産	8,357	10,447	16,458	22,045
負債	7,102	7,833	11,110	17,887
ネット	1,254	2,614	5,348	4,158

出所：*Monthly Report of the Deutsche Bundesbank*, Oct. 1989,
pp. 34-36, Deutsche Bundesbank, *Monthly Report*, Jan. 1993,
pp. 57-59, Jan. 1996, p. 43 and pp. 49-50.

2.　ユーロ体制の成立

(1)　ユーロの基軸通貨の機能[6]

　前節で考察してきたように，マルクは1980年代前半に基準通貨に，後半に介入通貨，準備通貨に成長し，90年代のはじめには為替媒介通貨にもなり，西欧においてそれらの国際通貨の機能を併せもって基軸通貨の地位をほぼ確立した．このようなマルクの地位の確立を前提にユーロ導入が図られる．

　ユーロ通貨統合構想には少なくとも2つのことが考慮されていた．1つは，東西ドイツの統合を背景に欧州における地位を高めたドイツを背景にしながら，西欧において基軸通貨の地位を得たマルクを欧州統合の中にどのように組み入れるか，この戦略プランが「マルクの消滅」＝ユーロ通貨統合（1999年1月）であった．もう1つは，欧州各国の成長率の向上と経済格差の是正への期待であった．後者については，南欧危機に関連してのちにみることにしよう．本節

---

　6)　拙書④第7章，⑥第5章第1節，第2節．

では前者について論じよう.

ユーロ登場までの諸交渉, 登場過程については詳しく論じることはしないが, ともかく, マルクは欧州統合の中にユーロとして組み入れられ, ユーロはロシアを除く欧州において基軸通貨になり, その欧州においてはユーロで国際信用連鎖が構築されていく. ユーロ体制の成立である.

通貨統合後間もない 2001 年 4 月の時点でユーロに参加していないイギリス外為市場では, ユーロ統合に伴うユーロ地域諸通貨の「消滅」も一因となって, ユーロを一方とする取引が 98 年のマルクを一方とする取引に比べて相対的に減少し, ドルを一方とする取引の比率が増加している (いずれも銀行間直物取引――④第 7-3 表, 第 7-4 表).

しかし, 2001 年で非ユーロ地域のスウェーデン外為市場, ノルウェー市場, 東欧のチェコ市場, ハンガリー市場などでは直物取引で, 自国通貨とユーロの取引が, 自国通貨とドルの取引を圧倒している. ここでは EU に参加のスウェーデン外為市場 (表 12-4) と東欧のチェコ市場 (表 12-5) を示しておこう[7]. ノルウェー市場は拙書④第 7-12 表[8], ハンガリー市場は④第 7-15 表を見られたい. しかし, ユーロは, いずれの市場においてもマルクの場合と同様にスワップ取引は極めて少ない取引にとどまっている.

2010 年になると, イギリス市場における非ユーロ・欧州通貨の取引状況が把握できるようになる. 欧州諸通貨の取引だけを示しておこう (表 12-6, 欧州以外の諸通貨については⑥表 5-1 を見られたい). 直物ではスウェーデン・クローナ, ノルウェー・クローネ, ポーランド・ズロティはいずれもドルとの取引よりもユーロとの取引が大きく上回っている. また, 非ユーロ地域のデンマーク市場 (⑥表 5-5), スウェーデン外為市場 (⑥表 5-6), チェコ市場 (⑥表 5-7), ポーランド市場 (⑥表 5-8) における直物での自国通貨の対ユーロ取引が対ドル取引を大きく上回っている[9].

---

7) また, 直物とスワップの区分が公表されていないデンマーク市場 (④第 7-11 表) においても, 直物取引では自国通貨とユーロの取引がかなり多いことが推測される.

8) ノルウェー市場 (④第 7-12 表) における「ユーロ/その他」の直物取引が「ドル/その他」の直物取引の 2 倍以上になっており, ユーロが北欧・東欧諸通貨の間の為替媒介通貨になっていることが見て取れる.

9) 2013, 16 年の状況については拙書⑦第 1 章をみられたい.

表 **12-4**　2001 年 4 月のスウェーデン外為市場[1]（ネット・グロス・ベース）

(100 万スウェーデン・クローナ)

	直物	スワップ[2]
①スウェーデン・クローナ/ユーロ	18.6	9.2
②ユーロ/ドル	15.9	18.3
③スウェーデン・クローナ/ドル	4.8	71.8
④円/ユーロ	1.6	―
⑤ユーロ/ポンド	1.5	―
⑥ドル/ポンド	1.5	7.7
⑦円/ドル	1.4	5.4
	45.3	112.4

注：1)　2001 年 4 月の 1 日平均取引額（インターバンク取引と顧客取引の計）.
　　2)　スウェーデン・クローナ/ポンドが 210 万クローナ，カナダ・ドル/ドルが 200 万クローナ.
出所：*Riksbankens undersökning av omsätfningen på den svenska valuta och derivat-markraden*, 2001-10-9 tabell 2 より.

表 **12-5**　チェコ外為市場[1]（2001 年 4 月の 1 日平均取引額）

(100 万ドル)

	直物		先物・スワップ	
	インターバンク取引	顧客取引	インターバンク取引	顧客取引
①チェコ・コロナ/ユーロ	404.5	66.9	125.3	34.1
②チェコ・コロナ/ドル	31.1	30.2	876.9	121.4
③チェコ・コロナ/円	0.0	0.1	0.5	0.2
④チェコ・コロナ/その他	1.9	9.7	0.1	1.8
⑤ユーロ/ドル	216.6	21.9	141.6	14.5
⑥ドル/円	4.0	1.0	0.1	1.2
⑦その他	35.4	6.3	17.3	2.4

注：1)　ネット・グロス・ベース.
出所：Czech National Bank, *Foreign exchange market turnover* より.

　以上から，ユーロ登場後の 2000 年代中頃にはユーロの地位は 90 年代のマルク以上に北欧・東欧において高まり，それらの地域において直物取引に関する限り為替媒介通貨になっていることが把握できる．ドルはこれらの地域では為替媒介としての機能はかなり低くなったといえよう．しかし，ロシアは例外である．ロシア市場では直物でもスワップでもルーブルの取引は対ドル取引が圧倒的である．ロシアはドル圏にとどまっている（⑥表 5-9).

　それでは，ユーロは基準通貨，介入通貨，準備通貨になっているであろうか.

352

表 12-6　イギリス外国為替市場（2010年4月中の1日平均）

（億ドル）

	直物取引					スワップ取引				
	報告銀行	その他の銀行	その他の金融機関	非金融機関	合計	報告銀行	その他の銀行	その他の金融機関	非金融機関	合計
ドル/ユーロ	923	694	455	189	2,261	1,144	872	419	119	2,554
ドル/ポンド	358	211	149	51	769	527	401	155	35	1,118
ドル/スイス・フラン	89	92	65	33	278	155	151	49	23	378
ドル/スウェーデン・クローナ	10	16	3.3	1.5	30	67	93	25	11	197
ドル/ロシア・ルーブル	14	6.3	5.0	0.3	26	23	32	2.4	0.5	58
ドル/ノルウェー・クローネ	8.7	9.0	3.2	0.7	21	59	67	16	5.3	148
ドル/ポーランド・ズロティ	6.5	3.0	1.5	0.3	11	44	26	7.1	3.8	81
ユーロ/ポンド	112	83	53	31	280	72	79	56	35	243
ユーロ/スイス・フラン	72	58	42	18	190	17	70	17	5.9	110
ユーロ/スウェーデン・クローナ	17	18	6.1	2.7	43	2.6	6.0	5.4	4.9	19
ユーロ/ノルウェー・クローネ	11	13	3.8	1.8	30	1.0	3.5	3.5	1.8	10
ユーロ/ポーランド・ズロティ	19	11	4.0	1.1	35	3.4	3.9	2.5	2.1	19

出所：Foreign Exchange Joint Standing Committee, *Semi-Annual Foreign Exchange Turnover Survey, April 2010*, 26 July 2010, Table 1a, 1d より.

　拙書⑥表 5-10 によると，EU に加盟しているデンマーク，スロバキアなどは ERMII に参加しているし，変動相場制はスウェーデンなど，「ユーロを参考通貨とする管理変動相場制」を採用しているのはチェコなどである．スウェーデン・クローナの直物の対ユーロ，対ドル相場をみると（⑥表 5-13），クローナは対ドル相場の方が大きく変動している．同様にチェコ・コロナの直物の対ユーロ，対ドル相場をみると（⑥表 5-14），コロナは対ドルで大きく変動している．つまり，北欧・東欧諸国はユーロを自国通貨の基準にしており，介入通貨としてユーロを利用していると考えられる．また，非ユーロ・欧州諸国の外貨準備に占めるユーロの比率は，非ユーロ・EU 諸国全体では 70％ 前後で，いちばん低いポーランドで 10 年に 35％，次に低いのはスウェーデンの 50％ である（2010 年）．EU に参加していないクロアチア，セルビアでは 70％ を超えている（⑥表 5-19）．

　以上のように，ユーロはロシアを除く欧州において，為替媒介通貨，基準通貨，介入通貨，準備通貨の機能を併せもって基軸通貨になっている．なお，ポンド，スイス・フランのユーロに対する関係は他の欧州通貨ほどには強くない.

第 12 章　ユーロ体制の成立　　　353

インターバンク市場においてポンド，スイス・フランが非ユーロ・欧州通貨に転換される場合，ユーロが為替媒介になっているとは言えるが，ポンド，スイス・フランはずっと対ドル取引の方が対ユーロ取引よりも額が大きい．基準通貨としてはドルとユーロが裁定的に併用されていると考えられる．

(2)　ユーロによる国際信用連鎖の形成[10]

①債務証券等におけるユーロ建の比重

　次に，欧州においてユーロの国際信用連鎖はどうであろうか．証券取引のうち，どこまでが国際取引であるかについて明確に区分することは難しい[11]．ある通貨の債務証券の発行者あるいは投資家の一方がその通貨の非居住者である場合，その取引は国際取引である．一方，債務証券が発行者の国内通貨で発行され，投資家もその国の居住者である場合，その取引は国内取引である．しかし，発行者と投資家についての区分が明確にされている債務証券の統計類は限られているし，国内取引と国際取引の厳密な区分は非常に困難である[12]．

　本章では，ECB のそれらのことを示した⑥表 5-20，表 5-21 を割愛し，国際債務証券の区分についての ECB の把握に関する拙書⑧第 8 章の注 8，9，10 を踏まえて，欧州各地域の国際債務証券等の発行残高における通貨区分をみよう（表 12-7）．これは ECB の narrow measure の区分である（債務証券の発行者が自国通貨以外の通貨で発行）．したがって，ユーロ地域諸国がユーロ建で発行している債務証券の国際取引（例えばイタリアが発行したユーロ建証券をドイツの金融機関が購入）は除外されている．デンマーク，スウェーデン，イギリスを除く非ユーロ・EU 諸国は国際債務証券発行残高のうちユーロの比率が 80% 弱，ドルの比率が 10% 前後にとどまっている．デンマーク，スウェーデン，イギリスでもユーロの比率は 58%（09 年）から 54%（10 年），ドルの比率は 35% 前後になっている．非 EU 先進諸国（アイスランド，ノルウェー，スイス等）ではユーロの比率が 49%（09 年）から 43%（10 年），ドルの比率が 25% 前後である[13]．

---

10)　詳細は⑥第 5 章第 3 節．

11)　拙書⑧第 8 章の注 8 参照．

12)　拙書⑧第 8 章の注 9，10 を見られたい．

354

表 12-7 欧州の国際債務証券の発行残高と通貨別比率[1)]

(10億ドル, %)

	残高		ドル		ユーロ		円		その他	
	2009	2010	2009	2010	2009	2010	2009	2010	2009	2010
欧州	4,952	5,016	41.0	43.5	34.2	30.7	5.5	6.2	19.2	19.7
ユーロ地域	1,977	2,064	54.7	55.7	…	…	7.9	7.7	37.5	36.6
デンマーク, スウェーデン, イギリス	2,532	2,476	32.4	35.2	58.4	53.7	3.4	4.5	5.8	6.6
その他非ユーロ EU	145	159	9.9	13.7	79.3	76.4	4.6	4.3	6.1	5.6
EU27	4,654	4,699	41.1	43.5	33.9	30.4	5.4	5.9	19.6	20.2
非 EU 先進国	219	229	24.7	28.0	48.5	43.4	11.3	14.1	15.5	14.5
非 EU 途上国	86	94	74.5	77.8	20.2	16.7	0.3	0.0	5.1	5.5

注：1) narrow measures.
出所：ECB, *The International Rule of the Euro*, July 2010, p. S1, July 2011, p. S11.

このように，非ユーロの欧州地域においてはドルよりもユーロの比率がかなり高く，同地域においてユーロによる国際信用連鎖が形成されていることがわかる．また，narrow measure では国際債には含まれないが，ユーロ地域の各国で発行されたユーロ建債務証券が他のユーロ諸国や非ユーロ・EU 諸国で保有された部分がある．それを示したのが拙書⑥図 5-2 である．ユーロ地域の各国で発行されたユーロ建債務証券のうち，他のユーロ諸国によって保有されている部分が最も多い国が，アイルランド，ギリシャ，ポルトガル，オランダ，フィンランド等であり，少ない国がドイツ，フランス，イタリア等である．多い国，少ない国，いずれにしても，ユーロ地域諸国によって発行された債務証券のうちかなりの部分が他のユーロ諸国によって保有されており，それらは「国際取引」とみなされるべきであろう．

以上のように，ロシア等の一部を除くが，ユーロ地域も含んだほぼ全ヨーロッパにおいてユーロ建の債務証券の国際信用連鎖が形成されてきていることが確認できた．

②銀行ローンにおけるユーロ建の比率

次に，銀行ローンにおけるユーロ建信用連鎖の形成についてみることにしよ

---

13) この表の EU27 はユーロ地域諸国を含み，ECB の narrow measure 基準からすれば，ユーロ地域諸国の発行のユーロ建債務証券は国際債とはされず，ドル建比率が異常に高く，ユーロ建比率が異常に低く現われていることに注意が必要である．

う．表 12-8 に非ユーロ・欧州諸国などにおける全銀行借入残高（国内借入，自国通貨を含む全通貨）とそのうちに占めるユーロの比率，外貨建借入残高に占めるユーロ建残高の比率が示されている．例えば，デンマークの自国通貨建も含む全銀行借入残高は 2010 年末に 582 億ユーロであり，うち，ユーロ建残高は 11.7% であり，外貨建残高に占めるユーロ建残高は 78.2% になっている．

いくつかの諸国では，銀行からの全借入残高の半分以上が自国通貨建ではなく，ユーロ建になっている．EU 加盟国では，ラトヴィア（89.3%），リトアニア（71.8%），ブルガリア（59.2%），ルーマニア（54.5%）であり，その他のヨーロッパ諸国では，ボスニア・ヘルツェゴヴィナ（71.0%），クロアチア（57.9%），アルバニア（55.6%）などである．これらの諸国では，実質上の「ユーロ化」が進行している．また，外貨借入残高に占めるユーロ建の比率も「ユーロ化」が進行している諸国では 80% 以上と高く，ラトヴィア，ブルガリア，リトアニアなどで 96% 以上になっている．その他の諸国でも，デンマー

表 12-8　非ユーロ地域のユーロ建借入残高の比率

	総借入残高[1] (100 万ユーロ)		総借入残高に占める ユーロ建の比率（%）		外貨借入残高に占める ユーロ建の比率（%）	
	2009	2010	2009	2010	2009	2010
(1)非ユーロ EU 諸国						
ブルガリア	14,730	15,605	56.5	59.2	96.8	96.8
チェコ	5,678	5,962	7.9	7.6	90.9	92.8
デンマーク	53,889	58,234	11.0	11.7	73.8	78.2
ラトヴィア	16,984	15,610	89.1	89.3	96.9	96.9
リトアニア	12,790	12,332	69.5	71.8	95.8	96.6
ハンガリー	15,742	15,355	24.6	23.8	38.3	37.2
ポーランド	12,886	15,877	7.9	8.7	25.1	26.8
ルーマニア	24,526	26,774	52.0	54.5	86.5	86.4
スウェーデン	7,590	7,068	1.9	1.5	41.0	38.9
イギリス	230,440	258,758	8.2	8.8	46.2	47.8
(2)その他諸国						
アルバニア	1,939	2,082	54.1	55.6	83.1	82.8
ボスニア・ヘルツェゴヴィナ	4,932	5,292	68.4	71.0	93.2	93.5
クロアチア	19,851	21,224	57.7	57.9	79.0	78.5
マケドニア	604	766	20.8	24.9	95.2	98.1

注：1)　各国における国内借入，自国通貨借入を含む．
出所：ECB, *The International Rule of the Euro*, July 2011, p. S17.

クで 78.2%, チェコで 92.8%, トルコで 63.0%, イギリスで 47.8% などとなっている（いずれも 2010 年末）. ユーロ建ローンの連鎖がロシアを除く非ユーロ・欧州の全地域において広まっていると考えてよいだろう.

以上は非ユーロ地域のローンであったが, ユーロ地域のある国の銀行から他のユーロ国へのローンもかなりの額になってきている. それを示したのが BIS の表（拙書⑥表 5-24）である. この表では Foreign claims と Cross-border claims の両者を示している. 前者にはクロスボーダーの債権に加えて, 報告銀行の海外所在の支店, 現地法人の債権を含むものである. 2010 年の 9 月末にユーロ地域への BIS 報告全銀行の貸付は前者では 8 兆 3770 億ドル, 後者では 5 兆 7390 億ドルになっており, うちユーロ地域の銀行からのローンは, 前者では 5 兆 820 億ドル（61%）, 後者では 3 兆 2230 億ドル（56%）になっている.

前者の Foreign claims で示すと, ユーロ地域は BIS 報告の全銀行から 8 兆 3770 億ドルの借入残高があるが, ユーロ地域の銀行からは 5 兆 820 億ドルを借り入れている（60.7%）. うち, フランスの銀行からは 1 兆 6660 億ドル, ドイツの銀行から 1 兆 3150 億ドル, イタリアの銀行から 5670 億ドルを借り入れている. フランスの銀行は全世界への債権（3 兆 5280 億ドル）のうちユーロ地域への債権が 1 兆 6660 億ドル（47.2%）, ドイツの銀行の全世界への債権（3 兆 1210 億ドル）のうち, ユーロ地域への債権は 1 兆 3150 億ドル（42.1%）, イタリアの銀行は全世界への債権（9300 億ドル）のうちユーロ地域への債権が 5670 億ドル（61.0%）になっている. ユーロ地域の 3 つの大国の銀行が他のユーロ地域諸国へ多額の融資等を行なっていることがはっきりした. これらユーロ地域の銀行の他のユーロ地域への融資等がどの通貨で行なわれているか BIS 統計からは把握できないが, ほとんどがユーロ建であることは自明であろう.

以上から, フランス, ドイツ, イタリアなどの銀行から他のユーロ諸国へ, さらには非ユーロ・欧州諸国へ多額のユーロ建の銀行ローンが行なわれていることが確認できる. また, 前述のほぼ全ヨーロッパにおけるユーロ建の債務証券とあわせて, ユーロ建・国際信用連鎖が全体的に形成されてきており, したがって, ロシアを除く欧州地域においてのユーロの基軸通貨機能とあいまって

ユーロ体制が構築されていることが確認できよう.

3. ユーロシステムと TARGET, TARGET Balances の形成[14]

2000 年代にロシアを除くほぼ欧州全地域においてユーロ体制が構築されていることが確認できたが, ユーロ通貨統合に伴う中央銀行制度の有り様について簡単に記しておかなければならない. その有り様が理解されないとユーロの決済がどのようであるかもわからないであろう. ユーロ通貨統合前には西欧諸国間の国際決済は並為替, 逆為替を利用して, 諸銀行が相手の銀行に置いている口座を使ってなされていたのが, 通貨統合によってどのようになったのかである. この点は日本ではユーロ統合前後に出版された著書, 論文等ではあまり議論されなかった.

ユーロの中央銀行制度＝ユーロシステムは, 欧州中央銀行（ECB）とユーロ参加国の各中央銀行（NCBs）から構成され, ユーロ参加国の諸銀行は統合前と同じく決済口座を各国中央銀行にもつことに, また, 各国中央銀行は ECB に TARGET Balances をもつことになった. ユーロ参加国の諸銀行が新たに設立された欧州中央銀行（ECB）に直接に決済口座をもてるように通貨統合プランが設計されていれば, ユーロ統合に伴う特別の決済機構を創設する必要はなかった. しかし, 上述のようにユーロ参加国の諸銀行は従来通り各国の中央銀行に決済口座をもつことになり, 参加国の各中央銀行間で決済する特別の機構が必要になった. それが TARGET（Trans-European Automated Real-time Gross settlement Express Transfer system）である. TARGET は 2007 年から技術的に高度化されて TARGET2 に移行していったが, 基本的な決済の在り方は従来のものと変わらないので, 以下では TARGET2 も TAEGET と記す.

ユーロ地域における決済は図 12-2 のようである（同図の下に記されている説明も参照）. A 国の a 銀行, B 国の b 銀行はそれぞれの国の中央銀行に通貨統合前に国内決済用に「預け金」をもっていたが, 統合後, それを使って国内決

---

14) 拙書④第 8 章第 1 節（225-232 ページ）, ⑤第 6 章第 1 節（170-178 ページ）, ⑦第 6 章第 2 節（170-172 ページ）を見られたい.

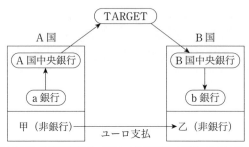

(1) A国の甲（非銀行部門）が種々の国際取引の結果，B国の乙（非銀行部門）へユーロでの支払を行なう（小切手，為替手形，振替通知を通じて）．それは最終的には甲がa銀行に設定している口座から金額が引き落とされ，乙がb銀行に設定している口座にその金額が振り込まれる．
(2) 甲から乙への支払は，a銀行からb銀行への送金が必要となるが，それはa銀行からA国中央銀行へ，A国中央銀行から欧州中央銀行（ECB）が管理するTARGETを通じてB国中央銀行へ，B国中央銀行からb銀行へと経由して行なわれる．
(3) その結果，a銀行がA国中央銀行に設定している口座からその金額が引き落とされ，b銀行がB国中央銀行に設定している口座に振り込まれる．
(4) 最後に，A国中央銀行とB国中央銀行の間での決済が必要になるが，B国中央銀行はECBへの債権（債権のTARGET Balance）を，A国中央銀行はECBに対して債務（債務のTARGET Balance）をもつことになる．これで国際取引の決済が完了する．

出所：筆者作成．

図 12-2　TARGETを利用したユーロ決済

済だけでなくユーロ域内の国際決済ができるようになったのである．非銀行の甲と乙の取引の結果，a銀行が他のユーロ参加国のb銀行に対して支払を行なう際，各国中央銀行のグロス決済制度を経由しながらECBが管理するTARGETを使ってA国中央銀行にあるa銀行の「預け金」が引き落とされ，B国中央銀行にあるb銀行の「預け金」がふやされるのである．最後に，2つの中央銀行はECBに対してTARGET Balances[15]が，つまり，A国の中央銀行はECBに対して債務が，B国の中央銀行はECBに対して債権が記帳される．ユーロ地域内諸国間の国際決済ではユーロシステム全体では債権・債務は均衡する（ECBが融資を行なったり預金を受け入れたりしない限り，証券等を購入

---

[15] ユーロ通貨統合の当初，TARGET Balancesについては内外でほとんど論じられなかった．このことについては拙書④の第8章の注5，⑧第8章の注12を参照されたい．

しない限り).

　さらに，次の指摘が重要である[16]．ユーロ地域の諸国間では，以下の式が成立する．ユーロ建経常収支＝ユーロ建金融収支＋TARGET Balance である．すなわち，A 国のユーロ建・「総合収支」（経常収支と銀行部門も含む金融収支を合わせたもの）赤字は，A 国中央銀行のユーロシステムに対する債務（TARGET Balance）で埋め合わされたのである[17]．したがって，ユーロ諸国は他のユーロ諸国への最終支払として外貨準備を用いない．TARGET Balances がそれを自動的に「代位」するのである．

　なお，各国の域外のユーロ取引によっても TARGET Balances は変わることがある[18]．ごく簡単な例を示そう．例えば，ユーロに参加している X 国が域内に対して赤字で域外国（Z 国）に対してユーロ建黒字をもっている場合，域外に対する黒字の決済は種々あるが，Z 国がユーロ域内の Y 国（例えばドイツ）からユーロ資金を借り入れ，それでもって X 国に対して支払えば，Y 国から X 国への支払決済が進み，X 国の域内赤字で増加した債務の TARGET Balance は，Y 国から X 国への支払決済によって回復する．また，域外の Z 国の金融機関がユーロの決済口座を X 国の銀行ではなく Y 国にもっていれば，Y 国から X 国への支払が必要になり，X 国の債務の TARGET Balance が減少し，Y 国の債権の TARGET Balance が減少する．

　要するに，ユーロ域内諸国をまたがるユーロ建のすべての取引（為替取引も含め）には TARGET Balances の変化を伴うということである[19]．以上をまとめる意味を込めて，2010 年末の TARGET Balances の状況（図 12-3）を示すとともに，各国の中央銀行のバランスシートを示しておこう．図 12-4 である．

　以上の第 3 節のまとめとして以下のことを記しておこう．ユーロ参加国中央銀行の「最後の貸手機能」の喪失である[20]．ユーロ諸国の諸銀行は，流動性

---

16)　詳細は，⑧第 8 章，254-256 ページ．
17)　このことを筆者がはじめて示したのは，2001 年の次の拙稿「欧州通貨統合と TARGET」『立命館国際研究』14 巻 1 号，2001 年 6 月においてであった（43-44 ページ，④ 234 ページ）．
18)　詳しくは，拙書⑧第 10 章，301-304 ページ．
19)　同上，第 10 章の第 1 節第 2 項参照．
20)　拙書⑦第 6 章第 2 節（172-177 ページ）．

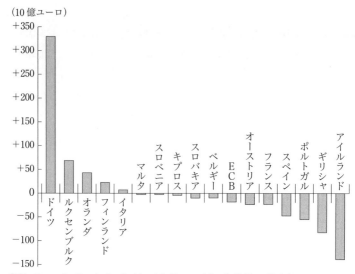

出所：Deutsche Bundesbank, *Monthly Report*, March 2011, p. 35 より．

図 12-3　各国ごとの TARGET Balances（2010 年末）

債務の TARGET Balance を 保有する中央銀行		債権の TARGET Balance を 保有する中央銀行		TARGET Balance を 保有しない中央銀行	
資産	負債	資産	負債	資産	負債
貸付	銀行券	貸付	銀行券	貸付	銀行券
貸付	預金	TARGET2 債権	預金	その他(金融的 資産を含む)	預金
その他(金融的 資産を含む)	TARGET2 債務	その他(金融的 資産を含む)	その他		その他
	その他				

出所：ECB, *Monthly Bulletin*, October 2011, p. 38 より．

図 12-4　各中央銀行の TARGET Balances

の過不足を通常はユーロ建インターバンク市場での資金取引によって調整している．その金利が EONIA（オーバーナイト・ユーロ金利），EURIBOR（ユーロ銀行間出し手金利）である．この場合，他のユーロ諸国の銀行からの資金調達になれば前述のように TARGET Balances も変化する．資金調達を行なった国の中銀においては債権の TARGET Balance が，資金を供与した国の中銀

には債務の TARGET Balance が発生することになる．したがって，流動性の過不足をユーロ建インターバンク市場での資金取引によって調整している場合，TARGET Balances は均衡化する．

　ユーロ諸国の銀行などが流動性不足をユーロ・インターバンク市場から調達できず（この事態は前述の「総合収支」の赤字），ECB から借り入れる場合，前述のようにその信用供与は各国中央銀行（NCBs）を経由して行なわれる．信用供与は NCBs に設定されている銀行などの口座に振り込まれ，NCBs には銀行などに対する債権と ECB に対する債務が発生する（拙書⑦図 6-2 参照）．銀行などは，中銀に対する負債と中銀預金をもつことになる．また，ECB からの信用供与においては中銀のバランスシートの負債側には TARGET Balance が発生する[21]．

　以上の考察から以下のことが言えよう．通貨統合による ECB の設立と TARGET の構築は，第1に，ユーロ諸国の他のユーロ諸国への最終的赤字決済が外貨準備でなく TARGET Balances によってなされるようになったということであり，第2に，各国銀行等の中央銀行借入は各国中銀を経由する ECB からの借入となり，各国中銀は実質的な，あるいは自立的な信用供与機関ではなくなっているということである．つまり，各国中銀は ECB からの信用供与の仲介の役割を担うだけである．各国中銀は「最後の貸手機能」を失い，ユーロシステム，実質的には ECB にそれが移譲されている．それ故に，ギリシャ危機の際に明瞭になったように，銀行が非居住者・居住者を問わず資金引揚げ，預金引揚げにあっても，実際は ECB が資金を供給することになり，その国の中銀には債務の TARGET Balance が急増することになっていく．以上の事態については次節で詳論しよう．

21）　逆に ECB が種々のオペレーションを行なったり，ユーロ各国の国債等をユーロ諸国の銀行から購入したり，また「預金ファシリティ」を受け入れた場合，銀行は各国の中銀に中銀残高を増加させ，中銀は ECB に対して債権の TARGET Balance（ECB は債務の TARGET Balances）をもつようになる．

4. 南欧経済不安とユーロ体制の基本的性格

前に触れたようにユーロ通貨統合構想には少なくとも2つのことが考慮されていた．1つは，マルクを欧州経済統合の中にどのように組み入れるかであったが，これについてはすでに述べた．もう1つは，欧州各国の成長率の向上と経済格差の是正への期待であった．しかし，その期待は南欧経済不安によって裏切られた．本節では後者について述べよう．その後，最後に南欧経済不安を踏まえてユーロ体制の基本的性格を総括的に記して本章を閉じたい．

(1) 統合後の南欧への資金流入と経済成長[22]

1999年1月のユーロ通貨統合は当初，ユーロ圏の経済成長をもたらし，経済政策の収斂を通じて長期的な安定を強化するものと期待されていた．ユーロ各国の成長率を見よう．拙書⑦表6-2には1999年からリーマン・ショックの2008年の期間および2008年からギリシャ危機が勃発した2010年の2つの期間が示されている．1999-2008年の期間，ユーロ地域全体の成長率は46.7%[23]，それに対してドイツの成長率は23.4%，オランダは54.3%，オーストリアは43.0%，スペインは87.6%，ポルトガルは45.3%，ギリシャは61.8%[24]などとなっている．概して，南欧諸国の成長率がユーロ地域全体よりも高く，ドイツは相対的に低い．ユーロ通貨統合が南欧諸国へ資金流入をもたらし，それらの国の成長を促すとともにバブル的事象が発生する事態となったことは事実であろう．バブル的事象の一端としてスペインの住宅価格の上昇率を示しておこう．スペインの住宅価格の上昇率は05年に年率15%近くあったが，以後下落してリーマン・ショックの08年にほぼ0%になり09年以後は下落に転じている[25]．

通貨統合後のスペイン，ギリシャなどの南欧の成長率の高さは資金流入によるものであるが，それをスペインとギリシャの国際収支表によって確認しよう．

---

22) ⑦167-169ページ．

23) (2008年のGDP−1999年のGDP)/1999年のGDP×100で算出．各国とも同じ．

24) ギリシャのユーロへの参加は2001年であるので，この数値は2001-08年の期間の比率であり，1999-2008年の間の成長率はもっと高くなろう．

25) 代田純『ユーロと国債デフォルト』税務経理協会，2012年，106ページ．

まずはスペインであるが（拙書⑦表6-3），2008年にかけて経常収支赤字が増大していっている．その赤字をファイナンスしているのが投資収支黒字（資金流入）である．この資金流入により経済成長が保障され経常赤字が増加しているのである．06年までは経常赤字以上に，投資収支黒字（資金流入）があり，ユーロシステムに対する債権（TARGET Balance）が形成されているほどである．ギリシャも同様で，09年にかけて経常収支赤字が大きく，そのほとんどが民間投資収支黒字でファイナンスされている（⑦表6-4）．

ところが，リーマン・ショックによって成長は頓挫し，リーマン・ショックの08年からギリシャ危機勃発までの期間（2008-10年）の成長率はユーロ地域全体でマイナス0.4%となった．各国別ではギリシャがマイナスの6.2%，スペインがマイナスの3.9%，オランダがマイナス1.6%，ドイツはプラス0.5%などとなっている（⑦表6-2）．

スペインの国際収支は07年頃から急激に悪化しはじめる．07年から経常赤字の全額を民間資金流入（投資収支黒字）だけではファイナンスしきれず，不足分の大部分をスペイン中銀のユーロシステムに対する債務（TARGRT Balance──⑦表6-3ではプラスで表示）でファイナンスされている．08年に投資収支の黒字はさらに減少し，中銀のユーロシステムに対する債務も増大している．ギリシャの国際収支は財政粉飾が明らかになった09年の翌年の10年には民間投資収支は赤字（資金流出，投資収支黒字全額を政府債務黒字が上回っている）となり，経常赤字分とともに「政府債務」（IMF融資やTARGRT Balance）によってファイナンスされるようになった（⑦表6-4）．海外からの資金流入による高位の成長率の達成というパターンが崩壊しているのである．

(2)　通貨統合のインバランス要因[26]

スペイン，ギリシャの08年までの成長率が通貨統合による多額の資金流入によっていることがはっきり見て取れた．ところが，この過程は同時にユーロ諸国間に種々のインバランスを生み出す過程でもあった．以下，3点にわたってインバランス形成要因について記そう．

---

26)　⑦164-166ページ．

364

　第1にユーロ地域全体の経常収支は統合直後の数年間は赤字であったが，数年後には黒字に転化し07年まで黒字が継続した．リーマン・ショックによって08年は大きな赤字になるが，10年には赤字はほぼ消滅している．ユーロ地域全体の貿易収支は08年を除き黒字で推移している（⑦表6-1）．

　ところが，ユーロ地域諸国の経常収支，貿易収支の状況（域内諸国に対する収支も含む）は大きく2つの群に分かれている．ドイツ，オランダは一貫して貿易収支が黒字で08年にも赤字になっていない．もちろん，この両国は経常収支も黒字である．それに対して，スペイン，ポルトガル，ギリシャは通貨統合の初期（ギリシャのユーロへの参加は01年）から貿易収支が赤字であり，リーマン・ショックの影響が現われる前の07年まで赤字幅が増大している．リーマン・ショックの08年に赤字幅が最大になり，その後も赤字幅が少し小さくなるものの，かなりの額の赤字が続いている．

　さて，ユーロ地域全体の経常収支の状況から，ユーロ相場は07年まで強含みで推移してきた．ところが，ユーロ相場は，通貨統合が行なわれなかった場合に想定されるマルク相場，ギルダー相場よりも安く，ペセタ，エスクード，ドラクマよりも高く推移してきたと考えられる．なぜなら，ユーロ相場はユーロ地域全体の経常収支の状態により規定されるのに対して，通貨統合がなければマルク，ギルダーはドイツ，オランダ一国の経常収支に規定されるからである．そのために，通貨統合によってドイツ，オランダは域外への貿易に有利に，スペイン，ポルトガル，ギリシャは不利な状況におかれたと考えられる．

　また，スペイン，ポルトガル，ギリシャは通貨統合の故に，経常収支赤字にもかかわらず自国通貨の相場が切り下がることはなく，ドイツ，オランダ等のユーロ諸国に対する貿易赤字が減少する過程は進行しなくなった．以上のように，通貨統合によってドイツ，オランダなどの貿易黒字とスペイン，ポルトガル，ギリシャの貿易赤字が常態化する状況が作り出されたのである．スペイン，ポルトガル，ギリシャ等は統合前によく議論された「最適通貨圏」には含まれていないことが明らかである．

　第2に，EU統合の進展によりEU諸国間の資本取引が全く自由になることに加えて，通貨統合によって為替リスクもなくなった．ドイツ，フランス等から大量の資金がスペイン，ポルトガル，ギリシャへ流入する環境が出来上がっ

たのである．これは，1990 年代のアジア通貨危機前の ASEAN 諸国の投資環境の形成に相当するか，それ以上の投資環境の出現である（後述）．ユーロ統合後，次の第 3 の要因がそれに加わり，大量の資金がスペイン，ポルトガル，ギリシャへ流入していく．

第 3 に，通貨統合によってユーロ地域において短期金利は統一される．それは前に述べた TARGET の構築によって短資市場が統合されていくことにより実現されていく．他方，長期金利の方は縮まりつつも各国の経済格差により差異が残っていく．スペイン，ギリシャ等の長期金利は統合後急速に低下したとはいえ，ドイツ，フランス等よりも高位にとどまり，このことと内外資本取引の完全自由化，為替リスクの消滅によってドイツ，フランス等からスペイン，ポルトガル，ギリシャへの資金移動が活発になり，それらの国の成長を促すとともにバブル的事象が発生する事態となった．

(3)　TARGET Balances の累増による国際収支危機の隠蔽

前述のように，スペインの経常赤字を民間投資収支における資金流入でファイナンスできず，不足の大部分をスペイン中銀のユーロシステムに対する債務（TARGRT Balance ──⑦表 6-3 ではプラスで表示）でファイナンスされざるを得なくなった．07 年，08 年の時点で海外からの資金で経済成長をはかるという事態は破綻している．しかも，この事態はスペインの銀行が他のユーロ諸国の銀行から十分な資金調達ができず，ECB からの資金でもってスペインの「総合収支」赤字がファイナンスされていることを示す（ECB の「最後の貸手機能」の発動）．通貨統合がなくスペイン中銀が「最後の貸手機能」を果たし続けていたとしたら，このような「総合収支」赤字のファイナンスは行なわれようがない．外貨準備で支払わなければならないからである．TARGET Balance がこのようなファイナンスを可能にしており，国際収支危機を隠しているのである．

09 年からスペインの経常収支赤字が半分以下に急減しているが，11 年にはギリシャ危機がスペインにも波及し，投資収支がマイナス（資金流出）となっている．経常赤字のファイナンスと資金引揚げによる巨額の「総合収支」赤字のファイナンスを，1241 億ユーロという巨額の中銀の ECB に対する債務

366

（TARGET Balance）が果たしている（ECB による「最後の貸手機能」の増大）．本来は国際収支危機として極めて深刻なはずである．

ギリシャの場合（⑦表 6-4）はリーマン・ショックによる資金流入の影響はそれほど大きくなく，資金流入は減少していない[27]．ところが，ギリシャの財政粉飾が明るみになった 09 年の翌 10 年には民間資金の流出が発生し「政府債務」が一挙に 300 億ユーロにものぼる．「政府債務」には IMF，EFSF（欧州金融安定ファシリティ）からの融資，TARGET Balance が含まれる[28]．09年のギリシャにおける財政粉飾によってギリシャ危機が勃発するが[29]，危機はリーマン・ショックと重なり南欧全体に及んでいった．南欧経済不安には1990 年代のアジア通貨危機と類似のいくつかの点があった[30]．

（4） 南欧経済不安の際の ECB の信用供与とコンディショナリティ[31]

さて，南欧経済不安によって ECB は信用供与を余儀なくされる．拙書⑦図6-5 を見られたい．すでに，リーマン・ショック以後ユーロ域内のクロスボーダー銀行間取引が縮小していたが，ギリシャ危機の南欧等への波及に対応するかたちで ECB による南欧等 5 か国向けの信用供与が 10 年から一挙に増加し，ECB 全体の信用供与のうち 5 か国が 70% 以上を占めるようになってきた．

---

27) ⑦表 6-4 では資金流入が減少していないが，IMF *International Financial Statistics*, Yearbook, 2011 によると，「その他投資」の通貨当局分を除いたギリシャの民間部門への投資（直接投資，証券投資，その他投資）が 08 年に急減している．07 年には 332億ドルに達していたのが，08 年には 98 億ドルである．代わって，通貨当局の債務が 344億ドルにものぼるようになった．スペインでは「その他投資」における通貨当局分を除いた民間部門への投資（上記のギリシャと同様）が 07 年に減少し，通貨当局の債務が07 年，08 年に増加している．
28) 注 27 に指摘したように，ギリシャ中銀の国際収支表と IMF の統計には差異がある．
29) ギリシャ危機の詳細な経緯については，⑦第 6 章，177-185 ページをみられたい．
30) 詳しくは，⑧262-263 ページ．第 1 点目は，ともに内外資本取引の自由化と為替リスクの解消である．第 2 点目は，ともに国際収支危機に陥っていたということである．南欧経済不安の場合には，国際収支危機が TARGET Balances によって覆い隠され，また，ユーロが統合された通貨であるため自国通貨の急落（通貨危機）としては現われなかった．他方，アジア通貨危機の場合には，国際収支危機が直ちに通貨危機となって勃発した．したがって，南欧経済不安には国際収支危機を覆い隠す TARGET の分析が不可欠となる．それについては先に論じた．
31) 詳しくは⑦第 6 章（185-189 ページ）．

ECBの信用供与についての詳細は拙書⑧表8-Eを見られたい．長期リファイナンシング・オペレーション（LTRO）が増大している．ギリシャの銀行等からの流動性流出の規模が大きいため，また，危機がスペイン，イタリアなどに波及していったために，11年，12年にはLTROの額が大きくなっていく．そして，⑦図6-6に示されているように，この3年LTROによりECBの信用供給額が増加するとともに信用リスクも大幅に緩和されている．

ECBによる信用供与は南欧諸国の銀行等への信用供与だけでなく，ECBは国債の購入も始めた．その始まりが10年5月以降の「証券市場プログラム（SMP）」である（12年2月に停止）．⑧表8-Eに表われているように，「金融政策に伴う債券保有」が10年から増加して，11年末には2739億ユーロになっている．「その他」も合わせると11年には保有残高が6188億ユーロにのぼる．13年以後SMPはESM（欧州安定メカニズム）と一体となるSMP2として継続されていく．SMP2による国債購入対象となる国はESMによる支援を求めなければならないし[32]，ESMによる支援にはコンディショナリティが伴う．それ故，ECBによるギリシャ等の銀行等への3年LTROなどの流動性供与には付加されないコンディショナリティを，SMP2はECB自身も対象国に強く求めるスキームだと言えよう．SMP，SMP2によるECBの国債購入によってECBがソブリン・リスクを抱えるようになった．それゆえ，ECBの国債購入と同時に南欧諸国には厳しいコンディショナリティが課せられ，スペイン，ギリシャ等の国民は生活水準を大幅に切り下げられていくことになっていく．

まとめに代えて――南欧経済不安とユーロ体制の現実[33]

以上の分析を踏まえて，ユーロ体制の現実を改めて示そう．第1に，ユーロ通貨統合構想には，前に記していたように少なくとも次の2点が考慮されていた．1つは1980年代，90年代に欧州においてドイツ・マルクの基軸通貨化が

---

32)　中村正嗣「ECBの新たな国債購入策」『みずほインサイト』2012年8月20日，3ページ．
33)　⑦190-195ページ．

進行していたが，このマルクをEU統合の中にどのように取り入れるか．この戦略プランがユーロ通貨統合であった．次は，欧州各国の成長率の向上と経済格差の是正への期待であった．

前者については，以下のように言えるであろう．ユーロ導入がなければ欧州においてマルクの基軸通貨化がさらに進展していたであろう．通貨統合がマルクの「覇権」を緩和するそれなりの効果をもったとはいえるであろう．また，そのことで欧州の政治的安定が一応保たれたと言えるかもしれない．後者については，通貨統合は各国間の格差を是正する機能を有していないことが鮮明になっていった．ユーロ統合当初，潜在的に存在していたが明るみになっていなかったインバランス諸要因が08年のリーマン・ショックまでに累積されてきた．ユーロ地域内における貿易収支黒字・赤字の二分化，南欧諸国の財政赤字の急増がそのもっとも鮮明な事象である．ユーロ地域のすべてを包含する「最適通貨圏」は形成されていなかったことが明確になった．それゆえ，ユーロ統合は当初は「北」から「南」への投資により「南」の相対的に高い成長率が達成されたが，ユーロ各国間の経済格差を是正するどころか，逆に格差を拡大する方向へ機能したということであろう．

第2の現実は，しかも，ユーロ統合によって「権力構造」が形成されてきたということである．それは，ユーロ統合に欠かせない欧州中央銀行（ECB）の設立およびユーロ決済機構（TARGET）の構築にもともと由来するものであった．通貨統合により金融政策は統一化されざるを得ないし，金融政策を実施する機関の設立が必要となった．一国の中央銀行が金融政策を決定し実行するわけにはいかない．したがって，現行の形態であるかはともかく，何らかの形でECBが設立されることになる．また，通貨が統合されるのであるからユーロ各国をまたがる何らかの統一的決済機構の構築も必要となった．

実際には各国の銀行等は決済口座をECBにではなく各国中央銀行に置くことになったから，統一的決済機構はTARGETとして構築され，ユーロ各国間の国際収支は，「総合収支」（＝経常収支に銀行部門を含む資本収支を加えた収支）の赤字・黒字＝各国中央銀行のECBに対するBalancesと表現され，ユーロ諸国間の決済のための外貨準備は不要となった．リーマン・ショックから南欧経済不安の時期にかけて，このTARGET Balancesが過剰な累積となっ

ていった.

さらに, ユーロシステムの金融政策において主導権はECBが保持している
ばかりではない. ECBによる域内各国の銀行への信用供与には, 各国中央銀
行の意向がそのまま反映しない. それどころか, 各国中銀総裁はユーロシステ
ムの政策理事会における一人であり, ECBの判断が強くなり, 各国中銀は
「最後の貸手機能」を事実上失うことになる.

ギリシャ危機の際, ギリシャの銀行等は極度の流動性喪失に陥るが, その救
済の主導権はギリシャ中央銀行ではなく, ECBが握ることになったのである.
かくして, ユーロ体制の「通貨・金融の権力構造」はギリシャ危機, 南欧経済
不安において鮮明に現われることになった.

ユーロ体制の現実の第3点目は, いわゆる「最適通貨圏」が形成されていな
かったこともあり, ユーロ体制の維持にはユーロ地域内の黒字国から赤字国へ
の何らかの形でのファイナンスが不可欠であった. リーマン・ショックまでの
「安定期」には「北側」金融機関の「南側」への民間資金による貸付・投資の
形態で, その民間資金が滞り始める07年以後はTARGET Balancesの形態で,
さらに南欧経済不安が勃発してからはECBによる長期のオペレーションの実
施, 国債等の購入の形態, EFSF・ESMによる金融支援の形態で. したがっ
て, 債権国ドイツなどは以上のどれかの形態で資金を供出するほかない. この
事態はドル体制の場合とは異なる (ドル体制のもとではアメリカは債務国だが,
ユーロ体制ではドイツは債権国とならざるを得ない). しかし, 南欧経済不安
時のECBによる国債等の購入 (とくにSMP2) にはEFSF・ESMとの連携が
伴い, EFSF・ESMの金融支援にはコンディショナリティが付随するから
ECB, ESM機関が「通貨・金融の権力的権能」をもつに至ることは明らかで
あろう.

第4点目は, 南欧経済不安はアジア通貨危機と類似する諸事象を有していた
ことである. 通貨統合による「北」から「南」への投資環境の整備は, 1990
年代前期における世界銀行, IMFなどが主導して形成されたアメリカをはじ
めとする先進諸国からASEAN地域への投資のための環境整備以上のもので
あった. これについては先に記している. 以下のことを追加しておきたい.

ギリシャ危機はリーマン・ショックと重なりスペイン, ポルトガル等へ波及

し，これらの諸国も ECB の SMP2 プログラムによる国債の買入れを求め，さ
らには ESM による支援を受けた．SMP2 には EFSF，ESM による支援が条
件であり，EFSF，ESM にはコンディショナリティが付いてくる．したがっ
て，南欧諸国全体においてコンディショナリティにもとづく「構造改革」が実
施されることになるが，構造改革には個々の国内部で種々の政治的対立関係が
発生する．それは 1980 年代のラテン・アメリカにおける途上国債務危機の場
合にも同様であった．後者の場合には同時に構造改革に対して債務諸国の「共
同行動」もとられた．「キト宣言」「カルタヘナ合意」などであった[34]．しか
し，2010 年代の南欧経済不安においては「南欧連合」は生まれなかった．な
ぜ「南欧連合」は生まれなかったのであろうか．

　その理由は次の第 5 点目を検討することで一端が明らかになろう．5 点目は
ギリシャなどのユーロ離脱が可能であったかどうかということである．非居住
者による資金の引揚げ，居住者によるギリシャの銀行等からの預金引出しが急
増しても，ギリシャ中銀が「最後の貸手機能」を失っている以上，ECB がそ
れを果たさなければ，ギリシャにおける貨幣が枯渇してただちにギリシャ経済
が大混乱に陥る可能性が出てくる．ともかく，結果的にはギリシャ危機の期間，
ECB がギリシャの銀行等への流動性供給を中断することはなく，少なくなっ
ても貨幣が枯渇するという事態までは避けられた[35]．ギリシャがユーロ離脱
を決め，ECB がギリシャへの流動性供給を中断する意向を示せば，その時点
でギリシャ経済が大混乱，マヒに陥るのである[36]．

　ユーロ離脱にはギリシャ中央銀行が「最後の貸手機能」を取り戻すことと，
ドラクマ現金を発行しユーロをドラクマに転換できる条件ができていなくては
ならないが，それらの条件が整うには少なくとも一定期間が必要であり，直ち
には不可能である．また，ギリシャ中銀は ECB に多額の TARGET Balance
を負っている．ユーロ離脱は国際収支危機をいっそう深刻なものにし，通貨危
機を一挙に表面化させる．他のユーロ諸国からの金融支援がなくなり，より厳

34)　拙書② 205-212 ページ．
35)　詳しくは⑦ 182-185 ページを見られたい．
36)　この点で 1980 年代の途上国債務危機と異なる．ラテン・アメリカなど各国には自国通
　　貨があり，中央銀行は「最後の貸手機能」をもっていたから極端なインフレが発生した
　　諸国も多いが，短期間のうちに国内流動性が枯渇するという事態にはなりえなかった．

しい構造改革が不可避であり，国民を疲弊させるであろう．

　ギリシャはユーロ地域に残留し構造改革を行なわざるを得なかった．そもそも，経常収支赤字が長期間継続することで一国の「自立」が維持できないことは自明である．しかし，構造改革の実施に伴い，2つのことが問題になりうるだろう．1つは，ユーロ統合は「北」と「南」の格差を是正する機能を有していないから，ユーロ統合の維持には「北」から「南」への何らかの資金移動が不可欠ということである．もう1つは，構造改革には負担が諸階層に公平化される必要があるということである．構造改革が富裕層に有利なギリシャ社会を改革するものにつながっていかなくてはならないだろう．ユーロ離脱云々の前に国民主体の経済・社会改革が進められるかどうかである．

373

第13章
ドル体制，ユーロ体制の持続性

はじめに

　第11章でドル体制，第12章でユーロ体制について論じてきた．これらの国際通貨体制の今後はどのようであろうか．基軸通貨は現在においてはドルとユーロであり，国際信用連鎖はドルとユーロが中心となっている．現代国際通貨体制は地域的に分かれつつ，ドル体制とユーロ体制から構成されている．そこには対立的契機もないことはないが[1]，並存しており，ユーロ地域は対米ファイナンスも行なっている．第2次大戦後，ドルがポンドを凌駕していったが，ユーロがドルを全世界的に凌駕していくことは考えられない[2]．本章では2つの体制下の基軸通貨国内（域内）の経済状況と対外経済状況を論じて，2つの体制が形成・維持される「原理」が異なることを示し，2つの体制のこれからの展望を示そう．

　第1節においては4つのことを論じる．第1に，アメリカ経常赤字は何故ファイナンスされるのか，すでに記しているが本章でもやはり改めて論じておくことが必要である．第2にドル体制下のアメリカにおいては経常赤字がファイナンスされることにより，より大規模の信用膨張とGDPを上回る国内消

---

1)　拙書⑧結章注27をみられたい．

2)　一部には，ユーロがドルに迫っていく，あるいはユーロがドルを凌駕していくような発言・期待があったが，筆者はそのような見解をまったく取らなかった（『信用理論研究』第37号，2019年5月における拙稿，とくに83-84ページ，101ページ参照）．ユーロは，元来マルクを引き継いだ通貨であり，当初から欧州において基軸通貨になりうるか，欧州においてユーロでもって信用連鎖が形成され，ユーロ体制ができてくるかが論点の中心であった．

費・投資が進み，バブル的なリーマン・ショック型の経済危機が起こりうること，第3にリーマン・ショック時における内外のドル信用連鎖の破綻の危機がアメリカ政府の財政政策，FRBの金融政策，FRBと先進各国の中央銀行間の対応によって修復され，ドル体制自体は結局は危機を迎えなかったことを論じる．第4に，補論としてリーマン・ショック以後の人民元の「国際化」はドル体制を浸食するものなのかについて論じよう．

第2節では以下のことを論じよう．第1はギリシャ危機後の南欧の経済不安の継続によるイタリア，スペイン，ポルトガル等のソブリン不安（国債価格の下落──高位の利回り）を緩和し，経済停滞の中で新たな国債発行の条件をどのようにつくっていくか，第2はユーロ地域の原油・天然ガス等の輸入におけるユーロ建化がどれぐらい進展しているか，また，そのことがドル体制の動揺をもたらすのかどうか，第3はロシアのウクライナ侵攻によってユーロ地域の貿易・経常収支がどれぐらいの影響を蒙ったのか，ユーロ体制は動揺しているのかどうか，である．

1. ドル体制の持続性とアメリカの金融不安

(1) 巨額のアメリカ経常赤字は今後もファイナンスされるのか

アメリカ経常赤字が増大しているにもかかわらずそのファイナンスが進んでいることは第11章で論じたが，ドル体制の今後を考える際，改めて論述しておかなければならない．表13-1を見ると，2022年に貿易・サービス収支赤字が9500億ドルにものぼるようになっているが，同年の金融収支赤字（資金流入）は8000億ドルを超え（うち「在米外国公的資産」＝ドル準備の増は3100億ドル強），不足分は「統計上の不一致」黒字（短期資金流入，1700億ドル）によってファイナンスされている．

アメリカ経常赤字の増大が，IT関連の多国籍企業の展開とアメリカ経済の「空洞化」の進展によるものであることについては第10, 11章で論じてきた．では，何故，民間・対米投資，ドル準備がこれほどの額になるのだろうか．第1の理由は，第11章でも記したようにドルであれば多種多様な商品の購入が可能である．アメリカ国内において，また海外の子会社も含めアメリカ企業に

375

表 13-1 最近のアメリカ国際収支[1]の概略

(億ドル)

	2019	2020	2021	2022
経常収支（ライン 109）	−4,418	−5,971	−8,314	−9,716
財・サービス収支（ライン 110）	−5,594	−6,529	−8,416	−9,512
金融収支[2]（ライン 117）	−5,584	−6,689	−7,888	−8,048
参考：対外国公的機関債務[3]	250	−999	1,521	3,146
統計上の不一致[4]（ライン 118）	−1,101	−662	451	1,714

注：1)　ラインは Table 1.2 のライン．
　　2)　アメリカの対外国公的機関債務（ドル準備）を含む．（−）は債務．
　　3)　（＋）は債務の増加．出所は *S.C.B.* Oct. 2023 より．
　　4)　（＋）は資金流入．
出所：*S.C.B.*, Annual Update of the U.S. International Transactions Accounts. July 2023 の Table A より．

よって先端工業製品，医薬品などの多様な製品が生産されているばかりでなく，原油，諸鉱石，小麦等の一次産品の商品市場があり，ドル建でもって取引が行なわれている．その取引額が大きいから，世界の他の市場で取引されているそれらの商品もドル建が基本となり，世界のドル建貿易が最大になっていく．しかし，そのためには，アメリカにおいていつも最先端の産業部門が生み出されていなければならない．IT 関連部門，医薬品等もそうである．また，アメリカにおける一次産品の商品市場が最大規模になっていなければならない．そのためには次に述べる貿易金融もそうであるが，それ以外に先物取引に伴う金融制度，為替取引，インフラ等が不可欠であるが，アメリカにおいてはそれらが他国と比べて高い水準で維持されてきた．

　ユーロ地域，日本などを除けば黒字諸国の黒字は多くはドル建で存在することになる．ユーロ地域，日本については，貿易における通貨別比率（拙書⑧表10-D，表6-B）から知られるようにユーロ地域，日本の貿易黒字は自国通貨で存在しているが，それでも，これらの地域，国でもドル建貿易の比率は相当の高さになっている．その他の地域の黒字諸国はドルで黒字を保有している．

　本書では詳細を論じないが，以上のことを踏まえて，世界の貿易における「2 通貨・3 地域モデル」（ドルとその他諸通貨，アメリカ，EU・日本，その他諸国のモデル――表 13-2)[3]と，アメリカの対外債務（「債務決済」とユーロ，

---

　3)　世界の貿易における「2 通貨・3 地域モデル」については，拙書⑥ 60-63 ページ，⑧ 155-158 ページを見られたい．

表 13-2　各地域の通貨別貿易収支のモデル[1]

(兆ドル)

	輸出			輸入			収支		
	ドル	その他	計	ドル	その他	計	ドル	その他	計
アメリカ[2]	2.0	0	2.0	3.0	0	3.0	−1.0	0	−1.0
「その他」[3]	3.2	1.6	4.8	2.0	2.0	4.0	1.2	−0.4	0.8
EU・日本	1.3	1.9	3.2	1.5	1.5	3.0	−0.2	0.4	0.2

注：1)　全世界の輸出額，輸入額はそれぞれ 10 兆ドル.
　　2)　アメリカの輸出，輸入はすべてドル建とする.
　　3)　アメリカ，EU，日本を除くすべての諸国.
出所：拙書⑥の表 3-1，また図 3-1 参照.

円等をドルに換えての対米投資，アメリカのドル建投資の「代わり金」など）と対外債権（ドル建対外投資，「外貨−外貨」投資，ドルを外貨に換えての対外投資など）の概念的区分をもとにアメリカ国際収支の概念的概算値を検討しなければならない[4]（⑥表 4-4，4-7，⑧表 5-D，E，F）.

　第 2 の理由は，ドル建貿易であれば貿易金融が容易に供与される．貿易が論じられる際貿易為替金融について論じられることが少ないが，実際には貿易には貿易為替金融が不可欠である（国内取引における手形割引のように）．工業製品の貿易はもちろん，プラントの貿易，一次産品の貿易には多額で長期の貿易金融が必須である[5]．ドル建であれば，アメリカ国内金融市場，ユーロダラー市場において，それらの貿易金融が種々の形態で供与される（アメリカでの貿易手形の引受・割引，自国銀行のアメリカ金融市場，ユーロダラー市場からの資金調達による貿易金融の供与）．第 2 次大戦後にドルがポンドを凌駕していく 1 つの理由もこのことであった[6]．

　第 3 番目は以下である．ドルも含め諸通貨の金との交換が行なわれない不喚の国際通貨体制の下では，経常収支黒字諸国はその黒字額を金以外の何らかの対外資産として，直接投資を除けば何らかの対外金融諸資産として保有せざる

4)　拙書⑥第 3 章，⑦第 2 章の 65-69 ページ，⑧ 158-165 ページ参照.
5)　本書第 11 章の注 23 参照.
6)　アメリカ以外の先進諸国の工業製品が自国通貨建で貿易が一定程度進んでいるのも，先進諸国の自国通貨での貿易金融の供与があるからである．途上国の自国通貨での貿易が進まないのは途上国通貨での貿易金融が困難であるからである．人民元建貿易が進まないのも人民元での貿易金融が困難であることが重要な一因である.

を得ない．経常黒字だけではない．金融収支でも多額の資金流入があれば，
「総合収支」（資本移転収支，誤差脱漏を除くと経常収支と金融収支の計）が均
衡するべく，「黒字」分は何らかの外貨建の対外投資・対外資産となる．自国
通貨での対外投資は資産とともに負債（対外投資の「代わり金」として）が形
成されネットでの対外投資にはならない．中国の黒字も対外資産として保有さ
れ，それは直接的に対米投資として，あるいは他国を経由してであれ，多くは
結局ドル資産となっていく⁷⁾．西欧諸国，日本は先に触れたように貿易黒字は
自国通貨で存在しているが，直接か迂回かは別にその黒字は対米投資になって
いく．対米ファイナンスの原資は，中国，西欧諸国，その他の黒字国から供給
される．さらに，ドルの金融市場は国内市場，ユーロダラー市場から構成され
る世界最大の規模をもっている．したがって，金融諸商品が多様で資金運用，
資金調達が容易であり，多くはドル投資になる．現在でもユーロの金融市場規
模はドルの市場ほどの規模を保持していないし，円市場，ポンド市場とは隔絶
した状況である．ましてや人民元金融市場には諸規制が多くあり，人民元での
運用はかなり困難である．

　第4番目の理由は，以上のドル建諸取引の決済が，コルレス銀行網，各国銀
行の在米支店網の整備によって容易である．イラン等への「制裁」，ウクライ
ナ侵攻等に伴うロシアへの「制裁」以外には規制は緩やかで，各国の銀行はコ
ルレス銀行に一覧払預金口座をもつことができ，香港はもちろん中国等の銀行
も含めアメリカ支店を設置し，ドルでの一覧払残高を使った国際決済が容易に
行なわれる．

　このような諸理由によって，アメリカ経常赤字が巨額にのぼっても対米ファ
イナンスが進みドル体制が維持されていく．しかし，巨額のアメリカ経常赤字
が海外からの資金でファイナンスされることで，国内においては信用膨張が進
みリーマン・ショックのような金融危機が今後も起こりうる．このことを次に
論じよう．

---

　7)　次章で論じるが，中国のドル準備の減少と途上国融資の増大，ウクライナ侵攻前の
　　EU諸国のロシアからの天然ガス・原油のユーロ建輸入に伴うユーロ地域の「総合収支」
　　黒字の発生も，他国を経由してであっても対米ファイナンスに帰結していく．

(2) リーマン・ショック型の金融危機の発生

国民経済計算 (SNA) によると，GDP＝内需 ($C+I+G$)＋外需 (貿易・サービス収支) である．第 4 章で論じたように，マルクスの再生産表式に貿易を導入しても同様の式が成立する[8]が，SNA のこの式で言うと，アメリカの貿易・サービス収支赤字が巨額にのぼるということは，内需 ($C+I+G$) がアメリカのGDP を大きく上回っているということである．「バブル的事態」の発生である．

このことが可能なのは，巨額の経常赤字が，引き締め政策が採用されなくてもファイナンスされるからであり，アメリカでは経常収支にほとんど無関係に国内信用膨張が継続されていく．また，それが西欧諸国，日本等と比べてもアメリカの相対的に高い成長率を実現させていく．しかし，国内信用膨張が急拡大しその膨張過程において何らかの「不備」「破綻」が露見すると，一挙に金融恐慌が勃発する．リーマン・ショックに至る経緯はそのようなものであった．

「IT 革命」の進行があった 1990 年代中期以降における国内消費・投資の増大が貿易・サービス赤字を増大させてもファイナンスされ，他方，国内消費・投資の増大は信用膨張によって支えられる．この時期には金融派生商品の隆盛と住宅価格の急上昇がサブプライム・ローンをはじめとする種々の金融商品が開発されて信用膨張が進んだ．そして，サブプライム・ローンの破綻がリーマン・ショックを引き起こしたのである．いわゆる「経済の金融化」論は，以上の事態を論じないままの議論ではないだろうか．すなわち，「IT 革命」後の多国籍企業の展開と国内経済の「空洞化」によるアメリカ経常赤字の増大，そのファイナンスが継続し，他方で信用膨張が進行していくというアメリカ独自の事態が論じられていないようである．

リーマン・ショック後 15 年以上が経過した今日，アメリカの貿易・サービス収支赤字は 1 兆ドルに迫っている (2021 年に 8500 億ドル弱，22 年には9500 億ドル，最近のアメリカ国際収支については表 13-1 参照)．ということは，GDP を遥かに超える国内消費，投資があるということであり，それらは対米ファイナンス (＝海外からの資金流入) を基礎に大規模の国内信用膨張が生じているからである．しかし，海外からの資金流入で対米ファイナンスは続

---

8) SNA の式と再生産表式の異同は第 6 章を見られたい．また，この章で論じたように，SNA のこの式において，厳密には「流動資本」についての「補正」が必要である．

いても国内信用膨脹の過程がいつも安全であるという保証はない．国内信用連鎖のどこかで「破綻」は起こりうる．23年にもアメリカ地方銀行のいくつかは破綻している．リーマン・ショックのような金融危機が今後も起こりうる．ドル体制下の世界恐慌はこのような形をとるのであろう．

(3) アメリカ政府の財政政策，FRBの金融政策，スワップ協定による内外のドル信用連鎖の「修復」

　リーマン・ショック（ドルの国内・対外信用連鎖の破綻）は第2次大戦後最大の基軸通貨国から発生した危機＝恐慌であった．ところが，この危機によってアメリカ国内経済が長期間停滞するということはなかった．また，ドル相場は大きく下落することはなく，ドル体制が大きく動揺することもなかった．

　リーマン・ショック時のドル信用連鎖の中断は，前章で見たように，国内的にはアメリカ政府の大規模な財政資金の散布，FRBの「非伝統的金融政策」によって修復され[9]，対外信用連鎖はFRBと欧州等の中央銀行とのスワップ協定によるドル資金の供与（拙書⑥の表1-24参照）によってドル国際信用連鎖は修復されていく[10]．リーマン・ショック前，欧州等の金融諸機関はアメリカの金融機関からドル資金を調達し，その資金を種々のアメリカ金融商品へ投資していたが，リーマン・ショックによってそれらが暴落したなかで，アメリカの諸金融機関から債務返済を求められていた．リーマン・ショックの時期，西欧の諸金融機関はインターバンク・ドル市場でドル資金の調達が困難であったから「ドル不足」に陥った．そのためドルよりもむしろユーロ相場が下落していたが，FRBと先進諸国の中銀はスワップ協定を結び，これによってFRBから諸中銀にドル資金が供与され，欧州の諸中銀は自国の諸金融機関にそのドル資金を供与し，欧州諸金融機関とアメリカ諸金融機関の経営悪化が回避された．アメリカ政府，FRBが前面に立って国内外のドル信用連鎖の修復＝ドル体制の維持を図ったのである．

　リーマン・ショックによる内外のドル信用連鎖の破綻は修復されたのであるが，リーマン・ショック時の財政・金融政策は「ラストベルト」の状況に見ら

---

9)　拙書⑦第4章「アメリカの量的金融緩和政策と国際信用連鎖」参照．
10)　拙書⑧第5章第1節第2項「リーマン・ショック時の国際信用連鎖」．

れるように，国内経済格差を同時に拡大させた[11]．その後，リーマン・ショックからの回復，新型コロナの収束に伴う消費，投資の増大によって貿易・サービス収支赤字は22年には1兆ドルに迫っている．巨額の貿易・サービス収支赤字にもかかわらず対米ファイナンスが継続して内需が落ち込まず，消費，投資の性向が高まれば貿易・サービス収支赤字の如何によらずアメリカの物価上昇が発生する（対米ファイナンスが続く中で消費・投資の性向の高まりによって引き起こされるバブル的現象）．内需の強さ，消費，投資の性向の高さが，逆に貿易・サービス収支赤字の額を規定し，消費，投資の動向により物価水準も左右され，それが金融諸機関の融資増大も引き起こしかねない．GDPと内需の格差はさらに大きくなりうる．バブル的事態の拡大である．リーマン・ショックのような事態も生じうる．

　そのような事態に対して，FRBは2022年春以降，急ピッチの金利引き上げによって対抗しようとしてきた．金利引き上げはバブル的事態の進行と「破綻」を防止しようとするためのものであろう．しかし，FRBの高金利政策は金融引き締めを実現させるには限界がある．1つには，貿易・サービス収支赤字でいったん減少したマネーストックが多額の対米ファイナンス資金によって回復していき[12]，それに対してFRBは有効に関与できないからであり，もう1つには，金利引き上げはマネタリー・ベースの増大を抑制するにしても，すでに銀行の過剰準備は存在していてマネーストックは信用創造の高まりにより供給されうるであろう．FRBは金利を引き上げるごとにバブル的事態の危険性を表明することはできても，バブル的事態を抑制するには限界がある．

　今後，アメリカの貿易・サービス収支赤字がどのように推移するのか，物価上昇，土地価格，株価等がどのような推移をたどるのか，バブル的現象が収束していくのか，リーマン・ショック型の危機が訪れるのか，危機に対してアメリカ政府，FRBは対処できるのか注視していかなければならない．

補）　ドル体制下の人民元の「国際化」[13]

　中国当局はリーマン・ショック時から人民元の「国際化」を進めていく．こ

---

11)　本来は，経済格差是正のために，別途経済政策が十分に採用されるべきであった．
12)　拙書⑧の補章3「経常収支，金融収支とマネーストック」のIII参照．

のことがドル体制を浸食していくことになるのだろうか. 本書表 11-9 にあったように, 中国の貿易収支を中心とする経常黒字が急膨張していく中で投資収支の黒字（資金流入）があり, 本来は急激な人民元高が生じるところ, 継続的で大規模な当局の為替市場介入によって抑制されてきた（人民元相場は拙書⑧図 7-A 参照). そのことがドル準備保有の膨張をもたらし対米ファイナンスにつながっていたのである. ところが, リーマン・ショック時に中国のドル準備は大きな損失発生を蒙り, 中国当局はドル中心の国際通貨体制に異議を唱えるようになる.

　当局は「一国二制度」のもとでの香港（返還は 97 年）を通じて人民元の「国際化」を進めていく. ところが, 為替取引, 通貨, 対外金融取引等の面で強い諸規制を導入していたから, それらの諸規制の部分的緩和, 補正によって「管理」された人民元の「国際化」が図られていく.

　諸規制のうち決定的に重要なものは, 外国の銀行（「一国二制度」下の香港等の銀行も含む）が中国本土内の銀行に一覧払預金口座の設定・振替ができないという規制である[14]. この規制によって人民元の国際決済はきわめて困難な状況にあった. 従来, 中国の国際取引のほとんどはドル等の外貨建であったのである. そこで, 中国当局と香港当局は 2013 年 12 月に国有銀行である中国銀行の香港法人を「クリアリング銀行」に認定した. 香港の諸銀行は「クリアリング銀行」に人民元口座を設定できるようになり, 香港に持ち込まれた人民元をクリアリング銀行に預金ができ, 香港ドルに交換することができるようになった. しかし, 当初, 香港の諸銀行はクリアリング銀行に開設した人民元口座の振替による香港の銀行間の人民元決済は認められなかった. それが認可されるのは 10 年 7 月のことである. このことによって人民元の香港の銀行間融資, 香港の諸銀行の間での人民元・為替取引が可能となった.

　さらに, 中国当局は香港等の中国本土との貿易における人民元決済（クロスボーダー人民元決済）を認可する（09 年）. それまで香港等と中国本土との貿

---

13)　この補論は拙書⑧の第 7 章 II をもとに簡潔にしたものである.

14)　外国の銀行（香港銀行も含む）は本土内の銀行に一覧払預金口座をもてないから, 香港等における人民元もユーロダラー, ユーロ円と同じような「ユーロ人民元」ではない. 種々のルートで香港等に流出されたオフショア人民元である（拙書⑧ 213-214 ページ参照）. したがって, 人民元の短期の裁定取引等の金融取引はほとんど出来ない.

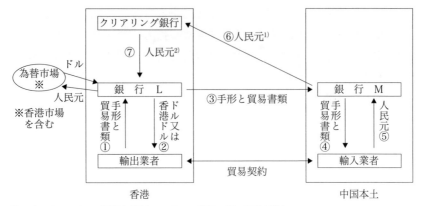

注：1) クリアリング銀行が銀行 M にもつ一覧払口座の残高が増加．
　　2) 銀行 L がクリアリング銀行にもつ一覧払口座の残高が増加．
出所：筆者作成．

図 13-1　香港から中国本土への輸出の人民元決済

易にもほとんどがドル建であった．クロスボーダー人民元決済の概要は図 13-1 に示されている．①香港の本土への輸出（かなりの部分は「中継貿易」）業者は手形（ほとんどはドル建）[15]と貿易書類を香港の銀行 (L) に持ち込み，②ドルを受け取る．③銀行 (L) は手形と貿易書類を本土の銀行 (M) に送付し，④銀行 (M) は本土の輸入業者に対して手形と貿易書類を呈示し，⑤輸入業者はドル・人民元相場で換算した人民元で代金を支払う．⑥銀行 (M) は香港のクリアリング銀行に人民元を支払うことになるが，それはクリアリング銀行が銀行 (M) にもつ人民元口座に銀行 (M) が輸入代金を振り込むことによって実行される．⑦香港のクリアリング銀行は香港の銀行 (L) の口座に輸出代金を振り込む．これで貿易決済が完了する．香港の銀行 (L) はドルの売持，人民元の買持になるが，香港外為市場において人民元の売，ドルの買を行なって持高を解消していく．したがって，中継貿易などで香港と本土との貿易が増加していくと，香港外為市場におけるドル/人民元の取引が増加していく[16]．

---

[15]　クロスボーダー人民元決済と言っても実際はドル建貿易である．取引されている商品自体はドル建であり，その決済を為替相場で換算して人民元で決済している（奥田・田中「2022 年 4 月の世界の外国為替市場と国際通貨」『立命館国際研究』36 巻 1 号，2023 年 6 月，285 ページ，またこの論文の注 43 を見られたい）．

以上は国際取引の決済についてであったが，次に対内外証券取引における「管理された国際化」を見よう[17]．当局は対内直接投資については規制をずっと緩和してきたが，対内外証券投資については全般的には厳正に規制したうえで，種々のライセンスを国内外の機関に与え，運用枠を設定し，枠内での対内外証券投資を認めていく．

特定の外国人投資家に国内の証券市場に参画するライセンスを供与し運用枠を与えるのが「適格外国機関投資家（QFII）制度」で02年に発足した．通常，海外投資家に認められなかった「A株」などへの投資が認められた．他方，中国国内の金融機関を通じて居住者が一定の運用枠内で対外証券投資を認める制度が「適格国内機関投資家（QDII）制度である（07年）．当初，人民元が上昇傾向にあったからQDIIファンドへの募集が困難になる現象が起きていた．また，香港等で人民元預金（オフショア人民元）が増加してくるのを受けて，「人民元建適格外国機関投資家（RQFII）制度」（11年），「人民元建適格国内機関投資家（RQDII）制度」が発足した（14年）．

このように中国の対内外証券投資は，先進諸国のそれのような自由に行えるものではなく，QFII，RQFIIのライセンスの認可，運用枠の配分には各国間の，各機関間の競争だけでなく，中国当局による各国への思惑が関与しているものと思われる．

さて，最後に世界の外為市場における人民元の地位を簡単に見ておこう．主には中国の貿易量の増大を受けて人民元の取引額がこの間増加してきた．世界の外為取引における通貨区分で，人民元は07年に20位であったのが，13年には9位，19年に8位，22年に5位（順位はドル，ユーロ，円，ポンド，人民元，オーストラリア・ドル，カナダ・ドルなど）に上昇している[18]．とはいえ，人民元の相手になる通貨はほとんどがドルであり，しかも，貿易に伴う為替取引がほとんどである．非居住者の人民元決済が不自由であるから金利裁定取引等の為替取引はほとんどない．

---

16) 同上論文，284-285ページ参照．
17) 拙書⑧217-219ページをもとにしている．
18) 奥田・田中，前掲「2022年4月の世界の外国為替市場と国際通貨」，2019年（奥田・田中），16年（奥田），13年（同），10年（同）についても，BIS，各国中銀の統計を利用した外為市場についての論稿を発表している（19年の論文の注1を見られたい）．

以上のように，リーマン・ショックの時期からその後にかけて，人民元の「国際化」が進行してきたが，当局によって強く管理されたものであり先進資本主義国の諸通貨のような国際化ではない．非居住者の人民元決済が不自由である通貨が，本来の国際通貨になり得ないだろう．どの国の居住者も国際決済が自由に行えてこそ，その通貨が国際通貨になれるのである．したがって，上にみてきたような人民元の「国際化」がドル体制を根本において動揺させることにはつながらないと言えよう．

2. ユーロ体制の持続性

(1) 南欧経済とソブリン不安への対応

前章で論じたように，統合通貨ユーロの安定は域内の諸国間の不均衡が一定の幅内にあることが1つの重要な要因となっている．ギリシャ危機から始まる南欧の経済不安がそれを示した．ユーロの通貨統合それ自体には，域内諸国の均衡化を進める要因は含まれていない[19]．域内の諸国間の不均衡が進めば，黒字国から赤字国への何らかの投資，資金移動が不可欠である．民間資金の移動（域内投資），TARGET Balances，ECB の融資などである．通貨統合からリーマン・ショックの時期までは民間投資が伸びていたが，リーマン・ショック時にそれが大きく減少し，TARGET Balances の増加（ドイツの債権，アイルランド，ギリシャ，ポルトガル，スペイン等の債務）が目立ち始めた．

ギリシャから始まった南欧経済不安の進展の際，ドイツからは TARGET Balances のあまりの急増に不満が高まった．ECB は TARGET Balances の公表を渋っていたが，ドイツ・ブンデスバンクは2011年3月に ECB に先んじて TARGET Balances の公表を行なった（Deutsche Bundesbank, *Monthly Report*, March 2011，本書の前掲図 12-3 がそれである）．やむを得ず ECB も *Monthly Bulletin* において同年10月に TARGET Balances について論じざるを得なくなった[20]（本書図 12-4 はその一部）．ブンデスバンクの言い分は，「ドイツは

---

19) 拙書⑦第6章の I，⑧第8章の IV，参照．

20) 詳しくは拙稿「ユーロ危機，対米ファイナンス，人民元建貿易などについて」『立命館国際研究』25巻1号，2012年6月の II の 2，ブンデスバンク月報（2011年3月）と

返済のない債権を積み重ねている」という趣旨である.

このような経緯のなかで，ECB は南欧の経済不安に対して欧州金融安定ファシリティ（EFSF，2010 年 6 月），その後継機関である欧州安定メカニズム（ESM，12 年 10 月）を設立し経済不安に対応しようとする．ESM の設立はドイツなどが求めていたものである．ECB は「リファイナンシング・オペ」を長期にして信用供与を行なうだけでなく，南欧等の国債の購入も始めた．それには ESM による支援と一体となってコンディショナリティが付随して，受入国は構造調整を求められることになった．ギリシャ等の国内では反発が強まりユーロ離脱の世論が高くなっていった．また，ドイツ等でギリシャ支援への忌避世論が高くなってくる．したがって，域内諸国間での国際収支の不均衡の進行はユーロ体制への不安を醸成する．

2014，15 年にもなると南欧経済不安はともかくも小康状態になってきたが，依然としてユーロ地域，とりわけ南欧諸国の経済停滞は続き，財政支出の増大が求められた．ところが南欧諸国の国債利回りは相対的に高くソブリン不安は残ったままであり，新規の国債発行は困難であった．このような状況を背景に，ユーロシステムは 2015 年 1 月に PSPP（Public Sector Purchase Programme, 公的部門買入プログラム）を導入することを決定し，同年 3 月実施が始まった．このプログラムについては「量的金融緩和」の視点から論じられることが多いが[21]，「量的金融緩和」が本当のネライであったのだろうか．

PSPP の第 1 のネライは，域内諸国，とりわけ南欧諸国の経済停滞の中で南欧各国の中央銀行が自国の以前に発行された国債を購入することにより，ギリシャ危機以来のイタリア，スペインなどのソブリン不安を解消し，新たな国債発行が可能な諸条件を作ろうとするものである[22]．このことを以下に示していこう．

PSPP は，ユーロ地域の各国中央銀行（ギリシャは除外）が自国の国債を一定額まで購入（それを補強するように ECB も一定額の購入）するというプロ

ECB 月報（2011 年 10 月）の文書（同論文 98-102 ページ，拙書⑧第 8 章注 12，270 ページ）も見られたい.

21）詳細は，拙書⑧第 9 章，272-273 ページ，291-292 ページ参照.

22）詳細は，⑧第 9 章参照.

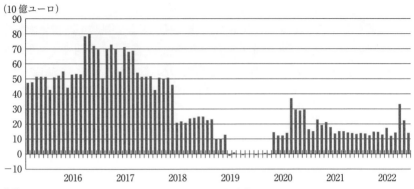

出所：ECB, *Asset purchase programmes*, April 10, 2023 より．

図 13-2　ユーロシステムの PSPP による月額購入額

ドイツ中銀		スペイン，イタリア等の中銀		ECB	
国　債 TARGET Balance	銀行の預金	国　債	銀行の預金 TARGET Balance	各国の 国　債	TARGET Balances

出所：筆者の作成．

図 13-3　各国の中銀，ECB のバランスシート

グラムである．15年3月に導入され，いったん18年12月に終了されたが，19年11月に再開され22年6月まで継続された（図13-2）．ECB の購入額は全体の8%で，各国中銀はECB 出資割合で自国の国債の購入額が定められた．したがって，ドイツ等の国債は堅調であったが，購入枠が決められた．また，各国中銀が購入する相手の金融機関は「ユーロ地域の金融機関」という理解もあったが，実際はユーロ地域外に所在している金融機関，例えばロンドンに拠点を置いている主要な銀行等も含まれた[23]．

　このような PSPP の実施により，域内各国の中央銀行，ECB のバランスシートの変化は図 13-3 のようになっていく．ドイツ中銀では，資産としてドイツ国債と TARGET Balance の資産が増大し，負債としては銀行等の預金が増加する．スペイン，イタリア等の中銀の資産としては自国の国債，負債として

---

23) 同上，274-275 ページ．

は銀行等の預金，TARGET Balance が増加する．また，ECB の資産は各国の国債が増加し，負債は TARGET Balances が増加する（⑧表9-D 参照）．ドイツ国債は健全であるが，スペイン，イタリア等の国債には不安があるのであるから，スペイン，イタリア等の中銀，ECB の資産は劣化する．

　域内各国中銀の資産において自国の国債保有が増大するのは当然であるが，TARGET Balance が増加するのは，また南欧経済不安の時期よりも大きくなったのは何故であろうか．この不均衡の拡大は域内諸国間の対外不均衡によるものではない．

　各国中央銀行が自国の金融機関から自国の国債を購入しても，自国の銀行等が中銀への当座預金を増大させるだけで TARGET Balance には変化はない．しかし，他国の金融機関（ドイツ等）から国債を購入した場合は，中央銀行の他国の金融機関への支払が生じ，債務の TARGET Balance が生まれる[24]．さらに，ロンドンに所在する金融機関等がユーロの決済口座をドイツ等の銀行に保有している場合，ロンドンに所在する金融機関等から国債を購入した中銀は TARGET を通じてドイツ等にあるその金融機関の口座に購入代金を支払わなければならず，債務の TARGET Balance が増加する[25]．このような次第で，PSPP の導入後，イタリア，スペイン等の債務の TARGET Balance が増大し，ドイツの債権の TARGET Balance が増大した．また，20 年に導入された PEPP（パンデミック緊急購入プログラム，22 年 3 月で終了）もあって，22 年まで各国の TARGET Balances が増加してきた．

　2015 年末以後の TARGET Balances の増大はこのような国債購入プログラムによるものであり，イタリア，スペイン等の経常収支悪化によるものではな

---

24)　例えば，イタリアの中銀が自国の国債をドイツの銀行から購入した場合，イタリア中銀のバランスシートの資産には国債が，負債には TARGET Balance が記帳され，ドイツの銀行のバランスシートは資産がイタリア国債からブンデスバンクへの当座預金に変わり，ブンデスバンクのバランスシートは，資産には TARGET Balance が，負債にはドイツの銀行の当座預金が記帳される．

25)　この場合，イタリア中銀のバランスシートは資産には国債が，負債には TARGET Balance が記帳され，ブンデスバンクの資産には TARGET Balance が，負債にはドイツの銀行の当座預金が記帳される．また，イギリス等の金融機関の資産がイタリア国債からドイツの銀行への預金に変わる．さらに，ドイツの銀行の資産にはブンデスバンクへの当座預金が，負債にはイギリスの銀行の預金が記帳される．

い．イタリア，スペイン等の中銀が自国国債を海外諸国から購入し，ドイツ，ルクセンブルク等へ支払資金の移動が進んでいる故の事態である．

　以上の PSPP が実施され，民間の諸機関が保有していた以前に発行された各国の国債の多くが各国の中央銀行によって購入されることによって南欧経済不安時のソブリン不安は緩和され，イタリア，スペイン等においても新たな国債発行の条件が作られてきた．域内各国の中銀が新たな国債発行の条件の形成のために，独自に自国国債を購入する政策を採用するような事態が生まれた場合，ECB の域内に統一的な金融政策の実施は困難になり，通貨統合の維持は危ぶまれる事態に進展する可能性もあったのである[26]．

　ところで，上に論じたように PSPP，PEPP によって域内各国の中銀には民間銀行の中銀当座預金の増加が生じるが，ECB はこのことにより各国の銀行の貸出が増加し，成長率が高まることも期待したのである．しかし，期待どおりの事態が進行しただろうか．簡単に記しておこう[27]．

　ユーロシステム（ECB と域内各国の中銀）の銀行等に対する負債は，PSPP によって 2014 年の 3182 億ユーロから 17 年に 1 兆 1858 億ユーロに大きく増加している（表 13-3）．しかし，ユーロ地域の銀行等による貸出残高は 14 年から 17 年にかけてほとんど伸びていない（表 13-4）．14 年から 17 年にかけて非金融企業向けも家計向けでも，貸出残高は 1.1% 以下の増加率である．それ故，表 13-5 で 14 年から 17 年の現金，M3 の変化を見ると，ユーロ地域のマネーストックは 14 年以来それほど増加していない．現金は 9695 億ユーロから 1 兆 1120 億ドルへ，M3 も家計部門の M3 が 5 兆 5577 億ユーロから 6 兆 3020 億ユーロへ，非金融企業の M3 が 1 兆 8451 億ユーロから 2 兆 2432 億ユーロへである．消費者物価上昇率は表 13-6 に示されている．ユーロ地域全体で 17 年に 1.5% になっているが，それ以前ははるかに低い率である．2% は達成されていない．また，各国別にも差異がある．

　そもそも，域内各国別のマネタリー・ベース，マネーストックというのはあ

---

26)　ユーロ地域の「共通財政」が実現していないもとでの中銀の国債購入は，このようなプログラムにならざるを得ないし，その結果，TARGET Balances のアンバランスに帰結せざるを得ない．

27)　拙書⑧ 280-291 ページ参照．

表 13-3 金融政策に伴うユーロシステムの証券保有と
銀行等に対する負債

(億ユーロ)

	2014	2015	2016	2017
証券保有[1]	2,172	8,031	16,540	23,860
銀行等に対する負債[2]	3,182	5,559	8,890	11,858

注：1) Securities held for monetary policies purpose.
　　2) Liabilities to euro area credit institutions related to momentary pol-
icy operations denominated in euro, Current accounts (covering the
minimum reserve system).
出所：ECB, *Annual Report* 各号の Consolidated balance sheet of the Eu-
rosystem より.

表 13-4 ユーロ地域の銀行等による非金融企業と家計への貸出残高

(億ユーロ)

	2014	2015	2016	2017	増加の比率[1]
非金融企業	42,996	42,902	43,136	43,250	1,006
家計	52,007	53,087	54,098	55,979	1,076
計	95,003	95,989	97,234	99,229	1,044

注：1) 2017年の2014年に対する比率.
出所：ECB, *Economic Bulletin*, Issue 3/2017 (2014), Issue 2/2018 (2015-17) の 5.4 (MFIs loans
to euro area non-financial corporations and households) より.

表 13-5 ユーロ地域のマネーストック

(億ユーロ)

	流通にある現金	非金融企業のM3の預金	家計部門のM3の預金	合計
2014	9,695	18,451	55,577	83,723
15	10,377	19,532	57,507	87,416
16	10,751	20,823	60,516	92,090
17	11,120	22,432	63,020	96,572

出所：ECB, *Economic Bulletin* の Statistics の 5.1 (現金), 5.2 (預
金), Issue 3/2017 (2014年), Issue 2/2018 (2015-17年).

表 13-6 消費者物価上昇率

(%)

	ECBの値（ユーロ地域の全体）		ブンデスバンクの値				
		食料品エネルギーを除く	ユーロ地域全体	ドイツ	フランス	イタリア	スペイン
2014	0.4	0.8	0.4	0.8	0.6	0.2	−0.2
15	0.0	0.8	0.0	0.1	0.1	0.1	−0.6
16	0.2	0.9	0.2	0.4	0.3	−0.1	−0.3
17	1.5	1.0	1.5	1.7	1.2	0.3	2.0

出所：ECB, *Economic Bulletin* の Statistics の 4.1, Deutsche Bundesbank, *Monthly Report* の Sta-
tistical Section の 1 の 3 より.

り得ない．ユーロ域内のインターバンク金融市場において資金移動には制限がなく活発であるし，現金も一覧払預金も国内の支払決済だけでなく他のユーロ諸国への支払にも使えるからである．しかし，各国別の多くの事情によって消費者物価上昇率は異なっている．とはいえ，ユーロ地域の全域においてPSPPによって銀行の貸出が伸長したということにはならず，ECBがPSPPの当初において期待した銀行等の貸出の増加，大きな物価上昇は不発に終わった．ソブリン不安の緩和と新たな国債発行の条件が少し進んだだけであるとほぼ言えよう．

(2) ロシアのウクライナ侵攻前後のユーロ地域の国際収支

① 2014年以後のユーロ地域の国際収支

ユーロ地域の国際収支を簡単に見ておこう[28]．ユーロ地域の域外・経常収支はリーマン・ショック時からギリシャ危機に始まる南欧不安が広がっていった2012年まで赤字が続いていたが，以後黒字に転化し黒字額が増加している（図13-4）．16，17年には3600〜3900億ユーロ弱になっている（拙書⑧表10-A）[29]．それに対応して域外・対外投資が増加している．外貨準備を除く「投資収支」では16，17年に3000〜4000億ユーロとなっている（同）．

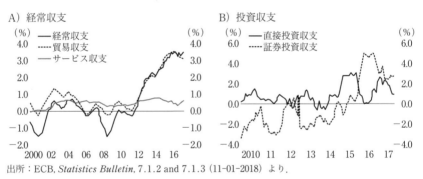

出所：ECB, *Statistics Bulletin*, 7.1.2 and 7.1.3 (11-01-2018) より．

図13-4 ユーロ地域の国際収支（12か月の累積取引額の対GDP比）

---

28) 詳しくは拙書⑧の第10章を見られたい．
29) 域外への輸出・輸入におけるユーロの比率は，輸出が60%弱，輸入が50%弱となっている（拙書⑧表10-D）．

391

表 13-7　アメリカのユーロ地域，アジア・パシフィック地域に対する
　　　　　収支[1]

(億ドル)

	ユーロ地域			アジア・パシフィック地域[2]		
	2015	2017	2019	2015	2017	2019
アメリカの債権	937	1,785	668	1,251	2,193	1,456
アメリカの債務	3,411	4,382	1,958	442	3,061	3,873
ネット額	−2,474	−2,597	−1,290	809	−868	−2,417
経常収支	−284	−239	−441	−5,134	−5,039	−5,136

注：1)　デリバティブを除く．
　　2)　中国，日本，オーストラリア，韓国，台湾を含む．
出所：*S.C.B.*, July 2017, July 2019, April 2020 より．

　経常収支全体の「地域区分」は，第1次所得の「支払」の区分が把握できな
いために，ECB は表示していない（⑧表 10-F）．域内諸国が発行した証券は持
ち手が転変していくから「支払」の正確な区分が把握できないのである．貿易
取引の地域区分はもちろん把握できる，2016年下半期から17年上半期までの
1年間の収支では，対米，対英黒字が大きく，対中赤字が出ている（⑧表 10-
F)．「投資収支」の同期間の地域区分は上に記したように証券投資収支の「負
債」が把握できないが，直接投資では対英投資が，アメリカのユーロ地域への
投資がかなりの額にのぼっており，証券投資（資産）では対米，対英，対日等
が大きくなっている．証券投資の資産では対米，次に対英投資が大きい（⑧表
10-H)[30]．アメリカの *SCB* の地域別国際収支の統計（表 13-7）では，15年か
ら19年にかけてユーロ地域に対する「アメリカの債務」（証券投資の負債につ
いては ECB が指摘している理由により不正確であろう）が「アメリカの債
権」を上回っており，ユーロ地域の対米ファイナンスが行なわれていると考え
てよいだろう．

②侵攻前のロシアからの輸入におけるユーロ建化

　ECB は 2007 年ごろにすでにユーロ地域，EU の原油輸入のユーロ建化につ
いて検討している[31]．また，オイルマネーの一部が 2000 年代前半期にユーロ

────────────

30)　12年末から17年末の証券投資の全資産のポジション変化が2兆9100億ユーロになっ
　　ているが，うち対米ポジションの変化は1兆2480億ユーロになっている（⑧表 10-I)．

に向かっていると，次のように指摘している．「2002 年以来，OPEC 諸国は原油からあがる富をドル建から一部ユーロ建に移し替えている．01 年の第 3 四半期は 12% であったのが，04 年第 2 四半期には 25% に上昇し，逆にドル建は 01 年の第 3 四半期に 75% であったのが，04 年の第 2 四半期に 61.5% になっている」[32]．しかし，それ以後，顕著な進展は見られなかった．

ところが，トランプ政権によるイラン制裁の復活で若干の動きがみられた[33]．イランはドルでの原油取引をユーロ建に切り替える動きを示し，イラン制裁に反対する中国は，2018 年に上海に原油先物市場を設立し，人民元建の原油取引を開始した[34]．イラン，中国以外にジャン＝クロード・ユンケル欧州委員長（当時）は「金融の対米依存を低減させるために，ユーロをドルと競合する世界の準備資産にしていく意思がある……EU はエネルギー輸入の 80% をドルで支払っている．それらの大半はロシア，湾岸諸国からの輸入である」と発言したという[35]．また，EU の他の高官は，「ホワイトハウスは，イランに対する新しい制裁に対して反対している欧州の企業をアメリカの金融制度から排除すると言って脅かしている……今年のイランからの原油輸入をドルからユーロに切り替えるだろう」と発言したという[36]．

以上のような動きはあったが，はっきりと原油取引のユーロ建化が進行しているのを確認できるのは，ロシアのウクライナ侵攻直前のロシアの EU への天然ガス・原油輸出のユーロ建化である．田中綾一氏はロシアの通貨別貿易・サービス収支を示して（表 13-8），ウクライナ侵攻直前にロシアの EU への輸出のユーロ建化が進行していることを明らかにしている[37]．ECB が 2007 年や 14

---

31) 拙書⑦第 5 章の注 3，15 を見られたい．

32) E. Mileva and N. Siegfried, *Oil Market Structure, Network Effects and the Choice of Currency for Oil Invoicing*, in ECB Occasional Paper Series, No. 77, Dec. 2007, p. 12.

33) 拙書⑦結章，347-348 ページ参照．

34) 『エコノミスト』2018 年 11 月 27 日，22 ページ．しかし，前章で見たように，人民元の国際決済に制約があること，原油取引には長期の貿易金融が伴い，人民元での貿易金融が窮屈であることから，人民元の原油取引は進んでいない．

35) *Financial Times*, アジア版，13 Sep. 2018, 『エコノミスト』2018 年 11 月 27 日，25 ページの市原繁男氏の論稿参照．

36) 同上．

37) 田中綾一「オイルマネーとドル体制のゆくえ」『駒澤大学経済学論集』第 55 巻第 2・3・4 合併号，2024 年 2 月．

表 13-8　ロシアの通貨別貿易・サービス収支
（ドル換算）

（10 億ドル）

	2013	2021
貿易・サービス収支	111.2	170.0
ルーブル建収支	−38.8	−27.4
ドル建収支	198.4	163.7
ユーロ建収支	−48.5	47.8
その他通貨建収支	0.1	−14.2

出所：田中綾一「オイルマネーとドル体制のゆくえ」『駒澤大学経済学論集』第 55 巻第 2・3・4 合併号，2024 年 2 月より．IMF, Balance of Payments and International Investment Position Statistics および Bank of Russia, Currency Composition of Settlements for Goods and Services のデータから田中氏が作成．

年の論稿[38]で論じた事態が対ロシアについては現実に進行しているのである．

　ただ，このことをもって対米ファイナンスが減少して，ドル体制を動揺させていると解釈するのは正しくないであろう[39]．ユーロ地域に限定して少し説明しよう．ウクライナ侵攻前におけるロシアのユーロ地域への天然ガス・原油等のユーロ建輸出は，ロシアのユーロ地域にある諸銀行の口座にユーロ残高を形成する．つまり，ユーロ地域はロシアに対するユーロ建支払があっても，それと同額のロシアに対するユーロ建債務（ロシアからみれば債権）が発生する．ユーロ地域のユーロ建輸入はファイナンスされるのである．

　以前のように，ロシアの輸出がドル建であれば，ユーロ地域はユーロをドルに転換して輸入代金を支払い（前に指摘したがユーロ地域はドル建黒字をもっていない——拙書⑥表 7-1，⑧表 10-D のユーロの貿易比率から計算——黒字はユーロ建で，ユーロをドルに転換しての支払によりその黒字が減少する），ロシアは在米銀行にドル残高を増やすことになる．このような支払になるから，ロシアのユーロ地域に対するドル建輸出はロシアの対米ファイナンスにつながることが明瞭であった．しかし，ロシアのユーロ建輸出は対米ファイナンスの有り様を変化させ，対米ファイナンスの姿が見えにくくなっている．

---

38)　拙書⑦第 5 章の注 3，15 参照．

39)　この点での以前の筆者の指摘——産油国の西欧等への輸出の一部がユーロ建になることがドル体制の後退につながる（⑧ 173，340 ページ）は不正確であった．より厳密に論じる必要がある．そのためには一般的な後退要因をいくつか挙げるのでは不十分で，ドル体制を動揺させる具体的な諸兆候，諸事情を踏まえた分析が必要であろう．

ユーロ地域はロシアからのユーロ建輸入に関する限り，ユーロ資金をドルに換えて支払う必要がなく，その分，ユーロ地域の他の諸国との貿易から生まれたユーロ建黒字はそのまま残る．ユーロ地域の貿易収支はリーマン・ショックの時期にほぼゼロになったが，以後，大きな黒字になっている（前掲図 13-4）．しかもその黒字はユーロ建である．貿易黒字（経常黒字）に見合ってユーロ地域の対外投資も伸びていく（⑧表 10-A）．しかし，その投資はネットでは外貨建にならざるを得ない．ユーロ建であれば，対外投資（資産）に対応する負債（ユーロ残高）が形成されてネットでは対外投資にならないからである．ドル，域外の西欧諸通貨，円等での対外投資となろう．多くはドル建投資となろう．また，域外の西欧諸通貨，円等での対外投資となれば，域外の西欧諸国，日本はその流入資金の一部を原資に対ドル投資となっていこう（域外西欧諸通貨，円等のドルへの転換が必要であるが）．ユーロ地域は，直接的に対米投資を行なうか（⑧表 10-H），あるいは迂回的にユーロ建黒字が対米投資の原資になっていく．ロシアからのユーロ建輸入が進行した 2020 年前後にドル為替相場が下落したことはない．対米ファイナンスが持続していたのである．

以上のようであるから，ユーロ地域のロシアからの輸入がドル建からユーロ建に変わっても最終的には世界各国のドル投資は全体としては減少せず，対米ファイナンスは続くのである．以前，マルクの，そしてユーロの欧州における基軸通貨化がドル体制を動揺させなかったことも思い起こす必要があろう．もちろん，いろいろな要因でもって世界の一次産品の過半が非ドル通貨で取引されるまでの状況になれば，他の諸事態も新たに生まれてドルが不安定になっていくことは予想される．そのような事態が生まれたときに，具体的に分析が必要であり，一般的なドル体制の後退諸要因を挙げることはいまのところ難しい．

さて，ウクライナ侵攻直前にユーロ地域へのロシアの天然ガス・原油の輸出のユーロ建化が進行したが，ウクライナ侵攻によってユーロ地域（EU）は天然ガス・原油の輸入先をロシアから他地域へ大きく転換している．どれほどの転換が進んでいるかは今後別途検討しなければならないが，次章で考察するロシア外国為替市場の現状から判断すれば，ユーロ地域（EU）のロシアからのユーロ建輸入額は 22 年当初の半分ぐらいに減少しているだろう．

③ウクライナ侵攻後の域内諸国の経常収支，貿易収支

　ロシアのウクライナ侵攻によってユーロ地域の経常収支，貿易収支はどのように変化したであろうか．2022年春のウクライナ侵攻によって貿易収支が急激に悪化し，経常収支が赤字になり，同年秋まで赤字幅が大きくなっている．しかし，23年に入ると貿易収支も黒字になり経常収支黒字が生まれている（図13-5）．ウクライナ侵攻に伴うユーロ地域全体の貿易収支，経常収支への影響は一時的であると考えてよいだろう．

　域内のイタリアの状況もほぼ同様の傾向がみられる．エネルギー関連の貿易収支赤字が21年央から増加しはじめ，22年の末にピークに達し，以後，改善がみられる．以上の推移に対応して貿易黒字が21年央から急激に減少しはじめ22年には赤字になっている．貿易収支の改善はエネルギー関連の収支改善に対応して，23年春には赤字幅は小さくなり，以後赤字は減少している（図13-6）．

　ギリシャの経常収支もほぼ同様の傾向で推移している．21年の経常収支赤字が72億ユーロ，22年のそれが106億ユーロに増加し，23年に70億ユーロ

出所：ECB, Press Release, Sep. 19, 2023 より．

図13-5　ユーロ地域の経常収支

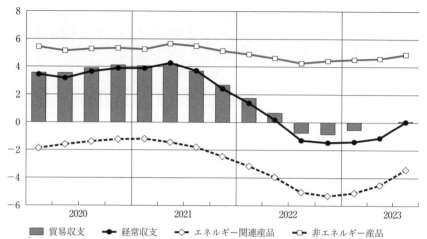

出所：Banca d'Italia, *The Italian economy in brief*, Number 10/2023, p. 7 より.

図 13-6 イタリアの経常収支（対 GDP 比）

表 13-9 ギリシャの国際収支[1]

（億ユーロ）

	2021	2022	2023
経常収支	−72	−106	−70
貿易収支	−133	−214	−180
オイル収支	−24	−64	−41

注：1) いずれの年も1〜7月.
出所：ギリシャ中銀，プレスリリース，2023年9月20日より.

である．貿易収支は133億ユーロ，214億ユーロ，180億ユーロとなっている（いずれの年も1月から7月の額）．22年に経常収支，貿易収支が悪化し，23年に改善傾向がみられる（表13-9）．イタリア，ギリシャは23年にも経常収支，貿易収支が赤字であるが，改善がみられる．

　ユーロ地域のロシアからの天然ガス・原油の輸入がどれぐらい減少しているのか，輸入先の変更，ロシアへの輸出の減少がどれほどになっているのか等の詳細は後日の検討が必要であるが，ロシアのウクライナ侵攻がユーロ地域の貿易収支，経常収支に与えた影響は比較的小さなものにとどまったといえよう．

第**14**章

ウクライナ侵攻後のロシアの貿易決済，
「一帯一路」とドル体制

はじめに

本章では2つのことを論じる．1つは，ロシアのウクライナ侵攻に伴うアメ
リカ，西側諸国の「制裁」，とくに為替取引における「制裁」によってロシア
の貿易決済がどのようになっているのか，その変化によってドル体制はどのよ
うな影響を受けているのかについて論じる．もう1つは中国の「一帯一路」の
概要を明らかにすることである．これもドル体制への影響が中心となる．これ
ら2つのことを明らかにすることで，ドル体制の今後についてそれなりの展望
をもつことができるであろう．

1. ロシアのウクライナ侵攻後の貿易決済と中国の銀行

ロシアのウクライナ侵攻に対してアメリカ政府は「制裁」として，ロシア中
央銀行の資産凍結，ロシアの主要な銀行のSWIFTからの排除，主要な銀行が
在米銀行に保有しているドル残高，預金の封鎖を実行した．EU諸国もほぼ同
様の制裁を科し，ロシアの銀行によるドル決済，ユーロ決済が極めて難しく
なった[1]．

ウクライナ侵攻前，ロシアの天然ガス・原油等の輸出と諸商品の輸入の決済

---

1) これらの「制裁」には「抜け道」もあるようで，「制裁」の範囲がどれほどのものに
なっているかの検討が今後必要であろう．「制裁」に加えられなかったロシアの一部の銀
行はドル決済，ユーロ決済を継続している可能性もある．「制裁」に伴うロシア当局の貿
易，為替統制がどのように行なわれているかも明らかにしていく必要があろう．

は大部分がドルで行なわれており，一部がユーロで行なわれていた[2]．ところが，侵攻後の制裁によってロシアの銀行によるそれらの決済が極めて困難な状況に陥った．それを代行するかのように，中国の銀行がロシアの貿易決済に重要な役割を果たすようになってくる．それは，侵攻後間もない時点で中露の国家間の協議と合意によるものと思われる．侵攻直後，ルーブル為替相場は急落したが，比較的早い時期にルーブルの変動幅が一定の幅に収まっていくのもその合意によるものであろう．

　本節においては，侵攻によってロシアの輸出入とその決済が，中国の銀行の役割とともにどのように変容していったのかを論述し，併せてドル体制，ユーロ体制がどのような影響を受けたのか，を論じていきたい[3]．

(1) 侵攻後のロシア外国為替市場の変容

　まず，ウクライナ侵攻によってロシア外国為替市場における諸取引がどのように変容しているかを確認しよう．表14-1を見られたい[4]．2022年2月にはルーブル/人民元の取引は「項目」にさえ挙げられていなかった[5]．ところが，23年2月，8月にはルーブル/人民元の取引が急増している．直物ではルーブル/ドルに次いで2位の取引額，為替スワップではルーブル/ドルを大きく上回り第1位の取引額になっている[6]．ルーブル/人民元の取引に反して，ルーブ

---

2) 奥田宏司・田中綾一「2022年4月の世界の外国為替市場と国際通貨」『立命館国際研究』36巻1号，2023年6月の表22を見られたい（本稿を以下では前稿と呼ぶ）．

3) 本節は以下の論文をもとに簡潔に論述している．奥田宏司・田中綾一「ロシアのウクライナ侵攻後の貿易決済と中国の銀行」『立命館国際研究』36巻3号，2024年2月（以下では「新稿」と呼ぶ）．

4) 侵攻後のロシア中央銀行によるロシア外為市場についての統計の公表については注3の新稿の「はじめに」を見られたい．

5) 表14-1は当該月の取引総額を示している．年月によって営業日数が異なり，日数によって傾向が異なることもありうる．そこで日数を示していこう．22年2月は19日，23年2月は18日，23年8月は23日．23年8月はやや多額の取引となろうが，全体的評価には影響がないであろう．なお，2022年4月の世界の外国為替取引についての分析は注2の前稿を参照．

6) UAE（アラブ首長国連邦）のディルハム，トルコ・リラも侵攻前と比べて取引が増加している（前掲，奥田・田中の新稿，第3表）が，人民元と比べると少額であり，ほとんどが直物である．人民元のような役割は果たせないが，ロシアとの政治的，経済的な関係は念頭に入れておこう．

表 14-1 ロシア外国為替市場における外為取引の推移

(各月あたり, 100万ドル)

	直物取引			アウトライト先物取引			為替スワップ取引		
	2022.2	2023.2	2023.8	2022.2	2023.2	2023.8	2022.2	2023.2	2023.8
対ルーブル取引									
ルーブル/ドル	376,613	82,590	136,513	37,116	7,292	15,460	424,379	75,947	73,707
Outright deals	245,640	48,791	95,873	29,771	4,746	7,297	151,603	23,398	27,995
対銀行	110,456	10,930	10,330	2,168	619	624	108,188	19,772	20,887
対その他の他金融機関	78,065	11,081	30,262	15,729	792	1,221	19,060	581	39
対非金融機関顧客	57,119	26,779	55,281	11,874	3,336	5,452	24,355	3,046	7,070
Deals through exchanges	130,973	33,800	40,639	4,691	2,506	8,162	219,208	52,549	45,712
ルーブル/ユーロ	82,986	52,949	49,673	9,033	1,732	1,718	84,146	36,926	46,363
Outright deals	63,290	34,384	35,564	8,824	1,459	1,305	23,172	13,374	15,680
対銀行	10,958	3,265	3,246	93	8	59	11,929	9,229	10,853
対その他の他金融機関	20,364	3,965	10,777	1,487	1,039	875	601	53	105
対非金融機関顧客	31,968	27,153	21,542	7,243	412	371	10,641	4,093	4,722
Deals through exchanges	19,695	18,565	14,110	206	274	413	53,099	23,552	30,683
ルーブル/人民元		46,039	85,651		1,975	3,512		103,427	172,831
Outright deals		18,925	34,393		1,589	3,206		9,911	16,837
対銀行		1,789	4,475		295	111		8,867	10,518
対その他の他金融機関		2,957	6,445			146		−	−
対非金融機関顧客		14,178	23,473		1,294	2,949		1,044	6,318
Deals through exchanges		27,114	51,258		357	306		93,515	155,994
小計	462,989	185,181	279,039	46,443	11,015	21,238	509,555	216,519	293,718
対ドル取引									
ドル/ユーロ	84,170	10,630	7,483	1,923	307	146	125,476	5,941	12,411
Outright deals	78,339	4,704	4,345	1,873	281	126	76,279	5,206	11,810
対銀行	62,409	3,231	2,689	765	−	−	63,822	4,837	11,356
対その他の他金融機関	2,352	369	1,388	220	2	−	9,727	−	167
対非金融機関顧客	13,578	1,104	268	887	219	126	2,729	368	286
Deals through exchanges	5,831	5,926	3,138	38	86	20	11,812	735	601
ドル/人民元	2,361	12,338	11,422	103	13	88	1,815	131	127
Outright deals	2,361	11,600	10,665	103	0.02	56	1,815	115	122
対銀行	2,027	6,041	4,872	103	−	−	1,661	15	61
対その他の他金融機関	99	2,052	1,870	0.1	−	−	145	100	−
対非金融機関顧客	235	3,506	3,924	−	0.02	56	9	−	60
Deals through exchanges	−	738	757		13	31	−	16	5
小計	100,341	26,287	22,923	2,161	320	235	146,862	7,169	13,943
全取引(すべての通貨)合計	569,163	212,650	305,052	48,984	11,336	21,515	668,663	224,058	308,006

注: −は取引なし. 2022.2 についてはルーブル/人民元の項目が存在しない. 小計および合計には表に記載されていない取引も含む.

出所: Bank of Russia, *Main indicators of foreign exchange market turnover of the Russian Federation (by Methodology of the Bank for International Settlements) 2022, 2023* の各号データより田中綾一氏が作成.

ル/ドルの取引額が大きな減少となっている．22年2月に対して23年8月は直物で36%，スワップで17%となっている．ルーブル/ユーロの取引も23年8月は直物で60%に，スワップで55%に減少している．先物取引は，侵攻前から取引額は大きくなかったが，ルーブル/ドルで減少幅は比較的小さく，ルーブル/人民元の取引はきわめて少ない．23年8月にもルーブル/ドルの取引の23%にとどまっている．

　この表14-1でもう1点，気にかかることは，それぞれの通貨の取引が「Outright deals」と「Deals through exchanges」に区分されていることである．ロシア中銀の外為取引の資料にはウクライナ侵攻前からDeals through exchangesという項目があるが，この項目に含まれている諸取引はどのような取引なのか，不明な点が多い．しかも，ウクライナ侵攻後，その取引が増大している．ルーブル/人民元の取引で特に増大している．

　23年8月における取引のうちDeals through exchangesは，ルーブル/人民元の直物で60%，スワップで90%，ルーブル/ドルでは直物で30%，スワップで62%となっている．このようにルーブル/人民元の取引でDeals through exchangesの比率が高くなっているのは「制裁」の一環としてロシアの銀行がSWIFTから排除されたからであろう．多くの為替取引の諸連絡・諸通知が十分にできなくなり，決済に行き着くまでの「整理」がつきにくくなって，ごくごく一部は「取引所での交換」（＝exchanges）が行なわれたり，SWIFTに代わる中露の決済機関を利用した取引が増大しているからであろう．Deals through exchangesの表示では銀行間取引，銀行の非銀行・金融機関との取引，銀行の非金融機関との取引の区別は示されていない．今後もDeals through exchangesはどのような取引であるかを解明する作業を続けなければならないが，今のところ，上のように推定できよう[7]．

　侵攻後のロシア外為市場の取引でもう1点，重要な事柄を指摘しておかなければならない．それは，スワップ取引においてスワップ期間が短くなっている

　7）Deals through exchangesに関連して，ロシア中銀は，外為取引の「形態別内訳」を示している（奥田・田中の新稿の第5表参照）．これによると，Deals through exchangesの取引は，全額「電子取引」のうちの「間接取引」（その他電子・通信手段）となっている．

401

表 14-2 ロシア外国為替市場における先物取引，スワップ取引の先物期間，
スワップ期間（7 日以内の取引額と割合）

(100 万ドル，%)

	アウトライト先物取引						為替スワップ取引					
	2022. 2		2023. 2		2023. 8		2022. 2		2023. 2		2023. 8	
	取引額	割合	取引額	割合	取引額	割合	取引額	割合	取引額	割合	取引額	割合
ルーブル/ドル	37,116		7.292		15,460		424,378		75,947		73,707	
うち7日以内	8,460	22.8	536	7.4	695	4.5	401,645	94.6	74,299	97.8	72,728	98.7
ルーブル/ユーロ	9,033		1.732		1.718		84,146		36,926		46,363	
うち7日以内	655	7.2	530	30.6	7	0.4	81,349	96.7	36,526	98.9	46,240	99.7
ルーブル/人民元	項目なし		1.975		3.512		項目なし		103,427		172,831	
うち7日以内			64	3.2	152	4.3			102,054	98.7	171,255	99.1
ドル/ユーロ	37,116		7.292		15,460		424,379		75,947		73,707	
うち7日以内	8,460	31.9	536	5.9	695	0.2	401,645	81.4	74,299	93.8	72,728	97.8
ドル/人民元	103		13		88		1,815		131		127	
うち7日以内	4	3.4	—	—	—	—	1,423	78.4	31	23.9	127	100

注：取引額は1か月あたり．—は値なし．2022.2 については人民元の項目が存在しない．
出所：同上資料より田中氏が作成．

ことである[8]．その理由についてはのちに述べることにして，表 14-2 を見よ
う．

　ウクライナ侵攻前からロシア市場においてはスワップ期間は短いものであっ
た[9]が，侵攻後さらに短くなった．23 年 8 月にスワップの取引で最大になって
いるルーブル/人民元の取引でスワップ期間が 7 日以内になっているのは
99.1%，次に取引額が大きいルーブル/ドルでは 7 日以内が 98.7% となってい
る．ルーブル/ユーロも 99.7% である．ロシア市場におけるスワップ取引では
ほとんどが 7 日以内のスワップ期間となっている．

---

8)　先物取引については取引額自体が小さい．
9)　22 年 2 月のロシア市場ではルーブル/ドルの 7 日以内が 94.6%，ルーブル/ユーロでは
96.7% であった．2022 年 4 月の BIS の *Triennial Central Bank Survey* (Dec., 2022, Ta-
ble 2.5) をみても，全世界のスワップ取引でスワップ期間が 7 日以内になっているのは
70% 強である．

(2) ロシアの貿易決済と中国の銀行

この項では，上で示されたロシアの外国為替市場での取引実態を踏まえて，ロシアのウクライナ侵攻前後においてロシアの貿易決済の状況がどのように変化しているかを明らかにしよう．このように貿易決済の変化が課題であるから，逆為替を利用した貿易決済に立ち戻って検討しなければならないだろう（図14-1参照）．

ロシアの天然ガス・原油等の輸出業者はルーブル建での輸出でない限り，銀行に対して外貨を売ってルーブルを得る[10]（貿易金融については後述）．図14-1の①②である．表14-1によると，侵攻前，非金融顧客がルーブルを対価に取引している外貨はほとんどがドルとユーロである．人民元は項目として示され

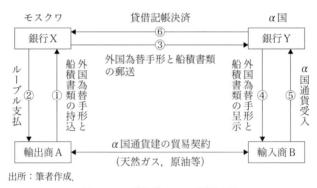

出所：筆者作成．

図 14-1 逆為替による貿易決済

---

10) 何らかの外国為替取引が生じるが，それが直物なのか，先物なのか，スワップなのかは，逆為替の例では示されない．また，輸入側が外貨建で輸入している場合，自国通貨と輸入に使われている外貨との顧客取引が行なわれる．以上のことを指摘したうえで，ウクライナ侵攻後の「制裁」が課せられた以後の事態として以下のことが重要であろう．通常時には貿易取引以外に短期の金融取引にも為替取引，とくにスワップ取引が多く行なわれるが，「制裁」を受けているなかで金融取引のための為替取引は大きく減少して，為替取引の大部分は貿易関係になっているであろう．また，そもそも「制裁」前からルーブルと人民元の間の金融取引は，人民元の決済の困難性から限られていたであろう（22年2月の外為市場統計を見てもルーブル/人民元の取引は少額である）．侵攻前のロシアの短期金融取引のほとんどは，ルーブルとドル，次いでユーロとのもの，ドルとユーロとのものであったろう．侵攻後，ルーブルと人民元の間の金融取引が増加したとは考えられない．

ず「その他」に入れられている．顧客が人民元を売ってルーブルを買っている額は少額で，22年2月の外為取引統計を見ると，ロシアの輸出においてドル，ユーロ以外の通貨はかなり少額だと考えられる．

ところが，ウクライナ侵攻後1年6か月が過ぎた23年8月のロシア中銀の外為取引の統計を見ると，ルーブルとの取引額（直物，先物，スワップを合わせた額）の大きいのは人民元，ドル，ユーロの順になっており（ドルの減少幅が特に大きい──その理由は後述），その他通貨はとるに足らない額になっている．前項で記したように侵攻後，Deals through exchanges の取引が大きくなっており顧客取引の額が鮮明にならないが，ロシアの貿易はほとんどこの3通貨によって行なわれているものと考えられる．以下では，3つのそれぞれの通貨でのロシアの貿易取引に銀行がどのように関与しているのかを示していこう．

第1は，ロシアの中国向け天然ガス・原油等の人民元建輸出である．表14-1によると，直物，先物，スワップの合計でルーブルを対価とするドルの取引額よりも人民元の取引額が大きくなっている．ウクライナ侵攻後の新たな事態である．筆者は，前稿の注42において，中国との「バーター的」な天然ガス・原油等の貿易について記したが，これがこの場合に当てはまる．ウクライナ侵攻前，ロシア市場でルーブルと人民元の外為取引が極めて少ないからロシアの中国への輸出はほとんどがドル建であったと考えられるが，侵攻後，中国への輸出のほとんどが人民元建になっているのである．ロシアの中国との貿易とそれ以外の諸国との貿易の場合とでは異なるパターンがみられるであろう．前の2つの統計で見る限り，ウクライナ侵攻後，ロシア外国為替市場で人民元以外に取引額がこれほど大きくなった通貨はない．ロシアの中国との貿易とそれ以外の諸国の貿易とは区別して考えるのが適切であると考えられる．

ロシアの中国への天然ガス・原油等の輸出企業は人民元建で輸出し，ロシアの中国からの輸入業者は人民元で支払う．輸出も輸入も人民元建になっている．ロシアの輸出業者はロシアの諸銀行（一部中国の銀行のロシア支店も）に対して人民元を売りルーブルを買う（図14-2の①──輸出に伴う貿易金融については後述）．他方，ロシアの諸銀行（一部は中国の銀行）は中国から種々の商品を輸入している企業に対してルーブルを対価に人民元を売る（同図の②）．こ

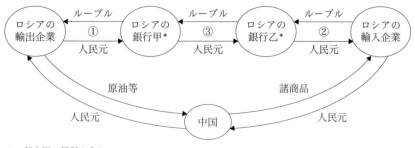

＊一部中国の銀行を含む．
出所：筆者作成．

図 14-2　中国との人民元建貿易

の過程でロシアの銀行どうしのルーブル/人民元の取引が生まれよう（同図の③）．

　以上のロシアの中国との「バーター」的な貿易取引，人民元建輸出がロシアの輸出のうちのどれぐらいの比率を占めているのかは正確にはわからないが，ウクライナ侵攻後かなり高くなっているだろう．「バーター」的な貿易取引によって，ロシアの外国為替市場の顧客市場，銀行間市場においてルーブル/人民元の取引額が増加する．とはいえ，これらの為替取引のかなりの部分が Deals through exchanges の中に含まれている．

　ところで，以上の為替取引が行なわれるとするとロシアの銀行は決済用の人民元の口座を保有していなければならない．ここで問題になるのは，ロシアの銀行がどのように人民元の一覧払口座を保有しているかである．中国当局は，今日でも外国の銀行（「一国二制度」の香港等の銀行も含めて）が国内の銀行に一覧払口座を保有することを認めていない．したがって，人民元建の国際取引は，先進諸国通貨はもちろん途上国の多くの通貨のようには国際決済ができない．そこで，中国当局は，いくつかの国，地域における中国の銀行の現地法人あるいは海外支店を「クリアリング銀行」に認定して，中国・国内銀行を利用した人民元決済に「代行」させる方策を採用していった．香港の返還（97年）後，03 年になって中国当局は中国銀行の香港現地法人を「クリアリング銀行」に認定し，香港の諸銀行は「クリアリング銀行」に人民元口座を設定し，それを通じて香港において人民元決済ができるようになった[11]．モスクワに

「クリアリング銀行」が認定されるのは 2016 年である．この認定によりロシアの諸銀行は「クリアリング銀行」に一覧払・人民元口座を設定し決済ができるようになった．

次は，ロシアのドル建輸出である．中国及びユーロ地域とその周辺国を除く地域との貿易においては依然として大部分ドルが利用されているであろう．しかし，ウクライナ侵攻前には中国への輸出においてもドル建がほとんどであったのが，侵攻後，その部分は人民元建に変えられ，ロシアのドル建輸出は大きく減少した．とはいえ，天然ガス，原油，小麦等の一次産品は国際的にドル建で多くが取引されており，さらに，上に記したように海外の銀行が中国本土内の銀行に人民元の一覧払口座を保有できず人民元の国際決済は難しいから，これらの地域（日本も含む）へはドル建の輸出が続いている．

逆為替の前掲図 14-1 を使ってドル建貿易の決済を考えよう（α 国通貨がドルに替わる）．α 国がロシアからドル建で天然ガス・原油等を輸入した場合，ロシアの輸出商 (A) は，アメリカの「制裁」によってロシアの銀行を通じてのドル決済が難しくなったから，ロシアの銀行に代わってモスクワ等，ロシアに所在する中国の銀行の支店 (X) に貿易手形と船積書類を持ち込み（図 14-1 の①），ルーブル／ドル相場で換算してルーブルで輸出代金の支払を受ける（②，対顧客・為替取引）．この場合，中国の銀行 X がロシアの銀行にルーブルの一覧払口座を保有していることが前提で，実際，保有している．中国の銀行 (X) は貿易手形と船積書類を α 国の銀行 (Y) に送り（③），銀行 Y はそれらを輸入業者 (B) に呈示する（④）．輸入商 B はドルで輸入代金を支払う（⑤，α はアメリカではないから α 国で α 通貨とドルとの顧客・為替取引が伴う）．

最後に銀行 X と銀行 Y のドルの国際決済であるが，決済が行なわれるためには銀行 X と銀行 Y がともに在米銀行に一覧払預金口座を保有していることが前提である．アメリカ政府の「制裁」は中国の銀行にまで及んでいないから，モスクワ等に所在する中国の銀行 X は在米銀行に一覧払預金口座を保有して

11）　しかし，香港の諸銀行どうしで「クリアリング銀行」にある人民元口座の振替によって人民元決済が認められるのは 2010 年 7 月になってからである．奥田『国際通貨体制の動向』日本経済評論社，2017 年，207-215 ページ，奥田『国際通貨体制の論理と体系』法律文化社，2020 年，212-217 ページ．

＊一部ロシアの銀行．
出所：筆者作成．

図14-3　ドル建決済(1)

いる．あるいは，本土の銀行が口座を有している．α国の銀行であるYも在米銀行に一覧払預金口座を保有しており，銀行Yの残高から輸入代金が引き落とされ，銀行Xの口座あるいは中国本土の銀行に振り込まれる（⑥）．これで，ロシアのドル建・輸出の国際決済は一応完了する．しかし，中国の銀行Xにはドルの買持，ルーブルの売持が発生している．これらの持高が解消されなければならない．持高の解消が滞れば，図14-1の逆為替による貿易決済は進まないだろう．ドル建貿易にはいくつかの例が考えられ，それによって持高の解消も異なってこよう．

第1例は，図14-3のようなドル建輸出とドル建輸入の取引である．ロシアの多くの銀行はドル決済ができないから，代わって「制裁」を受けていない中国の銀行のロシア支店等（一部「制裁」を受けていないロシアの銀行）がロシアの輸出企業からドルを買い，ルーブルを売る為替取引を行ない，ロシアのドル建輸入業者に対してはドルを売り，ルーブル買の取引を行なう．このような取引では，すべての為替取引はルーブル/ドルとなる．しかし，ロシアの銀行が参加できる余地が狭くなり，さらに，アメリカ，西欧，日本等のロシアに対する輸出は制裁によって落ち込んで，ロシアのドル建輸入は従来の額よりも大きく減少しているだろう．しかし，ロシアの日本，西欧等からのドル建輸入が完全にストップしていないし，途上国からの輸入も続いているだろう．このような貿易・為替取引は一定額続いている．ただ，かなりの部分，ロシアの銀行に代わって中国の銀行がドル建決済に関与している．ドル建輸出額と輸入額に差異がある場合持高が生まれるが，持高調整ができるドル/ルーブルの市場がロシアにも他の市場でも規模が小さくなってきているので以下のようになろう．輸出額が多い場合はその超過分は中国との貿易にもドル建で行なわれるであろう．輸入額が多い場合は輸出額に見合うように次第に輸入額が減少していくで

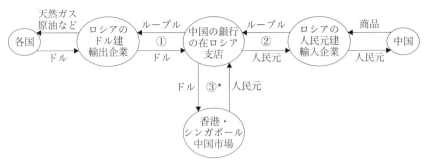

＊中国の銀行の在ロシア支店以外に中国本土内の銀行の取引を含む．
出所：筆者作成．

図 14-4　ドル建決済(2)

あろう．

　次に考えられるのが図 14-4 のような取引である．アメリカ，西欧，日本等の対ロシア輸出が「制裁」の対象になり，代わってロシアは中国からの輸入に振り替えている場合である．ロシアの銀行に代わって中国のモスクワ支店等が天然ガス，原油等のドル建・輸出企業に対して，ルーブルを売りドルを買う (①)．さらに，中国の銀行は中国から諸商品を輸入しているロシアの輸入業者に対してルーブルを対価に人民元を売る (②)．これらの貿易・為替取引が行なわれると，中国の銀行にはドルの買持が残る．ロシアに所在する中国の銀行の支店は，直接，香港，シンガポール等の外為市場へドルを売り，人民元を買うか，あるいは，中国本土にある本店等の銀行を介して中国市場も含め諸市場においてドルを売り，人民元を買うであろう (③)[12]．かくして，持高も

---

12) ロシア支店が，直接，香港，シンガポール外為市場へドル売・人民元買を行なえば，ロシア外為市場におけるドル/人民元の取引が増加する（ネット・グロス取引——BIS 基準の統計では，ロシアの銀行が一方にしかならない取引もロシア市場に入れられる）．しかも，その取引は Deals through exchanges の取引とはならず，Outright deals における「with banks（新稿第 1 表，第 2 表の「対銀行」）」に区分されよう．他方，中国の本土の銀行を介して行なわれるドル売，人民元の買いの取引はロシア外為市場の取引には含まれない（中国外為市場の取引となる）．したがって，ロシア外為市場におけるドル/人民元の為替取引の額は比較的に少額になる．ロシア中銀の統計を見る限り，ロシア市場におけるドル/人民元の銀行間取引はそれほど大きな額になっていない（直物 49 億ドル，スワップ 6100 万ドル，23 年 8 月，前掲の奥田・田中の新稿の第 1 表参照）．中国の本店等の銀行を介してドル売，人民元買が行なわれている部分がかなりの額になっているものと考えられる．

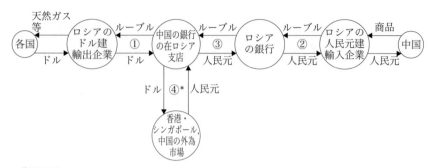

＊前図と同じ．
出所：筆者作成．

図 14-5　ドル建決済(3)

解消されるのであるが，ロシアの銀行の参加の余地が狭い[13]．ロシア当局はロシアの中国からの輸入においてはロシアの銀行の関与を求めるであろう．したがって，図 14-5 のような貿易，為替取引も進展するだろう．

図 14-5 の①の為替取引のあと，中国の銀行はロシアの銀行に対して人民元を売りルーブルを買う（③）．ロシアの銀行はロシアの中国からの輸入業者に対して人民元を売り，ルーブルを買う（②）．中国の銀行のモスクワ支店等はドルの買持をもつが，香港，シンガポール等の外為市場へドルを売り，人民元を買うか，あるいは，中国本土にある本店等の銀行を介して中国市場も含め諸市場においてドルを売り，人民元を買うであろう（④）[14]．いずれにしても，中国の銀行によるドル／人民元の取引はロシアに所在する支店による独自の取引というよりも，中国の銀行の本店との連携で行なわれているのであろう．

このように，「制裁」以後のロシアのドル建・貿易取引，為替取引にはいくつかの例が考えられる．図 14-3 のようなロシアのドル建・輸出と輸入が「制裁」によって大きく減少しながら継続し，その減少分を中国との貿易取引が補う形で図 14-4，図 14-5 が進行していよう．

---

13) 図 14-4 においては中国の銀行としたが，「制裁」を受けていないロシアの銀行が関与することも想定される．しかし，ロシア外為市場におけるドル／人民元の銀行間取引はそれほど多くなく（前注参照），ロシアの銀行にとっては持高の解消は容易ではないだろう．ロシアの銀行のこの取引への関与はそれほど多くはないものと思われる．

14) 前注参照．

第 14 章　ウクライナ侵攻後のロシアの貿易決済，「一帯一路」とドル体制　　409

　次に，ユーロ地域および周辺国との貿易について述べよう．田中綾一氏の論稿によると，2020 年代のウクライナ侵攻前になってくるとロシアの EU 向けの天然ガス・原油等の輸出においてユーロ建が伸長してくる[15]．おそらくロシアの政治的意図とユーロ地域の利益[16]の一致からであろうと思われる．表14-1 の 22 年 2 月をみても，ユーロ建化の進展が確認できる．ルーブル/ユーロの取引は，直物，先物，スワップのそれぞれでルーブル/ドルの取引の 4 分の 1 を少し下回る規模になっている．

　この EU 向けのユーロ建輸出がウクライナ侵攻後どのようになっているかであるが，「制裁」によってロシアの銀行によるユーロ決済に大きな制約が課せられたから，先に見たドル決済と同様にロシアの銀行に代わって中国等の銀行がかなりの部分，代行しているものと思われる．ロシアの EU への輸出業者は中国等の銀行（一部「制裁」から除外されたロシアの銀行）に対してユーロをルーブルに換える．逆にロシアの EU からの輸入業者は中国等の銀行（一部ロシアの銀行）に対してルーブルをユーロに換える（図 14-3 の「各国」が EU に変わり，ドルがユーロに変わる）．表 14-1 の 23 年 8 月を見ると，ルーブル/ユーロの取引は，直物，スワップのそれぞれでルーブル/ドルの取引の半分前後になっている．それでも，22 年 2 月と比べると，ルーブル/ユーロの取引は半分強に減少している（落ち込みの割合はドルよりも低い）[17]．直物は 830 億

---

15)　田中綾一「オイルマネーとドル体制のゆくえ」『駒澤大学経済学論集』55 巻 2・3・4合併号，2014 年 2 月．この EU のロシアからの輸入がユーロ建になっても対米ファイナンスの額がすぐに減少すると考えてはならない（第 13 章第 2 節，391-394 ページをみられたい）．

16)　前章でもみたように 2007，14 年に ECB は原油取引のユーロ建化，オイルマネーのユーロ建化について検討している（拙書⑦第 5 章の注 3 と注 15 を見られたい）．ユーロ地域は，「自国」通貨で輸入できるから為替変動のリスクをもたないし，原油輸入のファイナンスが容易であるばかりか，ユーロ地域のユーロ金融市場が拡大しユーロの地位を高めることができる．また，2018 年のイランに対するアメリカ政府の「制裁」の際，「制裁」に反対して EU 等の首脳は「脱ドル化」について言及している（拙書⑧ 348 ページ参照）．

17)　ウクライナ侵攻前，中国への輸出においてユーロ建はごく限られていたから，侵攻後におけるユーロ建輸出の減少もドル建輸出の減少ほどではない．中国への輸出においてユーロ建化が進行していたとすれば侵攻後，それは人民元建になり大きく減少していたであろう．ユーロ建の額が減少しているのは主には本文に記した諸理由からである．

ドルから 497 億ドル，スワップは 841 億ドルから 464 億ドルに．ユーロ地域と
周辺国はロシアからの天然ガス・原油等の輸入を他地域からの輸入に転換した
り，再生エネルギーに転換しているからであり，ロシアへの種々の商品の輸出
も「制裁」の対象になっているからである．

　「制裁」を受けてロシアの貿易量は減少しつつも貿易決済は以上のような諸
類型をとりながら進行している．ルーブルの為替相場も侵攻直後は大きく下落
したが，その後，決済の諸類型が出来上がってくるとともに下落幅は一定の範
囲に収まっている．とはいえ，ロシアの貿易決済の諸類型の形成には中国の銀
行の関与が不可欠であり，侵攻後の早い時点での中露の国家間の協議と一定の
合意が得られているのであろう．また，そのような合意を受けて，中国の銀行
のロシア支店は本店と連携しながら為替取引を行なっているものと考えられる．

(3)　ロシアの貿易決済とスワップ取引，貿易金融

　ウクライナ侵攻後，「制裁」を受けてロシアの貿易量が減少してロシア外為
市場の取引額が大きく減少したが，とくにアウトライト先物取引が大きく減少
し，同時にスワップ取引のスワップ期間も短縮傾向がみられる．表 14-1 によ
れば，22 年 2 月にはルーブル/ドルの先物取引は 371 億ドルであったのが，23
年 8 月には 155 億ドルと減少し，ルーブル/人民元も 35 億ドル，ルーブル/ユ
ーロも 17 億ドルにとどまっている．スワップ取引は 22 年 2 月，ルーブル/ド
ルで 4244 億ドル，ルーブル/ユーロで 841 億ドル，計 5085 億ドルであったの
が，23 年 8 月にはルーブル/ドルで 737 億ドル，ルーブル/人民元で 1728 億ド
ル，ルーブル/ユーロで 463 億ドル，計 2928 億ドル，58％ に減少している．
同時にスワップ期間も前に見たように短縮している．

　以上の事態が進んでいるのには，以下のことが考えられる．図 14-2〜14-5
における為替取引では最終的には持高は生まれていない．解消されている．し
かし，実際にはそれぞれの為替取引にはタイムラグがあり，短期間でみれば持
高が発生している．為替スワップ取引が必要になるだろう．例えば，図 14-2
における①と②の為替取引にはタイムラグがあろう．そうすると，持高を避け
るために③の銀行間為替取引はスワップ期間の短い為替スワップ取引を伴いな
がらの直物取引になろう[18]．図 14-3 でも同じであろう．①の為替取引と②の

為替取引は時間的にズレて，中国の諸銀行間の取引ではスワップ取引を伴っているであろう（図示はしていないが①の取引を行なう中国の銀行と②を行なう中国の銀行の間でスワップ取引を伴った直物取引が行なわれる）．しかし，図14-4，図14-5の例ではルーブル/ドルの取引は①の顧客取引のみであり，スワップ取引は少なくなる．ルーブル/ドルの取引でスワップ取引が少ないのはこのような理由であろう．逆に，これらの図ではルーブル/人民元の取引が加わるからルーブル/人民元の銀行間為替取引（図示していないが）が発生して，ルーブル/人民元のスワップ取引が増加する．

　また，図14-5において中国の銀行が①の取引を行なうためには，中国の銀行はルーブルを保有していなければならないが，ルーブルの持高を避けるために中国の銀行は③の取引によってルーブルを買い，①の取引でただちにルーブルを売る．あるいは，①の取引が行なわれることを前提にして③の取引を進めようとする（中国の銀行にとってのドル，ユーロの高い選好とルーブルの低い選好）．図14-4の例でも同じである．このように，中国の銀行はルーブルの買持の額を少なくしようとするし，直物持高と先物持高から構成される「総合持高」を，とくにルーブルの買持を避けるために先物期間の短いものにしようとしているであろう．ロシアへの「制裁」があるなか，中国の銀行には国際決済性が落ちているルーブルで長い期間の先物取引，スワップ取引を行なうにはリスクが伴うのである．ルーブル/人民元の取引でもルーブルの持高を避けようとするであろう．中国の銀行はこうしたことを意図し，ロシア外為市場全体のスワップ期間の短縮化が進行しているのであろう．

　ところで，原油，天然ガス等の一次産品の貿易には，工業製品の貿易よりも長い期間の貿易金融が不可欠である[19]．それらが輸入されて消費が可能な諸商品に転換されるまでには一定の期間が必要であるからである．日本の原油輸

---

18)　例えば，図14-2において①の取引が10月26日に行なわれ，②の取引が10月30日に行なわれるとすれば，ロシアの銀行甲は26日にスワップ取引を行なう．ロシア外為市場に対して甲銀行は直物で人民元売・ルーブル買，先物（30日に実行）で人民元買・ルーブル売を行なう（直物と先物の総合では持高が生まれていない）．甲銀行は30日に乙銀行に対して直物で人民元を売り，ルーブルを買う．

19)　貿易金融については，拙書『日本の国際金融とドル・円』青木書店，1992年，第1部「戦後日本の貿易金融」を見られたい．

入では全体で 6 か月以上 1 年近い貿易為替金融の期間が必要になっている[20]. 通常, それらの輸出ではそのうちのはじめの 1 か月から数か月は, 輸出業者が期限付手形によって輸入業者に貿易金融を供与する (輸出業者が自己の負担で与えるユーザンス). その後の貿易金融は輸入側が銀行等から受ける. 期限後の貿易金融については, ロシアの輸出が人民元での中国向けであるか, ドル, ユーロでのその他諸国向けの輸出であるかによって少し異なろう (後述).

　ロシアの中国への人民元での天然ガス, 原油等の輸出においてもロシアの輸出企業は 1 か月あるいは数か月の期限付貿易手形を銀行に持ち込んでいるだろう. その際, 輸出企業は直物, アウトライト先物, スワップのうちどのような為替取引を行なうだろうか. どの為替取引を行なうかには貿易金融が関係しているだろう. ルーブルと人民元の為替取引ではスワップが一番多く (66%), 次が直物 (33%) で, 先物は 1% と極めて少ない (表 14-1, 23 年 8 月)[21].

　先物取引になるのは, 手形の期限まで輸出企業が自己負担で輸入業者にユーザンスを供与する場合, つまり銀行等から貿易金融を受けない場合である. しかし, 上にみたように先物取引はほとんどないから, 輸出企業が自己負担でユーザンスを供与しているのではないだろう. そうすると, 輸出企業は直物かスワップの取引となるが, 直物が大半でスワップは少額であろう. というのは, スワップ期間が 7 日以内であるからである. 7 日以内というのは, 貿易手形が輸入側に届くまでの期間であろう. スワップ期間が 1〜数か月であれば, 輸出企業が自己負担でユーザンスを供与すること, 貿易金融を受けることから免れるので意味があるが, 輸出企業には 7 日以内のスワップ期間では意味がほとんどないからである. スワップ取引が行なわれるのは, すでに見たように銀行間の取引である.

　相手の輸入企業が貿易手形の引受けを行なったことを確認して, 銀行は輸出企業に対して貿易手形を割引くことによって貿易金融を供与しているのであろう[22]. 輸出企業が期限付手形によって行なった人民元ユーザンスの銀行によ

---

20)　拙書⑦の図 11-4 (原油輸入のユーザンス) を見られたい.

21)　注 10 に記したように, 一般的には貿易取引以外に短期の金融取引にも為替取引, とくにスワップ取引が多く行なわれるが, 「制裁」を受けているなかで金融取引の為替取引は大きく減少して, 為替取引の大部分は貿易関係になっているであろう.

22)　期限付手形の割引は以下の貿易金融と同じ事態である. 輸出企業が期限まで銀行から

る「代位」と直物為替取引である．その時点の直物相場で輸出企業は輸出代金をルーブルで得る．なお，以下のことを忘れてはならない．手形の期限が来てからの貿易金融は輸入国側（中国）の銀行が自国の輸入商に供与する．もちろん，人民元建の金融である．

さて，ロシアの銀行は人民元建・期限付手形を割引くことによって輸出企業に代わって人民元信用を「代位」するのであるが，ロシアの銀行は人民元融資が十分にできないから，中国の銀行からの借入を行なって貿易金融を供与していると考えられる．手形の期限が来れば，中国の輸入業者による人民元支払によってロシアの銀行は人民元を回収し，中国の銀行に返済する．その後の6か月から1年に近い貿易金融は，中国の銀行が人民元で中国の輸入業者に供与する．

また，二国間の「バーター」的貿易のロシアの中国からの輸入における貿易金融においても人民元での輸入であるから人民元建になる．ロシアの輸入業者はロシアの銀行を介してであっても数か月の人民元の金融を受ける[23]．このように，「制裁」を受けてルーブルの国際決済性が落ちている中で，ロシアと中国の「バーター」的貿易において貿易通貨は人民元になり，貿易金融も人民元建となっていく．

それでは，中国以外の諸国への天然ガス，原油等のドル建輸出，ユーロ建輸出はどうであろうか．基本は人民元建の場合と変わらない．しかし，表14-1をみると，ルーブルとドル，ユーロの取引では直物取引がスワップ取引を上回っている．図14-3，14-4，14-5における①の為替取引は顧客取引であり，直物で行なわれているからである．しかし，スワップ取引もかなりの額になっている．それは，図14-3では①と②の取引の時間的ズレが生じているからである．図示されていないが中国の諸銀行の間でスワップ取引が行なわれるのである．

　人民元融資を受け，その人民元資金を直物取引でルーブルに転換する（輸出代金をルーブルで回収）．手形の期限が到来すれば，輸出企業は人民元支払を受け銀行に返済する．
23)　一覧払手形の場合には，ロシアの銀行が中国の銀行から人民元資金を調達しロシアの輸入企業に融資するであろう．期限付手形の場合には，期限までは中国の銀行が中国の輸出企業に貿易金融を供与し，期限後はロシアの銀行が中国の銀行から人民元を調達しその資金でロシアの輸入業者に金融を与えているだろう．

問題は，ロシアの銀行は自国の輸出業者にドル，ユーロの貿易金融を与えることができるかどうかである．「制裁」がある中でロシアの銀行はドル資金，ユーロ資金を十分に供与できないであろう．代わって中国の銀行のモスクワ支店が，本店等の銀行からのドル融通，ユーロ融通を受けて，天然ガス，原油等の輸出のドル建あるいはユーロ建の期限付貿易手形を割引くか，その他のかたちでの融資を与えることになるであろう．その期限付手形が満期になって，中国の銀行はドル資金，ユーロ資金を回収する．中国は多額のドル建・貿易黒字を保有しており，中国の銀行はドル建・貿易金融の供与を容易に行なえる[24]．また，ドルをユーロに転換して，ユーロ建・貿易金融も供与できる．期限付手形の期限到来以後は輸入国の銀行が輸入業者に対してドル，ユーロでの貿易金融を供与する．それらの国の銀行は，ドル資金をアメリカ市場，ユーロダラー市場から調達し，ユーロ資金をユーロ地域の金融市場から調達する．

　以上の貿易金融の実態はまだまだよくわからない点が多いが，人民元建，ドル建，ユーロ建のいずれもロシアの銀行が貿易金融を供与することがほとんどできず，中国の銀行に依存していることが重要である．しかし，中国以外の諸国へのドル建，ユーロ建でのロシアの天然ガス・原油等の輸出が人民元建になっていくことはほとんど見込まれない．第13章で記したように，中国当局は本土内の銀行（香港を含まない）に海外の銀行が一覧払口座を設定することを許しておらず，国際的な人民元決済が不十分な人民元での貿易金融の授受は困難であるからである．少なくとも期限付手形の満期以降，中国以外の輸入業者は人民元で貿易金融を受けることはかなり困難である．上海原油市場が拡大しないのもこのことに関連していよう[25]．ロシアの天然ガス・原油等の輸出における人民元建化は，ほぼ中国向けに限られよう．

---

24)　人民銀行は2015年以降，為替介入によって得たドルを国内の銀行に融資して，ドル準備の増加となることを忌避してきた（詳しくは拙稿「中国・外貨準備の誤差脱漏への転換」『立命館国際研究』34巻3号，2022年2月参照，簡単には本章の次節で記す）．中国の銀行は人民銀行からのこのドル融資でもってドル建貿易金融を行なっている．したがって，中国の銀行は，債務を他方で持っているからドル建貿易金融を行なっても持高をもつことはない．

25)　拙書⑧348ページ参照．

（4）　本節のまとめ

「前稿」執筆時点の 2023 年 3 月には，ロシア中央銀行はウクライナ侵攻が始まる 22 年 2 月以降のロシア外国為替市場における取引状況を公表していなかったが，その数か月後に公表を始めた[26]．われわれは「新稿」にて公表された外為取引の実態を分析するとともに，ロシアの貿易決済の諸類型が形成されてきたことを論じた．本論でも述べたが，侵攻後早い時期に中露の国家間の協議が行なわれ，一定の合意のうえで「新稿」において記述したような貿易決済の諸類型が形成されたのであろう．この形成を受けてロシア中銀は外為市場についての統計の公表を始めたのであろう．侵攻直後，ルーブル為替相場は急落したが，その後本論で見てきたような貿易決済の諸類型が形成されるとともにルーブル為替相場も「安定」してきたものと考えられる．

とはいえ，ロシア中銀の外為市場の統計にある Deals through exchanges とはどのような為替取引なのか不明な点があり[27]，貿易決済の諸類型，スワップ取引・貿易金融についての「新稿」の記述はまだまだ推定の部分が多い．ただ，侵攻後の「制裁」を受けてロシアの貿易は中国への依存を強め，出来上がってきた貿易決済の諸類型も貿易金融も中国の銀行に大きく依存していることは事実であろう．中国の銀行への依存なくしてはロシアの貿易決済，貿易金融は成り立たず，戦争継続も不可能であろう．逆に言えば，中国の銀行がロシアの戦争継続を可能にしていると言える．

ロシアのウクライナ侵攻によって，ロシアと中国の貿易，貿易決済，貿易金融は大きく変化していった（とは言っても中国に有利に）のであるが，そのことによってドル体制が動揺をきたすような影響を受けたとは言えないだろう．巨額のアメリカ経常赤字の継続にもかかわらずそのファイナンスは続いており，ドル相場の下落も見られない．ユーロ体制もギリシャ危機時のような不安定は

---

26)　おそらく，その直前であろうか，「新稿」の「はじめに」に記されてあるように，Nikkei Asia, June 15,2023 はロシア外為取引に関する記事を掲載した．「新稿」はその不十分さを批判し，ロシア中銀の諸統計からウクライナ侵攻後のロシアの貿易決済を全面的に把握しようとしたものである．

27)　Deals through exchanges は，ロシアの諸銀行が SWIFT から排除され，その中露の代替機関を通じる取引である可能性がある．とくに，ルーブル／人民元取引において Deals through exchanges の取引が大きくなっていることからもそのことを予想させる．

みられない．ユーロ地域の経常収支は22年に赤字を記録するが23年には黒字に転化している．ただ，詳しくは別途の検討が必要であるが，「制裁」によるエネルギー，食料等の調達問題に関連して物価上昇がみられる．ECBの高金利による成長率の鈍化等がユーロ地域各国間の経済格差を拡大させる可能性はある．また，ユーロ統合に参加していない欧州各国も，エネルギー，食料等の問題に加えてECBの高金利によって為替相場が不安定になり，一定の動揺状況も見られる．

このような事態がしばらく続くであろうが，今後，EUは天然ガス・原油等のロシア依存を減らしていくだろう．そうだとすれば，ウクライナ侵攻前に見られたロシアのEU向けユーロ建輸出は減少傾向をたどるであろう．中国以外の途上国のロシアからのドル建輸入はある程度続くだろうが，日本等も程度の差はあれロシア依存を低めていくだろうから，ロシアからのドル建輸入も減少していくだろう．したがって，ロシアの戦争が長期間継続すれば，ロシアはドル体制，ユーロ体制から大きく離脱していくことになる可能性が高い．ますますロシアは中国に依存することになるだろう．ロシアは実態上「人民元圏」に入ってしまうだろう．イラン，北朝鮮等も加わる可能性はある．しかし，他の途上国等が「人民元圏」に入ることは難しい．というのは，本文中にも記しているが，人民元の決済には「クリアリング銀行」の設定が必要であるうえに，中国との貿易でさえ商業ベースでは人民元での貿易金融を得るのが難しいからである．他方で中国の方も閉鎖的な「人民元圏」の中にとどまっていることはできない．中国は経常黒字をもつ以上，何らかのかたちでの対米ファイナンスの資金を供給し続けざるを得ない[28]．ロシアのウクライナ侵攻によってドル体制が動揺することは考えられない．

2. 一帯一路とドル体制

本節では，「一帯一路」の提唱以前も含め，中国の途上国向けの公的融資（Official financial Flows）のいくつかの論点について論じよう．後述するように，

28）　詳しくは前掲，奥田「中国・外貨準備の誤差脱漏への転換」参照，簡単には次節を見られたい．

中国の途上国への融資は「一帯一路」以前からかなり大規模に進行していたが，2013 年 9 月，習近平総書記は「シルクロード経済ベルト」の構想を提案し，翌年の APEC において「一路の構想」を提唱し，「一帯一路」構想としてまとめられた．17 年には「一帯一路サミットフォーラム」が開催され，対途上国融資が再び大規模に進行している[29]．

　ところが，中国当局は公的対外融資についての資料・統計についてはほとんど公表していない．世界のいくつかのメディア，研究機関等が推定による断片的な統計を公表してきただけで，全体像はほとんど把握できていなかった．2023 年 11 月に AID DATA がまとまった資料・統計を公表し[30]，やや全体像が分かるようになってきた．とはいえ，それも多くの素材からの推定値であり，まだまだ全体像を把握するには限界もあろう．

　この節では，中国の公的融資に関する AID DATA の詳細を示すことはできない．必要最低限の諸論点に限って論じよう．以下の諸点である．①どれだけの額の公的融資が行なわれてきたのか，②ドル建融資と人民元建融資の区分と推移──ドル建と人民元建で融資の様相が大きく変わる．③公的開発援助（ODA）と「その他の公的融資」（OOF）の区分，④ドル建融資の原資と融資機関の種別，⑤人民元建融資における形態区分，すなわち公的機関，国有諸銀行の融資と人民銀行の「二国間スワップ協定」によるものの区分，⑥返済の困難化を示す諸指標，などである．

　これらの論点を示すことで，中国の途上国への公的融資の大まかな概要は把握できるであろう．その把握によって，中国の公的融資がどのような目的をもってなされているのか，人民元は国際通貨に成長していくのだろうか，ドル体制を動揺させるものになりうるものか，世界のこれまでの「経済秩序」を変容させるものか，これらの諸点が明らかになるだろう．

（1）　中国の途上国向け公的融資額の推移と通貨区分

以上の問題意識をもちながら中国の途上国への資金フローを論じていくが，

---

29)　拙書⑧ 344-346 ページも参照されたい．

30)　AID DATA, *Belt and Road Reboot, Beijing's Bid to De-Risk Its Global Infrastructure Initiative*, November 2023.

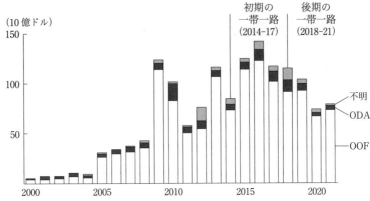

図 14-6　中国から途上国への公的融資

　まず，中国の途上国向け公的融資額の推移を簡単に見ておこう．2000 年以来の途上国向け公的融資は図 14-6 に示されている．これは，AID DATA によるものでもちろん推定値である．「一帯一路」が始まる 2014 年以前にも多額の融資が実行されている．09 年に 1 つのピークがみられるが，以後，減少していき「一帯一路」以降の 15，16 年に再び増加し，20 年以後やや減少している．また，この図から，いずれの年も ODA（Official Development Assistance）は少なく，中国の公的な途上国への資金フローのほとんどは金融融資（Other Official Flows）であることがわかる．後にみるように中国から途上国向け資金フローのほとんどは公的機関によるものであり，しかも ODA ではなく金融融資なのである．しかし，この融資が中国の国際収支表のどの項目に入れられているのかが明確ではない．外貨準備をのぞく「金融収支」のうちの「その他投資」の資産の一定額が公的対外融資となっている可能性があろう．「金融収支」のうちで直接投資を除けば大きな額が計上されている項目は「その他投資」である．しかし，それだけであろうか．やはり，かなりは通貨当局の外貨建・対外資産，つまり外貨準備に含まれているだろう．のちに論じるが 2015 年以降になってくると「誤差脱漏」が中国のドル建の対外金融融資の多くを含むようになってくる．しかし，AID DATA も含め諸資料では国際収支表への言及はほとんど見られない．

419

表 14-3　中国の国際収支

(億ドル)

	2013	2014	2015	2016	2017	2018	2019	2020	2021
経常収支	1,482	2,360	2,930	1,913	1,887	241	1,029	2,488	3,529
貿易収支	3,590	4,350	5,762	4,889	4,759	3,801	3,930	5,111	5,627
サービス収支	−1,236	−2,137	−2,183	−2,331	−2,589	−2,922	−2,611	−1,525	−1,012
第1次所得収支	−784	133	−522	−549	−165	−614	−392	−1,182	−1,245
第2次所得収支	−87	14	−126	−95	−119	−24	103	85	159
金融収支[1]	3,431	−514	−4,345	−4,161	1,098	1,726	73	−610	304
(外貨準備を除く)									
直接投資	2,180	1,450	681	−417	278	923	503	994	1,653
資産[2]	−730	−1,231	−1,744	−2,164	−1,383	−1,430	−1,369	−1,537	−1,788
負債[3]	2,909	2,681	2,425	1,747	1,661	2,354	1,872	2,531	3,441
証券投資	529	824	−665	−523	295	1,069	579	956	513
資産[2]	−54	−108	−732	−1,028	−948	−535	−894	−1,512	−1,253
負債[3]	582	932	67	505	1,243	1,604	1,474	2,468	1,766
金融派生商品	0	0	−21	−54	4	−62	−24	−108	102
その他投資	722	−2,788	−4,340	−3,167	519	−204	−985	−2,452	−2,572
資産[2]	−1,420	−3,289	−825	−3,499	−1,008	−1,418	−549	−3,363	−4,197
負債[3]	2,142	502	−3,515	332	1,527	1,214	−437	911	1,625
外貨準備[4]									
ドル表示	−4,314	−1,178	3,429	4,437	−915	−189	193	−289	−1,882
人民元表示[6]	−26,749	−7,209	21,537	29,621	−6,136	−1,037	1,362	−1,932	−12,153
誤差脱漏[5]									
ドル表示	−629	−669	−2,018	−2,186	−2,066	−1,774	−1,292	−1,588	−1,345
人民元表示[6]	−3,859	−4,122	−12,613	−14,589	−13,896	−11,783	−8,916	−10,782	−8,581

注：1)　(−) は資金の流出.
　　2)　(−) は資金の流出.
　　3)　(＋) は資金の流入.
　　4)　(−) は増加.
　　5)　(−) は資金の流出.
　　6)　人民元表示の単位は億元.
出所：中国国家外貨管理局の統計.

　中国の国際収支は，2014年までと以後で大きく変化する（表14-3——13年以前は，拙書⑧表7-Cを見られたい——ただし＋と−に注意されたい）．14年以前に大きな貿易黒字による経常黒字があり，外貨準備を除く「金融収支」も多くの年で資金流入がみられ，したがって巨額の外貨準備の増加があった．「誤差脱漏」の項目での資金流出も一定額になっているが1000億ドルを超すことはなかった．それ故，14年までは公的対外融資の大部分は，金融収支の「その他投資」の資産に含まれていたであろう．のちに詳しく論じる「誤差脱漏」

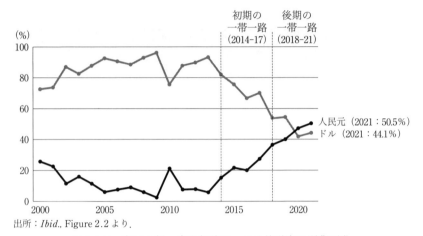

図 14-7　中国の低・中所得諸国への公的融資の通貨区分

に含まれる公的対外融資は 14 年までは少額であったろう．ところが，15 年以降，外貨準備が引き揚げられたり，増加があっても少額となり，誤差脱漏における資金流出が 2000 億ドル前後と大きな額になっていく．公的対外融資が誤差脱漏のうちに含まれるようになっているだろう．のちに論じよう．

　次に，AID DATA の資料で筆者に目に留まったものはドル建と人民元建の通貨区分であった（図 14-7）．2014 年ごろまでは大部分がドル建であったが，それ以後ドル建の融資が減少し，人民元建の融資が増加して，20 年には逆転している．ドル建融資と人民元建融資とでは融資の過程がずいぶん異なるし，その差異がもつ意味内容は大きく異なる．とはいえ，中国の途上国融資の大部分はドル建で始まったと言えよう．以下では通貨区分別に論じていこう．

(2)　ドル建の場合

　先に記したように，AID DATA によると「一帯一路」が本格化する前の 2010 年前後にも途上国へのドル建融資が大規模にのぼっていた．中国の途上国融資の先駆けはドル建であった．ところが AID DATA は途上国向けドル融資の資金源泉を十分に示していない．貿易黒字，ドル準備が途上国融資の原資であろうが，貿易黒字がどのように原資になっていくのかの経緯が示されていない．人民銀行等の当局が直接に融資を行なっているのか，その他の機関がど

のように関わっているのかはわからない．人民銀行等の通貨当局の資金でドル
建融資が行なわれているとすれば，ドル資産は形態を変えるだけであるから外
貨準備は減少せず増加するだろう[31]．中国の国際収支表（表14-3, 13年以前に
ついては拙書⑧表7-C）を見る限り2014年まで外貨準備（通貨当局の対外資産
──後掲表14-4も参照）が増加しているから，人民銀行等の通貨当局の資金で
援助機関（国有政策銀行──State-owned policy banks を含む）を通じて融資が
行なわれていると考えるのが妥当であろう．その際，通貨当局の一部である国
家外貨管理局が主導的な役割を果たしているだろう．

　また，国際収支の「その他投資」の資産が一定額にのぼっていることから通
貨当局の資金での融資だけでなく，国内銀行（主要な銀行はほとんどが国有商
業銀行──State-owned commercial banks）等が貿易業者等から買い取ったド
ル資金を国有企業等へ売り，国有企業等が途上国へ融資を行なっていることも
考えられる．さらに，商業銀行は海外からドル等の外貨資金を調達しそれを途
上国へ融資しているだろう．「その他投資」の「負債」と「資産」の増加とな
る（銀行が貿易業者等から買い取ったドルをそのままドルでの融資を行なうと
持高が生まれるから，規模の大きいそのような投資は不可能）．

　2014年までは，国際収支表を見る限り，通貨当局の資金での国有政策銀行
等の融資と，国有企業等による銀行との為替取引を行なっての融資，商業銀行
の海外からの外貨資金調達による融資の3つの融資があろう．通貨当局の資金
で行われる融資は外貨準備に[32]，国有企業等の融資，銀行の融資は「その他
投資」に含まれていよう．

　ところが，15年以後，このような途上国融資の在り方が大きく変わってい
く．外貨準備が大きく減少し，誤差脱漏が増加している（表14-3）．他国には
見られない「異常」な国際収支表になっている．国際収支表においてこのよう
な大きな変化が生じるためには，人民銀行等の通貨当局（国家外貨管理局を含
む），商業銀行，援助融資諸機関，それぞれに資産，負債の大きな変化が必要
である．それは後述する人民銀行によるスワップ枠の設定による人民元建・融

31）　外貨準備は通貨当局が非居住者に対して持つ外貨資産である．
32）　中国の途上国融資が大規模に始まるまでは外貨準備の大部分はアメリカ国債等に充て
　　られていたが，それが途上国融資に転換していったのである．

資のような簡単なものではない．筆者は以前の論文[33]で通貨当局，国内銀行，融資諸機関の資産，負債の変化を示している．概要を示そう．

15, 16年に国際収支にそれまでとは異なった事態が生まれている（表14-3, 拙書⑧表7-C）．15, 16年に中国の株価急落等の混乱から多額の資金流出が発生している．それが「その他投資」に集中的に，一部証券投資に表われている．15年は海外からの資金の引き揚げ，16年は国内から海外への資金逃避として，外貨準備が引き揚げられることによってそれらの資金は賄われているように見える．15年の「その他投資」収支赤字は4340億ドル，証券投資収支の赤字は665億ドル，外貨準備の引き揚げ3429億ドル，16年には，それぞれ3167億ドル，523億ドル，4437億ドルである．両年を合わせると，資金流出が8695億ドル，外貨準備の引き揚げが7866億ドルである．しかし，資金流出は「その他投資」の項目だけではない．両年にそれぞれ2000億ドル強の資金が「誤差脱漏」として海外へ流出している．その原資は経常黒字である．その経緯は以下のようである．

国内の銀行は貿易業者等と為替取引（人民元売・ドル買）を行ない，買ったドルを通貨当局に売却する（当局の為替市場介入，銀行の持高解消）．当局は為替市場介入によって得たそのドルを改めて国内の銀行に融資し，国内銀行はそのドルを自ら途上国等へ融資するとともに，かなりの部分を国内の諸機関（国有政策銀行を含む）へ貸し付ける（国内銀行には人民銀行に対する債務が形成されるが，海外への融資，国内諸機関へのドル融資によって債権をもち，銀行には持高は発生しない）．それらの機関はその資金を海外へ融資するのである．国有政策銀行による途上国融資の資金も通貨当局の資金から商業銀行からの借入となっているのである（表14-4, 14-5）．途上国融資制度の大きな転換である．ここで，指摘しておかなければならないことは，通貨当局の銀行へのドル融資は，居住者間の外貨取引であるとの理由で外貨準備から除外され「誤差脱漏」に入れられているということである[34]．

15, 16年には中国の株価の急落によって外貨（ドル）準備の引き揚げがみられたが，17年以降は外貨準備の引き揚げはほとんど見られず，にもかかわ

---

33) 前掲拙稿「中国・外貨準備の誤差脱漏への転換」．
34) 次の注を見られたい．

423

表 14-4　中国通貨当局の資産残高

(億元)

	2013	2014	2015	2016	2019
総資産[1]	317,278	338,249	317,837	343,712	371,130
対外資産	272,233	278,623	253,831	229,796	218,629
その他に対する債権	45,045	59,626	64,006	113,916	152,491
政府	15,313	15,313	15,312	15,274	15,250
預金銀行[2]	13,148	24,985	26,626	84,739	117,749
その他金融機関[3]	8,907	7,849	6,657	6,324	4,623

注：1)　表記された項目以外の資産を含む.
　　 2)　Other Depository Corporations.
　　 3)　Other Financial Corporations.
出所：中国人民銀行の各年報より.

　らず「誤差脱漏」による資金流出は 15, 16 年の規模が続いていく. 大きな経常黒字が続く中で通貨当局による為替市場介入が続き, そのドルが国内銀行に融資され, 結局, 途上国等への融資となっているのである. 当局の国内銀行へのドル融資という理由でもって外貨準備から除外されたドル資金が誤差脱漏の項目で途上国等へ運用されているのである.

　以上を論証するために, 表 14-4 を見よう. 中国通貨当局の資産残高が示されているが, 15 年から対外資産残高が減少し預金銀行に対する資産残高が大きく増加している. つまり, 対外資産＝ドル準備が国内の銀行に融通されているのである. これが表 14-3 において外貨準備が増加せず誤差脱漏が大きく増加している理由である. 外貨準備とは通貨当局の非居住者に対する外貨建資産であるが, それを中国の通貨当局が居住者である国内の預金銀行に融通しているという理由で, 中国の国際収支表では外貨準備の減少, 誤差脱漏の増加としているのである. 日本の国際収支表とは異なる[35].

　中国国内の預金銀行は融通されたドル準備資金を海外へ融資するだけでなく, 国内の「その他の金融機関」「その他の居住者」へ貸し付けている（表 14-5）.

---

35)　日本の場合, 当局の為替市場介入によって得た外貨を国内の銀行に運用しても, 居住者間の取引にもかかわらず外貨準備に計上された. 国内の銀行はその外貨を対外的に利用しているはずであり, それは国際収支表のどこかに含まれているはずである. しかし, 外貨準備との二重計算になるので, それを補正するために銀行部門の「雑投資」において対外資産の回収として表示された（拙書『円とドルの国際金融』ミネルヴァ書房, 2007 年, 184-187 ページ, 192 ページの注 25 も見られたい）.

表 14-5　中国預金銀行[1)]の主要資産残高

(億元)

	2013	2014	2015	2016	2019
対外資産	28,814	36,689	41,595	50,020	63,618
準備資産	211,776	233,489	219,330	246,447	236,958
政府への債権	62,341	71,010	6,669	172,140	307,281
他の預金銀行に対する債権	260,442	280,389	314,186	315,878	296,766
その他の金融機関に対する債権	72,592	111,554	176,579	265,299	246,493
非金融機関に対する債権	599,575	623,286	783,762	836,468	1,085,250
その他の居住者に対する債権	196,864	229,216	267,326	329,544	546,351
その他	82,046	79,835	72,385	87,435	110,002
総資産[2)]	1,524,752	1,722,030	1,991,556	2,303,756	2,892,720
参考					
中央銀行に対する債務	11,663	26,616	33,639	87,880	98,826
対外負債	17,973	25,088	12,978	12,673	16,815
証券発行	103,672	123,119	160,004	201,111	280,399

注：1)　Other Depository Corporations.
　　2)　表記された項目以外の資産を含む.
出所：同前.

この表に示された銀行の各機関，居住者への融資は人民元での国内融資が最も多いであろうが，人民銀行から融通されたドル資金を銀行は，「その他の金融機関」（国有政策銀行を含む），「その他の居住者」に多くを融資していると考えられる．これらの機関，居住者がどのような機関であるのかは表14-5からはわからないが，銀行だけでなくこれらの機関，居住者によっても途上国へ多額のドル融資が行なわれているであろう．

　再度，15, 16年と17年以降の事態を簡単にまとめておこう．15, 16年は株価下落を要因とする中国の経済混乱のために資金流出があり，それが原因となって外貨準備が減少しているが，同時に，中国の途上国への多額の金融融資が行なわれている．株価下落による資金流出があっても，経常収支が15年には3000億ドル弱，16年には2000億ドル弱の黒字があるのであるから，外貨準備の引き揚げは経常収支黒字と金融収支赤字の差額，15年は1400億ドル強，16年は2250億ドル程度で済むはずである．ところが，それをはるかに超える外貨準備の引き揚げがある．15年に3400億ドル，16年に4400億ドルである．他方では，誤差脱漏が15年以降，巨額になっている．15, 16年には2000億ドル強の流出となっている．外貨準備の引き揚げがあるにもかかわらず経常黒

字が大きく，途上国等への多額の金融融資が行なわれていると考えられる．その融資が誤差脱漏の項目になっているのであろう．

中国の途上国へのドル建融資は，中国が対米ファイナンスの直接的役割を担っていることを忌避したいという政権の意欲でもあったろう．しかも，それが国際収支表にあらわれることを回避したいという意欲と重なり，ドル準備の減少[36]，誤差脱漏の増大となったと考えられる．しかし，ドル建の途上国融資はドル資金の「流転」（中国から途上国へのドルのフローと途上国のドル保有，対米ファイナンス）が生じるだけで，対米ファイナンスの減少には必ずしもならない[37]．

2017年以降，中国の国際収支状況が変わるが，外貨準備を除く「金融収支」は黒字（資金流入）となり，外貨準備の引き揚げはなくなり，少額の外貨準備の増加と大きな額の誤差脱漏が続いている．経常黒字は18年を除くと大きな額であり，「金融収支」も黒字（資金流入）であるから，本来は人民元の為替相場が急上昇するはずである．しかし，この間，人民元相場のそれほどの上昇はない．ということは，以前と同様に当局の大規模な為替市場介入が継続され，「いったん」はドル準備が大きく増加しているはずである．ところが，国際収支表では17年以降外貨準備は微増にとどまっている．

表14-4で示されていたように，当局は為替市場介入によって得たドルを国内の銀行に融通し，国内の銀行（前述のように大手の国有商業銀行）はそのドルを対外融資に充てるとともに各機関への貸付を行なっているものと思われる．「その他の機関」，「その他の居住者」がどのような機関なのかは不明であるが，これらも対外融資を行なっているものと思われる．これらの一連の結果が「誤差脱漏」として国際収支表に現われているのである．中国当局は，海外へのドルの運用ではなく国内銀行（居住者）へのドル融通であるから外貨準備から除外し，国内銀行への融通の部分を誤差脱漏としたのである．

以上のドル資金の「流れ」を図示すると図14-8[38]のようであろう．1）貿易

36）　中国の外貨準備が誤差脱漏へ移されることにより，世界の外貨準備のうちのドル準備の比率が低下する結果になった．

37）　中国当局の保有していたドル残高が，中国の銀行のドル残高に振り替えられ，それが今度は途上国の銀行のドル残高に振り替えられる．

38）　前掲拙稿「中国・外貨準備の誤差脱漏への転換」の図を一部修正．

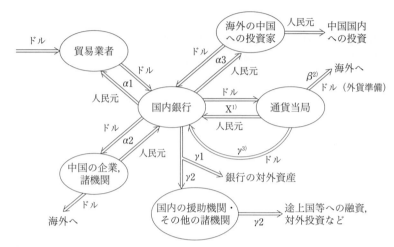

注：1) Xは通貨当局による為替介入の額（$X = \alpha 1 + \alpha 3 - \alpha 2$）．
   2) βは外貨準備．
   3) γは当局による国内銀行への融資．それは一部国内銀行の対外資産（$\gamma 1$）となり，他の部分（$\gamma 2$）は国内銀行の国内援助機関，その他の諸機関への貸付となり，海外への融資となっていく．

出所：筆者による作成．

図 14-8　銀行，通貨当局を中心とするドル資金の流れ

業者等の居住者は経常黒字に相当するドル資金を国内銀行との為替取引によって人民元に替える（$\alpha 1$），2) 国内銀行は海外への投資，貸付・融資を行なう企業，諸機関に対してドル売・人民元買を行なう（$\alpha 2$），また，海外の中国への投資家はドルを銀行に対して人民元を買うであろう（$\alpha 3$）――$\alpha 1$，$\alpha 2$，$\alpha 3$は国際収支表の経常収支，金融収支に含まれている取引，3) $\alpha 1 + \alpha 3 > \alpha 2$であるから（しかも金融収支はネットで黒字の年が多い，$\alpha 3 > \alpha 2$），国内銀行は多額の持高（買持）をもち，このままでは急速な人民元高が発生する．そこで通貨当局が大規模な為替市場介入を行なう（X, $X = \alpha 1 + \alpha 3 - \alpha 2$），4) 通貨当局は為替介入によって得たドルの一部を海外へ運用する（β），それは外貨準備となる，5) 通貨当局は為替介入によって得たドルの多くの部分を国内銀行へ融通する（γ）――このγが国際収支表の誤差脱漏とされ外貨準備から除外される．6) γは国内銀行によって海外へ貸し付けられたり（$\gamma 1$），国内の諸機関，居住者へのドルの貸付となり，これらの機関，居住者はそのドルを途上

国へ融資する（γ2）．――このγ（誤差脱漏の中に入れられている）＝γ1＋γ2
は，一時的には一部後述のユーロダラー市場への資金の放出になろうが，多く
が銀行，国内の諸機関，居住者による途上国へのドル建融資となっているもの
と考えられる．

　以上のように，中国の途上国へのドル建融資は，一部は国際収支表の金融収
支（外貨準備を除く）のうちの「その他投資」に含まれていようが，15年以
後，多くは誤差脱漏の構成部分になっているものと考えられる．15年以後，
ドル建の融資になるには通貨当局の為替市場介入によって得られたドル資金が
国内銀行へ融通され，それが銀行自身の融資，銀行からその他機関への貸付に
よってなされるものである．後述の人民銀行によるスワップ枠の設定のように
簡単ではないし，通貨当局，国内銀行，その他機関相互の連携がなければなら
ない．

　このような中国当局の銀行へのドル融通，中国の銀行の諸機関へのドル融資
が進むにつれ，BIS報告銀行（香港の主要銀行を含む）の中国に対する債務が
急増していく[39]（表14-6）．14年には5300億ドル弱であったのが20年には
9600億ドル弱である．そのうち，20年に5800億ドルがドル，ユーロが600億
ドル，ポンドが160億ドル，円が140億ドル，「その他」が2200億ドル（この

表14-6　BIS報告銀行の中国居住者に対するポジションの通貨区分[1]

(億ドル)

	2014		2017		2020	
	債権	債務	債権	債務	債権	債務
ドル	4,022	2,888	5,006	3,498	4,493	5,783
ユーロ	339	198	723	522	800	611
円	125	81	132	130	137	137
ポンド	26	265	61	208	137	160
スイス・フラン	14	11	24	15	17	20
その他	3,524	1,290	2,144	1,717	2,784	2,166
未分類	2,321	540	1,507	726	1,674	711
総額	10,372	5,275	9,598	6,815	10,042	9,589

注：1)　全セクター．
出所：BIS, *International Banking Statistics* (*Locational Statistics*), Table A6.1 より．

---

39)　詳しくは前掲拙稿のIII（中国のユーロダラー市場への資金放出）参照．

大部分は人民元であろう）になっている．中国の銀行等から BIS 報告銀行への運用とともに，中国の種々の機関は途上国への融資が実行されるまで，BIS 報告銀行，とくに香港所在の銀行へ多くの預金を行なっている（20 年の BIS 報告銀行の対中国債務のうち香港が 4100 億ドル，次いでアメリカの 1400 億ドル，イギリスの 950 億ドル等）[40]．ユーロダラー市場（とくに香港市場）にいったん融資資金が預けられ，ユーロダラー市場から途上国へドルが移されていくのであろう（途上国のドル残高保有の増加）．

（3） 人民元建の場合

先に記したように，2015 年以降，中国の途上国融資のうち人民元建が増加している．それは以下に記していくように，ドル建よりも中国当局による融資の意思決定が容易で，融資に至る経緯，手続きも簡単であるからである．それだけに中国側，融資受入国側の双方にとって，融資に制約がかかりにくく融資が安易になりがちとなる．

そのうえ，人民元建融資には実行過程における支払についての以下の事情が付け加わる．筆者は，外国の銀行（一国二制度のもとでの香港等の銀行も含む）は中国国内の銀行に一覧払口座の設定が認められていないことを述べてきた[41]．外国の銀行が中国国内の銀行に一覧払口座の設定が認められていれば，中国からの人民元の融資額はその口座に振り込まれ，融資を受ける国は中国から諸商品を輸入する場合，その口座にある人民元の残高が引き落とされることによって決済する．

このような決済ができないから，中国から人民元での融資を受け，人民元で輸入等を行なう場合，「クリアリング銀行」を利用する決済か，「二国の中銀の通貨スワップ」という形をとらざるを得ない．経済規模の小さい途上国のうちにはクリアリング銀行が設定されていない諸国も多いであろう．どちらが利用されるかによって決済の有り様は異なる[42]．「二国間中銀スワップ」の利用に

40）　前掲拙稿の第 10 表より．
41）　『動向』第 7 章の I，『論理と体系』第 7 章の II を見られたい．本書では，第 13 章第 1 節補論参照．
42）　JETRO は 23 年 5 月 18 日の「ビジネス短信」で，アルゼンチンの中国との通貨スワップ枠が増加していることを伝え，同時に「クリアリング銀行」を介する人民元の決

よる決済はのちに見よう．前者の場合，途上国側が中国の公的な融資機関，銀行等から人民元での融資を受けると，その人民元は被融資国の銀行がクリアリング銀行の残高として保有し，中国からの輸入が行なわれると輸入者の取引銀行はその残高を引き落とし，クリアリング銀行を介して中国の輸出者の取引銀行に人民元が送金される[43]．クリアリング銀行に残高として保有されている人民元は，援助供与の際に特別の規定が付加されていなければ，被融資国の判断で利用されうる（実際は多くの融資には規定があろう）．

　ところが，「二国間通貨スワップ」では以下に見るように被融資国の判断だけでの人民元の利用は困難である．そのことを論じる前に，まず，中国の人民元融資が以上の2つのタイプのうちそれぞれどれほどの規模になっているのかを確認する必要がある．しかし，中国の人民元の融資がどのようなものになっているかは，中国当局は途上国融資に関する統計や資料をほとんど公表していないので正確にはわからない．種々の推計値がいろいろな研究機関等から示されているだけで，それらがどれほどの正確なものかはわからない．いくつかの推計値を示しておこう．

　Bloombergは American Economic Association 2023 Annual Meeting に提出された資料を示している．それによると中国の対外救済融資（cross-border rescue lending）のうち，ほとんどは人民銀行のスワップラインで，中国の国有銀行による融資はごく一部になっている．15年には対外救済融資280億ドル弱のうちスワップラインが160億ドル程度であったのが，21年には400億ドル強の融資のうち，380億ドル強がスワップラインになっている[44]．また，Bloomberg は人民銀行からの資料として海外の中銀によって利用された人民元残高の図を示している[45]．それによると，20年には利用された人民元残高

　　済を記している．アルゼンチンのクリアリング銀行は中国工商銀行である．しかし，スワップ枠を利用した支払と「クリアリング銀行」を介する人民元の決済の関連がどうなのかは示されていない．両者では決済の様式は大きく異なるはずである．

43)　「クリアリング銀行」を介する人民元の決済については，拙書⑧216ページの図6-D参照．

44)　Bloomberg，2023年3月29日，原文は「ブルームバーグ・ビジネスウィーク」誌に掲載．https://www.bloomberg.co.jp/news/articles/2023-03-29（2023年11月14日検索）

45)　Bloomberg News，2023年5月17日，https://www.bloomberg.co.jp/news/articles/2023-05-17（23年11月12日検索）．

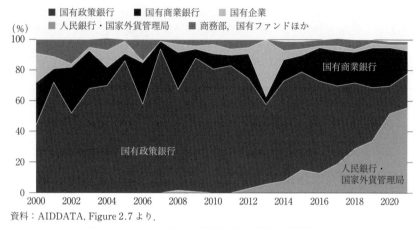

図 14-9　中国の低・中所得国向け融資の機関別区分

は400億元を下回る程度であったのが，23年には1000億元をこえ2倍以上に増加している．これらのBloombergの数値は今後の吟味が必要であろうが，中国の途上国への人民元建融資は「二国間スワップ」によるものが主流になっていると言えよう．さらにAID DATAは融資の機関別区分を示している（図14-9）．これによると，中国の低・中所得国向け融資の機関別区分は近年，人民銀行・国家外貨管理局の比率が急速に高くなり，国有諸銀行（国有政策銀行，国有商業銀行）の割合が低下してきている．

以下，「中銀通貨スワップ」とはどのようなものか簡単に記しておこう．「中銀通貨スワップ」の様式による中国の融資では，人民銀行による人民元資金の供与と相手側通貨の受取となるから，名目上は収支均衡が維持されている．スワップ協定の当初は，それぞれの中央銀行における通貨利用枠の設定であるが，相手側が中国からの輸入等で人民元を利用すると人民銀行はそれに相当する相手側通貨を実際に受け取ることになる．対外的には収支は均衡する（中国の国際収支表のどの項目に途上国向け人民元建融資が記されているか，今のところ判明せず「誤差脱漏」に含まれている可能性もある）．

もう少し敷衍しよう．中銀通貨スワップの枠が設定されると，それぞれの中央銀行にバランスが記帳される．それぞれの中央銀行に記帳されているバランスは銀行等に振替はできない．ライン枠が利用されると記帳額が減少する．も

ちろん，スワップによって得られた人民元は他通貨には交換できない．融資を
受けた途上国当局がそれを利用する場合，中国当局との協議のうえで実行され，
ほとんどが中国企業への発注となろう．発注されて中国からの輸出等が実施さ
れると，人民銀行から中国の受注企業に資金が支払われるが，まず途上国の中
銀が保有している人民元の記帳額が減らされる．次に人民銀行から受注企業が
口座を保有している中国の銀行への中銀当座預金が記帳される．さらに，受注
企業が取引している銀行の当座預金口座に人民元が振り込まれる．

　以上のように，途上国が中国からスワップによって供与された人民元資金は，
途上国が種々に利用しようとしても，途上国側から受注企業への直接的な人民
元の振替送金はできず，人民銀行を経由するものとなる．したがって「自由」
には人民元資金は利用できず，中国当局との協議のうえでの利用となろう．受
注企業への支払は人民銀行を通じてしか行なえないからそうなのである．途上
国は中国からの輸入以外には利用できず，これでは公平な価格での貿易になる
だろうか．

　他方，返済はどうなるだろうか．返済は中国への輸出，諸施設，諸資源の販
売によるか，あるいはほとんど実施されないだろうが，ドル等の外貨が人民元
に替えられて返済に支払われることになろう．中国への輸出となれば，輸出価
格が割安になることが考えられる．あるいは重要な資源，施設等の中国への販
売になりかねない．しかも，返済が果たされなかった場合，人民銀行は通貨ス
ワップによって被融資国の通貨を保有しているから，その通貨を使って被融資
国の諸商品，資源，施設等を購入することが可能な状態にある．

　AID DATA の資料によると，中国が行なった人民元建の緊急融資のうち
70% 以上が金融不安に陥っている諸国への融資となっている（AID DATA,
Fig. A15）．このことから，中国の人民元建融資はデフォルトの可能性が高く
なっていると言わざるを得ない．返済期限が集中することも考える必要があろ
う．以上のように，「一帯一路」等の中国の人民元建での途上国融資は，大き
なリスクを抱えてきている．上に記したように，被融資国は重要資源，諸施設
を販売せざるを得ない状況に直面することが多くなってこよう．今後，どのよ
うな事態が進行していくのか，注目する必要があろう．

（4）　本節のまとめ

　21年になって融資の人民元建がドル建を上回ってきているのは，人民銀行によるスワップ枠の設定の「手軽さ」（経済不安に陥った被融資国の緊急性とともに），先に記したような融資資金の「管理・統制」（人民銀行との協議のうえでの融資枠の利用），返済の際の「確実さ」（被融資国の通貨による資源，施設の購入等）が考慮されているからであろう．しかし，スワップ枠の設定による融資は「手軽さ」ゆえに安易になり，返済が困難になるとともに，返済の際の諸問題が国際政治問題化する要素を内包している．今後，デフォルトが発生する可能性は高いであろうが，それが頻発した場合，IMF，世銀がどのような役割を果たすのだろうか，今後の途上国債務問題として，大きな課題を世界経済に残すことになろう．関心をもちたいが本書ではまだ扱えない．

　ところで，中国の途上国融資は対米ファイナンスの額を減少させ，ドル体制を「乗り越える」資金フローになりうるものだろうか．人民元は国際通貨の地位を高めただろうか．中国の途上国融資が，一定数の途上国をアメリカ等の「西側先進諸国」から切り離す役割を果たしてきたことは事実であろう．そのような中国の世界戦略の一環として途上国融資が進められてきたのであろう．しかし，中国からのドル建融資は，先に見たようにドルの「転変」となるだけで，対米ファイナンスを減少させるものとはならず，ドル体制を「乗り越えるもの」にはなり得ない．また，人民元建融資も被融資国は中国以外の諸国との取引にはほとんど利用できず，中国は返済を相手国からの輸入，資源，施設等の購入によってしか受けられない．したがって，人民元建融資によっても人民元は国際通貨にはなり得ない[46]．それらの返済は，被融資国の国民からの反発も予想される．デフォルトの発生，中国の途上国融資の今後の債務問題化が危惧されるところである．

46）　22年のBISの外為市場調査資料，シンガポール，香港当局の資料によると，人民元の取引はドル，ユーロ，円，ポンドに次ぐ第5位の規模をもつようになっているが，人民元の取引はロンドン，ニューヨーク市場はもちろん，シンガポール市場，香港市場，中国市場においてもほとんどが対ドル取引になっており，為替媒介通貨になりうる条件をほとんど有していない（奥田・田中「2022年4月の世界の外国為替市場と国際通貨」『立命館国際研究』36巻1号，2023年6月）．

あとがき

　本書の執筆に際して，現代の世界経済，日本経済を分析するに当たり，マルクスが残した諸範疇の理論だけでは不十分であることを強く意識した．同時に，以下の2点が念頭から離れなかった．1) マルクスの生がもう少し長く続いていたら，彼はどのように『資本論』第2，3巻を完成させ，彼の経済学批判体系プランの後半体系へどのように議論展開を進めたであろうかということ，2) われわれは，マルクスのあとの時代の各国経済，世界経済の進展をうけて新たな諸範疇を定立しながら，現代の一国経済，世界経済を分析し，新たな体系を作っていかなければならない，ということであった．

　そのように考えながら，本書においてマルクスの著作，草稿等の検討を行なったのであるが，それは経済学批判体系に関する範囲に限定したものであった．そのような限定があるうえに，『資本論』についても第1巻の価値論，蓄積論への詳しい言及はできていない．価値論の展開（平均利潤率，生産価格の形成）については本書では「序論」でごく簡単に言及できただけである．本書におけるマルクスへの言及には限界がある．

　さらに，マルクス，エンゲルスの著作，草稿は人類史的視点で論述されていることも意識しておかなければならない．マルクス『経済学批判要綱』における「資本主義的生産に先行する諸形態」，エンゲルスの『家族，私有財産および国家の起源』がその代表的なものである．その他にも『資本論』第1巻第5章第1節「労働過程」は現代の環境問題を論じる際の重要な視角を提供していると思われる．「人間の自然との物質代謝」についての論述がそれである．また同第24章「いわゆる本源的蓄積」には封建制から資本制への移行についての基本的論述がある．また，ドイツ観念論哲学への批判的言及はさまざまな著作，草稿で行なわれている．このように，マルクス，エンゲルスの著作，草稿は，経済学批判体系の視点だけで論じるのは不十分である．経済学批判体系に関する論述はきわめて重要なものであっても彼らの研究の全体ではない．経済

学批判体系は人類史的視点がベースになっていることを忘れてはならない.

「経済学批判体系」に話を戻そう. その体系はマルクスが当時のもっとも発展した資本主義国のイギリスに住んで, そこからイギリスの経済, 世界市場を視野において作ったものである. 本書の経済学批判体系は, 筆者が日本に住んで, 日本から日本経済, 世界経済を視野に入れて作ったものである. それ故, 本書では, 本書の出発点になる第1章において日本の資本蓄積の状況を, そして日本における非正規雇用の拡大, 企業の「内部留保」について論じた (直接的には2010年代中期までの言及であったが, 20年代中期の今日にもほぼ当てはまるだろう). アメリカに住んで現在のアメリカ経済, アメリカ企業の多国籍化, 世界経済を展望すれば, 異なった体系が考えられよう. アメリカに起点を置けば, 第1章ではアメリカ企業の多国籍的展開, 「IT産業」の国内的・国際的展開をベースに国内産業構造の大きな変化, 最先端産業の成長と, 他方での従来型産業の衰退, ラストベルトの諸問題, 「空洞化」などを詳しく論じる必要があろう. また, 第8章ではアベノミクスではなく, デリバティブ (金融派生商品) の隆盛とヘッジファンド等の諸ファンド, 金融諸機関が参加する信用膨張を論じなければならないだろう.

今後, 本書におけるマルクスの『資本論』体系の継承と批判的検討を踏まえながら, アメリカを起点に第2次大戦後のアメリカ国内経済, 世界経済を論じることで, 本書とは異なる, 一面ではより豊富な「現代の経済学批判体系」が出来上がるであろう. しかし, その体系の構築には, アメリカのIT関連の多国籍企業はアメリカはもとより世界の諸国民の富の増大, その公平な分配にどのような影響を及ぼすのか, 各国の主権にどのような侵害を及ぼしうるのかの視点が必要であろう.

さらに, 本書で執筆された日本を起点とする「現代の経済学批判体系」は, その骨格にすぎない. たとえて言うと, 大きな柱だけの建築が示され, 内装, 外壁等はまだ仕上げられていない. 国民経済に触れているが一国の産業構造, 労働問題, 食料・資源問題, 技術水準等についてはまったく触れることができなかった. したがって, 国家の「総括」についても, 主に社会資本の整備, 中央銀行と国内通貨に絞って論じられたにすぎない. 国家は産業構造, 労働問題, 食料・資源問題, 技術等についても「総括」するのであり, 「総括」の有り様

は多面，多様である．上部構造の諸契機，イデオロギー，法等の分野の「総括」は「補章」で簡単に論じられたにすぎない．今後，若い人たちによって議論を深めていってもらいたい．

さて，以下では本書における3つの主要点について改めて振り返り，そのあと，それらとの関連で今後の研究課題を記しておきたい．マルクス，エンゲルスの著作，草稿については前記したが，それ以外の主要点についてである．その主要点の第1は，アメリカ経済とドル体制についてである．本書において，アメリカの「IT革命」後の多国籍企業の展開によってアメリカの貿易収支赤字が巨額化し，アメリカのGDPと貿易・サービス収支赤字が大きく乖離していることから，リーマン・ショック型のアメリカ発の金融危機が再発しかねないことが示された．そのような危険性があるにもかかわらず，不喚のドル体制の下では対米ファイナンスが続き，ドル体制が動揺する兆候はなかなか表われない．ドル体制の動揺，後退の一般的な諸要因を挙げるだけでは不十分で，具体的に諸兆候を分析しなければならないであろう．今は明確でないが，今後，どのような兆候が出てくるだろうか．

今後，IT，AIに関連するいろいろな技術が開発されるだろう．また，高度化された半導体の生産，サプライチェーンをめぐる各国間の競争が激化するだろう．アメリカがこれらの産業において主導権をもつことができるかどうかが世界経済の今後の様相を展望するに重要であろう（関下稔氏の近著『知識資本の時代』（晃洋書房，2023年）もそうした視点で検討することが必要であろう）．アメリカが先端分野の諸商品を供給できること，アメリカが先端分野の産業をリードできることが，ドル体制の維持には不可欠である（他国がこれらの産業分野において主導権をもつようになると，その産業分野においてはドル以外の通貨で国際諸取引が行なわれることにつながるだろう）．しかし，他面で，先端分野の産業の創成はアメリカにおける新たな次元で「産業の空洞化」を生み出し，アメリカ国民経済の「歪み」をも拡大しかねない．

第2は，ロシアによるウクライナ侵攻後のロシアの貿易決済，一帯一路等の中国の途上国への融資がドル体制，ユーロ体制に一定の影響を与えるだろうが，大きな動揺をもたらさないこと，ドル危機，ユーロ危機のような事態にはなっていかないことも本書で示された．しかし，世界経済は大きく変化していくだ

ろう．「分断」の進行が危惧される．とはいえ，中国はもとよりロシアも「閉鎖的」な世界に入っていくだけでは長期的にはそれらの経済が成り立っていかない．「分断」の「解消」が進むのか，進むとすればどのように進むのかも考える必要があろう．

　第3に，日本経済の状況はどうであろうか．第1章で，非正規雇用の増大と，他方での「内部留保」の増大，その資金を原資に対外直接投資が伸びていき，その収益（第1次所得収支）も多くの部分が再投資になって国内に還流していないことから国内経済は半ば「空洞化」が進展してきたこと，経常黒字はあっても貿易黒字の額が減少し続け，最近では赤字になっていることが示された．

　第8章ではアベノミクスの「異次元の金融政策」が論じられた．しかし，この金融政策は行き詰まり，「空洞化」を阻止することもできず，日本経済の成長率は低いまま推移し，勤労者の実質所得は下がってきたし，経済格差を拡大させる結果になった．また，財政赤字を一挙に増大させた．第9章で見たように，日本の貿易・サービス収支が赤字になるということは，財政赤字が持続不可能であることの表現である．2022-23年になると日本は貿易・サービス収支と財政収支の2つの赤字をもつまでになった．これが，現在の円安の根本原因である．アベノミクスは，日本経済が抱える焦点的な課題を国民の目から逸らすことになった．アベノミクス導入の時点でそれとは異なる政府の経済政策の大きな転換が必要であったのである．しかし，その転換が進められるためには変革の主体が形成されることが不可欠であり，国民の社会意識が高度化していなければならない．本書では「補章」で少しだけ論じた．思想論，法学等の研究の進展も必要である．

　本書におけるマルクスの著作，草稿への言及と，以上の3点について本書を振り返り，そのうえで今後の研究課題を改めてしぼると以下の課題が浮かんでくる．

1) 本書におけるマルクスの経済学批判体系への言及は限定されたもので，初期の著作，草稿から『資本論』諸草稿に至る詳細な「経済学批判体系」の進展の経緯については残された課題であろう．また，先に記したマルクス，エンゲルスの人類史的視点での論述については，歴史学，環境問題等の分野でさらに深められなければならないだろう．

あとがき 437

2) ドル体制の動揺は本当に生じないのかどうか．どのような要因がドル体制の動揺をもたらすのか．アメリカが最先端産業，IT 産業，AI 関連技術，医薬産業，航空産業等において競争力を維持することが困難になってもドル体制は維持されるだろうか．

3) それとともに，アメリカにおける IT 産業，AI 化等の先端産業の進展はアメリカ経済の変容，従来産業の停滞＝「空洞化」をもたらす可能性が高いであろう．貿易収支赤字は一層大きくなる可能性がある．その赤字がファイナンスされ続けるということは，アメリカの GDP をはるかに上回る国内消費（最終消費と設備投資）が進展するということであり，それを支える国内信用膨張が進展するということであるが，それが今後リーマン・ショック型の金融危機を生じさせないかどうか．

4) 本書では論じなかった中国・不動産業の破綻と過剰生産が中国経済，世界経済にどのような影響を及ぼすだろうか．一帯一路等の中国による途上国への融資は途上国の深刻な債務問題を生み出さないだろうか．

5) ウクライナ侵攻後のロシアの貿易決済は中国の銀行によって進行しているが，それはロシアの中国への依存を強めるだろうが，人民元の国際通貨化につながるだろうか．

6) 上の 4)，5) と関連して，世界は「分裂」の諸現象が現われているが，グローバルサウスと呼ばれる諸国家の近代化および民主主義化の過程はどのように進展するのか，直接投資，貿易，援助，世界銀行等の国際機関の役割が問われなければならない．

7) EU の「統一的政策」が各国の経済状況において諸矛盾を生み出していることを分析する必要がある．それは西欧だけに限らない．ハンガリー，スロバキア等の東欧と西欧との経済格差の持続・拡大とそれがもたらす統合，民主化の遅れについても分析を深めなくてはならない．

8) 日本の双子の赤字の推移と経済再建の可能性，少子高齢化，格差是正に関する研究は焦眉の課題である．日本において豊富な資金を保有しているのは，大手企業と富裕層しかない．大手企業，富裕層が保有している資金が日本経済の再生にどのように活用されるだろうか．そのためには国のあり方を変革していかなければならない．そのためには国民の社会意識の高

度化が必要であること，前述したとおりである．

9) 本書は，自由，平等，平和，基本的人権をめざす経済学の書でありたいと「まえがき」にも記した．思想的営為としての経済学の研究，さらに経済学だけでなく思想・イデオロギー論，法学，政治学等が発展することを願っている．

以上の諸課題のうち筆者が今後取り組むことができるのはごくごく一部であろう．多くの研究者の諸成果をベースに現代の経済学が体系としてどのようであるべきかについて考えていきたいと思う．

最後にいろいろな方へお礼を述べたい．本書の内容は複雑で理解が難しいかもしれない．このような本書を出版状況がますます厳しくなっている中で，日本経済評論社に私の5冊目の著書として出版をお願いした．筆者の研究の進展は同社からの出版なしにはあり得なかった．今回，柿崎均氏には本書の出版の快諾をいただき，氏は編集への調整の労もとられた．清達二氏には急遽4冊目の編集作業を行なっていただくことになったばかりか，氏のコメントにより本書の経済学批判体系を前半体系と後半体系に区分する意義が明確になった．お礼を述べたい．さらに，私の研究生活を支えてくれた妻に感謝し，紀要『立命館国際研究』への論文掲載を支援していただいた立命館大学国際関係学部・共同研究室の歴代の職員の方々にも厚くお礼を申し上げたい．紀要への寄稿こそが私の研究の継続の条件であった．

2024年7月2日

　　　宇治・黄檗の自宅から巨椋池干拓地，京都・西山を望みながら

　　　　　　　　　　　　　　　　　　　　　　　　　　奥 田 宏 司

初出一覧

序論　新たに執筆
第1章「内部留保と過剰資本」『立命館国際研究』35巻1号，2022年6月.
第2章「利潤率の低下と過剰資本」『立命館国際研究』35巻2号，2022年10月.
第3章「流通必要貨幣量，再生産表式，信用創造」『立命館国際研究』32巻1号，
　　　2019年6月，『『資本論』諸草稿の検討』日本経済評論社，2021年，第1章，
　　　第2章.　以上の拙稿・拙書に加筆・修正・割愛.
第4章「再生産表式と外国貿易，需要創出の波及過程」『立命館国際研究』34巻2号，
　　　2021年10月，前掲『『資本論』諸草稿の検討』第6章.　以上の拙稿・拙書に
　　　大幅に加筆・修正・割愛.
第5章「利子生み資本・信用論から国際通貨範疇へ」『立命館国際研究』32巻2号，
　　　2019年10月，『『資本論』諸草稿の検討』第3章，第4章.　以上の拙稿・拙書
　　　を要約，一部割愛し，一部加筆.
第6章「国民経済計算と貿易を導入した再生産表式」『立命館国際研究』33巻2号，
　　　2020年10月，『『資本論』諸草稿の検討』第5章.　以上の拙稿・拙書を要約，
　　　割愛し，大幅に加筆.
第7章「国家についての一試論」『立命館国際研究』36巻2号，2023年10月のI，II
　　　をもとに一部加筆.
第8章第1節は『国際通貨体制の論理と体系』法律文化社，2020年の第1章のIII，
　　　第2節は拙稿「量的・質的金融緩和と予想物価上昇，為替相場，株価」『立命
　　　館国際研究』29巻3号，2017年2月，『国際通貨体制の動向』日本経済評論
　　　社，2017年，第11章を要約，一部割愛，一部加筆.
補章　前掲「国家についての一試論」のIIIをもとに一部加筆.
第9章の第1節は新たに執筆，第2節は『『資本論』諸草稿の検討』第6章に大幅に
　　　加筆・修正，第3節は『国際通貨体制の論理と体系』第2章をもとに大幅に
　　　加筆・修正.
第10章　本書のために新たに執筆.
第11章，第12章は『多国籍銀行とユーロカレンシー市場』同文舘，1988年，『ドル
　　　体制と国際通貨』ミネルヴァ書房，1996年，『ドル体制とユーロ，円』日本経

済評論社，2002 年，『現代国際通貨体制』日本経済評論社，2012 年，『国際通貨体制の動向』日本経済評論社，2017 年，『国際通貨体制の論理と体系』法律文化社，2020 年，以上の諸拙書の各部分を利用してまとめる．

第 13 章は第 11 章，第 12 章で利用した諸拙書からまとめる．一部加筆．

第 14 章第 1 節は，「ロシアのウクライナ侵攻後の貿易決済と中国の銀行」『立命館国際研究』36 巻 3 号，2024 年 2 月（田中綾一氏との共同執筆），第 2 節の (2) は「中国・外貨準備の誤差脱漏への転換」『立命館国際研究』34 巻 3 号，2022 年 2 月，(1)(3)(4) は新たに執筆．

［著者紹介］

奥田宏司（おく だ ひろ し）

立命館大学名誉教授．1947年京都市生まれ．京都市立日吉ヶ丘高校，同志社大学経済学部卒業，1977年京都大学経済学研究科博士課程単位取得退学．大分大学経済学部を経て立命館大学国際関係学部教授を定年退職．経済学博士（1989年京都大学）

主な著書

『多国籍銀行とユーロカレンシー市場』同文舘，1988年（博士論文）
『途上国債務危機とIMF，世界銀行』同文舘，1989年
『日本の国際金融とドル・円』青木書店，1992年
『ドル体制と国際通貨』ミネルヴァ書房，1996年
『両大戦間期のポンドとドル』法律文化社，1997年
『ドル体制とユーロ，円』日本経済評論社，2002年
『円とドルの国際金融』ミネルヴァ書房，2007年
『現代国際通貨体制』日本経済評論社，2012年
『国際通貨体制の動向』日本経済評論社，2017年
『国際通貨体制の論理と体系』法律文化社，2020年
『『資本論』諸草稿の検討』日本経済評論社，2021年

現代の経済学批判体系
現状の分析と理論

2024年9月30日　第1刷発行

著　者　奥　田　宏　司

発行者　柿　﨑　　　均

発行所　株式会社　日本経済評論社

〒101-0062　東京都千代田区神田駿河台1-7-7
電話 03-5577-7286　FAX 03-5577-2803
E-mail: info8188@nikkeihyo.co.jp
http://www.nikkeihyo.co.jp

装幀・渡辺美知子　　　　　　　太平印刷社・誠製本

落丁本・乱丁本はお取替えいたします　　Printed in Japan
価格はカバーに表示してあります
© OKUDA Hiroshi 2024
ISBN 978-4-8188-2669-4　C3033

・本書の複製権・翻訳権・上映権・譲渡権・公衆送信権（送信可能化権を含む）は，（株）日本経済評論社が保有します．
・ JCOPY 〈（一社）出版者著作権管理機構　委託出版物〉
本書の無断複製は著作権法上での例外を除き禁じられています．複製される場合は，そのつど事前に，（一社）出版者著作権管理機構（電話 03-5244-5088，FAX 03-5244-5089，e-mail : info@jcopy.or.jp）の許諾を得てください．

前近代経済と気候変動
市場・国家・貨幣
明石茂生著　本体 9000 円

「社会的質」の可能性を探る
福士正博著　本体 5700 円

続・経済安全保障
安全保障のための経済手段
長谷川将規著　本体 3600 円

*

『資本論』諸草稿の検討
再生産・信用と国民所得・貿易を中心に
奥田宏司著　本体 4000 円

国際通貨体制の動向
奥田宏司著　本体 6400 円

現代国際通貨体制
奥田宏司著　本体 5400 円

日本経済評論社